Start ins Web

Shayne Gilbert

Start ins Web

Wie Sie Internetprojekte richtig planen, Ihr Budget einhalten und pünktlich ins Netz gehen

Aus dem Englischen von Ulrike Bischoff

FINANCIAL TIMES DEUTSCHLAND

FINANCIAL TIMES PRENTICE HALL

München • Amsterdam • Hongkong • Kapstadt
London • Madrid • New York • Paris • San Francisco
Singapur • Sydney • Tokio • Toronto

Die Deutsche Bibliothek – CIP-Einheitsaufnahme

Ein Titeldatensatz für diese Publikation ist bei
Der Deutschen Bibliothek erhältlich.

Die englische Originalausgabe erschien 2000 bei John Wiley & Sons
unter dem Titel *90 Days to Launch*.

Umwelthinweis:
Dieses Buch wurde auf chlorfrei gebleichtem Papier gedruckt.
Die Einschrumpffolie – zum Schutz vor Verschmutzung – ist aus
umweltverträglichem und recycelfähigem PE-Material.

10 9 8 7 6 5 4 3 2 1

04 03 02 01

ISBN 3-8272-7033-2

Published by arrangement with Shayne Gilbert c/o Doris S. Michaels Literary Agency.
Dieses Werk wurde vermittelt durch die Literarische Agentur Thomas Schlück GmbH.

ein Imprint der Pearson Education Deutschland GmbH,
Martin-Kollar-Straße 10–12, D-81829 München/Germany.
Übersetzung: Ulrike Bischoff, Schwalmtal
Redaktion: Tanya A. Wegberg, Neuruppin
Lektorat: Dr. Enrik Lauer, elauer@pearson.de
Herstellung: Claudia Bäurle, cbaeurle@pearson.de
Einbandgestaltung: Jarzina Kommunikations-Design, Köln
Titelabbildung: Zefa, Düsseldorf
Satz: PC-DTP-Satz und Informations GmbH, München
Druck und Verarbeitung: Kösel, Kempten (www.koeselBuch.de)
Printed in Germany

Inhalt

Vorwort

Bitte stellen Sie sich das folgende Szenario vor: Sie fliegen in eine Stadt, in der Sie noch nie zuvor waren, stecken den Zündschlüssel ins Schloss eines Mietwagens, fahren aus dem Tor, halten an der ersten Kreuzung an und stellen erschrocken fest, dass Sie keine Ahnung haben, wie Sie zu Ihrem Sitzungsort kommen sollen. Heute eine Website termin- und budgetgerecht aufzubauen ist, als stünde man an dieser Kreuzung: Man weiß genau, wohin man will, hat aber keine Wegbeschreibung. Das vorliegende Buch gibt Ihnen eine solche Wegbeschreibung an die Hand. Wenn Sie Schritt für Schritt den hier aufgezeigten Anweisungen folgen, werden Sie Leitlinien entwickeln, die Ihrer Firma einen termin- und budgetgerechten Internetstart ermöglichen. Im Laufe der letzten sechs Jahre habe ich in Zusammenarbeit mit eingeführten Firmen wie Lucent und Bank Boston und mit schnell wachsenden Internet-Start-ups wie Etrav.com und Zoots.com an der Umsetzung dieser Leitlinien gearbeitet. Die Ressourcen mögen zwar unterschiedlich sein, aber das Endergebnis war stets ein termin- und budgetgerechter Internetstart.

Der erste Schritt besteht darin, die Unternehmensziele zu definieren und realistische Meilensteine zu setzen. Sicher, jeder möchte, dass Millionen Besucher zumindest einmal kurz auf seiner Site vorbeischauen. Aber wer weiß schon, wie viele dieser einmaligen Besucher er als Kunden gewinnen darf, bevor die internen Betriebssysteme überlastet sind und er der Nachfrage all dieser Neukunden nicht mehr nachkommen kann?

Sony hat eine großartige Site für die Direktvermarktung seiner Computer-Notebooks entwickelt, kann aber das Produkt nicht liefern, wenn es nicht vorrätig ist. Gleichzeitig hat PC Connection online vielleicht wegen seiner Lagerhaltung einen größeren Vorrat lieferbar. Schnürt Sony nun seine bisherigen Vermarktungswege ab, um die eigene Lagerhaltung für die Direktvermarktung an den Endverbraucher auszubauen?

Nachdem Levi's etwa ein Jahr lang über seine Website direkt an Endkunden vermarktet hatte, nahm das Unternehmen die Strategie wieder aus dem Netz, vermutlich als Reaktion auf Konflikte zwischen den Vermarktungswegen. Wie der erste Teil dieses Buches zeigt, sind im ersten Schritt der Projektentwicklung realistische Unternehmensziele aufzustellen.

Sobald darüber ein Konsens im Unternehmen erreicht ist, muss man im nächsten Schritt die Marktbedingungen analysieren: Man definiert die Marktteilnehmer, schätzt den Konkurrenzmarkt ein, entwickelt eine Strategie für differenzierte Kundenbeziehungen und verknüpft die vorhandenen Systeme mit dem Online-Markt. Lautet das Ziel, Neukunden zu gewinnen oder die Kundenbindung zu erhöhen? Wenn das Ziel ein besserer Kundendienst ist, dürften die internen Kundendienstmitarbeiter zu den Hauptbenutzern der Website gehören.

Lands' End verwendet die Technologie von LivePerson, um seinen Online-Kunden einen direkten Zugang zum Kundendienst zu ermöglichen. Durch diesen Service hebt sich Lands' End in der Kundenbeziehung von der Konkurrenz ab und vertieft gleichzeitig die Kundenbindung, um so den Boden für zukünftige Käufe zu bereiten. Bei jedem Austausch mit LivePerson gibt es jedoch zwei Beteiligte: erstens einen Kunden und zweitens einen Servicevertreter. Außerdem müssen Servicesysteme modernisiert werden, damit sie auf dieses neue Verfahren des Kundenmanagements geschickt reagieren können.

Wenn die Unternehmensziele und die Marktbedingungen geklärt sind, muss man im dritten Schritt die Ressourcen bestimmen. Dazu sind die technische Web-Guide für die Systemarchitektur (einschließlich Hardware, Applikationen, Systemintegration und Spezialentwicklungen) zu erstellen, ein externer Partner zu finden und der Terminplan für das Projekt festzulegen. Diese Elemente sind Bestandteile der Ausschreibung. Wenn realistische Unternehmensziele aufgestellt sind und nach diesen Vorgaben ein Projektplan entwickelt wurde, lässt sich der Internetstart einer Website in 90 Tagen vorbereiten; das

erfordert allerdings straffe Zielvorgaben, die schnell auf Veränderungen reagieren können und ausbaufähig sind.
Der kostenlose E-Mail-Service Hotmail bediente ein unmittelbares Marktbedürfnis: die Nachfrage nach privaten E-Mails. Da jede E-Mail den Markennamen »Hotmail« trug, wurden die Kunden gleichzeitig zu Vertretern, die den Markennamen schnell verbreiteten und neue Kunden warben.
Sobald die Richtlinien für den Internetstart sorgfältig festgelegt sind, kann die eigentliche Website-Entwicklung beginnen. Der letzte Schritt zur Festlegung von Leitlinien für den schnellen Internetstart ist der Projektplan. Wie eine gute Straßenkarte trägt ein gut durchdachter Projektplan dazu bei, eine Website termin- und budgetgerecht zu starten.

Shayne F. Gilbert

Danksagung

Im Jahr 2001 eine erfolgreiche Internetstrategie zu entwickeln erfordert Einfallsreichtum. 1994 eine Consulting-Firma mit dem Spezialgebiet effektiver Online-Strategien aufzubauen erforderte erheblichen Weitblick. Das vorliegende Buch wäre nicht möglich gewesen ohne den Weitblick vieler Menschen, die bereit waren, das Risiko einzugehen und gemeinsam mit mir eine Consulting-Firma für die Internetwirtschaft aufzubauen. Robert Levine, Beth Ginsberg, Steven Peck, Sally Jackson, Jerome Sohn, Richard Van Pelt, Jeff Shuman und Jeanie-Marie Price waren mir dabei mit ihrer Klugheit und Unterstützung von unschätzbarem Wert.

Aufrichtig danken möchte ich allen Partnern, Kollegen und Klienten, die sich die Zeit genommen haben, das Buch in seinen Anfangsstadien zu kritisieren, namentlich Mark Prahl, Stuart Hilger, Gary Frawley, Margy Stratton Norman, Michael Eizenberg, Nicole Wilkerson, Frank Selldorff, Michael Borum und Lee Levitt. Zu Dank verpflichtet bin ich darüber hinaus all meinen Klienten und Studenten. Mein Dank gilt auch meinen früheren Mentoren, Chip Chase und Byrne Murphy, die mich geduldig und verständnisvoll in die Grundlagen der Wirtschaft und der Unternehmenspraxis eingeführt haben. Besonderen Dank schulde ich Doris Michaels, meiner Agentin, die als Erste das Potenzial dieses Themas erkannt hat.

Abschließend möchte ich meinen Freunden und meiner Familie danken, die mir die Kraft, den Mut und die Inspiration gegeben haben, meine Träume zu verwirklichen: Faye und George danke ich für ihre Liebe und Unterstützung. Mein Großvater Martin war mir mit seiner einzigartigen Mischung aus Liebe und Weisheit immer eine Quelle der Inspiration. Meinen Geschwistern Barry, Alyssa und Susan danke ich für ihren unerschütterlichen Glauben an mich und ihre Ermutigung. Und schließlich möchte ich noch einmal meinen Eltern, Dianne und Henry, danken, deren feste Überzeugung, dass ich alles schaffen könne, was ich mir vornehme, mich zu dem Menschen gemacht hat, der ich heute bin.

Shayne F. Gilbert

I Die Unternehmensziele

1 Der Weg des Projektmanagements

Über Jahrzehnte hinweg beruhte Erfolg auf der stetigen und manchmal langsamen Umsetzung altbewährter Strategien. Wenn man eine Position innerhalb des Unternehmens übernahm, waren für bestimmte betriebliche Funktionen bereits Prozesse installiert. Es gab ein gewisses Maß ererbter Unternehmensstrategien, die in produktbestimmte Positionen eingebaut waren wie Markenmanager, Marketingdirektor und Leiter der Produktentwicklung – bis das Internet kam. Plötzlich wurden neue Unternehmensregeln geschrieben und wieder umgeschrieben, noch bevor die Tinte trocknen konnte, und mit diesen neuen Regeln taten sich neue Karrierechancen auf: Direktor für Online-Strategien, New-Media-Manager, Leiter der Internetinitiativen. All diesen Positionen ist ein Ziel gemeinsam: termin- und budgetgerecht eine tragfähige Internetstrategie zu liefern.

Managern, die an den neu entstehenden Unternehmensmaßstäben mitwirken wollen, bietet dieses Buch einen praktischen Ratgeber, um eine Internetstrategie zu entwickeln und in einem gesetzten Zeit- und Kostenrahmen eine Website aufzubauen. Nach Umsetzung des 90-Tage-Konzeptes kann in der schnelllebigen Internetwelt ein Unternehmen marktführend sein, ebenso schnell aber auch zum Dinosaurier abgestempelt werden. Da erfolgreiche Strategien häufig von den Märkten belohnt werden, stellen Vierteljahresbilanzen oft die Benchmarks dar, die den Aufbau der Website in 90 Tagen vorantreiben.

Die Internetstrategie

Für eine Strategie, die sich in 90 Tagen umsetzen lässt, ist es zunächst notwendig, den Unternehmensbereich auszumachen, der einer Verbesserung bedarf, und dann eine entsprechende Internetlösung zu umreißen.
Zum Beispiel schränken die herkömmlichen Kosten für die Vorratshaltung eines großen Warenbestandes die Auswahl ein, die eine Firma ihren Kunden bieten kann. Wenn der Kunde die Produkte auswählen kann, solange sie noch im Lager sind, lassen sich die Vertriebskosten erheblich senken. Hat der Kunde Zugang zur Lagerliste, kann man die Produkte zentral lagern und über Nacht versenden. Diesen Zugang kann eine Website schaffen und damit sowohl die Auswahl für den Kunden vergrößern als auch die Vertriebs- und Versandkosten senken.
So arbeitet das Unternehmen Webvan nach der Strategie, ein Zentrallager für Lebensmittel und andere Konsumgüter zu schaffen. Da der Lagerbestand zentral verwaltet wird, spart Webvan die Kosten für den Betrieb von Einzelhandelsgeschäften, welche die Waren vorrätig halten und vertreiben. Gleichzeitig haben Kunden über die Website von Webvan Zugang zu einer größeren Produktpalette, die ihnen bequem nach Hause geliefert wird.
Mit einer gezielten Online-Strategie wird das Internet zum Instrument, um traditionelle Betriebsprobleme zu lösen. Für Hersteller, die ihren Lagerbestand straffen wollen, stellt der *indirekte Zugang* zur Kundennachfrage ein Problem dar. Wenn ein Hersteller direkten Kontakt zum Kunden hätte, könnte er seine Produkte besser auf ihren aktuellen Bedarf abstimmen, statt sich an einem erwarteten Bedarf zu orientieren.
Just-in-Time-Daten bieten hier eine Lösung. Über eine Website können Kunden auf der ganzen Welt ihre Wünsche ohne sonderlichen Kostenaufwand dem Hersteller direkt mitteilen. Die größeren Automobilhersteller schlagen diese Richtung derzeit mit kundenorientierten Websites ein, über die der Endverbraucher vor dem Autokauf seine Wünsche und Alternativen angeben kann. Diese Strategie fördert wiederum die Effizienz der Herstellung, da Produkte nach den Spezifikationen des Kunden und nicht nach spekulativem Bedarf produziert werden.
Kundennähe stellt auch beim Projektmanagement eine Herausforderung dar. Zeitliche Beschränkungen bei der Vorbereitung, Terminplanung und Durchführung eines Meetings lassen nur wenig Spielraum, auf den Kunden einzu-

gehen. Ein Meeting zu planen, die Termine abzustimmen, die Dienstleistung präzise zu erbringen und den Nutzen einzuschätzen ist kostspielig und ineffizient. Über eine Website lassen sich Projekte dagegen gemeinschaftlich erarbeiten. Die Möglichkeit, online zusammenzuarbeiten – was traditionell nur mit komplexen Internetlösungen machbar war – entwickelt sich schnell zu einem wesentlichen Vorzug des Webs. Server, die bislang webgestützte Dateien verwalteten, werden derzeit durch Unternehmen wie X-Collaboration so umgestaltet, dass man nahtlos Dokumente gemeinsam einsehen und Informationen verarbeiten kann. In der juristischen Praxis wird die Möglichkeit, gesicherte Dokumente verwalten und zur Einsicht an verschiedene Parteien weiterleiten zu können, traditionell aktenlastige Rechtsvorgänge beschleunigen und effizienter machen.

Niedrige Umstiegskosten für Kunden beeinträchtigen die Fähigkeit eines Unternehmens, seinen Marktanteil zu halten. Da die Regale in Einzelhandelsgeschäften voller gleichartiger Produkte sind, mag ein Kunde den Laden zwar wegen einer bestimmten Marke betreten, sich dann aber aus Preisgründen für ein anderes Produkt entscheiden. Im Internet lässt sich der Kauf eines Produkts effizienter verfolgen und managen.

Hewlett-Packard entwickelte zum Beispiel einen Online-Shop, um den fortlaufenden Servicebedarf der Kunden nach dem Kauf eines Geräts zu decken. Wenn ein Kunde eine Ersatzkartusche für einen bestimmten Drucker im Online-Shop kauft, wird diese Information intern gespeichert, um zukünftige Bestellungen zu erleichtern. Mit der Zeit vertieft diese neue Herangehensweise eines Online-Kundendienstes, der die Kundentreue durch Betreuung und Service nach dem Kauf verstärkt, die Kundenbindung und verringert die Fluktuation, die durch niedrige Umstiegskosten beim traditionellen Einkauf über den Einzelhandel entsteht.

Verzögerungen in der Versorgungskette waren für traditionelle Firmen immer schon ein Schwachpunkt, aber mit Aufkommen des Internets sind die einzelnen Glieder in der Versorgungskette weniger scharf voneinander abgegrenzt. Die US-Regierung nutzt mittlerweile das Internet, um Angebote einzuholen, und hat damit die Versorgungskanäle für Anbieter geöffnet, die in herkömmliche Ausschreibungsverfahren auf Papier nicht einbezogen waren. Das schafft mehr Wettbewerb. Andererseits können Firmen ihre Kaufkraft erhöhen, wenn sie sich mit anderen zusammentun und ihre Ausschreibungen über eine Extranetlösung zentralisieren, um spezifische Anforderungen zu erfüllen.

Das Internet ist sicher kein Allheilmittel für die unzähligen Probleme, denen sich ein Unternehmen tagtäglich gegenübersieht. Bei guter Planung, Entwicklung und Umsetzung von Online-Lösungen kann es jedoch beträchtliche unmittelbare Vorteile für traditionelle Geschäftsabläufe bieten.
Das vorliegende Buch illustriert die Entwicklung einer hochwertigen Strategie, welche die Geschäftsanforderungen und Unternehmensziele für die Website umfassend abdeckt.

- Schritt 1: Die *Festlegung der Unternehmensziele* steckt den Rahmen für realistische Geschäftsziele und erreichbare Unternehmensergebnisse ab. Nachdem die Strategie von der Führungsspitze genehmigt wurde, kann man zu Schritt zwei übergehen.
- Schritt 2: Die *Einschätzung der Marktbedingungen* analysiert den Zielmarkt und die Benutzerbasis, prüft die Konkurrenz, entwickelt eine wettbewerbsfähige Marketingstrategie und zurrt die Strategie der Online-Positionierung fest.
- Schritt 3: Die *Bestimmung der Ressourcen* umfasst eine Einschätzung der internen und externen Fähigkeiten und Ressourcen, die für die Entwicklung der Strategie notwendig sind. Entscheidend für diesen Schritt ist eine klar umrissene Beschreibung der Projektanforderungen, also ein Web-Guide, der dann als Grundlage für eine Ausschreibung bei externen Anbietern dienen kann. Unter der Internetadresse *www.90daystolaunch.com* finden Leser die englischsprachige Version eines solchen Web-Guide, den sie sich herunterladen und auf ihre Bedürfnisse zuschneiden können; hier ist auch Gelegenheit, mit anderen Internetmanagern Erfahrungen und Strategien auszutauschen.
- Schritt 4: Die *Implementierung* umfasst die eigentliche Entwicklung, die erstmalige Anwendung und das fortlaufende Management der aufgestellten Richtlinien.

Web-Guide

Die Ausschreibung ist die Anbieterversion des Projektplans, in dem die spezifischen Details festgelegt sind, welche einen Internetstart im festgelegten Zeit- und Budgetrahmen ermöglichen.

Schritt 1: Festlegung der Unternehmensziele

Bevor man einen realisierbaren Internetplan aufstellen kann, muss das Management einige Entscheidungen treffen, die nicht mit dem Internet zusammenhängen, sondern vielmehr die umfassenden Unternehmensziele des Projekts festlegen. Ob es darum geht, ein neues Produkt auf den Markt zu bringen oder die Kundenbetreuung zu verbessern – diese Entscheidungen bilden die Kriterien, nach denen die Website-Strategie durchgeführt wird. Sobald diese Entscheidung genehmigt ist, kann die Entwicklung des Website-Projektplans beginnen.

In diesem Stadium ist der Internetplan eine Angelegenheit auf höchster Ebene, wo vor allem die strategische Website-Zielsetzung festgelegt wird. Sie spiegelt die Beschränkungen traditioneller Geschäftsabläufe wider, legt die Ziele der Online-Strategie fest und formuliert kurz und bündig die quantifizierbaren Ergebnisse, die erreicht werden sollen. Im Wesentlichen besteht sie aus zwei Teilen: erstens einem konkreten Überblick über den traditionellen Geschäftsablauf und seine Mängel und zweitens einem projektierten Ausblick auf den Online-Geschäftsablauf. Der strategische Plan beginnt mit einer simplen Aussage über das Ziel der Website. Wie im folgenden Beispiel illustriert, sollte dieses Ziel sowohl die kurzfristige Notwendigkeit als auch das langfristige Ergebnis enthalten. Eine Website-Strategie kann zum Beispiel sein, einmalige Kunden in Stammkunden zu verwandeln, prägnant formuliert:

Die Website wird Stammkunden schaffen.

Diese Aussage enthält zwar ein ehrgeiziges Ziel, aber keine Angaben darüber, wie man es erreicht oder welche messbaren Ergebnisse es bringt. Im nächsten Schritt muss man sich mit der Marketing- und Verkaufsabteilung zusammensetzen, um mehr über die bisherigen Beziehungen des Unternehmens zu seinen Kunden zu erfahren: Wie wirbt die Firma traditionell ihre Kunden? Wie viele dieser Kunden kommen wieder? Warum wechseln Kunden? Erst wenn man diese grundlegenden Elemente des traditionellen Geschäftsablaufs versteht, kann man eine gezielte Online-Strategie entwickeln.

Wenn der Internetmanager diese internen Fragen mit der gebotenen Sorgfalt klärt, erfährt er vielleicht, dass traditionelle Werbestrategien zwar bei potenziellen Kunden einen hohen Wahrnehmungsgrad schaffen, aber nur die Hälfte dieser Kunden zu regelmäßigen Abnehmern werden. Und der Grund, weshalb Kunden das Produkt nicht wieder kaufen, kann sein, dass sie im Einzelhandelsgeschäft preiswertere Produkte präsentiert bekommen, welche die genau gleiche Qualität für sich in Anspruch nehmen. Unter der Perspektive einer lebenslangen Kundenbindung ergibt sich daraus folgend eine zweifache Zielsetzung:

- den Kunden über differenzierte Produktvorzüge aufklären;
- einen Vertriebsweg schaffen, auf dem es keine Konkurrenz gibt.

Damit wird das Website-Ziel schon klarer:

> *Um Stammkunden zu schaffen, wird die Website Produktvorzüge herausstellen und einen direkten Vertriebsweg schaffen.*

Allerdings sind die angestrebten Ergebnisse dieser Initiative immer noch nicht festgelegt. Sind zum Beispiel 1000 Zufallsbesucher ein adäquates Maß für eine erfolgreiche Internetstrategie? Was ist, wenn 1000 potenzielle Kunden in sechs Monaten die Website besuchen? In drei Monaten? In zwei Wochen? Auch der Begriff potenzielle Kunden muss vorher definiert werden. Ist ein potenzieller Kunde jemand, der die Website besucht, oder aber jemand, der seine E-Mail-Adresse angibt, um weitere Informationen anzufordern? Es darf nicht vergessen werden, dass die Entwicklung und Verwaltung der Website Ressourcen von anderen Strategien abzieht. 1000 neue, aufgeklärte Kunden in einem Zeitrahmen von sechs Monaten sind möglicherweise recht wertlos, wenn man bedenkt, dass traditionelle Marketingstrategien in derselben Zeit 10000 aufgeklärte Kunden hervorbringen. Die messbaren Ziele (die sich natürlich im Laufe der Zeit entwickeln) könnten darin bestehen, 10000 neue Besucher im Monat anzulocken und 1 Prozent davon (100 im Monat) als Stammkunden zu gewinnen. Die anfängliche strategische Aussage wird dadurch noch zielgerichteter:

> *Um die Gesamtzahl der Stammkunden um 1200 im Jahr zu erhöhen, wird die Website Produktvorzüge herausstellen und einen direkten Vertriebsweg schaffen.*

Höchstwahrscheinlich wird man diese Stammkunden durch eine Kombination von traditionellen und Online-Marketingstrategien werben. Wie in Kapitel 6 über das Branding näher ausgeführt, unterstützt die Promotion der Website-Adresse über alle traditionellen Marketingwege die Online-Initiative.
Die strategische Zielvorgabe der Website muss also nicht nur das übergeordnete Ziel der Internetstrategie enthalten, sondern auch definierbare (und praktikable) Handlungsvorgaben und quantifizierbare Ergebnisse. Wenn einer dieser Aspekte fehlt, wird man mit seiner Website zwar noble Ambitionen verfolgen, aber nur vage Resultate erzielen. Schritt eins liefert die Richtlinien für eine prägnante Definition der Unternehmensziele durch die Geschäftsführung.

Schritt 2: Einschätzung der Marktbedingungen

Wenn die Führungsebene den strategischen Plan gebilligt hat, ist im nächsten Schritt die Marktlandschaft unter die Lupe zu nehmen. Nachdem im strategischen Plan die vorrangigen Adressaten der Website definiert sind, sollte man nun auch andere mögliche Adressaten in Betracht ziehen. Dazu könnten potenzielle Kunden gehören, die bei herkömmlichen Marketingstrategien außen vor geblieben sind, nun aber durch das Internet erreichbar werden.
In diesem Stadium ist es wichtig, das Zielpublikum zu bestimmen. Im Gegensatz zu Geschäftskunden klicken sich Siebzehnjährige auf einer Website stakkatoartig durch die Seiten. Einkaufsmanager suchen dagegen bei einem systematischen Einkaufsbummel nach den günstigsten Konditionen. Man sollte sie mit Aufklärung einfangen und mit einem Kaufvorgang bei der Stange halten, der nicht mehr als einen Mausklick erfordert. Noch besser ist es, ihren Einkaufsbedarf für sie nachzuhalten, ihnen eine virtuelle Lagerliste zu bieten und ihre Vorräte ständig auf einem gewissen Stand zu halten.
HomeRuns.com, ein Lebensmittelversand im Nordosten der USA, speichert frühere Online-Bestellungen und erstellt automatisch eine »persönliche Einkaufsliste«, wenn Kunden ihre nächste Bestellung aufgeben.
Neukunden erwarten etwas anderes als Stammkunden. Geschäftspartner wie Wiederverkäufer, die auf einer Website Produktinformationen suchen, stellen bestimmte Anforderungen an die Detailgenauigkeit. Gegenwärtige und zukünftige Investoren besuchen die Website mit völlig anderen Erwartungen,

und die Presse sieht die Internetseite wieder unter einem ganz spezifischen Blickwinkel. Der erste Schritt zur Entwicklung einer erfolgreichen Positionierungsstrategie besteht darin, die verschiedenen Zielgruppen und ihre anzunehmenden Erwartungen zu definieren und nach Prioritäten zu ordnen.

Es ist zwar zu hoffen, dass die Website in der Mehrzahl willkommene Besucher anspricht, in Wirklichkeit dürfte sie aber wohl auch unwillkommene Besucher, nämlich Konkurrenten, anlocken. Damit sollte man rechnen und die Initiative ergreifen, wenn man seine Website gegen die Konkurrenz positioniert. Da das Internet neu bestimmt, wer ein Konkurrent sein könnte, sollte man sich mithilfe der Suchmaschinen einen Überblick darüber verschaffen.

Geben Sie dazu einige Schlüsselbegriffe Ihrer Branche in die größten Suchmaschinen ein, prüfen Sie die Ergebnisse und schauen Sie sich die Websites an. Bedenken Sie dabei, dass Sie bei diesen Ergebnissen auf manche stoßen, die keine unmittelbare Konkurrenz darstellen (andere Kundenbasis, geografische Konzentration), sondern potenzielle Partner beim Aufbau eines Branchenportals sein könnten, das mit Links und ähnlichen Promotionmitteln eigens auf die Bedürfnisse eines spezifischen Wirtschaftsbereichs zugeschnitten ist.

Nachdem Sie sich einen gründlichen Überblick verschafft haben, sollten Sie ein Positionierungsdiagramm erstellen und es im Laufe der Zeit fortschreiben, um sicherzustellen, dass Ihre Website wettbewerbsfähig bleibt.

PlasticsNet schafft zum Beispiel ein konsolidiertes Portal, über das Anbieter ihre Waren in der Kunststoffindustrie vermarkten können. Durch die Schaffung einer einzigen Bezugsquelle erhöht PlasticsNet die potenzielle Reichweite einzelner Lieferanten erheblich.

Ihr nächster Schritt sollte die Entwicklung einer umfassenden Positionierungsstrategie sein. Ist Platz für einen eindeutigen Marktführer, oder ist die Online-Gemeinschaft stark fragmentiert? Sind die Websites durchweg auf einem technologisch fortgeschrittenen Stand, oder bieten sich Möglichkeiten zur Automatisierung, die alle Konkurrenten in den Schatten stellen? Die Positionierung liefert ein gezieltes Umsetzungsprogramm für den strategischen Plan. Schritt zwei entwickelt Richtlinien für die Bestimmung des Zielpublikums.

Internet-Projektplan

Der Internet-Projektplan oder der Web-Guide legt die Anforderungen fest, die das Unternehmen an die Umsetzung des Projekts stellt. Er ist eine entscheidende Voraussetzung für den Start einer erfolgreichen Website. Aufgestellt wird er vom Projektmanager, der Ziele und Aufgaben des gesamten Projektteams in den Plan einbezieht. Er sollte in der Regel sechs Hauptteile umfassen, welche die Aufgaben und Ressourcen der verschiedenen Teammitglieder klar umreißen.

- Die strategische Zielsetzung definiert die Unternehmensziele der Führung und spiegelt die Anforderungen der Firmenleitung wider.
- Die Positionierungsaussage definiert die Bedürfnisse der Zielgruppe sowie die Wettbewerbssituation.
- Das Branding der Website bildet das eingeführte Unternehmensimage ab, definiert die internen Designspezifikationen und legt die Grundlagen für die Online-Benutzeroberfläche fest.
- Die Auswahl der Architektur, die von der IT-Abteilung entwickelt wird, definiert Altsysteme – also die bereits vorhandenen internen Rechnersysteme – und bestehende Architekturen, soweit sie Einfluss auf die Prozesse haben, die für die Online-Strategie zu entwickeln und einzurichten sind.
- Die Anforderungen an externe Partner liefern eine Einschätzung ihrer Kernkompetenzen und Erfahrungen, um sicherzustellen, dass sie den Gesamtzielen entsprechen.
- Terminplan und Budget werden in der Regel vom Projektmanager aufgestellt, aber in der Feinabstimmung vom Team des externen Partners mitbestimmt. Dieser Teilbereich definiert die spezifischen Meilensteine und Einzelposten, die den Zeit- und Kostenrahmen des Projekts festlegen.

Schritt 3: Bestimmung der Ressourcen

In diesem Schritt wird ein Arbeitsplan erstellt, der die Projektaufgaben definiert. Er dient zur Feststellung der spezifischen Ressourcen, die für den Aufbau der Website erforderlich sind. Das Endergebnis dieses Schrittes ist eine Ausschreibung.
Ein gut dokumentierter Web-Guide trägt zu einem termin- und budgetgerechten Internetstart bei und verhindert ein unüberschaubares Ausufern des Projektes.

Schritt 4: Implementierung

Nachdem die Projektressourcen sorgfältig definiert sind, ist als Nächstes eine Strategie für die Verwaltung der Website nach ihrem Start zu entwickeln. Sobald das Verfahren zur Auswahl eines externen Partners abgeschlossen ist, wird der Projektplan zum Kernbestandteil des Managementplans. Er umreißt sämtliche Projektaufgaben und detaillierten Spezifikationen zu Design, Technologie und Inhalt der Website, aber auch ihre fortlaufende Verwaltung und Wartung. Was passiert zum Beispiel, wenn das Entwicklerteam die virtuellen Schlüssel zur Website übergeben hat? Liefert der Entwickler eine Bedienungsanleitung, stellt er über unbegrenzte Zeit Unterstützung zur Verfügung und hält er eine Reihe von Trainings-Workshops ab, oder verabschiedet er sich mit einem Winken und macht sich auf den Weg zur Bank?
Die Frage der Schulung und der weitergehenden Unterstützung sollte im Projektmanagementplan ausdrücklich behandelt werden. Es gibt branchenübliche Standardverträge und Garantien, die jedoch nicht unbedingt Details abdecken wie Updates der Website, einen 24-stündigen Zugang an 7 Tagen in der Woche (24/7) oder die Einbeziehung neuer Technologien. Nach welchem Verfahren wird die Website nach ihrem Start aktualisiert? Gibt es im Unternehmen eine Flotte junger Website-Programmierer, die Tag und Nacht an den Updates der Website arbeiten? Oder liegt diese Aufgabe in der Zuständigkeit eines Administrationsteams, das zwar keine Websites programmieren kann, aber für die Gestaltung der Inhalte verantwortlich ist? Im ersten Fall mag ein

Zugang zu den Original-Webfiles angebracht sein. Im zweiten Fall sind wohl eher einfach zu editierende Benutzeroberflächen mit einer Back-End-Database erforderlich oder sprachverarbeitende Schablonen, die man speichern und an die Site schicken kann. Welche Lösung man auch wählt, wenn man sich nicht frühzeitig damit beschäftigt, könnte es langfristig teuer werden.

Die Website muss täglich verwaltet werden, damit sie die zugrunde liegenden Unternehmensziele erfüllen kann. Der Internetmanager könnte auch weiterhin die strategische Vision vorantreiben, doch ist es oft sinnvoller, diese tagtägliche Verantwortung für die Website einem Administrator zu übertragen, der manchmal als Webmaster oder Webmanager bezeichnet wird. Wie der Internetmanager sollte auch er ein Generalist sein, der die technische Architektur versteht und gleichermaßen die Integrität der Online-Identität auf der Website zu wahren weiß. In seiner Zuständigkeit kann auch die Aufsicht über die Umsetzung des fortlaufenden Marketings und die Promotion der Website liegen. Schritt vier beinhaltet also die Entwicklung eines Managementplans für die Zeit nach dem Start der Website.

Aufs Jahr gesehen machen die anfänglichen Entwicklungskosten der Website vielleicht nur einen kleinen Teil der Gesamtkosten aus. Verwaltung, Wartung und fortlaufende Aktualisierung können erhebliche Zusatzkosten verursachen, die in das Budget für den Internetstart möglicherweise nicht einbezogen wurden. Das Engagement der Unternehmensleitung für die Internetstrategie ist für einen Internetstart im gesetzten Zeit- und Finanzrahmen von entscheidender Bedeutung.

Die folgenden Kapitel befassen sich mit Detailfragen beim Start einer erfolgreichen Internetstrategie. Kapitel 2 und 3 stecken den Rahmen für die unternehmerischen Möglichkeiten ab, aus denen sich die Internetziele für eine erfolgreiche Website ableiten lassen.

Leitlinien des Projektmanagements

Um in einem festgesetzten Zeit- und Finanzrahmen eine Website-Strategie zu erstellen, wird der erfolgreiche Internetmanager

- gezielte Lösungen definieren für konkrete Unternehmensziele;
- eine strategische Zielsetzung mit begrenzten Leistungsanforderungen entwickeln, die messbar und skalierbar sind;
- eine Positionierungsstrategie entwickeln, die sowohl interne Zielsetzungen als auch externe Marktbedingungen berücksichtigt;
- ein professionelles Team zusammenstellen, in dem sich die individuellen Fähigkeiten ergänzen statt verdoppeln;
- begreifen, dass der Start der Website nur der erste Schritt einer effektiven Internetstrategie ist und ein tragfähiger fortlaufender Managementplan eine Voraussetzung für die Erreichung der Zieletappen darstellt.

2 Der schnellste Weg zum Interneterfolg

Um eine Unternehmensstrategie festzulegen, die online Erfolg haben kann, muss man zunächst eine Einschätzung der gegenwärtigen Situation vornehmen. Um Strategien mit größtmöglichem Marktpotenzial zu entwickeln, sollten Sie nach den folgenden fünf Schritten vorgehen:

- den traditionellen Prozess definieren;
- Unzulänglichkeiten erkennen;
- konkrete Lösungen entwickeln;
- eine Internetstrategie aufstellen;
- klare Maßstäbe festlegen.

Traditionelle Unternehmensprozesse werden selbst für die innovativste Idee zur Bürde. Eine Strategie zur *Ausschaltung des Zwischenhandels* – der Endkunde kann direkt beim Hersteller kaufen – erfordert nach wie vor einen Prozess von Bestellung – Lieferung – Rechnungsstellung. Und um internationale Märkte zu erschließen, braucht man eine mehrsprachige Kundenbetreuung. Nur wenn man den traditionellen Prozess dokumentiert, lässt sich der Internetprozess so gestalten, dass er eindeutige Vorteile bietet. Dieses Kapitel zeigt, wie man traditionelle Unternehmensstrategien an den Erfordernissen der eigenen Firma misst und Unzulänglichkeiten erkennt.

Das Internet bietet die Instrumente, um bestehende Unternehmensprozesse effizienter zu gestalten. Der Online-Handel ist kein neuer Geschäftsweg, sondern eine effizientere Möglichkeit für den Kunden, ein Geschäft zu tätigen. Viele Firmen hätten das Potenzial, diesen Bereich zu dominieren, wenn sie die Unzulänglichkeiten herkömmlicher Geschäftsabläufe erkennten und konkrete Lösungen entwickelten. Häufig halten herkömmliche Unternehmen an ihrer einmal entwickelten Arbeitsweise fest und ermöglichen es damit Start-ups, die Lücke zu füllen und Marktanteile abzuzweigen. Wenn man im Gedränge der Internetwelt von heute einen signifikanten Marktanteil erringen will, braucht man entweder die massive Marketingkraft großer Unternehmen, oder man muss erheblich investieren können. Der Schlüssel zu langfristigen Marktanteilen liegt nach wie vor in der Fähigkeit, Unzulänglichkeiten des herkömmlichen Marktes zu erkennen und zu nutzen.

Erfolgreiche Websites liefern messbare Ergebnisse

Voraussetzung für den Start einer erfolgreichen Website ist ein klar definiertes Unternehmensziel. In gut durchdachten Leitlinien sind eindeutige Richtlinien festzulegen, an denen sich der Erfolg messen lässt. Erfolgreiche Maßstäbe sind dabei unter vielen anderen Möglichkeiten die Folgenden:

- durch das Internet den Marktanteil um 20 Prozent Neukunden erhöhen;
- die Betriebskosten um 10 Prozent senken durch eine automatisierte 24/7-Online-Kundenbetreuung;
- den Jahresumsatz pro Kunden durch E-Mail-Werbung um 15 Prozent erhöhen.

Traditionelle Geschäftsabläufe

Erfolgreich ist eine Website, wenn sie greifbare Ergebnisse für die vorher definierten Unternehmensziele zeitigt. Die folgenden Beispiele zeigen herkömmliche Geschäftsabläufe, die sich durch eine Internetlösung reibungsloser gestalten lassen.

Prozess 1: Die Beziehung zum Kunden

Das herkömmliche Vorgehen

Für einen Verkäufer ist es fast unmöglich, die Wünsche eines Kunden einzuschätzen, wenn er ihn nur in den Laden kommen sieht. Schlendert er müßig herein, um vielleicht im reichhaltigen Angebot herumzustöbern, oder ist er unterwegs, um sich über ein bestimmtes Produkt genauer zu informieren? Treibt ihn Neugier oder Zielstrebigkeit? Es ist für einen Verkäufer nicht einfach, die Bedürfnisse des Kunden schnell einzuschätzen und das Geschäft sofort abzuschließen. Die Beziehung zum Kunden basiert auf der Initiative des Einzelnen. Wenn der Kunde sich zum Kauf entschließt, kann die Beziehung zwischen Laden und Kunden beginnen. Sobald der Verkäufer den Kunden in ein Gespräch verwickelt, Kreditkartenangaben oder das verkaufte Produkt notiert, ist der Kunde kein Unbekannter mehr, und die langfristige Kundenbeziehung kann beginnen. Doch wie viele von den zahlreichen Verkäufen, die im Einzelhandel tagtäglich getätigt werden, stellen tatsächlich eine Kundenbeziehung her, die den nächsten potenziellen Verkauf fördern könnte? Logistisch hat sich das als fast unmöglich erwiesen, und genau das stellt einen erheblichen Mangel im herkömmlichen Geschäftsablauf dar.

Die Mängel beheben

Auf der Website der Firma Dell können Kunden ihren Computer nach Empfehlungen zusammenstellen, die ihre speziellen Verwendungszwecke berücksichtigen (wenn eine Kundin zum Beispiel angibt, dass sie ständig mit dem Computer unterwegs ist, empfiehlt die Website vielleicht ein leichtes Notebook mit geringem Stromverbrauch) oder eigene technische Spezifikationen zugrunde legen (ein Multimediaspezialist braucht vielleicht eine spezielle Videokarte). In jedem Fall bekommt der Kunde ein nach seinen Bedürfnissen gebautes System, und Dell erhält detaillierte Informationen über den Kunden, die als unmittelbare Grundlage für den nächsten Verkauf dienen.

Prozess 2: Der Verkauf

Das herkömmliche Vorgehen

Der traditionelle Weg, über Briefwerbung Neukunden zu gewinnen, ist damit vergleichbar, ein riesiges Netz in der Hoffnung auszuwerfen, dass man ein paar kleine Fische fängt. Als Erstes wird ein Profil der Zielgruppe erstellt, dann ein Werbeschreiben aufgesetzt, das die Aufmerksamkeit potenzieller Kunden erregen soll. Die Firmen hoffen, dass einige dieser möglichen Kunden reagieren werden – indem sie unter einer gebührenfreien Telefonnummer anrufen, an einer Werbeveranstaltung teilnehmen oder die Werbung innerhalb der Firma an einen geeigneteren Ansprechpartner weiterleiten. Obwohl dieses Vorgehen mit Reaktionsraten im unteren einstelligen Bereich sehr ineffektiv ist, war es bislang für manche Firmen immer noch die beste Möglichkeit, um neue Kunden zu werben.

Die Mängel beheben

Der Nahrungsmittelhersteller Kraft mag seine Online-Strategie anfangs verfolgt haben, um verschiedene Rezepte für seine Produkte anzubieten, wie es einem Herangehen an die Website nach dem traditionellen Konzept der Briefwerbung entspricht. Da die Endverbraucher und vor allem begeisterte Stammkunden auf der Website jedoch auch Rezepte und produktbezogene Ideen austauschen können, hat sich aus der anfänglichen Direktwerbung ein unmittelbarer Dialog zwischen den Kunden entwickelt, der sie zu stimmgewaltigen, überaus loyalen Verkäufern macht und die Beziehung sowohl zu diesem Kundenstamm als auch zu Neukunden intensiviert.

Prozess 3: Kundenbetreuung

Das herkömmliche Vorgehen

Jeder, der schon einmal versucht hat, einen Urlaub für eine größere Familie zu planen, weiß nur zu gut, wie schwierig das sein kann. Sobald man ein Urlaubsziel ausgesucht hat, bedarf es eines erheblichen Planungsaufwands, Flüge zu buchen, ein Hotel auszusuchen, Restaurants zu finden, die finanziell und physisch gleichermaßen verdaulich sind, und dafür zu sorgen, dass von der Oma bis zum Kleinkind alle angemessen unterhalten werden. Herkömmliche Reisebüros sind zwar im Planungsstadium großartig, aber oft weniger effektiv, sobald man die Reise angetreten hat.

Die Mängel beheben

Extrav.com löst dieses Problem einer fortlaufenden Kundenbetreuung durch eine einzigartige Kombination von Offline- und Online-Support. Vom ersten Tag arbeitet in dem Unternehmen, das hauptsächlich Gruppenreisen ins Ausland anbietet, der Reiseplaner mit einem Kundenbetreuer zusammen und erstellt einen detaillierten Reiseplan, der allen Teilnehmern online zugänglich ist. Diese auf umfassendem Service basierende kundenorientierte Planung, die zu den Kernzielen der Online-Geschäftsstrategie gehört, führt zu einer differenzierten Kundenbeziehung.

Prozess 4: Infrastruktur der Transaktion

Das herkömmliche Vorgehen

Unternehmen sind auf Zulieferer angewiesen, um einen reibungslosen Betrieb zu gewährleisten. Ein zu spät geliefertes Bauteil oder ein Rohstoff kann den gesamten Herstellungsbetrieb lahm legen. In vielen Unternehmen hängt aber die Beschaffung zusätzlicher Waren weitgehend von persönlichen Beziehungen, einem gezielten Anruf zur rechten Zeit und vorher vereinbarten Verträgen ab. Der Zusammenbruch der Beziehungen kann daher schnell den gesamten Betrieb matt setzen. Gleichzeitig kann es sich auch nachteilig auf die Gewinne und Verluste eines Unternehmens auswirken, auf zu hohen Lagerbeständen zu sitzen. Die Beschaffung und alle damit verbundenen Transaktionen reibungsloser zu gestalten, und sei es auch nur durch geringfügige Veränderungen, kann erhebliche Auswirkungen auf den Betriebsablauf haben.

Die Mängel beheben

Schon früh nutzte FedEx die effizienten Möglichkeiten, die sich online bieten, und ermöglichte Firmen (und Privatpersonen), den Versandweg von Lieferungen über eine Website zu verfolgen. Dadurch ließ sich die Logistik reibungsloser gestalten.

Prozess 5: Lieferfähigkeit

Das herkömmliche Vorgehen

Dank der Leistungsverbesserungen im Transportwesen ist es einfacher geworden, Waren in weit entfernte Gebiete zu schicken. Während sich damit der Operationsbereich erweitert hat, sind viele Unternehmen nicht in der Lage, die regionale Nachfrage zu befriedigen und vertrauen stattdessen auf ein vielschichtiges Vertriebssystem. Hersteller verkaufen an Großhändler, die wiederum über ein eigenes Netz von Zwischenhändlern Einkäufer oder Einzelhändler beliefern. Auf jeder Stufe des Zwischenhandels kommt es zu Preisaufschlägen, einer Verlängerung der Lieferzeiten und Reibungsverlusten.

Die Mängel beheben

Ethan Allen, ein Möbelhersteller mit eigenem Vertrieb, hatte traditionell nur eine begrenzte Reichweite im Einzelhandel. Durch das Internet kann das Unternehmen seine Produkte in Gebiete absetzen, ohne dort in Einzelhandelsgeschäften vertreten zu sein.
Das nächste Kapitel zeigt, wie man konkrete Lösungen entwickelt, eine Internetstrategie entwirft und klare Maßstäbe festlegt.

Definition der Unternehmensstrategie

Sobald Internetprojektmanager die Mängel im herkömmlichen Geschäftsablauf erkannt haben, können sie bei den Unzulänglichkeiten des Marktes ansetzen, um sich online erkennbare strategische Vorteile zu verschaffen. Dazu sollte der Internetmanager:

- eine Einschätzung der Unzulänglichkeiten im herkömmlichen Vorgehen seiner Branche vornehmen;
- diese Branchenunzulänglichkeiten Punkt für Punkt mit den internen Unternehmensstrukturen vergleichen;
- die Vorteile einer Online-Strategie in die Entwicklung und Umsetzung eines Geschäftsablaufs einbeziehen, der das Unternehmen deutlich von der Konkurrenz abhebt.

3 Das Ziel

Die Entwicklung einer erreichbaren und umsetzbaren Online-Strategie beginnt damit, klar umrissene Internetziele festzulegen. Als Erstes müssen Sie zu analysieren, wie das herkömmliche Vorgehen sowohl innerhalb der Branche als auch in Ihrem eigenen Unternehmen aussieht. Anschließend muss herausgearbeitet werden, auf welchem Gebiet dieses Vorgehen Mängel aufweist, damit man ein Internetverfahren entwickeln kann. Das vorhergehende Kapitel zeigte einige Beispiele traditioneller Branchenprozesse auf, deren Unzulänglichkeiten sich durch eine Internetstrategie beseitigen lassen. In diesem Kapitel wollen wir nun einen detaillierten Rahmen abstecken, in dem man zu diesen Branchenprozessen erstens konkrete Lösungen entwickeln, zweitens eine Internetstrategie definieren und drittens klare Maßstäbe setzen kann.

Web-Guide

Der erste Teil des Projektplans sollte mit einer Einschätzung der gegenwärtigen Branchensituation beginnen. In diesem Rahmen gibt der Internetmanager einen kurzen Überblick über die Wettbewerbsvorteile und -nachteile beziehungsweise Unzulänglichkeiten der herkömmlichen Abläufe in seinem Unternehmen. Anschließend umreißt er in groben Zügen den vorgeschlagenen Online-Ablauf und benennt die konkreten Leistungsverbesserungen, die sich durch diesen Prozess erreichen lassen. Der nächste Abschnitt sollte die spezifischen Unternehmensziele und die Maßstäbe definieren, die anzulegen sind, um diese Ergebnisse zu erreichen.

Geschäftspraktiken im Internet

Die Geschäftspraktiken im Internet bieten eine Alternativlösung zu herkömmlichen, ineffizienten Unternehmensstrategien. Voraussetzung für eine solche Lösung ist jedoch ein klar formuliertes Unternehmensziel, das sich innerhalb der bestehenden Beschränkungen des Unternehmens realistisch umsetzen lässt. Ein Schuhfabrikant könnte zum Beispiel erkennen, dass es vielversprechend wäre, Schuhe nach individuellen Kundenwünschen direkt an den Endverbraucher zu liefern. Auch wenn sich die individuellen Vorlieben der Kunden über eine Internetumfrage unmittelbar erfassen ließen, könnte es zu kostspielig werden, diese Informationen in den traditionellen Herstellungsprozess von Massenwaren einzubeziehen, sodass dieses Unternehmensziel letztlich ineffizient wäre.
Die folgenden fünf Punkte zeigen realistische Unternehmensziele, die bereits von Firmen erfolgreich umgesetzt wurden.

Prozess 1: Die Beziehung zum Kunden

Lösungen finden

Die Möglichkeit, Kundenwünsche zu verfolgen, hat für fast jedes Unternehmen den unmittelbaren Vorteil, die Kundenbeziehungen zu vertiefen und sich abzeichnende Nachfragetrends schneller zu erkennen. Die konkrete Internetlösung besteht darin, einen neuen Mechanismus zu schaffen, mit dem sich die Nachfrage der Kunden verfolgen lässt. Wenn man diese Infrastruktur entwickelt, muss sie gleichzeitig eine Strategie enthalten, wie man Kunden Anreize bietet, nicht nur Informationen über ihr Kaufverhalten, sondern auch Anregungen zu liefern, aus denen sich zukünftige Nachfragetendenzen erschließen lassen. Und schließlich sind klare Maßstäbe aufzustellen, vielleicht indem man die durchschnittlichen Jahresverkaufszahlen im Internet dem Umsatz über traditionelle Vertriebswege (zum Beispiel Einzelhandelsgeschäfte) gegenüberstellt.

Eine Internetstrategie entwickeln

Fairmarket, ein führender US-Anbieter von Online-Auktionsdiensten, bietet die Back-End-Infrastruktur, die es großen Unternehmen ermöglicht, Auktionen in ihre Websites zu integrieren. Die Technologie von Fairmarket verfolgt Angebote, Verkäufe und die Aktivität einzelner Kunden. In eine Website wie die der Firma Dell integriert, bietet diese Technologie dem Unternehmen unmittelbaren Zugang zu einer Kundenbeziehung neuer Art – die auf der Nachfrage und dem Verkauf der bislang verkauften Artikel basiert.

Klare Maßstäbe setzen

Diese Informationen können mit den neuen Verkaufswegen verbunden werden und so messbare Werte liefern, ohne sich nachteilig auf traditionelle Unternehmensstrategien auszuwirken.

Prozess 2: Der Verkauf

Lösungen finden

Aus einer Anfrage einen Verkaufsabschluss zu machen kann schwierig sein. Im vorigen Kapitel haben wir das anhand der niedrigen Erfolgsraten von Werbebriefen gezeigt. Leider lässt sich der Erfolg einer Werbebriefkampagne erst messen, nachdem sie abgeschlossen ist. Mit einem System, das den Erfolg einer Werbekampagne zeitgleich anhand präziser Maßstäbe misst, kann man die Angebote ständig modifizieren und damit gezieltere und strategisch effektivere Reaktionen erreichen. Die konkrete Internetlösung besteht in einem anpassungsfähigen Programm der Direktwerbung, das auf Reaktionen mit messbaren Ergebnissen zielt.

Eine Internetstrategie entwickeln

DoubleClick, eine Server-Technologie für Online-Werbung, ermöglicht es Unternehmen, Werbeflächen auf der Basis spezifischer demografischer Daten zu kaufen. Da der Erfolg dieser Werbung – meist gemessen anhand der Häufigkeit, mit der Internetbenutzer die Anzeige anklicken, um auf die entsprechende Website zu gelangen – annähernd zeitgleich zu messen ist, lassen sich die erforderlichen Veränderungen im Laufe der Werbekampagne vornehmen.

Klare Maßstäbe setzen

Diese Technologie – einbezogen in eine Werbestrategie – liefert messbare Ergebnisse im Laufe der Kampagne, die herkömmliche Online-Strategien nicht bieten.

Prozess 3: Kundenbetreuung

Lösungen finden

Den Bedarf aufgrund des früheren Kaufverhaltens zu ermitteln kann nicht nur die Kundenzufriedenheit erhöhen, sondern auch die Produktionskosten senken. In Kapitel 2 haben wir an einem Beispiel gezeigt, wie sich die Kommunikationsmöglichkeiten des Internets nutzen lassen, um eine stärker auf den einzelnen Kunden zugeschnittene Betreuung zu schaffen. Wie kann sich jedoch die Kundenbetreuung quantifizierbar und effizient auf den tatsächlichen Produktionsprozess auswirken? Northwest Airlines (unter anderen) richtet seinen Service an den Bedürfnissen der Kunden aus.

Eine Internetstrategie entwickeln

Nehmen wir an, ein Kunde erkundigt sich online nach einer Flugverbindung von Boston nach Seattle. Als Online-Kundendienst sendet Northwest diesem Kunden nun regelmäßig aktuelle Informationen über Preisermäßigungen und Flüge von Boston nach Seattle und baut die Kundenbeziehung auf der Basis früherer Anfragen auf.

Klare Maßstäbe setzen

Dieses Vorgehen bringt ein zweifaches Resultat: Northwest kann unbesetzte Plätze auf bestimmten Flugrouten effizienter verkaufen und die Nachfrage nach bestimmten Flugverbindungen genauer einschätzen, indem es die Anfragen der Kunden verfolgt. Im Laufe der Zeit kann das Unternehmen sein Angebot gezielt auf die Bedürfnisse seiner Kunden abstimmen. Die Ergebnisse sind quantifizierbar und bieten ein neues Maß an Kundenbetreuung.

Prozess 4: Infrastruktur von Transaktionen

Lösungen finden

Manchmal kann das Internet einer Branche eine völlig neue Infrastruktur für Transaktionen bieten. Music on demand, geliefert über das Internet, führt zu einer beträchtlichen Verlagerung innerhalb der Musikbranche, da dieses Angebot einen direkten Vertriebsweg zum Kunden und völlig neue Herausforderungen im Hinblick auf den Urheberrechtsschutz schafft. Die Musikbranche bekommt als Erste die tiefgreifenden Auswirkungen des Internethandels zu spüren, da sich Musiktitel in komprimierter Form schnell herunterladen lassen.

Eine Internetstrategie entwickeln

Die Technologie kann jedoch auch Möglichkeiten bieten, Downloads zu verfolgen, und damit Messwerte für die Popularität und genaueren Aufschluss über die Hörgewohnheiten der Konsumenten liefern. *MP3.com* bietet einen persönlichen Online-Service an, mit dem Kunden sich ihre ganz persönliche Musikauswahl zusammenstellen können (wodurch *MP3.com* aufgrund der ausgewählten Musiktitel gezielte Werbung schalten kann).

Klare Maßstäbe setzen

Die neue Infrastruktur für Transaktionen, die sich nicht an einer einmaligen Lizenzgebühr, sondern an der Häufigkeit des »Hörens« messen lassen, führt zu einer grundlegenden Umstrukturierung der Vertriebswege in der Musikbranche. Sie verlagert den Vertrieb vom Kauf eines Tonträgers mit einer Vorauswahl von Musiktiteln zu einer individuellen Auswahl, die direkt auf das persönliche Wiedergabesystem übertragen werden. Eine individuelle Musikauswahl mit anschließendem Download und Zugang zu dieser Musik liefert unmittelbare, quantifizierbare Statistiken über Nutzungsdaten.

Prozess 5: Lieferfähigkeit

Lösungen finden

Ein Hersteller, der sich direkt an den Endverbraucher wendet und den Zwischenhandel ausschaltet, kann Lagerhaltungs- und Vertriebskosten senken und diese Kostenersparnis möglicherweise an den Endkunden weitergeben. Weinkellereien sind zum Beispiel nach den geltenden Bestimmungen in den USA traditionell darauf beschränkt, ihre Weine ausschließlich in ihrem Bundesstaat über lizenzierte Händler zu vertreiben; sie können das Internet nutzen, um ihre Produkte in einem größeren geografischen Gebiet zu bewerben und zu verkaufen.

Eine Internetstrategie entwickeln

Obwohl die Herausforderung auf regulatorischer Ebene bestehen bleibt, bieten Unternehmen wie *Wine.com* einen direkten Zugang zu den von regionalen Winzern produzierten Weinen und schaffen diesen lokalen Produzenten damit neue Möglichkeiten, einen breiten Markt zu erreichen.

Klare Maßstäbe setzen

Winzer, die bislang keinen Zugang zu einem breiteren Markt hatten, können nun über einen wesentlich größeren Vertriebsweg messbar mehr absetzen. Unternehmen wie *Wine.com* können dazu beitragen, über diesen Vertriebsweg das Kaufverhalten der Kunden zu verfolgen, Tendenzen zu erkennen, Kundenbindungsprogramme zu entwickeln und aussagefähige Messinstrumente zu liefern.
Voraussetzung für eine erfolgreiche Internetstrategie ist also ein Unternehmensziel mit quantifizierbaren Ergebnissen. Mit einer klar umrissenen Zielsetzung kann der Projektmanager seine Strategie an den bestehenden Marktbedingungen testen.

Ziele der Internetstrategie

Um eine praktikable Internetstrategie zu entwickeln, sollten Sie

- traditionelle Geschäftsabläufe überprüfen, um die Bereiche zu finden, die ihm die größten Verbesserungsmöglichkeiten bieten;
- Unzulänglichkeiten erkennen, die sich online beheben lassen;
- konkrete Lösungen entwickeln, die sich auf die vorhandene Infrastruktur des Betriebs nicht nachteilig auswirken;
- die Internetstrategie kurz und bündig definieren;
- klare Erfolgsmaßstäbe setzen.

II Die Marktbedingungen

4 Die Auswahl der Passagiere

Für eine Einschätzung der Marktbedingungen sind als Erstes die Benutzer der Website zu definieren. Häufig denkt man bei den Benutzern nur an die Endkunden, in Wirklichkeit können dazu aber auch Mitarbeiter gehören, die eine pünktliche Lieferung des Produkts sicherstellen, oder Dritte, die für Zwischenschritte im Lieferprozess wie den Transport zuständig sind.

Web-Guide

Sobald die Unternehmensziele definiert sind, muss man im nächsten Schritt der Projektplanung die Marktbedingungen klären, angefangen bei den Benutzern der Website, die von den Lieferanten bis zum Endabnehmer reichen. Im Allgemeinen lassen sich Benutzer in drei Kategorien unterteilen: erstens Lieferanten, zweitens Mitarbeiter und Betriebsbereiche sowie drittens Endabnehmer. Für jede dieser Benutzergruppen muss die jeweilige Rolle sorgfältig umrissen werden, um damit die reibungslose Durchführung der Internetstrategie zu gewährleisten. Sobald die Rollen und Zuständigkeiten der Benutzer bestimmt sind, ist im nächsten Schritt das demografische und psychologische Profil der Endbenutzer zu erstellen.

Das Unternehmen Petsmart.com verkauft zum Beispiel online Produkte für Haustiere. Wenn ein Kunde ein Produkt bestellt, muss über ein vorher einge-

richtetes Verfahren veranlasst werden, dass der Hersteller dieses Produkt verpackt und ein Paketdienst es ausliefert. Wenn das Paket beim Versand falsch beschriftet wird oder der Paketdienst es beim Transport beschädigt, macht der Endbenutzer keine zufrieden stellende Erfahrung.
Nachdem die Unternehmensziele klar definiert sind, muss man im nächsten Schritt den Geschäftsablauf eindeutig umreißen, soweit er sich auf die spezifischen Rollen und Zuständigkeiten der verschiedenen Website-Benutzer bezieht.

Benutzerprofil

Die Benutzer mögen auf einer gewissen Bandbreite variieren, lassen sich aber im Allgemeinen durch drei Bereiche kategorisieren: der Endbenutzer durch den Vertriebsweg zum Kunden; das Betriebsteam durch seine internen Unternehmensaufgaben, die Lieferanten durch den Vertriebsprozess Hersteller-Verkäufer.

Der Endbenutzer

Aufgrund der viel gerühmten Reichweite des Internets wird häufig angenommen, jede Firma habe unbegrenzten Zugang zu Tausenden und sogar Millionen Endbenutzern. Die potenzielle Reichweite des Internets ist zwar beträchtlich, aber in Wirklichkeit handelt es sich um einen stark fragmentierten Markt, in dem die Endbenutzer sich nicht nur durch ihre traditionellen Präferenzen, sondern auch durch ihre Fähigkeiten unterscheiden, in diesem Medium zu navigieren.
Ein hervorragendes Beispiel ist ein regionales Spielwarengeschäft mit einem treuen Kundenstamm und einem visionären Inhaber namens Gepeto, der weiß, dass ein Spielwarengeschäft im Internet ein erhebliches Marktpotenzial besitzt. Aber dieser Spielwarenhändler hat sich seinen Namen auf einem lokalen Markt geschaffen. Nun muss Gepeto zuerst überlegen, wer in einem unendlich großen Markt seine Endbenutzer sind. Ihr Profil kann er unter drei Aspekten erstellen: Er kann einen Bericht bei teuren (aber sehr namhaften) Forschungsinstituten kaufen, der ihm genau sagt (zumindest so genau, wie Internet-

statistiken sein können), wie viele Spielwaren in den letzten sechs Monaten online verkauft wurden. Er kann verschiedene einschlägige Newsgroups besuchen, um zu sehen, was der Markt über Spielwaren sagt. Beide Möglichkeiten vermitteln ihm einen allgemeinen Eindruck, ob der Markt ausbaufähig ist; zu beachten ist jedoch, dass Gepetos Kernmarkt bislang aus seinem unmittelbaren Einzugsgebiet bestand. Nun möchte Gepeto vielleicht seine Recherchen auf seine bisherigen Kunden konzentrieren. Er kann ihnen also im nächsten halben Jahr einige Fragen stellen, wenn sie sein Geschäft verlassen. *Haben Sie einen Computer? Gehen Sie regelmäßig ins Internet? Haben Sie schon mal etwas über Internet gekauft? Würden Sie meine Spielwaren online kaufen?* Die Antworten könnten ihn überraschen, denn seine Endverbraucher (Kinder) unterscheiden sich sehr von seinen Kunden (Eltern, Freunde und Verwandte, die Geld haben, Spielwaren zu kaufen). Selbst wenn jedes Kind der Welt Zugang zum Internet hätte, würde das also noch nicht unbedingt heißen, dass Gepeto einen unendlichen Markt hätte, denn vermutlich verfügen diese Kinder nicht über genügend Taschengeld, um all die Spielwaren zu kaufen, die Gepeto umsetzen möchte (was ohnehin voraussetzen würde, dass es für ein E-Commerce-Geschäft ausreicht, Münzen in den Laufwerksschlitz einzuwerfen).

Zielgruppenforschung

Durch primäre und sekundäre Recherchen lassen sich die Internetgewohnheiten des Zielpublikums ermitteln. Sinnvoll ist auch die Überlegung, ob die Internetstrategie auf Penetration, Akquisition oder Retention zielen soll. Aus einen solchen Benutzerprofil lassen sich zudem Standards oder Maßstäbe ableiten, die aufgrund dieser Strategien den Rahmen für ein realistisches und angemessenes Projektbudget abstecken.

Gepeto muss also Spielwaren für Kinder verkaufen, deren Eltern (Großeltern, Onkel oder Tanten) bereit, willens und in der Lage sind, ihre Kreditkartennummer über Internet anzugeben. Ein Endbenutzer, aber zwei verschiedene

Kunden – erstens das Kind, das ein Produkt haben will, und zweitens der Erwachsene, der es bezahlt. Wir sind bislang davon ausgegangen, dass sämtliche Kinder der Welt im Internet sind. Nehmen wir an, dass vielmehr die Erwachsenen (vor allem Eltern) im Internet sind, aber dass die Zahl der Kinder, die unbegrenzt Zugang zum Internet haben, in Wirklichkeit begrenzt ist (ein wahrscheinlicheres Szenario). Nun steckt Gepeto in einem interessanten Dilemma. Früher zerrten die Kinder den Erwachsenen in den kleinen Spielwarenladen an der Ecke und standen, bis das Spielzeug gekauft war, mit jenem flehenden Blick da, dem kein Erwachsener widerstehen kann. Allein schon die augenfällige Präsenz seiner Spielwaren in einer belebten Einkaufsstraße hielt die Kosten für Gepetos Kundenstamm-Marketing gering. Jetzt muss er die Nachfrage schaffen und das Vertrauen seiner Kunden gewinnen, ohne auf den flehenden Kinderblick zu vertrauen. Somit bietet ihm das Internet keine unbegrenzten Möglichkeiten, sondern schafft für ihn einen fragmentierten Markt. Obwohl die Endverbraucher die gleichen bleiben, nämlich Kinder, hat sich die Beziehung zwischen Verkäufer und Käufer grundlegend verändert. Langfristig mögen zwar die Kosten des Kundenstamm-Marketings auch weiterhin gering bleiben, aber Gepeto muss eine Strategie entwickeln, um ein begrenztes Publikum zu erreichen, das die Kosten für die Entwicklung einer Internetstrategie rechtfertigt.

Definition des Endbenutzers

Eine sorgfältige Definition des Endbenutzers vorabkann dazu beitragen, langfristig effektivere Ergebnisse zu erzielen.

Da die Akzeptanz des Internets rasch wächst, könnten Gepetos Kunden im Hinblick auf Zugang, Nutzung und Einstellung zum Internet überaus unterschiedlich sein, was seine Beziehung zu den Endbenutzern noch komplexer gestaltet. In einem »Byte-Profil«, das die technischen Voraussetzungen der Endbenutzer erfasst, lässt sich ihr Zugang zum Internet danach unterscheiden, wie sie die Internetverbindung herstellen – über ein Modem zu Hause, über einen ISDN-Anschluss oder einen Glasfaser-Multiplex-Anschluss im Büro. Der Konsument kann technisch innovativ sein, sich die neueste Browser-Version und Plug-in-Anwendungen downloaden, oder gerade erst ins Internet einsteigen und mit einem veralteten Browser durchs Web surfen. Er oder sie kann ein »Web Runner« sein, der den ganzen Tag online ist und langjährige Geschäftsbeziehungen hat, mit dem FedEx-Zusteller auf Du und Du steht und eine First-Virtual-Kreditkarte besitzt. Oder er entrümpelt durch eine Online-Versteigerung nach und nach seinen Dachboden. Wie das Profil auch aussehen mag, Gepeto muss in diesen Attributen die Faktoren erkennen, die zu erheblich unterschiedlichen Erwartungen an seinen Online-Shop führen können.

Nicht alle Szenarien machen den Verkaufsprozess so kompliziert wie das von Gepeto. Eine neue Möglichkeit, die sich als Nebeneffekt ergibt, betrifft die Beschaffung von Büroartikeln in großen Unternehmen. Nach dem herkömmlichen Verfahren muss der Büroangestellte, um den Vorrat an Büroartikeln aufzustocken, vielleicht ein Bestellformular an den Büroleiter weiterreichen, der diese Bestellungen sammelt, bis eine kritische Menge erreicht ist und er eine Sammelbestellung mit Mengenrabatt aufgibt. Statt alle Bestellungen über eine Zentrale laufen zu lassen, kann man dem einzelnen Mitarbeiter die Befugnis einräumen, direkt zu bestellen (aufgrund eines vorhandenen Firmenkontos bei einem Lieferanten von Bürobedarf), und den Prozess von Konsolidierung, Auftragseingang und Versand so komprimieren. Das ist ein Beispiel, wie eine Verlagerung der Kaufkompetenz beim Kunden (auch wenn es sich um denselben Endverbraucher handelt) die Geschäftsabwicklung zwischen dem Lieferanten von Bürobedarf und seinen Firmenkunden effizienter macht. Staples.com hat mittlerweile angefangen, externe Beschaffungssysteme aufzubauen, die dieses Problem in kleinen und großen Firmen angehen.

Die Tatsache, dass im Internet möglicherweise eine Trennung zwischen Endverbrauchern und Kunden erfolgt, kann einen grundlegenden Wandel in der Kundenbeziehung erforderlich machen. Diese Veränderung zu erkennen und sich darauf einzustellen schafft den Rahmen für eine Internetstrategie, die auf die Bedürfnisse des Endbenutzers eingeht, statt an ihnen vorbeizugehen.

Sobald das demografische und technische Profil des Endbenutzers erstellt ist, muss man die Rolle der eigenen Mitarbeiter im neuen Internetprozess festlegen.

Das innerbetriebliche Internetteam

Wenn man neue Geschäftsabläufe über Internet einführt, können sich auch traditionelle Rollen im Unternehmen ändern. Die telefonische Kundenbetreuung wird vielleicht durch E-Mail- oder Online-Betreuung ergänzt oder ersetzt, zum Beispiel durch das bereits erwähnte LivePerson-System. Damit ändert sich der bisherige Aufgabenbereich der Abteilung für Kundenbetreuung, die nun eine entsprechende Schulung braucht, um auf Kundenanfragen per E-Mail antworten zu können. Alternativ kann man einen Teil der herkömmlichen Kundenbetreuung online durch ein integriertes Knowledge-Managementsystem ersetzen, durch das intern Arbeitsplätze wegfallen. In jedem Fall werden solche Veränderungen oder Ausbildungsanforderungen von vornherein erkannt und in die Projektplanung einbezogen, wenn man die Rollen und Zuständigkeiten aller Benutzer klar umreißt.

Das folgende Beispiel zeigt, was passieren kann, wenn eine clevere Internetstrategie fehlschlägt, weil die internen Aufgaben und Zuständigkeiten nicht eindeutig definiert wurden: Ein großes Unternehmen entwickelte eine Internetstrategie, um ein Bewusstsein und letztlich qualifizierte Interessenten für den Start einer neuen Dienstleistung zu schaffen. Der Projektstart wurde von der Unternehmensleitung unterstützt und vorangetrieben. Die erforderliche Informationstechnologie (IT) wurde von außen beschafft, und auch der Produktmanager engagierte sich für diese Strategie. Alles verlief reibungslos, und die Website wurde gestartet. Das Marketing begann, und schon bald meldeten sich Interessenten. Alles war perfekt. Wochen vergingen, und es entwickelten sich weitere Kontakte zu Interessenten. Nur leider wurden aus den Interessenten keine Kunden.

Als man den Prozess durch das gesamte System zurückverfolgte, stellte sich heraus, woran es lag. Neue Geschäftsbeziehungen fielen in die Zuständigkeit eines Angestellten, der für den neuen Prozess weder ausgebildet war noch die entsprechende Handlungskompetenz besaß. Er war nicht einmal an die E-Mail-Gruppe angeschlossen. Jeder neue Kontakt wurde daher auf Papier ausgedruckt und an ihn weitergeleitet. Die Strategie scheiterte, weil man im Rahmen der Gesamtplanung weder die internen Zuständigkeiten angepasst noch die notwendigen Schulungen vorgenommen hatte.

Wie lässt es sich mit der Gesamtorganisation des Unternehmens vereinbaren, wenn das Internet neue oder aber andere Zuständigkeiten für einzelne Mitarbeiter schafft? Der Erfolg eines Internetplans hängt ebenso sehr von der reibungslosen Implementierung interner Geschäftsabläufe ab wie von der Auswahl der technischen Infrastruktur. Ersetzt oder ergänzt der Online-Prozess die bestehenden Abläufe? Wenn er einen vorhandenen Prozess ersetzt, können

zumindest vorübergehend erhebliche Kosten für die Umschulung der Beschäftigten anfallen.
Ein weiteres Beispiel interner Benutzerprozesse bietet eine Softwarefirma, die sich vorausschauend entscheidet, über das Internet Produkt-Upgrades anzubieten. Die unmittelbare Effizienz von Online-Downloads mag zwar auf der Hand liegen, aber intern muss ein gewisses Maß an Training und eine Umstellung gewisser Abläufe stattfinden. Der Download-Prozess erfordert möglicherweise andere technische Voraussetzungen, da subtile Unterschiede der Computersysteme Störungen bewirken können. Das Downloaden mag also Software-Upgrades für den Endverbraucher beschleunigen, führt aber vielleicht zu zusätzlichen Kosten bei den technischen Voraussetzungen.
Wenn sich durch die Internetstrategie die Aufgaben und Zuständigkeiten innerhalb des Unternehmens ändern, so wirkt sich das auf die Effizienz des Online-Prozesses aus. Indem man die Aufgaben der Mitarbeiter im Internetablauf vorab klärt, erhöht man die Wahrscheinlichkeit, dass das Projekt den umfassenden Unternehmenszielen gerecht wird. Für einen termin- und budgetgerechten Internetstart, der die übergeordneten Unternehmensziele effektiv erfüllt, ist es wichtig, schon bei der Projektplanung als Bestandteil des Benutzerprozesses die Aufgaben und Zuständigkeiten der Mitarbeiter zu klären. Dazu gehören auch Schulungen und administrative Strategien, die eine fortlaufende Umsetzung des Internetprogramms gewährleisten.
Sobald das Zielgruppenprofil der Endbenutzer erstellt und die Aufgaben und Zuständigkeiten der betriebsinternen Mitarbeiter im Internetprozess geklärt sind, muss man als dritte primäre Benutzerbasis die Lieferanten beziehungsweise Händler berücksichtigen.

Die Lieferanten und Händler

Wenn ein Kunde einen Wagen kaufen wollte, ging er bisher immer zu seinem örtlichen Autohändler und verhandelte mit ihm. Ob der Kunde nun einen Hyundai oder einen Ferrari kaufte, immer trat er mit dem Händler in Beziehung, der wiederum direkt mit dem Hersteller zusammenarbeitete.
Was passiert, wenn der Kunde sich direkt an den Hersteller wenden und den Händler umgehen kann? Löst das die Beziehung zwischen Händler und Hersteller auf? Ändert es die Machtverhältnisse zwischen Händler und Hersteller? Oder macht es beide zu Konkurrenten?

Wenn die Internetstrategie das Ziel verfolgt, den Markt effizienter zu beliefern, dann mag es logisch erscheinen, dem Kunden die Möglichkeit zu bieten, dass er über eine Website direkt bestellen kann, und damit den Zwischenhändler auszuschalten. Einige Hersteller versuchten, die Kontrolle über die Beziehungen zum Endverbraucher zu übernehmen, indem sie Händlerkonzessionen erwarben. General Motors stieß jedoch 1999 mit seinem Vorhaben, 700 Händlerkonzessionen aufzukaufen, also etwa 10 Prozent seines gesamten Vertragshändlernetzes, auf so erheblichen Widerstand bei den traditionellen Händlern, dass man diesen Plan schließlich fallen ließ.
Aber ist eine Verlagerung des Vertriebs tatsächlich die effektivste Lösung, wenn man eine Internetstrategie entwickelt? Viele der großen Automobilhersteller strukturieren inzwischen ihre Internetstrategie so um, dass sie den Zwischenhandel ausschalten und es dem Endverbraucher ermöglichen, direkt auf ihrer Website einen Wagen auszusuchen und zu kaufen. Wer ist jedoch ohne den Händler für den Kundendienst zuständig? Baut der Hersteller ein neues Kundendienstnetz für die Wartung des Wagens auf? Wer ermuntert den Kunden, sich nach drei statt erst nach vier Jahren einen neuen, besseren Wagen zu kaufen? Welchen Wert legt der Kunde darauf, das Serviceteam zu kennen? Oder wird die Anschaffung eines Wagens zum bloßen Warenkauf? Statt einer Strategie zur Ausschaltung des Zwischenhandels schafft das Internet neue Möglichkeiten, die langfristige Beziehung zum Kunden zu optimieren, da der Händler besser auf individuelle Wünsche eingehen und so die Kundenbeziehung festigen kann. Wenn Informationen über einen Wagen weithin im Internet verfügbar sind, ist die Wahrscheinlichkeit hoch, dass die gleichen Informationen auch über andere Wagentypen verfügbar sind. Die logische Schlussfolgerung ist, dass die Anschaffung eines Wagens zum reinen Warengeschäft verkommt, das ausschließlich durch Preis und Leistungsmerkmale bestimmt wird. Das wäre durchaus denkbar, wenn ein Auto nie einen Ölwechsel brauchte und nie zum TÜV müsste. Außerdem gilt es nur so lange, wie der Kunde seine täglichen Fahrgewohnheiten nicht wegen veränderter Lebensumstände, zum Beispiel der Geburt eines Kindes oder eines Arbeitsplatzwechsels, umstellen muss. Solche Details, die für den Verkäufer über den nächsten Verkauf (und den damit verbundenen Profit) entscheiden können, fließen in eine reine Warenbeziehung nicht ein.
Bei einer individuell auf den Kunden zugeschnittenen Beziehung darf der Zwischenhändler nicht ausgeschaltet werden. Wenn man aber auf diese Beziehung

nicht den angemessenen Wert legt, könnten die Vorteile aus dem unmittelbaren Verkauf verloren gehen, weil die Kundenbindung für den nächsten Kauf zu gering ist.

Ein regionaler Händler in New England hat diese Verlagerung im Zugang zu Informationen erkannt und die Beziehung zu seinen Kunden vorausschauend statt reagierend umgestaltet. Auf der Homepage seiner Website betont der Händler (neben dem Verkauf) das Serviceangebot, zum Beispiel einen kostenlosen Ölwechsel, wenn man online einen Inspektionstermin macht. Außerdem kann man sich auf die E-Mail-Liste des Händlers eintragen lassen (Datenschutz wird ausdrücklich zugesichert) und wird dann über aktuelle Angebote bei Autos, Serviceleistungen und Zubehör informiert. Dieses vorausschauende Herangehen des Händlers an die Online-Kundenbetreuung schafft zufriedenere Stammkunden und kommt letztlich jedoch in hohem Maße dem Hersteller zugute.

Die Rolle des Lieferanten/Händlers im Online-Prozess ist also ebenfalls entscheidend für eine erfolgreiche Internetstrategie. Wenn man die potenziellen Möglichkeiten wahrnimmt, die sich innerhalb der Versorgungskette bieten, und sie auf dem gesamten Vertriebsweg nutzt, lassen sich bessere Ergebnisse erzielen.

Die Rolle des Lieferanten

Der dritte Benutzer im Internetprozess ist der Lieferant beziehungsweise Händler. Bei der Analyse der Benutzerprozesse sollte man sorgfältig darauf achten, wie sich das herkömmliche Verhältnis zum Lieferanten/Händler im Internetablauf gestaltet. Auch wenn man sich kurzfristig Vorteile davon verspricht, den Zwischenhandel auszuschalten, kann dieser Gewinn langfristig durch die zusätzlich entstehenden Kosten für Kundendienst und Kundenbindung aufgezehrt werden. Die Bedürfnisse der drei Hauptbenutzer – Endverbraucher, innerbetriebliche Mitarbeiter und Lieferanten/Händler – im Online-Prozess sorgfältig zu klären ist also eine wichtige Voraussetzung für die erfolgreiche Umsetzung der Unternehmensziele im Internet.

Bedarfsanalyse

Sobald die verschiedenen Benutzer definiert sind, muss man als Nächstes festlegen, welche Benutzergruppe Priorität für die übergeordnete strategische Zielsetzung hat, und eine detaillierte Bedarfsanalyse erstellen, die sich in die termingerechte Entwicklung und Umsetzung des Internetprozesses integrieren lässt.

Integration aller Benutzer

Der einfachste, aber am wenigsten effektive Weg, die Bedürfnisse der verschiedenen Benutzer zu integrieren, ist, eine Gruppe als wichtiger einzustufen als die anderen und die Bedürfnisse der Übrigen zu ignorieren.
Effektiver ist es, ein Flussdiagramm zu erstellen, in dem die Rollen der verschiedenen Benutzer klar umrissen sind. Bei einem lokalen Einzelhändler könnte der Ablauf in seiner einfachsten Form etwa aussehen wie in Abbildung 4.1. Dieser Ablauf wird durch das Internet vielleicht rationeller gestaltet, ist aber noch nicht vollständig automatisiert und erfordert immer noch menschliches

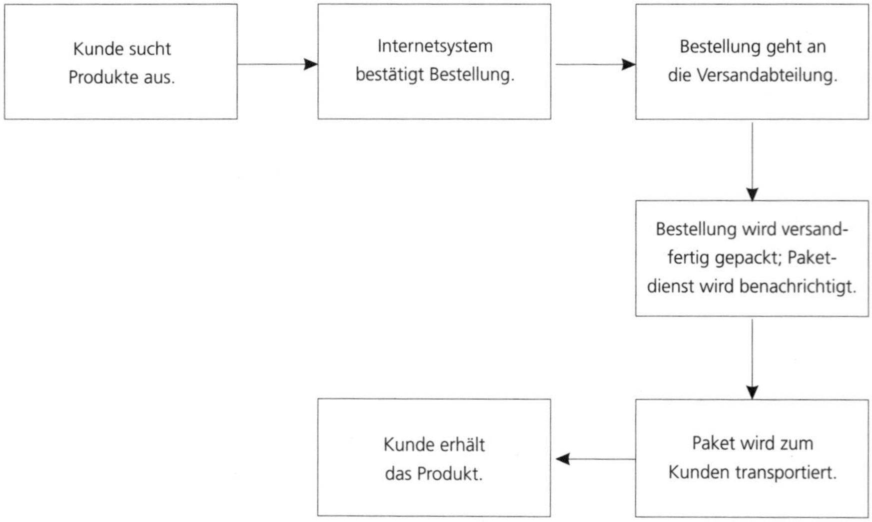

Abbildung 4.1 Beispiel eines Flussdiagramms

Eingreifen. Wenn es auch nur in einem Teilschritt des Prozesses an der erforderlichen Unterstützung der Benutzer (egal ob Kunde, Mitarbeiter oder Händler) fehlt, können die Erwartungen an die Leistungsfähigkeit des sorgfältig geplanten Ablaufs enttäuscht werden, weil die unterstützenden Prozesse unzureichend sind.

Wenn die Bestellungen zum Beispiel die Versandkapazitäten oder den Lagerbestand übersteigen, wie es in der Urlaubssaison 1999 vorgekommen ist, lässt sich der Vorgang trotz ausgeklügelter Internetlösungen nicht erfolgreich abschließen.

Web-Guide

Ein Flussdiagramm zeigt die verschiedenen Aufgaben und Zuständigkeiten der Benutzer im Online-Prozess. Wenn es in den zweiten Teil der Projektplanung einbezogen wird, liefert dieses Diagramm eine prägnante Straßenkarte für die erfolgreiche Umsetzung von Internetstrategien.

Missachtung einzelner Benutzergruppen

Auf die Bedürfnisse einer Benutzergruppe einzugehen und die Auswirkungen auf andere zu ignorieren ist ein Problem, das sich für den örtlichen Spielwarenhändler nicht stellt. Anders sieht es bei einem großen Hersteller von Baufahrzeugen aus, der das Internet als wertvolle Möglichkeit erkennt, unmittelbaren Kontakt zu seinen Endkunden aufzunehmen. Vor dem Internetzeitalter war es für ihn effizienter, den Endverbraucher über einen Zwischenhändler zu erreichen, der die hohen Kosten für die direkte Beziehung zum Kunden tragen konnte.

Durch das Internet und ein System, das Kundenprofile erstellt und mit einer Datenbank verbunden ist, lassen sich die herkömmlichen Kosten für den direkten Kundenkontakt senken. Die Geschäftslogik legt den Schluss nahe, dass ein direkter Internetkundenservice Vorteile für den Hersteller wie auch für den Kunden bietet.

Doch trotz der Kosteneinsparung, die dieser direkte Kundenkontakt ermöglichen mag, sind die Auswirkungen auf den Service zu bedenken, wenn man den herkömmlichen Zwischenhändler ausschaltet. Denn nun verlagern sich die Serviceansprüche vom Zwischenhändler auf den Hersteller. Da der Kunde nicht mehr den netten Händler um die Ecke anrufen kann, wird er direkt beim Hersteller anrufen (oder ihm eine E-Mail schicken). Will der Hersteller einen gleich guten Service bieten wie ein örtlicher Händler, muss er vielleicht einen Mitarbeiter zum Kunden schicken, der vor Ort eine Inspektion vornimmt, um die richtige Lösung für das Problem zu finden. Da der Hersteller sich die traditionelle Servicegrundlage entzogen hat, muss er einen Internetkundendienst aufbauen, oder er läuft Gefahr, einen treuen Kunden an einen servicefreundlichen Händler zu verlieren.

Indem er sich von seinem Zwischenhändler entfremdet, setzt sich der Hersteller neuen Ansprüchen aus. Wer soll nun den Kundendienst für den Hersteller übernehmen, wenn nicht eben der Zwischenhändler, den er aus dem Vertriebsweg ausgeschaltet hat? Wenn man die Bedürfnisse und in diesem Fall die zentrale Rolle der verschiedenen Beteiligten nicht klar erkennt, kann die Internetstrategie dazu führen, dass man Unzulänglichkeiten der einen Art durch solche anderer Art ersetzt.

Alle Benutzergruppen in die Projektplanung einbeziehen

Um eine Internetstrategie zu entwickeln, die den übergeordneten Unternehmenszielen entspricht und zudem funktionell ist, muss der Projektplan die Rollen aller Benutzergruppen einbeziehen.

Web-Guide

Teil 2 des Projektplans sollte den Geschäftsablauf detailliert in einem Flussdiagramm darstellen, einschließlich der Rollen und Zuständigkeiten aller Beteiligten, Kunden, Mitarbeiter, Zwischenhändler oder Lieferanten.

Prozessziele

In diesem Stadium werden die allgemeinen Unternehmensziele, die im ersten Teil des Projektplans umrissen wurden, weiter ausgeführt und als konkrete Prozessziele formuliert. Wenn das Unternehmensziel zum Beispiel in einer Live-Online-Kundenbetreuung besteht (beispielsweise durch LivePerson), sollte man die entsprechende Schulung des Personals in die Projektplanung aufnehmen.

Sobald man die übergeordneten Ziele mit spezifischen Prozessanforderungen verknüpft, nimmt die Internetarchitektur allmählich konkrete Gestalt an. Nehmen wir ein Fallbeispiel: Ein großer Hersteller beschließt, ein bestimmtes Zubehörteil direkt an den Endkunden zu vermarkten, den Einbau dieses Teils muss jedoch ein örtlicher Zwischenhändler vornehmen. Dieses übergeordnete Ziel wird nun in eine Reihe untergeordneter Prozessziele aufgegliedert, die alle Anforderungen der verschiedenen Benutzer widerspiegeln.

- **Prozessziel 1:** Der Hersteller schafft eine Website, auf der er die Vorzüge des Produkts herausstellt, aber auch Informationen über örtliche Händler nach der Postleitzahl des Benutzers liefert. Hersteller und Händler handeln eine Vereinbarung über den Einbau eines jeden Zubehörteils aus, der über die Website des Herstellers zustande gekommen ist (zum Beispiel Beteiligung am Einbauhonorar).
- **Prozessziel 2:** Über einen festgelegten Code verfolgt der Händler die über die Website hergestellten Kundenkontakte. Der Kunde erhält den gleichen Service, unabhängig vom Kaufort (traditionell oder auf der Website des Herstellers).
- **Prozessziel 3:** Der Hersteller und der Zwischenhändler richten ein internetgestütztes Verfahren ein, um Verkäufe über die Website zu erfassen und monatlich abzurechnen.

Indem man die übergeordneten Unternehmensziele in untergeordnete Prozessziele aufgliedert, legt man im Voraus die jeweiligen Aufgaben und Zuständigkeiten innerhalb der Internetstrategie fest.

Zeitplan

Wenn die Prozessziele für die Benutzer vorab festgelegt werden, führt dies zu einer langfristigen, tragfähigen (und erfolgreichen) Internetstrategie. Da das Internet sich sehr schnell verändert, ist es jedoch wichtig, sie in kleineren Teilschritten immer wieder zu überprüfen und mit dem Gesamtkonzept abzustimmen. Ein gutes Beispiel für ein Prozessziel ist, die Technologie von »LivePerson« in die Kundenbetreuung einzubeziehen. Es kann aber durchaus sein, dass in sechs oder neun Monaten die Verwendung der Stimmerkennung im Internet massenhafte Verbreitung gefunden hat, was eine völlig neue Grundlage für die Kundenbetreuung schafft. Daher muss im Zeitplan der Internetstrategie vorgesehen sein, die Prozessziele immer wieder zu überprüfen, damit die in der langfristigen Zielsetzung umrissenen Unternehmensziele schrittweise umgesetzt werden. In dem Maße, wie diese Teilschritte erreicht sind, ändern sich sowohl die Prozessziele als auch die Rollen und Zuständigkeiten der verschiedenen Benutzer.

In der Anfangszeit von Yahoo! unterschied sich diese Suchmaschine unter anderem durch ihren Service, die Websites von menschlichen Editoren überprüfen zu lassen. Als mit der Popularität von Yahoo! auch die Zahl der Einträge zunahm, mussten die Editoren mehr Sites überprüfen; die Anforderungen im Rahmen des ursprünglichen Verfahrens wuchsen also mit der Zeit. Später ging Yahoo! eine Partnerschaft mit einem automatisierten Site-Directory ein, das den persönlichen Leistungsservice ergänzte, und schaffte es so, das Wachstum zu bewältigen und seine Marktposition zu bewahren.

Regelmäßige Evaluierung

Das Flussdiagramm für den Benutzerprozess sollte ständig anhand der erreichten Unternehmensziele und der veränderten Marktbedingungen überprüft werden. So entwickelt sich der Ablauf wie von selbst als Teil des Internetprozesses weiter, statt Marktchancen zu behindern oder zu bremsen. Im Zeitplan für die Beurteilung und Modifikation der Internetstrategie sollte eine regelmäßige Überprüfung in einem Turnus von drei Monaten vorgesehen werden.

Wenn man die Prozessziele regelmäßig in einem Turnus von 90 Tagen überprüft, werden die übergeordneten Unternehmensziele ständig evaluiert, sodass die Website mit den sich weiterentwickelnden Bedürfnissen der Benutzer Schritt halten kann. Das Verfahren gliedert sich also in viele, ständig wiederkehrende Prozessziele, statt in einer geradlinigen internen Entwicklung auf ein Endziel hinzuführen. Wenn man die Benutzer in den Prozess einbezieht (wie in dem oben angeführten Beispiel gezeigt), kann man Marktentwicklungen schneller erkennen und auf sie reagieren.

Eine Internetstrategie für eine wachsende Basis

In einer herkömmlichen Unternehmensstrategie zieht man möglicherweise in verschiedenen Stadien ausgewählte Fokusgruppen hinzu, um das Unternehmenskonzept zu testen. Im Internet werden solche Fokusgruppen zu Mikrokosmen tragfähiger Marktstrategien.

Eine gezielte Internetstrategie kann zum Beispiel bei einer ausgewählten Benutzergruppe ansetzen, die aus Endverbrauchern, Verkäufern, Zwischenhändlern oder einer anderen Benutzerkategorie bestehen kann. Als Nächstes schafft man eine Online-Umgebung, in der sie miteinander kommunizieren können (zum Beispiel Chatrooms, User Groups, Webkonferenzen). Wenn Bedarf nach mehr Informationen besteht, gibt man ihnen online Zugang zu diesen Informationen und misst ihre Reaktion. In dem Maße, wie die Interaktionen zunehmen, bezieht man weitere Benutzer in die Fokusgruppe ein. Wenn zum Beispiel die ursprüngliche Benutzerbasis (vielleicht eine Gruppe von Großhändlern) effizienteren Zugang zu Produktspezifikationen verlangt, schafft man eine Umgebung, in der Produktingenieure Informationen verschicken und Rückmeldungen bekommen können. Der Dialog der ursprünglichen Fokusgruppe weitet sich aus und umfasst nun Management, Hersteller, Großhändler und Ingenieure. Je nach Bedarf bezieht man weitere Parteien ein, zum Beispiel einige wichtige Kunden, und beobachtet die Ergebnisse. In dem Maße, wie diese Gruppe wächst, entwickelt sie sich von einer herkömmlichen Fokusgruppe zu einem Mikrokosmos des Marktes, der sich sehr schnell weiterentwickelt und ganz von selbst Marktchancen eröffnet.

Chancen

Die nächste Herausforderung liegt im Wachstum. Ist der Erfolg auf bestimmte Untergruppen von Benutzern aufgebaut, so mag dies auf eine finanziell machbare Marktchance hinauslaufen – oder auch nicht. Es ist daher wichtig, die Bedarfsentwicklung zu erfassen und zu steuern. Was vielleicht als Strategie zur Direktvermarktung angefangen hat, kann sich schwerpunktmäßig dahin entwickeln, mehr an traditionelle Kunden zu verkaufen, indem man eine ausbaufähige Kundenprofil-Datenbank anlegt.

Definition der Benutzer

Wenn die übergeordneten Unternehmensziele definiert sind, kann der Projektmanager anfangen, die Details zu konsolidieren, die einen reibungslosen Online-Ablauf gewährleisten. Als Erstes sind die verschiedenen Benutzer und ihre jeweiligen Rollen im Online-Prozess zu definieren. Zu den Benutzern gehören Kunden, Mitarbeiter und Händler/Lieferanten. Bei der Definition ihrer Rollen und Zuständigkeiten sollte der Projektmanager Folgendes beachten:

- Es ist ein vorläufiges Profil aller Benutzergruppen und ihrer jeweiligen Rolle im Online-Prozess zu erstellen.
- Die Rolle jeder Benutzergruppe wird prägnant in einem Flussdiagramm erfasst, das in den Projektplan einbezogen wird; zu beachten ist, dass diese Rollen sich im Laufe der Zeit weiterentwickeln.
- Es ist eine Wachstumsstrategie vorzusehen, in der die Rolle der Benutzer sich mit der Zeit weiterentwickeln kann, weil der Bedarf sich ändert und vorher klar definierte Unternehmensziele erreicht wurden.

5 Die Wettbewerbshürden

Nachdem die internen Unternehmensziele in spezifische Benutzerbedürfnisse übersetzt sind, gilt es als Nächstes, die Marktalternativen für das Zielpublikum einzuschätzen. Durch eine genaue Analyse der Wettbewerbssituation lässt sich das unternehmerische Risiko des Internetstarts verringern.

Jeder Weg zu einer eigenen Website sollte von der Annahme ausgehen, dass ein anderer in der Geschäftswelt bereits die Grundlagen für eine ähnliche Internetstrategie zumindest ansatzweise geschaffen hat. Denn nimmt man umgekehrt an, die eigene Idee sei so originell, dass es noch kein ähnliches Unternehmen oder Projekt gibt, verliert die Projektplanung sofort an Biss, weil sie auf wertvolle Anregungen verzichtet, die sich aus einem solchen Lernprozess ziehen lassen. Damit erschwert man sich einen schnellen und effektiven Internetstart. Es ist also wichtig, sich die Konkurrenz anzuschauen, vom schwerfälligen Unternehmen, das unter der Last seiner Altsysteme zu leiden hat, bis zum Kid von nebenan, das von einem freigiebigen, reichen Onkel finanziert wird.

Der nächste Schritt der Projektplanung ist eine Strategie für die eigene Positionierung in der Wettbewerbslandschaft, die alle relativen Stärken und Schwächen der Hauptkonkurrenten detailliert aufzeigt. Die folgenden Leitlinien für den Konkurrenzmarkt schaffen die Grundlage für:

- eine Definition der Schlüsselvariablen, die eine Einschätzung der Stärken und Schwächen von Konkurrenten zulassen;

- eine genaue Bestimmung der Konkurrenten;
- die Entwicklung einer wettbewerbsfähigen Positionierungsstrategie.

Wettbewerbsanalyse

Die Marktbedingungen und die Strategien der Konkurrenten gründlich zu verstehen ist eine entscheidende Voraussetzung für den erfolgreichen Internetstart. Die Beurteilung dieser Marktbedingungen umfasst:

- eine Analyse der wichtigsten Websites der Branche;
- einen summarischen Überblick über die Marktbedingungen außerhalb des Internets, um aufkommende Internetstrategien besser und früher vorhersehen zu können;
- eine offensive Wettbewerbspositionierungsstrategie.

Die wettbewerbsfähigste Positionierungsstrategie für das Internet kann für einzelne Unternehmen darin bestehen, eine branchenweite Lösung anzubieten. Websites wie *esteel.com* und *PlasticsNet.com* sind Beispiele für Branchenveteranen, die ihr jeweiliges Können und Fachwissen genutzt haben, um einen konsolidierten Online-Markt zu schaffen. Die Brüder Tim und Nick Stojka nahmen 1995 eine umfassende Wettbewerbsanalyse ihres Familienunternehmens in der Kunststoffindustrie vor. Statt eine Website aufzubauen, die sich ausschließlich an ihre traditionellen Endabnehmer richtete, trafen sie die vorausschauende Entscheidung, einen Online-Marktplatz für den An- und Verkauf von Waren der Kunststoffindustrie zu schaffen, die einen Gesamtumsatz von 370 Milliarden Dollar hat. Ihre Wettbewerbsanalyse einer Marktchance, die auf dem Lieferanten als Endabnehmer aufbaute, hat es ihnen ermöglicht, zu Online-Marktführern in der Kunststoffindustrie zu werden.

Die Schlüsselvariablen definieren

Bei ihrer Online-Analyse stellten die Gebrüder Stojka fest, dass der signifikanteste Erfolgsfaktor jedes einzelnen Konkurrenten der individuelle Einfluss war, den er innerhalb der stark fragmentierten Vertriebswege ihrer Branche besaß. Um diese Chance zu erkennen und diesen Faktor als beste Geschäftsmöglichkeit einzustufen, mussten sie die bestehenden Marktbedingungen sehr gut kennen. Wenn man diese erfolgreiche Positionierungsstrategie als Benchmark für die Analyse von Marktvariablen nimmt, lässt sich am folgenden hypothetischen Fallbeispiel illustrieren, wie man die wichtigsten Wettbewerbsvariablen in eine Rangfolge für die Internetstrategie bringt. Nehmen wir ein Reisebüro, das auf seinem lokalen Markt traditionell führend ist und nach dem pro Kunden erzielten Bruttoertrag den zweiten Platz belegt. Da die meisten Menschen jedes Jahr eine Urlaubsreise machen, steht den anfänglichen Kosten für die Kundenakquisition die Kundenbindung gegenüber, die über Jahre hinweg Erträge bringen kann. Um die hohen Kosten der Kundenakquisition zu minimieren, hat das Reisebüro sein Wachstum traditionell durch den Erwerb kleinerer Reisebüros der näheren Umgebung erzielt, wo die Wahrscheinlichkeit einer Wiedererkennung des eingeführten Firmennamens am höchsten war. Wachstumsgrenzen basieren in erster Linie auf der Fähigkeit, mehr Kunden den gleichen oder einen besseren Service zu bieten als das übernommene Unternehmen. Der erste Schritt zur Übernahme der Konkurrenz besteht jeweils in der Möglichkeit, den Firmennamen kostengünstig in einer Region zu bewerben.
Was das Reisebüro hauptsächlich von anderen Anbietern unterscheidet, ist sein Service, da es in der Lage ist, erstens aufgrund des früheren Kaufverhaltens persönliche Reisepräferenzen seiner Kunden zu berücksichtigen (die meisten Kunden wurden immer vom gleichen Kundenberater bedient) und zweitens die günstigsten Preise zu finden und schnell auf Kundenbedürfnisse zu reagieren. Beim Komfort ist das Reisebüro allerdings nicht wettbewerbsfähig, weil für die Kundenberater die herkömmlichen Arbeitszeiten von 9 bis 18 Uhr an Werktagen gelten. Obwohl also der Service die große Stärke des Reisebüros ausmacht, könnte es bislang nicht mit einem Anbieter konkurrieren, der 24 Stunden am Tag, 7 Tage in der Woche (24/7) erreichbar ist und außerdem Direktverbindungen zu Reservierungssystemen von Fluggesellschaften und/oder Hotels herstellen kann.

Das Reisebüro denkt nun daran, sein Einzugsgebiet durch das Internet auszuweiten, muss aber zunächst die Bedürfnisse seiner Kunden analysieren, um eine wettbewerbsfähige Positionierungsstrategie zu entwickeln. Die wichtigsten Wettbewerbsvariablen sind Kundenakquisition und persönlicher Service. Bislang beruhte die Akquisition von Neukunden auf einer regionalen Wachstumsstrategie. Theoretisch hebt das Internet die regionalen Beschränkungen für den Kundenservice auf, erhöht aber den Druck, ein hohes Maß an persönlichem Service zu bieten. In diesem Bereich gibt es zwei vorhandene Benutzeranforderungen und eine potenzielle Servicelösung, die sich nur durch das Internet effizient realisieren lassen. Als Erstes beschäftigt sich das Reisebüro mit der Notwendigkeit, einen ganz persönlich auf den Kunden zugeschnittenen Service zu bieten. Im Hinblick auf langfristige Kundenzufriedenheit baut es eine feste Beziehung zum Kunden auf. Um das im Internet umzusetzen, investiert das Reisebüro zum Beispiel erhebliche Ressourcen in die Schaffung eines Online-Systems, das Kundenprofile erstellt und über das Kunden und Kundenberater eine detaillierte Datenbank der Kundenpräferenzen aufbauen können, die in Zukunft zu geschickteren, effizienteren Entscheidungen führen. Mit anderen Worten, die *erste Notwendigkeit* ist, den maßgeschneiderten Service durch persönliche Kundenprofile auf das Internet zu übertragen.

Die *zweite Notwendigkeit*, die das Reisebüro in Angriff nimmt, ist die Möglichkeit, das günstigste Angebot zu finden. Im Internet lässt sich das durch ein Verfahren realisieren, bei dem der Kunde eine Anfrage mit verschieden gewichteten Parametern (Preis, Zeit, Komfort) stellen kann und das Online-System die beste Lösung liefert.

Die *dritte Notwendigkeit* ist die Möglichkeit, rund um die Uhr die ganze Woche erreichbar zu sein, was das hohe Maß an Kundenservice aufrechterhält.

Wettbewerbspositionierung

Es ist wichtig, die Internetstrategie des Unternehmens im Kontext des Online-Marktes zu entwickeln. Als neuer Vertriebsweg kann das Internet andere Möglichkeiten für einen differenzierten Service bieten als traditionelle Wege. Vergleichen Sie sämtliche Vorzüge und Mängel dieses Vertriebswegs mit der herkömmlichen Unternehmensposition.

Wenn das Reisebüro seine historische Kundenbeziehung definiert und sich auf die Bedürfnisse konzentriert, die sich durch einen Online-Austausch besser abdecken lassen, kann es eine wettbewerbsfähige Positionierungsstrategie in Richtung auf die angestrebten Ergebnisse entwickeln. Denn der Konkurrenzmarkt definiert sich allgemein über Bedürfnisse und nicht über generelle Marktchancen. Wenn das Reisebüro sich auf diese Bedürfnisse konzentriert, kann es in seinem Angebot an seinen angestammten Stärken ansetzen, statt lediglich auf eine vermutete Marktchance zu reagieren.

Den Standort der Konkurrenten bestimmen

Nachdem die Variablen definiert sind, die den größten Einfluss auf die Wettbewerbsposition haben dürften, sind als Nächstes die Chancen auszuloten, die es dem Unternehmen ermöglichen, zum aggressivsten Konkurrenten des Online-Marktes zu werden.
Die Konkurrenz lässt sich auf zwei Ebenen definieren, erstens horizontal und zweitens vertikal. Für das regionale Reisebüro besteht die *horizontale Konkurrenz* aus den traditionellen Wettbewerbern – anderen Reisebüros, Filialen und sogar Direktvermarktern wie Fluggesellschaften. Die *vertikale Konkurrenz*, mit der wir uns später in diesem Kapitel eingehender befassen, entsteht durch Serviceanbieter, die mit ihrem Informationsangebot den Entscheidungsprozess des Zielpublikums beeinflussen können.

Horizontale und vertikale Konkurrenz

Da im Internet alle Anbieter direkten Zugang zum Endverbraucher haben, kann hier sowohl horizontale als auch vertikale Konkurrenz herrschen. Horizontale Konkurrenz entsteht durch den traditionellen Wettbewerb gleichartiger Unternehmen, die ähnliche Dienstleistungen oder Produkte anbieten. Vertikale Konkurrenz entsteht aus dem nicht traditionellen Wettbewerb zwischen allen Gliedern der Lieferkette, die im Internet kostengünstiger einen direkten Zugang zum Endverbraucher herstellen können.

Im Internet ist die traditionelle Konkurrenz – große Reiseveranstalter und Direktvermarkter – nur einen Klick von der Website unseres Reisebüros entfernt. Die Fähigkeit, dem Kunden so effizient wie möglich das günstigste Angebot zu machen, wird durch das Internet daher noch wichtiger. Vielleicht sollte sich das Reisebüro sogar überlegen, ob es überhaupt ratsam oder kosteneffektiv ist, sich auf diesem Bereich dem Wettbewerb online zu stellen. Stattdessen könnte es der Variablen, das günstigste Angebot zu machen, eine geringere Priorität einräumen und den Schwerpunkt auf den persönlichen Service legen. Die Fähigkeit, ein detailliertes Kundenprofil auf der Basis des bisherigen Kaufverhaltens zu erstellen, könnte sich als eindeutiger Vorteil für eine wettbewerbsfähige Positionierungsstrategie erweisen. Die historisch gesammelten Informationen über das Reiseverhalten der Kunden, die in der bestehenden Kundendatenbank vorhanden sind, lassen sich in einer Internetstrategie als vertretbarer Wettbewerbsvorteil einsetzen, da kein anderer horizontaler Konkurrent Zugang zu diesen Informationen hat. Allerdings sind diese Daten möglicherweise noch nicht in einer für den Endkunden geeigneten Form verfügbar, obwohl dieser sie vielleicht nicht nur online einsehen, sondern auch in einem bislang nicht üblichen Verfahren darauf Zugriff haben möchte. Ein einfaches Beispiel ist ein Kunde, aus dessen Unterlagen hervorgeht, dass er bisher in Flugzeugen einen Sitzplatz am Mittelgang bevorzugt hat. Bei einem bevorstehenden Flug könnte er wegen der langen Flugdauer lieber einen Fensterplatz haben wollen. Das Internetkundenprofil sollte flexibel genug sein, solchen Änderungen auf administrativer Ebene wie aufseiten des Kunden Rechnung zu tragen. Jede konkurrierende Website, die diese Flexibilität bietet, ob mit oder ohne den Vorteil eines bisherigen Kundenprofils, ist gegen das bestehende System in einer günstigen Wettbewerbsposition. Auch hier ist der Schwerpunkt auf die persönliche Kundenbeziehung zu legen, wobei andererseits die möglichen Kosten für eine Umstellung der Altsysteme zu berücksichtigen sind, damit man direkt auf die Bedürfnisse der Kunden eingehen kann.

Der 24-Stunden-Service, der im traditionellen Geschäft nur geringe Bedeutung hat, könnte auf einem Internetmarkt zu einer primären Wettbewerbsvariablen werden, wenn der automatisierte Zugriff auf Online-Informationen realistischer wird. Für das Reisebüro sind nun zwei Serviceebenen denkbar: Kunden können in Echtzeit Kontakt mit Kundenberatern aufnehmen, um sofort Rückmeldungen zu bekommen. Kunden können über die Website Anfragen senden, die innerhalb von 24 Stunden beantwortet werden.

Chancen für neue Partnerschaften

Da auf dem Internetmarkt sowohl horizontale als auch vertikale Konkurrenz vorhanden ist, könnte eine attraktive Internetstrategie Partnerschaften mit nicht traditionellen Verbündeten notwendig machen.

Im Internet hat der Endverbraucher auch mehr Zugang zu alternativen Informationsquellen, der vertikalen Konkurrenz, die auf dem traditionellen Markt vielleicht nicht ohne weiteres in Erscheinung tritt. Ein Kunde, der zum Beispiel eine Reise ins Amazonasgebiet buchen möchte, wendet sich online vielleicht nicht zuerst an sein Reisebüro, sondern an Websites, die mit dem Amazonas zu tun haben. Nachdem er sich zwei oder drei Websites angesehen hat, stellt er möglicherweise selbst eine Liste der Orte zusammen, die er besuchen möchte – eine Rolle, die traditionell dem »Experten« des Reisebüros zukommt. So werden Websites mit ihrer Informationsfülle zu einer neuen Bedrohung für das traditionelle Reisebüro und schaffen als Informationsquelle die vertikale Konkurrenz, die oben bereits erwähnt wurde.
Anschließend könnte der Kunde über traditionelle Konkurrenten (die online leicht zugänglich sind) die Logistik einer Amazonasreise recherchieren und sich zum Beispiel auf der Website einer Fluggesellschaft oder eines Anbieters von Billigflügen über Flugpreise informieren. Auf der Website einer Hotelkette oder einer regionalen Website sucht er sich dann eine Unterkunft. So besucht der Kunde vielleicht ein halbes Dutzend Websites, die horizontal und vertikal mit dem Reisebüro konkurrieren.
Ist unser Reisebüro also im Internet gegen all seine potenziellen Konkurrenten einfach nicht wettbewerbsfähig? Statt defensiv zu reagieren und die Servicemöglichkeiten zu eng zu fassen, sollte das Reisebüro die wichtigsten Stärken erkennen, die es aufgrund seiner traditionellen Erfahrung mit seinen Kunden besitzt, und sie auf seiner Website einsetzen. Wenn seine Kunden hauptsächlich Geschäftsreisen buchen, bieten sich Partnerschaften oder Angliederungen an Service-Sites für Geschäftsreisen an, zum Beispiel ein Vielfliegerprogramm oder die Sites von Autovermietungen. Für den Kunden ist es damit wesentlich effektiver, die Reisebüro-Website zu besuchen, als auf verschiedenen Websites alle Leistungen einzeln zu buchen (und jedes Mal seine Daten einzugeben). Das Reisebüro kann den Zugang zu Informationen im Internet ermöglichen

und sie mit den bisher gesammelten Kundeninformationen verknüpfen, um einen noch besser auf die persönlichen Anforderungen des Kunden zugeschnittenen Service zu bieten.
Um seine Wettbewerbsposition gegenüber den vertikalen Konkurrenten im Internet zu verbessern, kann das Reisebüro ähnliche Dienstleistungen anbieten oder zusammen mit ausgewählten Websites eine gemeinsame Informationsquelle schaffen, die man oft als »Vortal« (vertikales Portal) bezeichnet. Wenn zum Beispiel viele traditionelle Kunden des Reisebüros nach Südamerika fahren, kann es in seine Website Links zu empfehlenswerten Sites einbeziehen, die Informationen speziell über Südamerika bieten. So bewahrt das Reisebüro seine Position als Buchungsagentur, bietet seinen Kunden aber über Partnerschaften und Bündnisse auch leichten Zugang zu weiteren Informationen, die für sie von Interesse sein könnten.

Eine wettbewerbsfähige Positionierungsstrategie

Nachdem die Wettbewerbsvariablen nach ihrer jeweiligen Priorität eingestuft wurden und potenzielle Bereiche für eine horizontale und vertikale Konkurrenz umrissen sind, muss man als Nächstes mit der gebotenen Sorgfalt die Voraussetzungen für die endgültige Positionierungsstrategie klären. Dazu sind genaue, Recherchen sowohl auf primärer wie auch auf sekundärer Ebene erforderlich.

Recherchen

Der letzte Schritt für die Entwicklung einer wettbewerbsfähigen Positionierungsstrategie im Internet ist eine sorgfältige Analyse durch primäre und sekundäre Forschungsmethoden. Die Recherchen sollten auch eine detaillierte Beurteilung konkurrierender Websites im Hinblick auf Design, Inhalt und Funktionalität umfassen.

Primärrecherchen

Fragen Sie Ihre Kunden, was sie wollen. Sehr oft sind jene Kunden im Internet am leichtesten zufrieden zu stellen, zu denen man bereits ein Vertrauensverhältnis und eine Servicebeziehung hergestellt hat. Heißt das nun, dass der Internetservice letztlich auf Kosten des traditionellen Geschäfts geht? Die Antwort auf diese Frage hängt von der gesamten Unternehmensstrategie ab. Zufriedene Kunden, die ein gutes Verhältnis zum Unternehmen haben, wissen meist auch sehr gut, wie das Unternehmen ihre Bedürfnisse noch besser abdecken kann. Kunden, die man von Anfang an nach ihrer Meinung fragt, haben zudem ein begründetes Interesse am zukünftigen Erfolg des Unternehmens.

Primärrecherchen können ganz einfach darin bestehen, am Ende eines ganz normalen Kundenanrufs kurz zu fragen: Haben Sie E-Mail? (Das klärt die Internetnutzung des Kunden.) Kaufen Sie schon jetzt Produkte über Internet oder haben Sie vor, es in Zukunft zu tun? (Klärt die Einstellung zu Internetgeschäften.) Hätten Sie Interesse, einen Internetservice zu abonnieren und an der Verlosung von zwei Flugtickets teilzunehmen? (Das klärt nicht nur die Einstellung zur Weitergabe persönlicher Informationen, sondern schafft auch die Grundlagen für einen Online-Kundendienst.) Solche Fragen sind schnell gestellt und bieten einen relativ einfachen Weg, etwas über Wettbewerbschancen im Internet zu erfahren.

Ein noch weniger aufwändiges (aber auch insgesamt weniger antwortorientiertes) Vorgehen wäre eine Briefaktion. Im Idealfall sollte man parallel dazu eine E-Mail-Aktion durchführen und Reaktionen und Feedback vergleichend auswerten.

Die effektivste Primärrecherche ist vielleicht, einen ausgewählten Querschnitt der Kunden (aktive, neue, zukünftige) in das Entwicklungsteam einzubeziehen. Man kann zum Beispiel eine ausgewählte Gruppe bevorzugter Kunden bitten, als Testgruppe die Website in verschiedenen Entwicklungsstadien zu besuchen, zu prüfen und ihre Meinung dazu abzugeben. Kunden, die man frühzeitig in den Entwicklungsprozess einbezieht, sind tief mit dem Projekt verwurzelt, was sich positiv auf die Differenzierung des Service auswirken kann. Dieses Feedback kann zu einer Primärquelle werden, wenn man die beste Positionierung der Website im Internet bestimmt.

Sekundärrecherchen

Zur *Sekundärrecherche* gehören Untersuchungen online und offline sowie eine detaillierte Beurteilung bisheriger Geschäftspartner, die sich als Internetkonkurrenten erweisen könnten.

Offline-Recherchen

Die *Offline-Recherchen* beginnen mit Fachzeitschriften, Verbandsmitteilungen, Branchentagungen und einschlägigen Veröffentlichungen staatlicher Stellen. Sie sollten sich auf zwei Bereiche konzentrieren: Strategien traditioneller Wettbewerber zu prüfen, um ihre Stärken und Schwächen auf dem Internetmarkt zu erkennen und nicht traditionelle Wettbewerber einzuschätzen, die vielleicht auf dem Internetmarkt die gleichen Zielgruppen ansprechen. Die lokale Tageszeitung dürfte zum Beispiel traditionell nicht als Konkurrent unseres Reisebüros gelten. Sie mag zwar in ihren Artikeln eine Fülle von Reiseangeboten bereithalten, besitzt aber nicht die praktischen Möglichkeiten (und auch nicht den Geschäftsschwerpunkt), am Ende des Artikels tatsächlich eine Buchung vorzunehmen. Mit einer Online-Ausgabe der Zeitung und einer Verknüpfung mit der entsprechenden Technologie kann die Tageszeitung jedoch relativ reibungslos einen Reiseservice als Host oder Partner anbieten. So kann sich die Zahl der potenziellen Wettbewerber auf dem Schlachtfeld der Konkurrenz um Kunden beträchtlich erhöhen.
Doch auch auf dem Internetmarkt werden altbewährte Beziehungen zu den traditionellen Dienstleistern nach wie vor ein gewisses Gewicht behalten. Öffentlich zugängliche Informationen zu prüfen, wie Jahresberichte oder Empfehlungen von Analysten, kann Einblicke in die Strategien von Konkurrenten vermitteln. Auch erhebliche technologische Investitionen können ein Hinweis auf einen bevorstehenden Internetstart sein.

Online-Recherchen

Die *Online-Recherchen* umfassen eine Einschätzung potenzieller Konkurrenten. Ein empfehlenswertes Vorgehen ist, ausgewählte Schlüsselbegriffe in die wichtigsten Suchmaschinen einzugeben. Die Ergebnisse dieser Suche (die jeweils mit den 10 bis 20 besten Treffern jeder Kategorie anfangen) verschaffen einen sofortigen Überblick, wer in dieser spezifischen Marktnische die augenfälligsten

Positionen besetzt. Achten Sie auch auf die Werbebanner oben auf der Site, damit Sie wissen, wer diese Schlüsselbegriffe gekauft hat.
Stellen Sie eine fortlaufende Liste der Ergebnisse zusammen (die Sie für zukünftige Wettbewerbsanalysen als Ausgangspunkt nehmen) und notieren Sie folgende Punkte:

Firmenname
Webadresse
Anschrift
Telefonnummer
Kontaktperson
E-Mail-Adresse

Beurteilen Sie jede Website nach Inhalt, Design und Funktionalität:

- **Inhalt.** Welche Art von Informationen bietet die Website? Ist sie auf dem neuesten Stand? Kann sie individuell auf den Kunden eingehen? Gibt es eine Abteilung nur für Mitglieder oder Abonnenten, die auf individuellen Kundenservice hindeutet? Wie sieht die allgemeine Gliederung aus? Wie eingehend/umfassend sind die einzelnen Teile?
- **Design.** Ist die Site ästhetisch ansprechend? Im Vergleich mit anderen Websites kann eine informelle Rangfolge hilfreich sein. Wimmelt es von eingebetteten Applets, oder ist das Design schlicht und geradlinig? Ist die Navigation einfach und nachvollziehbar? Gibt es Sackgassen in der Website? Hat sie viel Text oder viele Grafiken? (Es kann hilfreich sein, eine Liste der Hauptkonkurrenten zusammenzustellen und ihre Websites auf Gemeinsamkeiten des Designs zu überprüfen.) Sind bestimmte Farben dominierend? Sind Fotos ein Hauptmerkmal der Sites oder liegt der Schwerpunkt in erster Linie auf dem Text?

  Ziel dieser Übung ist es, Leitlinien zu entwickeln, was eine ansprechende Website in dieser spezifischen Marktnische ausmacht. Diese Leitlinien lassen sich dann als Grundlage für das grafische Design der eigenen Website verwenden. Ein Vergleich der Websites von Pepsi Cola und Coca-Cola Anfang 2000 ergab zum Beispiel, dass jede auf einen anderen Marktfokus hindeutete. Die Website von Pepsi zielt auf ein unterhaltsames Erlebnis mit direkter Navigation zu einer Reihe von »Herausforderungen«, während

Informationen über das Unternehmen zweitrangig sind. Die Hauptlinks auf der Homepage von Coca-Cola befassen sich dagegen mit dem Unternehmen, den Beziehungen zu Investoren und Neuigkeiten bei Coke.

- **Funktionalität.** Wie stark ist die Website individuell auf den Kunden zugeschnitten? Gibt es eine Online-Registrierung? Wenn ein Besucher sich online registrieren lässt, was bekommt er als Gegenleistung für bestimmte Informationen? (Ja, es ist wichtig, dass Sie sich auf jeder Website »als Kunde ausgeben«, Informationen anfordern, den angebotenen Service abonnieren.) Was ist mit Online-Bestellungen? Akzeptiert die Website Kreditkarten? Wie sieht das Bestätigungsverfahren aus? Wie ist das Rücktrittsrecht geregelt? Was ist mit zukünftigen Käufen? Kann ein Besucher online Einblick in seine bisherigen Kaufvorgänge nehmen und frühere Bestellungen bestätigen oder ändern, um weitere zu erleichtern? Wird ein Folgeservice angeboten? (Im Fall des Reisebüros zum Beispiel, dass die Website die Reservierung eines Mietwagens empfiehlt, sobald man einen Flug gebucht hat.) Wie einfach lassen sich dem Kundenprofil Informationen hinzufügen und/oder ändern? (Zum Beispiel Reisen mit einem Kleinkind und spezifische Anforderungen an die Unterkunft.)

Wenn man die vorhandenen Websites nach all diesen Kriterien analysiert, reduziert sich die anfangs scheinbar endlose Liste der Konkurrenten vermutlich auf ein oder zwei Dutzend. Die Konkurrenz zu kennen führt so zur Entwicklung einer umfassenden Positionierungsstrategie.

Ein Wettbewerbspositionierungsdiagramm erstellen

Nimmt man die traditionelle Branchenposition und eine allgemeine Einschätzung des Internetmarktes als Grundlage, so kann ein Diagramm der Wettbewerbssituation die günstigste Wettbewerbsposition für das Unternehmen aufzeigen.

Für unser Reisebüro sind zwei Wettbewerbsvariablen wichtig: Kundenservice und Preis. Im Allgemeinen sind diese beiden Variablen so korreliert, dass ein niedriger Preis die Fähigkeit einschränkt, ein hohes Maß an individuellem Kundenservice zu bieten.

Der letzte Schritt in der Entwicklung einer offensiven Wettbewerbspositionierungsstrategie ist ein Diagramm der wichtigsten horizontalen und vertikalen Konkurrenten auf der Grundlage der primären Wettbewerbsvariablen. Wenn man nach diesen Variablen die relative Position eines jeden Konkurrenten in einem Diagramm erfasst, zeichnen sich Marktcluster und Marktnischen deutlich ab.

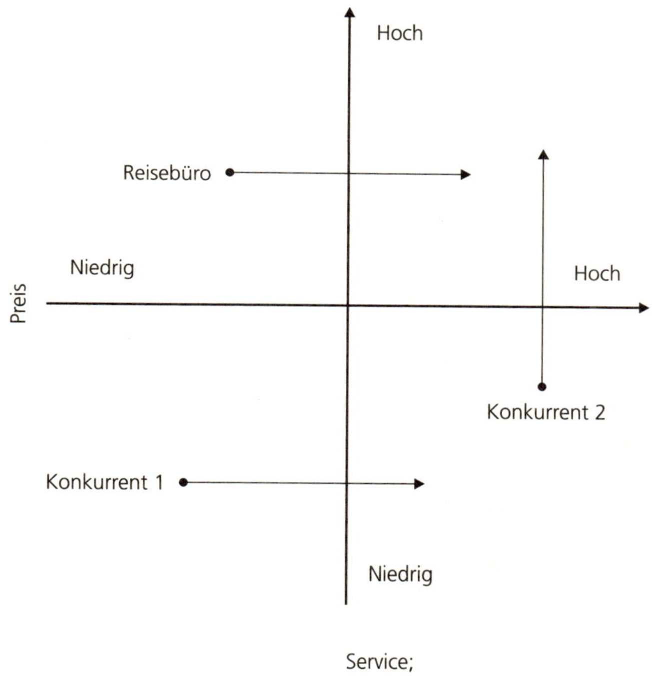

Abbildung 5.1 Diagramm der Wettbewerbspositionierungsstrategie für das Reisebüro nach Kernvariablen

Im Internet kann sich der Schwerpunkt vom Preis auf die Fähigkeit verlagern, über die Technologie ein höheres Maß an individuellem Service zu bieten. Konkurrenten mit vorhandener Technologie können einen niedrigeren Preis anbieten, besitzen aber vielleicht keine langjährige Erfahrung, die sie für eine

stärkere Kundenbindung nutzen können. Die Wettbewerbsposition unseres Reisebüros könnte etwa aussehen wie in Abbildung 5.1, wenn man Technologie und Service gegenüberstellt.
Unter dem Wettbewerbsaspekt ist die ideale Position, ein hohes Maß an Service auf der Basis langjähriger Kundenbeziehungen anzubieten und zwar mit einer Technologie, die auf bisherigen Kundenpräferenzen aufbaut. Der wichtigste Unterschied des Reisebüros gegenüber seinen Konkurrenten beruht auf seinen Informationen über bisherige Präferenzen seiner Kunden. Eine technologisch gut ausgestattete Website mag zwar über die Infrastruktur verfügen, individuell auf den Kunden zugeschnittene Informationen zu bieten, muss aber erst eine Beziehung zum Kunden aufbauen, um aufgrund früheren Kaufverhaltens eine einzigartige Beratung anbieten zu können. Andererseits können alternativ informierende Websites dem Kunden zwar ein gewisses Maß an Service bieten, aber ohne einen Integrationspartner nur wenig an Technologie. In dieser Weise sollte man auch die traditionellen Konkurrenten, also andere Reisebüros, nach ihren Hauptstärken in einem Positionierungsdiagramm erfassen.

Zukunftsplanung

Die vorhandene Konkurrenz lässt sich zumindest katalogisieren und komprimieren, wenn man sich den traditionellen Markt ansieht. Aber was ist mit den zukünftigen Konkurrenten, jenen Tüftlern in Garagen und Kellern, die mit ihren Ideen schlagartig eine marktbeherrschende Position erringen? Wenn man sich einige der erfolgreichsten Start-ups im Internet anschaut, zeichnet sich ein gewisses Muster ab. Meist ermöglicht eine Unzulänglichkeit des Marktes diesen jungen Unternehmen ihren Senkrechtstart. Priceline eroberte mit kundenorientierten Preisstrategien sehr schnell Marktanteile in der Internetreisebranche. Mapquest ist zwar kein unmittelbarer Konkurrent des traditionellen Reisemarktes, bietet aber mit Wegbeschreibungen und Kartenmaterial einen Service für kritische Reiseziele. Internetbuchhandlungen wie Amazon.com bieten Reiseinformationen aus einer Hand. All diesen Websites ist gemeinsam, dass sie sich angesehen haben, welche traditionellen Faktoren die Reiseerfahrung prägen, und über das Internet ein höheres Maß an Effizienz angeboten haben.

Wie kann nun ein traditioneller Anbieter solche zukünftigen Marktchancen vorhersehen und sich dagegen positionieren? Indem er ständig die Nähe zu den Bedürfnissen der Kunden wahrt und auf ihre Rückmeldungen hört (und danach handelt), baut der traditionelle Anbieter im Internet eine Infrastruktur auf, die nicht nur von den Möglichkeiten der Angebotsseite geprägt ist, sondern auf der Nachfrage der Kunden basiert. So wird das Internet zum Forum für Austausch und Chancen, in dem Feedback und Reaktion einen stetigen Wechsel bilden.

Da das Internet ständig im Fluss ist, genügt es nicht mehr, die Wettbewerbsstrategie im Zuge eines Frühjahrsputzes einmal im Jahr zu überarbeiten. Vielmehr muss es täglicher Bestandteil der laufenden Strategie sein, eine starke Position im Internet zu behalten. Die Beziehungen zu den Kunden zu hegen und zu pflegen ist ein ebenso wichtiger Bestandteil dieser Strategie wie regelmäßige Besuche auf den Websites der Konkurrenz.

Internet-Projektplan

Sobald der Benutzerprozess klar definiert ist, muss man im nächsten Schritt eine gründliche Einschätzung des Internetmarktes durch eine Strategie zur Wettbewerbspositionierung vornehmen. Eine gründliche Wettbewerbspositionierung umfasst folgende Schritte:

- Definition der wichtigsten Wettbewerbsvariablen;
- Beurteilung der traditionellen horizontalen Konkurrenz und der potenziellen vertikalen Konkurrenz;
- Primär- und Sekundärrecherchen, die eine detaillierte Einschätzung konkurrierender Websites nach Inhalt, Design und Funktionalität enthalten;
- Erstellen eines Positionierungsdiagramms, um die Marktchancen zu bewerten;
- Fortlaufende Überprüfung und Beurteilung der Strategie, um die effektivste Wettbewerbsposition zu behalten.

6 Der Umgang mit Kunden

Eine effektive Internetstrategie beginnt mit den übergeordneten Unternehmenszielen und einem detaillierten Überblick über die Bedürfnisse der verschiedenen Benutzer. Aus der Einbindung dieser Bedürfnisse in die gegenwärtigen Marktbedingungen lässt sich eine tragfähige Marktlücke erschließen. Doch selbst die theoretisch tragfähigste Marktlücke garantiert noch keine erfolgreiche Internetstrategie, wenn sie nicht eine langfristige, anhaltende Veränderung im Verhalten des Zielpublikums bewirken kann. Eine der wichtigsten Herausforderungen bei der Entwicklung einer Internetstrategie besteht darin, eine Umgebung zu schaffen, in der die Benutzer sofort den Wert des Online-Angebots erkennen können.

Denken Sie zum Beispiel an die Millionen E-Mails, die mittlerweile tagtäglich als akzeptierte Kommunikationsform verschickt werden. Sie haben erst in den letzten Jahren weithin Verbreitung gefunden. Welche Aufmerksamkeitsstrategie (*Awareness*) hat die massenhafte Nachfrage nach E-Mails geschaffen? Wie sind diese Benutzer dazu gekommen, E-Mails als entwicklungsfähige, wertvolle Alternative zur herkömmlichen Korrespondenz im beruflichen und persönlichen Leben zu akzeptieren? Welche Anfangsbedingungen boten den Anreiz, zum ersten Mal E-Mails zu nutzen? Wie wurde aus dieser kurzfristigen Verhaltensänderung eine langfristige Gewohnheit?

Eine tragfähige Internetstrategie zu entwickeln bedeutet, die entsprechende Wahrnehmung zu schaffen, einen quantifizierbaren Service anzubieten und die traditionellen Gewohnheiten des Zielpublikums zu ändern. Dieses Kapitel

Das Wertangebot für den Kunden

Als letzter Schritt in der Einschätzung der Marktbedingungen, der zu einem erfolgreichen Internetstart führt, gilt es, als Anreiz für den Benutzer ein Wertangebot zu schaffen, eine Aufmerksamkeitskampagne auf hohem Niveau durchzuführen und eine langfristige Strategie zur Kundenbindung zu entwickeln. Wenn man diese Bedingungen im Rahmen der Projektplanung definiert, entwickelt sich das Projekt von einem einmaligen Event – dem Internetstart – zu einer langfristigen Unternehmensstrategie.

steckt den Rahmen für Benutzererfahrungen ab, die zu einer Änderung der Gewohnheiten führen. Damit kommen wir zum letzten Schritt in der Definition der Marktbedingungen für einen erfolgreichen Internetstart.
Der Zugang zum Internet und die einfache Handhabung von E-Mails führten dazu, dass mehr Benutzer schnell E-Mails verschicken konnten. Das wiederum brachte mehr Menschen dazu, die E-Mail als entwicklungsfähiges Kommunikationsmittel zu sehen. Unternehmen wie AOL bauten ihre Aufmerksamkeitsstrategie auf die einfache Handhabung und die niedrigen Zugangskosten auf. Da E-Mails eine preisgünstige Alternative zu Telefongesprächen und ein effizienteres Kommunikationsmittel als Fax oder Post darstellen, schuf die Anfangsakquisition sofort langfristige Kunden, weil der Wert für den Benutzer unmittelbar auf der Hand lag. Unternehmen, welche die Infrastruktur bereitstellten, Kommunikationswege schufen oder einen preiswerten, einfachen E-Mail-Zugang ermöglichten, profitierten von der Verbreitung der E-Mail-Kommunikation. Das unmittelbare Wertangebot – einfache Handhabung, preisgünstiger Zugang – ermöglichte den Erfolg der Internetstrategie. Aber wie schafft man dieses Wertangebot, wenn die Vorzüge nicht so offensichtlich sind oder wenn der Weg dahin länger oder komplizierter ist? Eine gezielte Positionierungsstrategie erfordert folgende Schritte:

- die Erwartungen der Kunden kennen;
- Kundenbeziehungen managen;
- Kundenprofile erstellen;
- Aufmerksamkeit bei den Kunden schaffen;

- die Kundenbindung fördern;
- langfristige Kundenstrategien aufbauen.

Die Erwartungen der Kunden kennen

Eine der effektivsten Internetstrategien beruht darauf, vorhandene Beziehungen zu nutzen, um einen erweiterten Service anzubieten. Für einen Lieferanten kann das bedeuten, gemeinsam mit seinem Kunden dessen Lagerbestand online im Auge zu behalten, um eine schnellere Umschlagsgeschwindigkeit des aufgefüllten Warenbestandes zu gewährleisten. Bislang wurde dieser Bestand vielleicht nur aufgefüllt, wenn ein aufmerksamer Einkäufer bemerkte, dass der Vorrat zur Neige ging, und den Lieferanten anrief, der dann schnell nachlieferte. Über das Internet lässt sich ein System einführen, bei dem sowohl der Einkäufer als auch der Lieferant den Warenbestand im Auge behalten. So kann der Lieferant die Nachfrage der Endverbraucher effizienter befriedigen. Nehmen wir als Beispiel eine Firma, die ein Päckchen verschicken will. Ein Päckchen kostet Porto. Vor Erfindung der Frankiermaschine mussten Firmen entweder zur Post gehen oder einen Briefmarkenvorrat (und eine Waage) zur Hand haben. Seit Einführung der Frankiermaschinen konnten Firmen eine gewisse Menge an »Porto« (ihren »Vorrat«) vorab kaufen und damit ihre Päckchen freimachen.

Sie mussten die Frankiermaschine und eine Waage kaufen (oder leasen) und bei der Post ein Konto einrichten. Sobald das Guthaben auf diesem Konto verbraucht war, musste die Firma ihren virtuellen Briefmarkenvorrat auffüllen. Heute arbeiten Unternehmen wie Stamps.com direkt mit dem United States Postal Service zusammen und bieten die Möglichkeit an, ein Online-Konto zu führen und die Briefmarken mit einem Standarddrucker sofort aufzudrucken. Die Portokosten werden entweder über eine Kreditkarte oder per Bankeinzug eingezogen, was für den Benutzer einen eindeutigen Wertvorteil darstellt. Stamps.com hat aber nicht nur für den Endverbraucher, sondern auch für den Lieferanten eindeutige Vorteile. Das Unternehmen hat den Kauf und die Benutzung der Dienstleistungen, welche die US-Post anbietet, rationeller gestaltet und ermöglicht es ihr damit, effektiver mit Paketdiensten wie FedEx zu konkurrieren.

Der oben skizzierte Fünf-Schritte-Plan, durch Veränderung des Benutzerverhaltens eine langfristige, tragfähigere Kundenbeziehung zu ermöglichen, fängt damit an, die Kundenerwartungen zu kennen.

Banking ist ein gutes Beispiel für die Änderung der Verbrauchergewohnheiten. Traditionell basierte die Arbeit der Kundenbanken (vor Einführung der Bargeldautomaten) auf der Zufriedenheit der Kunden mit bequem erreichbaren Filialen. Langfristige Beziehungen wurden häufig über den freundlichen persönlichen Service des Bankangestellten am Schalter geschaffen. Die Einführung von Geldautomaten mit ihrer 24-stündigen breiteren Standortbasis hat in der Beziehung zum Kunden die Priorität vom Service auf den Komfort verlagert. Entsprechend wurde die Auswahl einer Bank nun stärker von Zweckmäßigkeit bestimmt (obwohl persönliche Beziehungen und Ruf auch weiterhin ein Faktor sind).

Das Online-Banking verlagert die Beziehung noch weiter. Komfort wird nicht mehr über den nächst gelegenen Geldautomaten, sondern über die Möglichkeit definiert, online einen gesicherten Zugang zu Kontoinformationen zu haben, etwas über alternative Finanzdienstleistungen zu erfahren und Geld zu transferieren. Zumindest könnte man das annehmen, wenn man in dieser Branche progressiv denkt. Theoretisch ist daher die Kundenwanderung von der Offline- zur Online-Kontoführung sicher ausbaufähig. Gilt das aber auch intuitiv aus Sicht des Kunden?

In Wirklichkeit hängt ein Bankgeschäft entscheidend von der Erwartung des Kunden ab, sein Geld an einem sicheren Ort zu wissen. Für viele mag sich damit immer noch die Vorstellung von staubigen Kellergewölben in der örtlichen Bankfiliale verbinden. Wie gelingt es einer Bank, die Erwartungen der Kunden auf das Online-Banking zu verlagern, wenn sie erkennt, dass es zugleich kosteneffizient und komfortabel ist?

Das Wertangebot der Online-Kontoführung mag für eine spezifische Kundengruppe einen größeren Anreiz besitzen. Statt eine entsprechende Strategie auf breiter Basis umzusetzen, wäre es vielleicht effektiver, den Online-Service ausgewählten Kunden anzubieten, die mit Banken nicht die althergebrachten Kellergewölbe-Vorstellungen verbinden, also Aufmerksamkeit unter technisch versierten jungen Menschen zu schaffen und aus diesen Beziehungen einen Markt zu entwickeln. Anders als im Fall des Lieferanten, der bereits bestehende Beziehungen zu Kunden hat, liegt die Marktchance hier nicht in der Verhaltensänderung, sondern darin, völlig neue Kundenerwartungen zu schaffen.

Das erste Ziel für die Entwicklung einer erreichbaren, ergebnisorientierten Internetstrategie ist daher, die traditionellen Gewohnheiten der Zielgruppe genau zu definieren. Im oben angeführten Beispiel der Banken war die Zielgruppe zum einen definiert als Kunden, zum anderen aber spezifisch als jene Kunden, die noch keine Beziehungen zur Bank hatten. Dieser Fokus gründete sich strategisch auf die Annahme, dass neue, junge Kunden Online-Banking eher annehmen würden. Der Nachteil einer solchen gezielten Positionierung ist, dass man sich damit andere Benutzer entfremden könnte. Falls die Fokussierung auf junge Kunden sich auf der Website in einem allzu schrillen oder gegenüber dem traditionellen Image allzu ausgefallenen Design niederschlägt, könnte die Bank damit ihre Kernkundschaft abschrecken, die für allgemeine Informationen ebenfalls die Website besucht.

Die Internetstrategie auf die Kundenerwartungen abzustimmen kann bedeuten, eine Website nicht nach traditionellen Geschäftslinien, Produkten, Serviceleistungen, Beratung und Ähnlichem zu gliedern, sondern nach Lifestyle oder Bedürfnissen der jeweiligen Zielgruppen. In ihrer Bewertung von Bank-Websites nimmt Gomez Advisors, eine Firma, die den Wert gezielter Dienstleistungen versteht, den Service für verschiedene Kundenprofile als Hauptparameter. Durch dieses System ist Online-Banking nicht mehr nach traditionellen Geschäftsfeldern wie Produkte, Dienstleistungen und Beratung aufgegliedert, sondern nach den Bedürfnissen spezifischer Publikumsgruppen: Lieferanten, junge Neukunden, ältere Neukunden und vorhandene Kunden, die von den traditionellen Geschäftslinien gemeinsam betreut wurden. Die höchste Bewertung erhalten Websites, die den Erwartungen spezifischer Zielkunden entsprechen.

Kundenbeziehungen managen

Die Erkenntnis, dass Kunden Erwartungen an die Website stellen, ist der erste Schritt zu einer effektiven Positionierungsstrategie. Als Nächstes muss man den Umgang mit diesen Beziehungen festlegen.

Nehmen wir wieder unser Bankbeispiel: Wir sind davon ausgegangen, dass unter den potenziellen Besuchern der Bank-Website junge Neukunden langfristig mehr Ertrag durch ihre Online-Beziehungen bringen als ältere Kunden, die ihre traditionellen Bankgeschäfte vermutlich nicht online tätigen werden. Für den älteren Kunden soll die Internetpositionierung die bestehende Beziehung nicht ersetzen, sondern ergänzen, vielleicht als Möglichkeit, sich online zusätzliche Informationen zu beschaffen. Ältere Kunden sind daher möglicherweise an Ressourcen wie einer Hypothekenberechnung mit Antragsformular interessiert. Vielleicht möchten sie auch die Zinsen für die verschiedenen angebotenen Konten berechnen. Allerdings haben sie möglicherweise eine Abneigung, online persönliche Angaben zu machen, weil sie das als Eingriff in ihre Privatsphäre empfinden. Benutzerfreundliche Tools sind eine machbare Alternative, die jedoch in der Implementierung nicht sonderlich zeitraubend oder arbeitsintensiv sein darf. In diesem Fall lautet das Ziel, ein Fenster für eine stärkere Kundenbindung, aber nicht unbedingt eine Tür für eine neue Bankbeziehung zu finden.

Management der Kundenbeziehungen

Wenn man ein greifbares Wertangebot für den Endbenutzer entwickelt, ist es entscheidend, nicht nur die erste Interaktion zu definieren, sondern auch eine fortlaufende Strategie für das Management der Kundenbeziehungen auszuarbeiten.

Der jüngere Kunde, der ohne feste Vorstellungen an Bankgeschäfte herangeht, ist für Online-Banking möglicherweise sehr empfänglich. Die Erfahrung junger Kunden kann sich von der älterer Kunden stark unterscheiden. Der junge Kunde könnte zum Beispiel zuerst etwas über die verschiedenen Banking-Möglichkeiten erfahren wollen. Indem man ihm ein paar allgemeine Fragen stellt (Haben Sie schon ein Bankkonto? Erwarten Sie in naher Zukunft, einen Kredit aufnehmen zu müssen?), kann man auf der Website anfangen, ein persönliches Kundenprofil zu erstellen. Diese Informationen dienen dem doppelten Zweck, unnötige Informationen herauszufiltern (kurzfristig kein Interesse, ein Haus zu kaufen, daher sind Informationen über Hypothekenzinsen zurzeit nicht relevant) und den Anreiz zu verringern, die Website einer anderen Bank zu besuchen (da dort dieselben persönlichen Informationen abgefragt werden).

Die Bereitschaft, allgemeine Informationen zu liefern, lässt sich ohne weiteres dahingehend ausbauen, bei geeigneten Anreizen auch spezifischere Informationen zu geben. Wenn die Website dem jungen Kunden zum Beispiel geschickt empfiehlt, seine Postleitzahl und E-Mail-Adresse einzugeben, um eine Empfehlung für ein persönlich auf ihn zugeschnittenes Konto zu erhalten, ist diese Information dem Kunden vielleicht genug wert, um seine Schlüsselprofildaten anzugeben. Die Empfehung eines bestimmten Kontos kann logischerweise dazu führen, dass der Kunde ein Konto eröffnet, vor allem wenn er die Kontoinformationen online abrufen kann (da dieser Kunde technisch versiert ist). Indem man diese Möglichkeit als positiven Anreiz und höheren Wert für den Kunden positioniert – statt als Ersatz für einen herkömmlichen (und bequemen) monatlichen Kontoauszug – setzt man den Präzedenzfall und prägt die Erwartungen für die Beziehung zum Neukunden. Sobald diese Position etabliert ist, hat die Bank eine differenzierte Kundenbeziehung geschaffen.

Kundenprofile erstellen

Von den beiden aufgezeigten Beispielen erfordert das erste, Kunden unaufdringlich zu informieren. Das zweite verlangt ein detailliertes Kundenmanagement, das den Besucher nicht erst bei der traditionellen Akquisition, sondern schon bei der ersten Anfrage als Kunden definiert.

Stellen Sie sich vor, eine Bankfiliale würde jeden, der an einem bestimmten Tag an der Bank vorbeigeht, als Kunden einschätzen. Die Tatsache, dass jemand an der Bank vorbeigeht, ist durchaus ein Beleg für geografische Nähe, was ein vorrangiges Motiv für die Auswahl der Bank sein kann. Aber logistisch und technisch ist es so gut wie unmöglich, jeden Passanten als potenziellen Kunden zu verfolgen.

Die Website stellt jedoch eine einzigartige Chance dar, den Passanten zu verfolgen. Durch Tracking-Programme Dritter lässt sich anhand von Details wie der Domain-Adresse (die auf die Firma oder den Internet-Provider hindeutet), der Dauer des Besuchs auf der Website und des Weges durch die Website sofort ein Fingerabdruck des Passanten rekonstruieren.

Bei unserer Bankfiliale wird ein Passant, der tatsächlich die Bank betritt und Informationsmaterial mitnimmt oder einen Kundenberater trifft, zu einem noch wahrscheinlicheren Akquisitionskandidaten. Leider gibt es bis auf den Film in der Überwachungskamera kein vorhandenes Verfahren, diesen Beinahe-Kunden zu identifizieren.

Online-Aufmerksamkeit

Eine Online-Aufmerksamkeit-Kampagne beginnt mit einer vorausschauenden Strategie, zunächst die Besucher der Website mit Tracking-Programmen zu identifizieren und ihnen dann über persönliche Informationen Anreize zu schaffen, dass sie ihre Daten angeben, um sie sofort zu sammeln und die Kundenerfahrung der Zielgruppe anschließend individuell und differenziert zu gestalten.

Auf der Website kann ein Beinahe-Kunde mit einigen wenigen Eingaben über seine Tastatur individuell auf ihn abgestimmte Informationen bekommen. Wie bereits gesagt, lassen sich im Tausch gegen die Angabe von Postleitzahl und E-Mail-Adresse Anfragen nach einem Bankkonto, das den Bedürfnissen des Kunden entspricht, zurückverfolgen und vermerken. Zusätzlich zu dem schon erwähnten Tracking-Programm sollte die Infrastruktur der Website nun auch eine Kundendatenbank einschließen, die Kundenanfragen und spezifische Daten über jeden Kunden erfassen und in einer persönlichen Kundendatei zusammenstellen kann, um diese Daten in Berichten zur weiteren internen Bearbeitung zu bündeln.

Wenn der herkömmliche Passant zum aktiven Kunden der Bankfiliale wird, hat der Online-Kunde bereits ein Kundenprofil. Gezielte Positionierung wird durch eine Architektur gefördert, die das sofortige Erstellen von Kundenprofilen ermöglicht. Bank One, die Gomez Advisors Anfang 2000 ganz oben auf seiner Rangliste der Bank-Websites einstufte, konzentriert sich auf Kundenservice, indem sie eine Fülle von Online-Tools anbietet, die auf spezifische Kundenbedürfnisse abzielen. So verfolgt ihre kostenlose Suchanfrage in den gängigen Suchmaschinen die Hypothekenkonditionen, was potenziellen Interessenten für Baudarlehen einen unmittelbaren Vorteil bietet und der Bank die Möglichkeit gibt, die Nachfrage nach Baugeld vor der Antragstellung zu erfassen.

Aufmerksamkeit bei den Kunden schaffen

Es lässt sich durchaus argumentieren, dass es im Internet trotz aller Vorzüge beim Erstellen von Kundenprofilen keine Möglichkeit gibt, eine Website so zu positionieren, dass sie die gleiche Aufmerksamkeit erregt wie eine gut platzierte Bankfiliale an der belebtesten Straßenkreuzung einer Stadt.

Auch wenn das Internet keine Kreuzungen im herkömmlichen Sinne besitzt, kann eine gute Positionierungsstrategie den Weg zu einer gezielten Marketingkampagne ebnen, damit die eigene Website wahrgenommen wird.

Nehmen wir den oben erwähnten Fokus auf junge, technisch versierte Bankkunden, der ganz von selbst zu einer Marketingstrategie führt.

Der erste Fokus dieser Marketingstrategie richtet sich darauf, die demografische Zusammensetzung und die spezifischen Online-Gewohnheiten des Publikums genauer zu definieren. Die demografischen Daten sollten Alter, Geschlecht, Lebensstil (Student, Akademiker), Kaufverhalten und geografischen Schwerpunkt umfassen (obwohl das Internet global ist, lässt sich manchmal eine geografische Segmentierung vornehmen).

Wenn die demografische Zusammensetzung des Publikums geklärt ist, nimmt man durch Primär- und Sekundärrecherchen eine Einschätzung ihrer Internetgewohnheiten vor. Die Primärrecherchen sollten nicht nur Gespräche mit Fokusgruppen und Telefoninterviews umfassen, sondern auch Internetfokusgruppen, wo die Surfgewohnheiten der repräsentativen Freiwilligengruppe über einen gewissen Zeitraum beobachtet werden. Zu den Sekundärrecherchen gehören Berichte von Forschungsinstituten wie Forrester und Jupiter und relevante Zeitungsartikel.

Nach Abschluss der Forschungsphase konzentriert sich die Marketingstrategie zunächst auf ein detailliertes Kundenprofil und eine Analyse der Internetgewohnheiten des Zielpublikums. Der zweite Fokus ist auf die Entwicklung einer Online-Promotionstrategie gerichtet, die das Zielpublikum nicht nur erreicht, sondern ihm auch Anreize bietet, die Website zu besuchen.

Diese Promotionstrategien sollten zunächst dafür sorgen, dass die Website ins Auge fällt; dazu gehört die Listung in Suchmaschinen (entweder durch freie Listungen oder durch den Kauf von Schlüsselbegriffen auf der Basis der demografischen Zusammensetzung des Publikums); Werbung auf Websites, die vom Zielpublikum besucht werden, und Links auf ergänzenden Websites.

Um online Anreize zum Besuch der Website zu bieten, kann man die populären Content-Seiten komplementärer Websites oder E-Mail-Newsletters sponsern, ein Gewinnspiel oder eine Umfrage auf anderen Sites bewerben oder »friends and family« und ähnliche Partnerprogramme unterstützen, die einen Bonus für jeden aussetzen, der andere auf die Website hinweist. Be Free bietet zum Beispiel die Technologie an, schnell Partnerprogramme im Marketingbereich zu implementieren, und ist nur ein Beispiel für ein Tool, das man in seine Internet-Marketingstrategie einbeziehen sollte.
Der dritte Fokus der Marketingstrategie sollte auf Crossover-Programme mit traditionellen Offline-Kampagnen gerichtet sein. Rundfunk- und Fernsehspots tragen ebenso dazu bei, Kunden auf die Website zu holen, wie Anzeigen in den Printmedien und Briefwerbung.

Durch Marketing Aufmerksamkeit schaffen

Die Aufmerksamkeitskampagne sollte mindestens drei Schritte umfassen:

- durch Primär- und Sekundärrecherchen differenzierte Kenntnisse über die Surf-Gewohnheiten der Internetbenutzer gewinnen;
- eine Promotionstrategie für das Internet entwickeln;
- ein Crossover-Marketingprogramm mit traditioneller Offline-Werbung durchführen.

Die Durchführung eines solchen Marketingprogramms, das eine fortlaufende Weiterentwicklung erfährt, fördert die Wahrnehmung bei den Kunden und lockt das Zielpublikum auf die Website. Sobald es dort ist, stellt sich als Nächstes die Aufgabe, es zum Wiederkommen zu bewegen.

Die Kundenbindung fördern

Wie viele Websites besucht ein durchschnittlicher Surfer täglich? Wie viel Prozent dieser Websites hat er früher schon besucht und wie viele sind neu? Da das Internet eine unüberschaubare Informationsfülle bietet, stellen Sites, die in signifikantem Umfang wiederholt besucht werden, nur ein relativ kleines Segment dar.

Eine Website sollte zunächst eine fesselnde Erfahrung bieten und ihr einen fortlaufend aktualisierten Inhalt folgen lassen. Wer zum Beispiel Yahoo! besucht, eine der meistfrequentierten Websites im Internet, macht zunächst eine sehr geradlinige, einfache Erfahrung. Man gibt einen Begriff in das Suchfeld der Homepage ein und erhält eine Liste von Websites, die mit diesem Begriff in einem Zusammenhang stehen – ein ganz einfaches Konzept, das nicht einmal sonderlich effektiv ist, weil einige der Link-Ergebnisse irrelevant sind oder gar nicht mehr existieren.

Warum kehren Besucher dann ein zweites oder sogar drittes Mal auf die Yahoo!-Site zurück? Vielleicht suchen sie jedes Mal nach Informationen zu einem anderen Thema, zu dem Yahoo! ihnen relevante Ergebnisse liefert. Und selbst wenn der Suchbegriff derselbe ist, können die Ergebnisse unterschiedlich sein, weil Yahoo! sein Site-Directory angeblich ständig aktualisiert. In dem Maße, wie Besucher mit Yahoo! besser vertraut werden, nehmen sie vielleicht zusätzliche Angebote wahr, die individuell zugeschnittene Informationen bieten. My Yahoo! liefert themenspezifische Nachrichten, die Aktienkurse eines bestimmten Portefeuilles und andere Informationen, die für mich persönlich interessant sind. Yahoo! bietet darüber hinaus einen kostenlosen E-Mail-Service, der den Besucher jedes Mal auf die Website lockt, wenn er oder sie nachsieht, ob neue E-Mails eingetroffen sind. Die Benutzung der E-Mail-Adresse *yahoo.com* und die automatisch am unteren Ende einer jeden E-Mail eingeblendete Yahoo!-Werbung stellt eine weitere Promotion für den Markennamen Yahoo! dar. Selbst wenn der Benutzer die Suchfunktion, die den Kern der Website bildet, nicht jeden Tag benutzt, wird die Bindung zu Yahoo! durch ergänzende Dienstleistungen gefördert.

Hier ließe sich einwenden, dass Yahoo! schließlich eine große Marke mit beträchtlichen Ressourcen ist. Wie soll eine kleinere, nischenorientierte Website, zum Beispiel die einer regionalen Bank, eine ähnliche Bindung erreichen?

Der erste Schritt zu einer langfristigen Kundenbindung ist, den Benutzer zu gewinnen. Yahoo! unterstützte sein Hauptmerkmal, die Suchfunktion, durch ergänzende Serviceangebote, die sein Image stärkten. In einer traditionellen Bank besteht die erste Stufe einer festen Kundenbeziehung darin, ihn zur Eröffnung eines Kontos zu bewegen. Die nächste Stufe und der erste Schritt zur

Kundenbindung ist, den Kunden zu ermuntern, dass er regelmäßig Bankgeschäfte über dieses Konto abwickelt. Offline lässt sich das vielleicht durch gebührenfreie Schecks oder ermäßigte Buchungsgebühren erreichen. Online kann die Bank den Kunden mit der Möglichkeit locken, Kontoauszüge auf einem gesicherten Weg abzurufen. Der erste Schritt für die Bank wäre demnach, Zugang zu Kontoauszügen anzubieten.
Der nächste Schritt zur Online-Kundenbindung besteht darin, den Kunden in die Online-Erfahrung einzubeziehen, indem man ihm die Interaktion mit der Website ermöglicht. Indem Yahoo! zum Beispiel die Möglichkeit bietet, die Kurse eines bestimmten Aktien-Portefeuilles nicht nur nachzusehen, sondern auch zu aktualisieren, bezieht die Website den Benutzer ein und ermöglicht ihm, individuell auf ihn zugeschnittene Informationen abzurufen. Auf die Website der Bank bezogen heißt das, dem Kunden etwa den Abruf seiner Kontoauszüge zu ermöglichen – das vermittelt ihm eine fesselnde Erfahrung. Das Angebot gesicherter Mechanismen, über die er Überweisungen tätigen kann, schafft einen bequemen Service, der zur Gewohnheit wird.

Langfristige Kundenbindung

Wenn die Beziehung erst einmal hergestellt ist, sind im nächsten Schritt Anreize für die gewohnheitsmäßige Nutzung der Website zu bieten, indem man eine fortlaufende Benutzererfahrung schafft.

Der dritte Schritt zur Online-Kundenbindung besteht darin, einen Dialog herzustellen. Bei Yahoo! löst ein Benutzer, sobald er die Auswahl der zu verfolgenden Aktienkurse ändert, einen Mechanismus aus, mit dem er Nachrichten über diesen Bereich des Aktienmarktes aufrufen oder einen Link zu den Websites ähnlicher Unternehmen herstellen kann. Die Website der Bank ließe sich entsprechend so programmieren, dass sie dem Kunden automatisch einen (zu bewilligenden) Kredit anbietet, wenn sein Konto nicht mehr die erforderliche Deckung aufweist. So entwickelt sich aus einer einseitigen Beziehung ein Dialog, der auf die Bedürfnisse des Benutzers zugeschnitten ist und eine langfristige Kundenbindung schafft.

Bleibt man jedoch beim Status quo der Beziehung stehen, schafft man keinen Anreiz, auf den anfänglichen Bedürfnissen des Benutzers weiter aufzubauen.

Langfristige Kundenstrategien aufbauen

Eine Kundenbindung zu schaffen, die stetige jährliche Erträge abwirft, ist sicher eine erfolgreiche Positionierungsstrategie. Wenn man die Beziehung zum Kunden im Laufe der Zeit so ausbaut, dass er zusätzliche Dienstleistungen und Produkte in Anspruch nimmt, schafft man Möglichkeiten zu langfristigem Wachstum.

Auf der Website unserer Bank ist unser Besucher mittlerweile ein Stammkunde, der mit schöner Regelmäßigkeit seine Kontoauszüge abruft und Überweisungen tätigt. Wie macht man nun diesen Online-Kontoauszugskunden zu einem Online-Baudarlehenskunden? Wie bereits gesagt, besteht das übergeordnete Ziel der Kundenbindung in der Entwicklung eines Dialogs. Ohne allzu aufdringlich zu werden, sollten gewisse Aktionen auf der Website weitergehende Aktionen auslösen. Manche dieser Auslöser lassen sich automatisieren. Wenn die Website zum Beispiel über ein Tracking-System verfügt, das zurückverfolgt, welche Website der Benutzer zuletzt besucht hat, bevor er auf die Website der Bank kommt, lässt sich diese Information nutzen, um die Bedürfnisse des Kunden zu verstehen. Kommt er häufig von der Website eines Neuwagenverzeichnisses wie Auto-by-tel, um seinen Kontostand zu prüfen, kann das auf Interesse an einem Darlehen für den Kauf eines Autos hindeuten.

Als Alternative könnte die Bank reziproke Programme in Erwägung ziehen und zum Beispiel mit einer Auto-Website ein gemeinsames Promotionprogramm starten, um vielleicht sogar unter dem Namen der Bank gemeinsam ein Neuwagenverzeichnis zu entwickeln. Diese Cross-Promotions oder Partnerprogramme helfen beim Aufbau langfristiger Kundenbindungen. In dem Maße, wie solche Partnerprogramme zunehmen, schafft die Bank ein stärkeres Markenbewusstsein und eine tiefere Kundenbindung.

Weitere Partnerschaften lassen sich im Bereich der Rechnungsbegleichung eingehen. Rechnungen online bezahlen zu können ist schon recht nützlich, aber die Möglichkeit, Rechnungsdetails oder die bisherige Nutzung zu prüfen (alles auf der Website der Bank), kann erhebliche Auswirkungen auf die Kundenbindung haben. Wenn der Kunde zum Beispiel seine Telefonrechnung auf der Website der Bank nicht nur bezahlen, sondern auch Details über einzelne Telefongespräche einsehen kann, vertiefen die Serviceleistungen der Website seine Beziehung zur Bank. Der Wert dieser Dienstleistung lässt sich durch eine Vereinbarung mit der Telefongesellschaft erhöhen, dass Kunden ihre Rechnungen am Überweisungsort einsehen können. Kundenbindung konzentriert sich somit nicht mehr nur auf eine einzige Beziehung (die zum Kunden), sondern nutzt vielfältige Querverbindungen, die durch die effiziente Gestaltung der Website möglich werden.

Für eine Positionierungsstrategie im Internet muss man zunächst die Bedürfnisse des Zielpublikums verstehen, auf diesen Bedürfnissen eine zweiseitige Beziehung aufbauen und anschließend Querverbindungen zu anderen Ressourcen herstellen, um die Beziehung auf breiter Basis zu vertiefen und umfassend effiziente Geschäftsverbindungen zu schaffen.

Langfristige Kundenbindung

Als letzter Schritt in der Einschätzung der Marktbedingungen, der zu einer erfolgreichen Internetstrategie führt, ist eine geeignete Umgebung zu schaffen, um langfristige Beziehungen zum Zielpublikum aufzubauen. Das lässt sich durch Folgendes erreichen:

- die Kundenerwartungen verstehen, indem man den einzigartigen Wert definiert, den die Website für den Zielbenutzer hat;
- ein aktives Management der Kundenbeziehungen betreiben, indem man die Bedürfnisse der Zielbenutzer segmentiert;
- individuelle Kundenprofile erstellen und eine Servicestrategie entwickeln, die auf den spezifischen Kundenbedürfnissen basiert;
- durch eine Online- und Offline-Marketingstrategie Aufmerksamkeit bei den Kunden erreichen;
- eine Strategie entwickeln, die nicht nur auf Anfangsakquisition, sondern auf langfristige Kundenbindung abzielt.

7 Das Fahrzeug

In diesem Stadium der Projektplanung sind die strategischen Ziele und Meilensteine eindeutig definiert, die vorhandenen Marktbedingungen eingeschätzt und in die Online-Strategie integriert. Als nächster Schritt der Projektplanung sind nun die Ressourcen zu bestimmen (Prozessanforderungen, Branding und Architektur). Dazu klärt man zunächst die Bedingungen, von denen die Infrastruktur der Website abhängt. Diese Infrastruktur lässt sich in drei Ebenen unterteilen: die Benutzererfahrung, die von der Gliederung der Website und der Organisation der Informationen geprägt wird; die Mittel- oder Prozessebene, auf der bestimmte Aktionen des Benutzers über gewisse Prozesse eine Reaktion erzeugen und die funktionelle Ebene der Kernanwendungen, von der die Daten abgerufen und an den Endbenutzer weitergeleitet werden. Die Benutzererfahrung baut zwar auf den oben umrissenen Marktbedingungen auf, ist in ihren primären Designelementen jedoch häufig von der traditionellen Corporate-Identity geprägt. Ebenso ist die Ebene der Kernapplikationen in der Regel von den Altsysteme (bereits vorhandenen internen Rechnersystemen) geprägt, in die man die Architektur der Website integrieren muss. Nach diesem dreischichtigen Rahmen für die Website legt der Projektplan als Nächstes die bereits vorhandenen Branding-Elemente und die Anforderungen der Altsystem-Architektur fest.

Web-Guide Nach der Definition der Marktbedingungen werden im nächsten Schritt der Projektplanung als Rahmen für die Website die drei Ebenen Benutzererfahrung, Prozessebene und Kernanwendungen umrissen, die auch den Einfluss vorhandener Designelemente und Altsysteme festlegen.

Architektur der Website

Wenn man die Architektur der Website als dreischichtige Infrastruktur gestaltet, schafft man damit nicht nur den Rahmen für die Systemprozesse, die eine reibungslose Benutzererfahrung ermöglichen, sondern kann auch alle für den Aufbau der Website erforderlichen Ressourcen in einzelne Subgruppen unterteilen. Die Ebene der Benutzererfahrung erfordert ein Designteam, während die Prozessebene Programmierer und Entwickler braucht, die Erfahrung mit Internetprotokollen haben. Die funktionelle Ebene verlangt Ingenieure und Entwickler, die mit Kernapplikationen umzugehen verstehen.

Die erste Ebene: Benutzererfahrung

Die erste Ebene der Website besteht aus den Informationen, die für das Zielpublikum unmittelbar zugänglich sind. Dazu gehören feste Content-Seiten, Inhalte, die regelmäßig durch Realtime-Updates anderer Websites aktualisiert werden (zum Beispiel ein News Clipping Service), und Informationen, die individuell auf einen spezifischen Endbenutzer zugeschnitten sind und durch eine User-ID oder eine sonstige Profilierungstechnologie abgerufen werden. Die erste Ebene ist durch ein Site-Schema dargestellt, also ein organisiertes Flussdiagramm des Site-Inhalts, das die grobe Gliederung der Website und das Drilldown, also den Weg des Benutzers durch die Site, anzeigt. Wenn zum Beispiel ein Hauptziel der Site darin besteht, über die Vertrauenswürdigkeit des Unternehmens neue Kundenkontakte herzustellen, könnte ein Teil der Site regelmäßig aktualisierte Brancheninformationen bieten, die die Website und damit auch das Unternehmen als tatsächliche Ressource der Branche positionieren.

Neben den Informationen enthält diese Ebene auch das allgemeine Erscheinungsbild, das die Site vermittelt, also ihre Identität: Logos, Navigationselemente, Design und ähnliche Identitätskomponenten. Die gelungene Ausführung dieser ersten Ebene wird dem Zielpublikum eine reibungslose, intuitive Erfahrung vermitteln und es durch spezifische Prozesse in eine Interaktion mit der Website treten lassen.

Die zweite Ebene: Prozesse

Während die erste Ebene ein maßgeschneidertes Design und die Vermittlung einer einzigartigen Benutzererfahrung erfordert, verlangt die Prozessebene als zweite Ebene die Entwicklung maßgeschneiderter Anwendungen, die spezifisch auf Aktionen des Endbenutzers reagieren. In dieser Ebene wird die vom Endbenutzer eingegebene Anfrage verarbeitet und an die entsprechende Kernanwendung weitergeleitet. Wenn ein Benutzer zum Beispiel zusätzliche Informationen zu einem speziellen Produkt sucht, enthält seine Anfrage neben der Bezeichnung dieses Produkts vielleicht noch den Benutzernamen, seine Firma und seine E-Mail-Adresse. Das Verarbeitungssystem der Prozessebene analysiert und segmentiert nun diese Informationen in einzelne Bereiche, die dann an die entsprechende Kernanwendung weitergeleitet werden.

Der Endbenutzer, der auf der Website Informationen über ein spezifisches Produkt sucht, geht also in das Suchfeld der Website und gibt ein Keyword, also ein Stichwort ein, das dieses Produkt beschreibt. Sobald er die Suche nach diesem Stichwort bestätigt, wird in der mittleren Ebene ein Prozess ausgelöst, bei dem der Suchbegriff gelesen und der Befehl an die bestehende Datenbank weitergeleitet wird, diesen Begriff unter den verschiedenen gelisteten Produkten zu suchen. Daraufhin wird ebenfalls in der mittleren Ebene eine Auswahlliste von Produkten erzeugt (in der bestehenden Datenbank ist außer der Suchfunktion keine Veränderung erforderlich) und als Seite an die erste Ebene weitergeleitet.

Aus dieser Auswahl sucht der Benutzer sich ein Produkt aus und bekundet sein Kaufinteresse (oft, indem er es in einen »Einkaufskorb« übernimmt). Diese Aktion löst eine neue Seitenanfrage aus (häufig als »check out« bezeichnet), bei der eine neue Seite generiert (oder eine bestehende Schablone aufgerufen) wird, die freie Felder für Angaben zu Zahlungsweise, Versand und andere Daten enthält.

Wenn der Benutzer diese Daten eingibt, werden sie in der Prozessebene wie folgt verarbeitet:

- Alle Informationen werden für eine Kundenprofildatenbank formatiert. Diese Datenbank kann später genutzt werden, um weitere Bestellungen zu verfolgen (ein Kundenkonto einzurichten), um Empfehlungen für weitere Bestellungen zu geben (wenn jemand zum Beispiel ein Telefon bestellt, kann dies die Empfehlung auslösen, passende Telefonkabel mit zu bestellen) und eine Kundenkennung oder ein Passwort einzurichten, damit der Neukunde bei späteren Bestellungen diese Daten nicht erneut eingeben muss (die einfache Handhabung schafft einen Anreiz, auch in Zukunft nicht bei der Konkurrenz zu kaufen).
- Die Versandinformation geht als Auftrag an das Versandunternehmen, wo ein automatisches Tracking-System in Gang gesetzt wird. Die Versandinformation kann auch mit einem Programm zur Berechnung der Steuern gekoppelt werden.
- Die Daten dieses Geschäftsvorgangs können weiter verarbeitet und an einen Kreditkartenprüfservice weitergeleitet werden, der den Geldtransfer zwischen Kunde und Geschäftsbank des Unternehmens bestätigt, oder sie gehen an ein Debitorenprogramm, das eine Rechnung erstellt.

Die einfache Bestellung eines Produkts löst also eine Reihe interner Prozesse aus, bei denen Daten erfasst und an die entsprechenden Anwendungen weitergeleitet werden, wie Abbildung 7.1 zeigt.

Auf der Prozessebene werden die Informationen des Endbenutzers nacheinander verarbeitet, im richtigen Format an die Kernanwendungen verteilt, die Reaktionen gefiltert oder Daten der Kernanwendungen generiert und in einem lesbaren Format an den Endbenutzer weitergeleitet.

Die Bestellung eines Kunden zu bearbeiten ist nur ein Beispiel für die Integrationsleistung, die auf der mittleren Ebene der Website-Architektur erforderlich ist. Je komplizierter die Daten des Endbenutzers werden, umso komplexer gestalten sich die Verarbeitungsprozesse, die sie mit der dritten Ebene – den Kernapplikationen – verknüpfen.

Die dritte Ebene: Die Kernapplikationen

Auf der dritten Ebene befinden sich die eigentlichen Daten. Sie können aus Informationen bestehen, die auf der Website gesammelt werden wie die oben erwähnten Kundenprofile. Sie können sich aber auch aus Daten eines Alt-

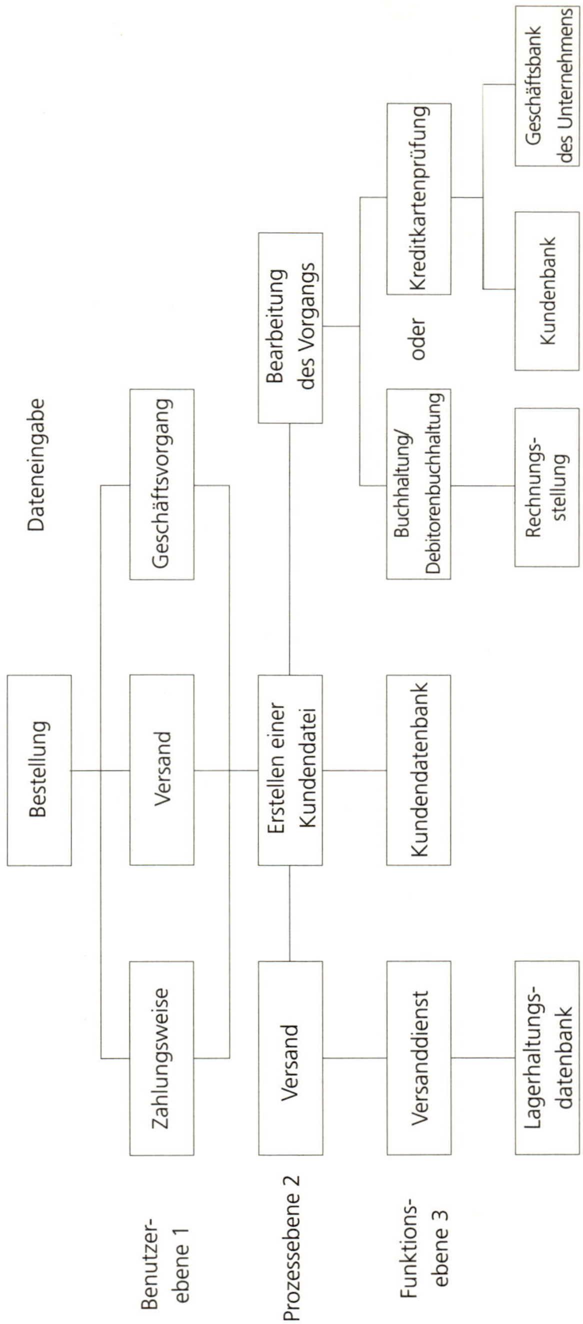

Abbildung 7.1 Infrastruktur der Website

Vom Branding zur Systemarchitektur

Der nächste Schritt bei der Festlegung der Website-Prozesse besteht darin, alle bereits vorhandenen Variablen auszumachen, die Einfluss auf den reibungslosen Start und den Erfolg Ihrer Internetstrategie haben. Diese Variablen reichen vom Branding bis zur Systemarchitektur.

systeme zusammensetzen, in unserem Beispiel etwa einer Lagerliste oder dem Zugang zum Versandsystem eines Transportunternehmens.

Die Infrastruktur dieser Kernanwendungen kann die gesamte Architektur der Website bestimmen. Wenn zum Beispiel die Lagerliste auf einer Oracle-Datenbank basiert, kann es kostengünstiger sein, die Prozessebene in einem integrierten Datenbankformat anzulegen, als eine neue Infrastruktur einzuführen.

Wie oft die Prozessebene in Anspruch genommen wird, hat ebenfalls Einfluss auf die Infrastruktur der Website. Eine bestimmte Architektur mag geeignet sein, jeweils einige wenige gesicherte Vorgänge zu bearbeiten, während eine andere Architektur bessere Möglichkeiten bietet, viele kleine Vorgänge zu bewältigen. Wenn man die Architektur der Website festlegt, ist es daher wichtig, den so genannten »erwarteten Durchsatz der Website« zu bestimmen.

Wie bereits erwähnt, gibt es zwei bestehende Elemente oder Altsysteme, die erheblichen Einfluss auf die Gestaltung der dreischichtigen Infrastruktur der Website haben. Das Erste ist die vorhandene Corporate-Identity oder eingeführte Marke. Das Zweite ist die vorhandene Systemarchitektur. Beides wirkt sich erheblich auf die reibungslose Umsetzung der Internetstrategie aus, wie wir später noch näher zeigen werden.

Das Branding der Website

Da das Internet internationale Reichweite besitzt, können der Markenname und vor allem die Benennung der Website weitreichende Folgen haben. Auf einem Markt, auf dem in nur wenigen Jahren signifikante Zuwachsraten verzeichnet werden, kann die Positionierung der Marke grundlegende Auswirkungen auf den Erfolg der Strategie haben. Zum umfassenden Branding der Website gehört es daher auch, die Benennungsstrategien im Internet zu analysieren und die visuellen Schlüsselelemente festzulegen.

Benennungsstrategien im Internet

Was glauben Sie, wer im Internetkampf der Cola-Marken die Schlacht um die Domain-Namen gewinnt? Pepsi hat *pepsi.com*, *pepsiworld.com* und *pepsico.com*, aber nicht *pepsi.net* oder *pepsibloodbath.com*, eine Website, die früher gegen Stierkampfwerbung von Pepsi protestierte. Auch die Web-Adresse *pepsi.org* gehört nicht Pepsi, sondern Public Existentialist Programs for Surrealistic Imaginations. Coca-Cola hat dagegen *coke.com, coke.net* und *coke.org*. Aber wem gehört *cola.com?* Weder Pepsi noch Coca-Cola, sondern der Firma Cola.com, Inc. aus Colorado (deren Website sich noch im Aufbau befindet).

Der erste Schritt in der Entwicklung der Branding-Strategie für das Internet ist also, sich den Namen der Website zu überlegen. Laut Network Solutions, einem Internetservice für die Registrierung von Domain-Namen, wird alle fünf Sekunden eine neue Domain-Adresse registriert.

Eine Marke soll eine emotionale Verknüpfung zwischen einem Produkt oder Service und dem Bedarf herstellen, den sie decken. Im englischen Sprachraum wird die Marke Ivory mit Sauberkeit und Reinheit gleichgesetzt, weil so eine Reinigungs- und Pflegeserie heißt. Das Wort Ivory (Elfenbein) kann jedoch verschiedene Bedeutungen haben. Es kann eine Farbe bezeichnen (gelbliches Weiß), den Stoßzahn eines Tieres oder die hellen Tasten eines Tasteninstruments. Es wäre denkbar, dass das Wort Ivory im Englischen eine andere Bedeutung hat als im Japanischen. Einem chinesischen Studenten sagen die Buchstaben nichts, aber die Seife könnte er trotzdem benutzen. Die Web-Adresse *ivory.com* gehört tatsächlich Procter & Gamble, dem Unternehmen, das die Reinigungsmittel der Marke Ivory herstellt. Dagegen gehört *ivory.net* einer Organisation mit Sitz in Italien und *Ivory.org* einer Privatperson mit Nachnamen Ivory.
Als die Standards für die Namensvergabe im Internet aufgestellt wurden, konnte fast jeder eine Domain-Adresse registrieren lassen, also den Namen einer

Website, gefolgt von einem Top-Level-Kürzel (zum Beispiel *.com* für kommerzielle Nutzung oder *.edu* für Bildungseinrichtungen). An die Konflikte, die sich daraus international oder auch national ergeben könnten, dachte man damals kaum. Eine Domain-Adresse wird jedoch unmittelbar zu einer internationalen Marke, weil jeder mit Internetzugang versuchen kann, sie zu erreichen.
Dieses internationale Branding ist wirklich wunderbar, wenn es sich um einen einmaligen Markennamen handelt, den niemand sonst in Anspruch nehmen kann. Aber was ist, wenn Delta Airlines gern den Namen *delta.com* anmelden möchten? Sie haben schließlich das Recht, den Begriff Delta zu verwenden, zumal, wenn er sich auf eine Fluggesellschaft bezieht. Aber was ist mit Delta Dental oder Delta Computers oder den unzähligen anderen Firmen, die Delta in ihrem Namen tragen? Haben sie alle den gleichen Anspruch auf den Begriff Delta, oder kommt einem Unternehmen aufgrund seiner Größe oder seiner Bekanntheit eine Vorrangstellung vor den anderen zu?
Im Internet bestimmt in der Regel die Benutzung über die Rechte an einem Namen, es sei denn, man würde ihn lediglich blockieren, bis ein anderes Unternehmen ihn kauft. Über historische Präzedenzfälle zum Namensrecht wurden Gerichtsprozesse geführt und gewonnen. Aber das Branding im Internet führt wahrhaftig zu einer Internationalisierung von Handelsnamen und schafft völlig neue Präzedenzfälle für die Verwendung und Rechte an einem geschützten Markennamen. Dennoch beginnt alles mit der historischen Benutzung des Namens, die die Marke hervorbringt.

Der eingeführte Name

Eine Marke verschafft einem Unternehmen oder einem Produkt einen eingeführten Namen. Eine populäre Marke kann positive Erinnerungen wecken, eine negative Erfahrung kann aber ebenso einem Markennamen für immer anhaften.
Eine Marke kann auf Unternehmensebene angesiedelt sein wie Procter & Gamble oder auf Produktebene wie Tide (ein Waschmittel dieses Herstellers) und sogar auf der Ebene von Subprodukten wie unparfürmiertem Tide.
Das gilt zumindest theoretisch. In Wirklichkeit können Unternehmen alle Domain-Namen auf jedem Top Level registrieren lassen, um ihren Markennamen zu schützen. Wie Pepsi mit der registrierten Website *pepsibloodbath.com* festgestellt haben dürfte, ist es unangenehm, wenn ein Internetbenutzer den

Namen eines Unternehmens mit negativer Propaganda verknüpft findet. Jedes Land hat außerdem seine eigene Länderkennung, zum Beispiel *.de* für Deutschland und *.jp* für Japan. Ob eine Firma einzelne Domain-Adressen auf jeder Top-Level-Domain anmelden sollte, hängt von der Reichweite ihres Marktes ab. Wenn sie international präsent ist, sollte sie sich in mehreren Ländern registrieren lassen, und sei es auch nur, um zu verhindern, dass andere die Marke kompromittieren, indem sie ungünstige Informationen in das Netz stellen.

Eine weitere Frage betrifft die Übersetzung. Ist es notwendig, auch die französische oder japanische Version des Namens registrieren zu lassen? Auch das hängt von der Reichweite des Markennamens ab, kann im Rahmen der Gesamtstrategie jedoch in Erwägung gezogen werden.

Und schließlich kann man den Markennamen noch mit einem Präfix oder manchmal auch einem Suffix verknüpfen. Sollte Procter & Gamble zum Beispiel *tide.com*, *thetide.com* und *tidedetergent.com* registrieren lassen? Und was ist mit *tide-detergent.com?* Anfang 2000 waren sowohl die Namen *tidedetergent.com* als auch *tide-detergent.com* noch frei.

Die Kosten für die Registrierung einer Domain-Adresse sind gering. Es kann sich jedoch zur Vollzeitbeschäftigung auswachsen, sich sämtliche möglichen Konfigurationen eines Markennamens zu überlegen und zu sichern. Daher ist eine gewisse Zurückhaltung bei der Registrierung von Domain-Namen angebracht, zumal es im Internet Präzedenzfälle für ein rechtliches Vorgehen gegen die Diffamierung von eingeführten Markennamen gibt.

Benennungsstrategien

Eine klar umrissene Benennungsstrategie ist ein wesentliches Element der gesamten Brandingstrategie und sollte sowohl Ableitungen als auch Erweiterungen des Produkt- oder Firmennamens umfassen und globale Benennungspraktiken einbeziehen.

Erfahrung und Begriffe

Auch Gattungsnamen und Begriffe können auf eine bestimmte Marke hindeuten. Wenn ein Benutzer zum Beispiel das Waschmittel Tide sucht, gibt er vielleicht zuerst *www.detergent.com* ein (eine Adresse, die Procter & Gamble nicht gehört). Für Tide hat Procter & Gamble die Adresse *clothesline.com* registrieren lassen, um nicht nur ein Produkt, sondern über den Begriff »Wäscheleine« eine bestimmte Erfahrung zu erfassen.
HP Hood, ein Molkereibetrieb in New England, stellte in den Mittelpunkt einer Werbekampagne eine Mutter, die Fragen zu Molkereiprodukten beantwortete. Für diese Werbekampagne richtete Hood eine eigene Domain-Adresse ein, *www.hoodanswermom.com*, die mit der Homepage des Unternehmens, *www.hphood.com*, verknüpft war.

Das visuelle Erscheinungsbild und Erwartungen

Eine Marke hat einen hohen Wiedererkennungswert. An die Website des Backpulvers Arm & Hammer Baking Soda werden zum Beispiel völlig andere visuelle Erwartungen gestellt als an die Website von MTV. Als angesagtes, relativ neues Medium bietet das Internet Gelegenheit, eine Marke auszuweiten oder aufzufrischen. Allerdings ist es nicht der geeignete Ort, um ein neues Logo oder Icon zu schaffen, das mit dem traditionellen Image nichts gemein hat. Denken Sie daran, dass der Benutzer »Heinz« oder »Nabisco« eintippt mit einer vorgefassten Erwartung an eine bestimmte Marke.
Ein komplexeres Produkt oder eine Dienstleistung lassen sich möglicherweise nicht ohne weiteres auf das Internet transferieren. Technisch sind im Internet zwar sowohl Audio- als auch Videosequenzen machbar, aber bislang haben viele Benutzer weder die Geduld noch die Computerkapazität, Informationen auf diesem Weg abzurufen. Im Jahr 2001 bietet das Internet eine überaus interaktive Erfahrung (»klicken Sie hier zur weiteren Information«), die zu einem zweiseitigen Austausch führen kann, aber keine so flüssige Botschaft vermittelt wie die audiovisuelle Erfahrung des Fernsehens oder die Audioerfahrung des Rundfunks. Daher braucht das Internet seine eigene einzigartige Wiederholung der Marke.
In allen Massenmedien kann ständig eine Promotion der Marke laufen, sie muss aber auf die jeweiligen Stärken des Mediums abgestimmt werden. Eine Zeitschriftenanzeige kann zum Beispiel ein ansprechendes Hochglanzbild ent-

halten, eine Rundfunkwerbung kann einen Dialog über das Bild enthalten, während der Dialog der Radiowerbung im Fernsehspot noch durch Handlung oder Bewegung unterstützt wird.

Die Website kann ein statisches Bild enthalten, das sich verändert, sobald der Benutzer den Cursor darüber bewegt, und dann Details über das Produkt oder eine bestimmte Botschaft vermitteln, die zu weiteren Aktionen anregt. Ein Markenimage wird also als sinnliche Erfahrung jedem Medium angepasst. In dieser Hinsicht bildet das Internet keine Ausnahme, da es in diesem Stadium sowohl ein visuelles als auch ein taktiles Erlebnis vermittelt. Große Unternehmen haben häufig festgelegte Spezifikationen für ihr Unternehmensdesign oder stilistische Vorgaben für die Verwendung des Logos und anderer Designelemente, einen bestimmten Schrifttyp und eine vorgegebene Farbpalette. Auch wenn diese Elemente nicht in jedem Fall für die Gestaltung der Website relevant sind, sollte man sie in die Projektplanung aufnehmen, damit das Designteam sie bei der Gestaltung der Website berücksichtigen kann.

Web-Guide

Vorhandene Designspezifikationen des Unternehmens wie Logos, Schrifttypen und Farbpalette haben tiefgreifenden Einfluss auf das Design der Website und sollten im Projektplan klar als Standards oder Leitlinien für die Entwicklung der gesamten Site umrissen werden.

Die vorhandene Systemarchitektur

Am anderen Ende der Integration in bereits Bestehendes steht der Einfluss der vorhandenen Systemarchitektur. Wenn die Website vor allem den Vorteil bieten soll, täglich Tausende Vorgänge zu bearbeiten, die das vorhandene komplexe interne System aber gar nicht bewältigen kann, dann ist die Internetstrategie zum Scheitern verurteilt.

Je nach spezifischen Internetanwendungen können zu den Altsystemen ein Lagerhaltungsprogramm, ein Buchführungsprogramm und sogar ein Herstellungsprogramm gehören. Wie bereits gesagt, kann es ein überaus effektives Unternehmensziel der Internetstrategie sein, online Bestellungen anzunehmen; wenn diese Funktion jedoch nicht mit dem Back-End-Lagersystem verknüpft ist, kann sie letzten Endes zu einem Auftragsstau und zu unzufriedenen Kunden führen. Bei der Entwicklung des Internetsystems sollte man daher mit einer sorgfältigen Bestandsaufnahme der vorhandenen Altsysteme anfangen. Diese Spezifikationen können die Systemarchitektur der Website entscheidend prägen, die sich sowohl auf die Funktionsebene wie auch auf die Benutzerebene auswirkt. Um die Architektur der Altsysteme so abzustimmen, dass sich die internetgestützten Prozesse integrieren lassen, braucht man möglicherweise Ingenieure, die sich mit diesem System gut auskennen.

Eine weitere Überlegung bezieht sich auf Hosting- und Zugangsstrategien (einschließlich Hardwarespezifikationen), die sich aus den geplanten Nutzungs- und Verarbeitungsprozessen der Website ergeben. Ein systemweiter Zusammenbruch oder Ausfall (wie er 1999 bei eBay auftrat, weil das System dem Ansturm der Benutzer nicht gewachsen war) kann das Vertrauen selbst des treuesten Benutzers erschüttern. Und wenn ein angeblich gesicherter Geschäftsvorgang im Internet infiltriert oder manipuliert wird (wie es dem Server einer größeren Suchmaschine passiert ist), so kann das sehr schnell den Ruf des Unternehmens schädigen. Daher sind Firewall- oder Sicherungssysteme ein entscheidendes Element für den erfolgreichen Internetstart.

Da an der Entwicklung eines integrierten Internetsystems in der Regel auch das betriebsinterne IT-Personal mitarbeiten muss, sind im Projektplan die Aufgaben und Zuständigkeiten sowohl des internen Teams als auch des externen Partners klar festzulegen. Wie wir in Kapitel 12 noch eingehender behandeln, wirkt sich diese Aufgabenteilung auch auf die fortlaufende Wartung und Administration der Website aus (einschließlich personeller Besetzung und Schulung).

Beim Aufbau einer langfristigen Internetstrategie sollte man sorgfältig überlegen, ob man die Architektur der Website intern oder extern entwickeln lässt. Da die Internetarchitektur sich noch in Entwicklung befindet, können Investitionen in Software und Hardware längst veraltet sein, bevor sie sich amortisiert haben. Daher hat sich die Bewertung einer Investition in Internetstrategien grundlegend verlagert.

Während die traditionelle Buchführung Aufwendungen für Software und Hardware wertmäßig erfasste, beziehen die derzeit entstehenden Finanzmodelle für Internetstrategien auch den Wert der Information ein, die mit diesen Investitionen verarbeitet werden. Das neue Ausgabenmodell sieht vor, die Lizenz für Kerntechnologien von reinen Application-Service-Providern zu

Application-Service-Provider

Angesichts der ständigen Weiterentwicklung der Internetsysteme kann es ratsam sein, die Lizenz auf Kernanwendungen bei einem externen Entwickler zu leasen, einem so genannten Application-Service-Provider, statt das System von Grund auf intern zu entwickeln.

erwerben und Kapazitäten bei Servern zu leasen, die von externen Anbietern unterhalten werden; alle Rechte an den Informationen, die durch die lizenzierte Software erzeugt werden, behält der Lizenznehmer.

Nehmen wir zum Beispiel eine Firma, die ihr Beschaffungswesen durch eine Auktion effizienter gestalten möchte. Angebote werden nach Bedarf eingeholt und die Lieferanten reagieren entsprechend. Während das herkömmliche Beschaffungsverfahren die Auswahl der Lieferanten einschränkte, haben bei einer standardisierten Auktion mehr Anbieter die Möglichkeit, Angebote einzureichen.

Bei der Entwicklung dieses neuen Beschaffungsverfahrens hat der Internetmanager zwei Alternativen. Zunächst muss er entscheiden, ob es effizienter ist, die Technologie für eine integrierte Lösung intern zu entwickeln oder sie in Lizenz von einem externen Application-Service-Provider zu erwerben. Sie intern zu entwickeln bietet den Vorteil, dass die Firma die Kontrolle und den Zugriff auf die Kernanwendungen hat. Angesichts der schnellen Weiterentwicklung des Internets kann es jedoch günstiger sein, die Technologie von einem Application-Service-Provider in Lizenz zu erwerben, der für die Wartung und Aktualisierung der Systemanwendung verantwortlich ist. Bei dieser Alternative gehört dem Unternehmen die Information, die durch das System fließt, aber nicht die Technologie. Im Beispiel des neuen Beschaffungsverfahrens kann das Unternehmen so das System der Online-Ausschreibungen und -Angebote nutzen, ohne zusätzliche Kosten für Betrieb und Wartung des Kernsystems aufwenden zu müssen.

Bestimmung der Ressourcen

Als erster Schritt zur tatsächlichen Umsetzung der Unternehmensstrategien, die im Projektplan festgelegt wurden, muss man alle Elemente bestimmen, die in bereits vorhandene Unternehmensabläufe eingebunden sind. Das sind einerseits Brandingstrategien, die von Namenskonventionen bis zu visuellen Elementen wie einem Logo oder einem bestimmten Schrifttyp reichen, und andererseits die Architektur der Website, die in ihrer Gestaltung die vorhandenen Systeme einbezieht und mit der strategischen Entscheidung verknüpft ist, wer die Eigentumsrechte an den zu entwickelnden maßgeschneiderten Anwendungen haben soll.

- Die Website-Prozesse lassen sich in drei Ebenen untergliedern: die Benutzererfahrung, die Prozessebene und die funktionalen Spezifikationen, die mit den vorhandenen Altsystemen verknüpft sind.
- Zu den Altsystemen gehören die Marke, die Corporate Identity und im weiteren Sinne auch die Internetkonventionen der Namensvergabe.
- Die Systemarchitektur hängt von klar definierten Spezifikationen für die Altsysteme ab.
- Um eine reibungslose Durchführung der Internetstrategie zu gewährleisten, sind Aufgaben und Zuständigkeiten bei der Integration von Altsystemen klar zu definieren.
- Vorab sollte das Unternehmen entscheiden, ob es Lizenzen auf vorhandene Anwendungen erwirbt oder die Architektur des Internetsystems von Grund auf selbst entwickelt und alle Rechte daran behält.

III Die Ressourcen

8 Die Wegbeschreibung

Nachdem die Website-Prozesse anhand der dreischichtigen Architektur umrissen sind, ist im nächsten Schritt zur Bestimmung der Ressourcen die *Ausschreibung* zu entwickeln. Während der Projektplan ein internes Dokument ist, das die Leitlinien des Unternehmens definiert, ist die Ausschreibung ein *öffentliches* oder kommerzielles Dokument, das helfen soll, die externen Ressourcen für die Umsetzung des Projektplans einzuschätzen und auszuwählen. Daher sollte es zwar Parallelen zum Projektplan aufweisen, aber nur die Informationen enthalten, die für die spezifischen Aufgaben externer Anbieter relevant sind.

Die Ausschreibung

Die Ausschreibung umfasst ebenso wie der Projektplan sechs Punkte:

- Definition der strategischen Zielsetzung;
- Überblick über die Marktbedingungen;
- Branding- und Designspezifikationen;
- Systemarchitektur;
- Anbieteranforderungen;
- Termin- und Budgetvorgaben.

Web-Guide

Die Ausschreibung ist die öffentliche Version des Projektplans und dient dazu, Angebote externer Anbieter einzuholen und auszuwählen, die mit der Umsetzung der Website-Spezifikationen beauftragt werden sollen.

Da an einem Internetstart viele verschiedene Parteien beteiligt sein können, sollte eine Ausschreibung nicht nur festlegen, welche Leistungen zu erbringen sind, sondern auch, wer sie im Einzelnen erbringt. Eine der größten Herausforderungen bei einem termin- und budgetgerechten Internetstart besteht darin, von Beginn des Projektes an sicherzustellen, dass die entsprechenden Ressourcen vorhanden und verfügbar sind.

Ausufernde Projekte (durch welche die Entwicklung den angesetzten Termin und meist auch den geplanten Kostenrahmen überschreitet), die in der Internetindustrie endemisch sind, gehen in erster Linie auf unbestimmte Erwartungen zurück, die zu unklaren Spezifikationen und schlecht definierten Leistungsanforderungen führen. Dagegen hilft, die Leistungsanforderungen in der Ausschreibung eindeutig festzulegen.

Die Ausschreibung dient als Grundlage für die technischen Spezifikationen – die begrenzt umrissenen Leistungsanforderungen an externe Anbieter. Der Hauptunterschied zwischen Projektplan, Ausschreibung und technischen Spezifikationen besteht in der jeweiligen Zielgruppe. Der Projektplan ist für das interne Projektmanagementteam bestimmt, die Ausschreibung richtet sich an externe Anbieter und die technischen Spezifikationen an das Entwicklungsteam.

Die Ausschreibung ist ein allgemeines Dokument, in dem das Projekt skizziert und die Anforderungen an externe Anbieter festgelegt werden. Sie ist absichtlich recht allgemein gehalten, da sie als öffentliches Papier trotz bester Bemühungen aller Beteiligten in die Hände eines Konkurrenten gelangen könnte oder einem Anbieter als Grundlage dienen könnte, eine einmalige Marktchance auszumachen und sie unabhängig von diesem Projekt auf eigene Faust zu entwickeln. Eine Ausschreibung sollte daher allgemein als ein Dokument angesehen werden, das für den öffentlichen Bereich gedacht ist und folglich bestimmte Anforderungen erfüllen muss.

Die folgende Übersicht zeigt Zweck und Zielgruppe der verschiedenen Papiere, die für einen erfolgreichen Internetstart notwendig sind.

Papier	Autor	Zielgruppe	Zweck
Projektplan (Web-Guide)	Projektmanager	ausschließlich Betriebsangehörige	Definition der Unternehmensziele, Marktbedingungen und Entwicklungsstrategien
Ausschreibung	Projektmanager und internes Entwicklungsteam	interne und externe Entwicklungspartner	Definition der Leistungsanforderungen, Angebotsprüfung und und Auswahl externer Anbieter
Technische Spezifikationen	Entwicklungsteam	(internes und externes) Entwicklungsteam	Spezifikationen der Website-Anforderungen

Tabelle 8.1: Übersicht über Papiere

Punkt 1: Definition der strategischen Zielsetzung

Im ersten Punkt der Ausschreibung sollten die Zielsetzungen der Internetstrategie zusammengefasst und in den Kontext der gegenwärtigen Entwicklungstendenzen innerhalb der Branche gestellt werden. Da die Anbieter hier in das Projekt eingeführt werden, sollte dieses Kapitel auch einige Hintergrundinformationen über das Unternehmen und seine Fähigkeiten enthalten, Unternehmensziele umzusetzen. Im Einzelnen sollte es Folgendes leisten:

- **Einen Überblick über die Branche geben**. Wenn es sich bei dem Unternehmen zum Beispiel um eine Handelsvertretung für Bauteile zur Herstellung von Büroausstattung handelt, kann der Branchenüberblick die Anzahl der traditionellen Großhändler, die Größe des Marktes, die regionale im Vergleich zur internationalen Präsenz der Firma sowie eine kurze Firmengeschichte und einen Abriss der Branchenerfahrung enthalten.
- **Den traditionellen Geschäftsablauf zusammenfassen**. Dieses Kapitel sollte als Auszug aus dem Projektplan kurz und bündig die Schlüsselfaktoren definieren, die dem traditionellen Geschäftsablauf Grenzen setzen. Bei der Handelsvertretung könnte hier die simple Feststellung stehen, dass an dem herkömmlichen Geschäftsablauf drei bis sieben Handelsvertreter beteiligt

sind, die für jeden Geschäftsabschluss eine Provision von jeweils 1,5 bis 3 Prozent erhalten. Ein weiterer Mangel des Vertriebs könnte auch darauf beruhen, dass die Bauteile von einem einzigen Lager durch einen fest unter Vertrag stehenden Spediteur ausgeliefert werden.

- **Den Geschäftsablauf im Internet umreißen**. Auch wenn der Projektplan den Geschäftsablauf im Internet detaillierter skizziert, sollte die Ausschreibung einige Leitlinien enthalten, an denen sich die Qualität des Anbieters messen lässt. Der Handelsvertreter könnte zum Beispiel die Möglichkeit anführen, die Zahl der Handelsvertreter zu verringern und die Gewinnspannen der verbleibenden Vertreter zu erhöhen. Außerdem kann er eine Alternativlösung zum Vertrieb durch ein Zentrallager anbieten, das in der traditionellen Logistik einen Engpass darstellt, und ein Realtime-Lagerhaltungsnetzwerk von Großhändlern an strategischen Standorten vorschlagen, das Versand- und Transportkosten senkt.
- **Die angestrebten Leistungsmerkmale der Website definieren**. In diesem Kapitel treten an die Stelle der internen Unternehmensziele die angestrebten Leistungsmerkmale für den Endbenutzer. Dazu kann zum Beispiel die Möglichkeit gehören, jederzeit Zugriff auf Kontoinformationen zu haben oder die Nachbestellung von Bauteilen durch Lagerhaltungssysteme zu automatisieren, die den Endbenutzer einbeziehen.
- **Die Unternehmensziele definieren**. Nachdem die externen Marktbedingungen und die geplanten Leistungsmerkmale für den Endbenutzer geklärt sind, werden nun die übergeordneten Unternehmensziele der Website zusammengefasst. Für den Handelsvertreter könnte das Unternehmensziel lauten, innerhalb von sechs bis neun Monaten nach dem Internetstart 30 Prozent des bestehenden Kundenstamms zur Umstellung auf ein integriertes Online-Beschaffungsverfahren zu bewegen. Alternativ könnte das Ziel lauten, eine bestimmte Zahl kleinerer Handelsvertretungen zu übernehmen und neue Geschäfte zu tätigen, indem man ihren bestehenden Kundenstamm innerhalb von sechs bis neun Monaten zur Umstellung auf Online-Verfahren bewegt.
- **Maßstäbe für die Ergebnissmessung festlegen**. Zu den Maßstäben, an denen sich die Ergebnisse messen lassen, gehören konkrete Vorgaben wie »in den ersten 30 Tagen nach dem Internetstart drei Dutzend potenzielle Neukunden registrieren« oder »in den ersten 90 Tagen nach dem Internetstart ein Auftragsvolumen von 3 Millionen Dollar bearbeiten«. Konkrete

Maßstäbe helfen, die gegenwärtige Architektur der Website festzulegen und die zukünftige Skalierbarkeit zu definieren.

Nachdem die Gesamtsituation des Unternehmens als Umgebung der Website geklärt ist, sind im nächsten Schritt die spezifischen Anforderungen des Zielpublikums und die gegenwärtige Situation am Konkurrenzmarkt zu definieren. Damit befasst sich der zweite Punkt der Ausschreibung.

Punkt 2: Überblick über die Marktbedingungen

Dieses Kapitel fasst als Auszug aus dem Projektplan die gegenwärtigen Marktbedingungen im Internet kurz zusammen, soweit sie spezifisch für die Entwicklung der Website von Bedeutung sind.

- **Den Zielbenutzer definieren**. Die Zielbenutzer des Handelsvertreters können seine derzeitigen Kunden sein, mit denen er einen Jahresumsatz von über 5 Millionen Dollar macht. Sie können sowohl Endverbraucher als auch Wiederverkäufer sein. Aus Interviews und Fokusgruppen, die der Vertreter vor der Ausarbeitung der Ausschreibung abgeschlossen hat, sollten Hinweise auf die Gewohnheiten der Internetbenutzung (einschließlich Zugang zum Internet), das bisherige Internetkaufverhalten und möglichst auch einige Informationen über bereits vorhandene Tracking-Systeme zur Lagerhaltung (für eine künftige Integration) hervorgehen.
- **Ein Benutzerdiagramm erstellen, das die Rollen und Zuständigkeiten der Hauptbenutzer definiert**. Da am reibungslosen Funktionieren einer Website viele Benutzer beteiligt sind (Lieferanten, Mitarbeiter und Kunden), definiert ein Benutzerdiagramm die spezifischen Rollen und daraus erwachsenden Anforderungen aller Benutzer. Dieses Diagramm hilft bei der Entwicklung einer Website, die die geplanten Internetziele tatsächlich erfüllt.
- **Das demografische und psychologische Profil der Zielbenutzer erstellen**. Variablen wie Zugang zur Website (zum Beispiel vom Büro oder von zu Hause aus) wirken sich grundlegend auf die Architektur der Website aus. Da eine Website mit integrierten Videosequenzen viel Zeit zum Herunter-

laden erfordert, dürfte sie ein Zielpublikum, das nur auf geringer Bandbreite Zugang zum Internet hat, kaum effektiv erreichen.

- **Eine Wettbewerbspositionierungsstrategie entwerfen**. Wenn man die online und offline bestehenden Wettbewerbsbedingungen kennt, kann man die Website so gestalten, dass sie dem Benutzer eine offensive statt einer defensiven Erfahrung vermittelt. Auf dem Internetmarkt, der einer schnellen Weiterentwicklung unterliegt, ist eine offensive Strategie besonders wichtig.
- **Eine Rangfolge der primären Wettbewerbsvariablen erstellen**. Eine Konkurrenz über den Preis kann eine völlig andere Auswirkung auf die Benutzererfahrung haben als eine Konkurrenz über den Service. Es trägt zur Lebensfähigkeit einer Website bei, wenn man Prioritäten setzt und diese in einer Strategie realisiert, welche sie eindeutig in einem bestimmten Marktsektor positioniert.
- **Horizontale und vertikale Konkurrenz auflisten**. Horizontale Konkurrenten sind Unternehmen, die traditionell im Wettbewerb um Marktanteile stehen, während vertikale Konkurrenten Lieferanten und Endbenutzer sind, die im Internet zu Konkurrenten werden, weil sie die Möglichkeit haben, eine direkte Beziehung einzugehen und den Zwischenhandel auszuschalten.
- **Einen Überblick über Stärken und Schwächen der Internetkonkurrenz verschaffen**. Dieser Überblick ist nicht nur wichtig, weil er bei der Positionierung der Website auf dem Markt hilft, sondern auch, weil er Einblicke in die vorhandenen Technologien bietet, die man als Kernanwendung kaufen, als Lizenznehmer nutzen oder für eine Eigenentwicklung als Orientierungshilfe nehmen kann. In diesem Punkt ist es daher wichtig, sowohl die Stärken als auch die Schwächen der Konkurrenz unter dem Aspekt von Design, Inhalt und Funktionalität zusammenzufassen.
- **Ein Wettbewerbspositionierungsdiagramm erstellen**. Dieses Diagramm definiert in knapper Form die Marktlücke aufgrund der entscheidenden Variablen, die Einfluss auf die Erfahrung des Zielbenutzers haben.
- **Die Benutzererwartungen skizzieren**. Wenn man die Marktbedingungen kennt, ist es wichtig, aufgrund der Erwartungen der Zielbenutzer festzulegen, welche Erfahrung die Website vermitteln soll. Da die Website gewöhnlich darauf abzielt, die Gewohnheiten der Benutzer in gewisser Weise zu verändern, müssen die Erwartungen schon recht früh im Akquisitionsprozess erfüllt werden, um eine langfristige Internetbeziehung zu gewährleisten.

- **Das Wertangebot festlegen**. Die Website muss dem Besucher einen eindeutigen Vorteil oder Nutzen bieten. Wenn man das Wertangebot in der Ausschreibung festlegt, werden das interne wie auch das externe Entwicklungsteam nicht nur die Unternehmensstrategie, sondern auch die Bedürfnisse der Benutzer verstehen.
- **Geplante Marketingstrategien**. Der Start der Website ist nur der erste Schritt auf dem Weg zu den übergeordneten Unternehmenszielen. Zu einer fortlaufenden Strategie sollte ein vorher festgelegter Marketingplan gehören, der möglicherweise weitere externe Dienstleistungen erforderlich macht, zum Beispiel von einer Werbeagentur.
- **Eine Strategie zur Kundenbindung entwickeln**. Eine Marketingstrategie, die Benutzer einmal auf die Website lockt, reicht nicht aus. Dazu gehört auch, eine fortlaufende Strategie zu entwickeln, um Zielbenutzern mit aktuellen Informationen einen Anreiz zur regelmäßigen Wiederkehr zu bieten; auch hierzu bedarf es möglicherweise spezifischer externer Fachleute.

Punkt 3: Branding- und Designspezifikationen

Die eingeführte Marke setzt die Parameter für die Erwartungen, die Benutzer an die Website stellen. Das bestehende Erscheinungsbild der Marke bestimmt ihr Design, von der Verwendung branchenüblicher Schlagworte als Hauptnavigationselemente bis hin zur Farbpalette.

- **Namenskonventionen und/oder Benennungsstrategien definieren**. Da die Webadresse eine herausragende Rolle für die Benutzung der Site spielt, stellt eine starke Benennungsstrategie, zu der auch die Einschätzung potenziell konkurrierender Adressen gehört, einen wesentlichen Bestandteil der Design- und Brandingstrategie dar.
- **Die bestehende Corporate-Identity definieren**. Falls das Unternehmen bereits feste Stilvorgaben hat, ist jetzt der richtige Zeitpunkt, sie aus der Schublade zu kramen, abzustauben und die unumstößlichen Regeln und Vorschriften festzuhalten, die die bestehende Corporate-Identity ausmachen. Sie können sich auf die Proportionen des Firmenlogos, den Firmennamen oder den Namen des bisherigen Illustrators (der beim Design der

Website zu einem wichtigen Partner werden kann) beziehen. Dieser Abschnitt steckt den Rahmen für die kreativen Freiheiten ab, die bei der Gestaltung der Website herrschen. Er sollte zudem die Definition und vielleicht auch ein Muster des Firmenlogos und die Farbpalette enthalten (die man eventuell modifizieren muss, damit sie für das Internet geeignet ist). Hierher gehören auch das Schriftbild des Unternehmens und eventuelle Einschränkungen der Nutzungsrechte.

- **Offline-Marketingmaterial definieren und/oder Muster beilegen**. Wenn man der Ausschreibung vorhandenes Material beilegt, kann der Anbieter sich anhand des Anschauungsmaterials eine konkrete Vorstellung vom traditionellen Erscheinungsbild und Eindruck der Corporate-Identity sowie vom Ton und von der Botschaft machen, die dem Endbenutzer vermittelt werden soll. Sollte eine Koordination mit einer externen Werbeagentur erwünscht sein, wäre es sinnvoll, hier eine Kontaktadresse anzugeben, damit die externen Anbieter ihre Aufgaben, Ressourcen und Arbeitsbeziehungen zum Rest des Teams konkret umreißen können.

Punkt 4: Systemarchitektur

Die vorhandenen Computersysteme, die so genannten Altsysteme, können die Infrastruktur der Internetstrategie stark prägen. Die Vertrautheit und Erfahrung mit diesen Systemen und die Möglichkeit, ihre Architektur den neuen Erfordernissen anzupassen, mögen einen wesentlichen Faktor darstellen, der den termin- und budgetgerechten Internetstart bestimmt. Eine sorgfältige Dokumentation oder Beschreibung der vorhandenen Systemkonfiguration (die allerdings berücksichtigt, dass es sich um ein öffentlich zugängliches Dokument handelt, das in die Hand vorhandener oder potenzieller Konkurrenten gelangen könnte) bildet die Grundlage für eine praktikable und ausbaufähige Internetstrategie.

- **Altsysteme definieren**. Wenn man die Spezifikationen der vorhandenen Hardware und Software so weit wie nötig angibt, hilft dies, die Erwartungen und das Budget für die Entwicklung einer integrierten Lösung auf der dritten Ebene der Website, der Funktionsebene mit den Kernanwendungen, abzustecken. Dabei sollte man auch die gegenwärtige und die zukünftige Nutzung sowie potenzielle Größenbeschränkungen berücksichtigen. Ein auf Papier basierendes Rechnungswesen lässt sich zum Beispiel langfristig nur schwer an ein elektronisches Zahlungssystem anpassen. Auf lange Sicht mag es sich als effektiver erweisen, für den Umstieg auf elektronische Lösungen das gesamte Altsystem zu ersetzen.

- **Präferenzen für die Systemarchitektur angeben, soweit vorhanden**. Bestehende Beziehungen zu einem Lieferanten auf Hardware- oder Softwareebene können sich erheblich auf die Entwicklung der Website-Architektur auswirken, auch wenn sie von den Altsysteme nicht vorgegeben sind. Wenn zum Beispiel eine langfristige Verpflichtung besteht, eine IBM-Systemarchitektur zu verwenden, können sich daraus bestimmte Hardware-Anforderungen für die Website ergeben.
- **Hosting- und Zugangsstrategien definieren (einschließlich Hardwarespezifikationen)**. Sollen Host und Wartung der Website im Unternehmen angesiedelt sein oder im Outsourcing-Verfahren von einem externen Partner gestellt werden? Im ersten Fall sind Mittel für die erforderlichen internen Ressourcen bereitzustellen, im zweiten Fall sind Vereinbarungen über fortlaufende Lizenzen und Upgrades zu treffen. Da sich die Internetarchitektur nach wie vor sehr schnell weiterentwickelt, mag ein Outsourcing das Risiko minimieren, dass die Website veraltet, es kann aber auch erhebliche Auswirkungen auf ihre Gesamtkosten haben.
- **Interne Ressourcen und Prozesse klären, die Auswirkungen auf die Website-Entwicklung haben**. Falls ein betriebsinternes IT-Team für die Systemintegration verantwortlich sein soll, hat dies erhebliche Auswirkungen auf die Dienstleistungen eines externen Anbieters. Das gilt auch, wenn ein internes Team eingestellt werden soll, um die Website nach ihrem Start zu warten.
- **Firewall- und Sicherungssysteme bestimmen**. Ganz schlecht ist es, wenn man erst mitten in der Entwicklung feststellt, dass die gegenwärtige Konfiguration (und Politik) des Zugangs zur Kreditorenbuchführung die Einführung eines integrierten Online-Zahlungssystems verhindert. Sorgfältige Recherchen und Definitionen im Vorfeld halten solche kostspieligen Fehler in Grenzen.
- **Wartungsanforderungen (einschließlich Schulung des Personals) bestimmen**. Dokumentation, Bedienungsanleitungen, Schulungen und die fort-

laufende Betreuung können bei der Website-Entwicklung die größten versteckten Kosten ausmachen. Wenn man vorher klar definiert, welche Erwartungen man im Hinblick auf Modifizierungsmöglichkeiten der Website, Garantien, Kundendienst (rund um die Uhr 24/7 oder 9–5) und Schulung stellt, lässt sich das »Nicht-mein-Problem-Syndrom« nach dem Internetstart minimieren.

Punkt 5: Anbieteranforderungen

In diesem Abschnitt sollten Qualifikation, Fähigkeiten und Erfahrungen des Anbieters geklärt werden. Dazu gehört:

- **Projektteam**: Zahl der Mitarbeiter, Fähigkeiten und Kurzbiografien der wichtigsten Teammitglieder;
- **Projektmanagement**: Kurzbeschreibung der Verfahrensweise und des Vorgehens im Hinblick auf die zu erbringenden Leistungen;
- **Partnerschaften und Allianzen**: Bestehende Beziehungen zu Lieferanten, die Einfluss auf die Website-Entwicklung haben können;
- **Erfahrungen und Fähigkeiten**: Überblick über frühere Erfahrungen mit ähnlichen Projekten und spezifische Branchenerfahrungen;
- **Referenzen**: Kontaktadressen früherer Projekte.

Punkt 6: Termin- und Budgetvorgaben

So weit als möglich sollten Liefertermin und Kostenrahmen vorab festgelegt werden. Falls das Budget von den geplanten Leistungsmerkmalen abhängt, sollten zumindest die Erwartungen hinsichtlich des Terminplans geklärt werden. Ansonsten könnte sich die Entwicklungsphase länger hinziehen als ursprünglich erwartet.

- **Einen Terminplan für das Projekt aufstellen**. Der Terminplan für das Projekt wird von zwei Faktoren bestimmt: von den Leistungen, die der Anbieter zu erbringen hat, und von den Leistungen, die das Unternehmen zu erbringen hat. Machen Sie klare Angaben zur erwarteten Dauer der Prüfungs- und Entscheidungsverfahren, damit die Anbieter diese Fristen in ihre Planung einbeziehen können. Da selbst unter günstigsten Umständen Verzögerungen nichts Ungewöhnliches sind, sollte man von vornherein gewisse Spielräume in den Zeitplan einbeziehen. Sollte es unumstößliche Terminvorgaben geben wie bestimmte Branchenzyklen (zum Beispiel Sonderverkäufe in der Urlaubssaison), geben Sie diese Termine von Anfang an bekannt und stellen sich darauf ein, als Team gemeinsam für ihre Einhaltung zu sorgen.

- **Kontaktpersonen und Angebotsfrist angeben**. Wenn Sie frühzeitig im Laufe des Verfahrens eine Liste der Ansprechpartner erstellen, klären Sie von Anfang an die Zuständigkeiten und verhindern spätere Verwirrungen. Wichtig ist auch, in der Ausschreibung einen Ansprechpartner anzugeben, der weitere Informationen geben kann, und eine Abgabefrist für Angebote festzusetzen.
- **Budgetpräferenzen angeben (Pauschalpreis oder Honorar nach Arbeitsstunden und Materialaufwand)**. Auch hier verhindert eine Klärung vorab spätere Missverständnisse und Verwirrungen. Detaillierte Preisangaben der Anbieter liefern Parameter für einen Vergleich ihrer Leistungen.

Mit einer gut durchdachten Ausschreibung können die Anbieter ein verbindlicheres Angebot unterbreiten, was wiederum zu einem klarer umrissenen und besseren Internetstart führt.

Das Auswahlverfahren

Sobald die Ausschreibung erfolgt ist, sollte eine festgelegte Frist gelten, bis wann die Angebote vorliegen müssen. Je nach Projektumfang ist ein Zeitrahmen von einigen Wochen (nicht Monaten) anzusetzen, der Spielraum für Rückfragen bei der ausschreibenden Firma lässt.

Die Vorlage der Angebote sollte mit einer förmlichen Präsentation und der Vorstellung wichtiger Teammitglieder einhergehen. Obwohl diese Präsentation, wenn möglich, meist in den Büroräumen der ausschreibenden Firma stattfindet,

kann ein Besuch bei den Anbietern dazu beitragen, nicht nur ihre Fähigkeiten, sondern auch ihren Charakter besser einzuschätzen.
Anschließend sind die Angebote intern innerhalb einer angemessenen Frist (wiederum von Wochen, nicht Monaten) zu prüfen und allen Anbietern die endgültige Entscheidung mitzuteilen. Die Höflichkeit gebietet es zudem, den Anbietern, die den Auftrag nicht erhalten haben, eine gewisse Rückmeldung über ihre relativen Stärken und Schwächen zu geben.
Nach der Auswahl des Angebots beginnen die Vertragsverhandlungen, die vor allem die detaillierten Spezifikationen und eine klare Definition der zu erbringenden Leistungen betreffen.

Auswahl der Anbieter

Hauptpunkte der Ausschreibung:

- Definition der strategischen Zielsetzung: umreißt kurz und bündig die Unternehmensziele.
- Überblick über die Marktbedingungen: beschreibt das Zielpublikum, den Konkurrenzmarkt und die Benutzererfahrung.
- Branding- und Designspezifikationen: fassen die Corporate Identity und Stilvorgaben für das Design zusammen.
- Systemarchitektur: analysiert Altsysteme, Hardware, Software und Zugangsanforderungen.
- Anbieteranforderungen: erfragt Erfahrungen und Fähigkeiten der Anbieter.
- Termin- und Budgetvorgaben: setzt realistische Parameter für den Zeit- und Kostenrahmen.

9 Die Mechaniker

Der nächste Schritt zur Bestimmung der Ressourcen lautet, tatsächlich die Anbieter zu finden, die zu den geforderten Spezifikationen die besten Lösungen liefern. Mit der explosionsartigen Ausbreitung des Internets nehmen mittlerweile Tausende Firmen für sich in Anspruch, Experten auf diesem Gebiet zu sein. Wie soll der Internetmanager aus dieser Fülle das Team finden, das die beste Website-Strategie liefern wird?
Die Auswahl der Anbieter kann in vier Schritten erfolgen:

- Erstellen Sie eine Auswahlliste potenzieller Kandidaten. Die Vorauswahl kann auf früheren Erfahrungen, den internen Ressourcen oder der Kostenstruktur beruhen.
- Stufen Sie diese Fähigkeiten anhand der Erfordernisse ein, die im Projektplan umrissen sind.
- Prüfen Sie, ob die Ressourcen der Anbieter den Projektanforderungen genügen, in der Regel durch Definition des Projektteams.
- Prüfen Sie das Verfahren, nach dem der Anbieter die geforderten Spezifikationen erfüllen will. Im Rahmen dieser Prüfung sollte sowohl ein detailliertes Angebot vorgelegt werden als auch eine Präsentation des Anbieters stattfinden.

Web-Guide

Der dritte Teil des Projektplans enthält zunächst Angebote ausgewählter Anbieter. Sobald diese Angebote geprüft sind, treten an ihre Stelle die endgültigen Aufgabenbereiche, die jeder externe Partner innerhalb des Projekts übernimmt. In diesen Teil gehören in der Regel: die Beschreibung des Projektteams (Ressourcen, Fähigkeiten, Erfahrungen), seine Herangehensweise an das Projektmanagement (in Bezug auf frühere Projekte), Partnerschaften und Allianzen, Erfahrungen und Leistungsfähigkeit (unter besonderer Berücksichtigung der Ressourcen, die für dieses Projekt eingesetzt werden) und schließlich die Referenzen des Anbieters.

Wenn der Internetmanager sich die im vorigen Kapitel angeführten Spezifikationen noch einmal genau ansieht, hat er den ersten Schritt bereits getan: die Anforderungen seines Unternehmens an die Website nach Prioritäten geordnet. Als Nächstes geht er ins Internet und schaut sich kritisch Websites an, die ähnliche Erfahrungen vermitteln wie die geplante Online-Präsenz des Unternehmens. Im Gegensatz zur Wettbewerbsanalyse, bei der die Websites ausschließlich unter Wettbewerbsaspekten analysiert wurden, sollte er sie nun im breiteren Kontext der Benutzererfahrung prüfen.

Eine örtliche Tageszeitung, die ihren redaktionellen Teil ins Internet stellen möchte, könnte sich zum Beispiel die Websites anderer Tageszeitungen ansehen, und zwar nicht, um die Konkurrenz unter die Lupe zu nehmen, sondern um sich über ihren Stil, das Layout und die Ressourcen zu informieren. Darüber hinaus kann sie sich die wichtigsten Nachrichten-Websites und die Portale von Städten und Kommunen ansehen, um sich einen Überblick über alternative Informationsquellen zu verschaffen.

Die Auswahl dieser Websites sollte nach logischen (»Diese Website ist eindeutig innovativ in der Branche«) und nach emotionalen (»Diese Website macht Spaß und ist interessant«) Gesichtspunkten erfolgen. Stellen Sie zunächst eine Liste zusammen, in der Sie anmerken, was an diesen Websites ansprechend und weniger ansprechend ist (siehe Abbildung 9.1).

Wenn Sie acht bis zwölf Websites in diese Liste eingetragen haben, prüfen Sie, ob sich gewisse Trends abzeichnen. Haben die Websites ein gemeinsames Erscheinungsbild? Bieten sie alle spezifische Funktionen?

Website	Grund der Auswahl	Art	Ansprechende Merkmale	Weniger ansprechende Merkmale

Abbildung 9.1 Vergleich von Website-Merkmalen

Beurteilung der Kandidaten

Jetzt beginnt die Schnüffelei. In dem unbändigen Bestreben, zur bevorzugten Internetfirma zu werden, haben die meisten Unternehmen keine Scheu, ihre Erfolge aufzulisten. Ihre Promotion erfolgt über Presseveröffentlichungen, in Online-Mappen, durch Ehrungen, Preise oder Ranglisten der Branche und manchmal durch einen Entwicklernachweis auf der Website. Letzteres ist der einfachste Weg zu den Internetressourcen. Falls der Entwicklernachweis angegeben ist, befindet er sich auf der Homepage (in der Regel am unteren Ende), auf der Kontaktseite oder manchmal auch auf einem gesonderten Mitarbeiterverzeichnis. Er kann auch in den Quellcode eingebettet sein.

Eine weitere Möglichkeit ist, sich direkt an den jeweiligen Firmenkunden zu wenden. Im Allgemeinen weiß die Marketingabteilung, wer die Website entwickelt hat. Manchmal erhält man aber auch die Antwort: »Die haben wir selbst entwickelt.« Je nach Website und internen Ressourcen verfügt die Firma über die entsprechenden Fachkräfte, vor allem wenn sie ausschließlich über Internet arbeitet, und hat nur einige ausgesuchte freie Mitarbeiter hinzugezogen.

In Anerkennung der Besten und Einfallsreichsten dieser Branche sponsern mittlerweile viele Verbände und Fachzeitschriften Innovationen auf diesem Gebiet. Häufig erhalten sie die Anerkennung für ein besonders innovatives Projekt. Wenn zum Beispiel die beliebtesten Websites landesweit bekannten Marken gehören, die eine gut gestaltete Design Identity haben, kann es sein, dass *Adweek* einen Artikel über das interaktive Team veröffentlicht hat, das hinter dieser Marke steht. Frühere Zeitschriftenausgaben sind möglicherweise noch gedruckt oder im Internet erhältlich. *Adweek* würdigt nicht nur eine ihrer Ansicht nach gut gestaltete Strategie, sondern veröffentlicht auch jährlich eine Rangliste der besten interaktiven Agenturen. Daher lassen sich sowohl durch Auszeichnungen als auch in Artikeln Informationen über potenzielle Anbieter finden.

Angesichts des Einflusses, den das Internet mittlerweile auf fast jeden Wirtschaftsbereich besitzt, bringen die meisten Fachzeitschriften hin und wieder einen Artikel oder sogar eine regelmäßige Kolumne über wichtige Internetinnovationen ihrer Branche. Wenn man die Ausgaben der letzten Monate durchblättert, kann man vielleicht Hinweise finden, wer die gefragtesten Internetanbieter der Branche sind.

Eine weitere Quelle für solche Dienstleistungen können auch Kollegen sein. Fragen Sie nach Anbietern, mit denen sie schon zusammengearbeitet haben, und schauen Sie sich die Websites der von ihnen empfohlenen Anbieter an. Noch einmal sei gesagt: Da Anbieter ihre Fähigkeiten unter Beweis stellen müssen, haben sie meist keine Scheu, ihre Erfolge herauszustellen.

Bei der Suche nach den Besten und Einfallsreichsten dürfte diese Spurensuche die Auswahl der möglichen Anbieter bereits erheblich eingrenzen. Als Nächstes ist festzustellen, welche Anbieter leistungsfähig sind.

Auswahlkriterien

Das Leistungsangebot variiert von hoch spezialisierten Anbietern bis hin zu Firmen, die alles aus einer Hand bieten. Ein Blick auf die jeweilige Kundenliste vermittelt lediglich begrenzte Informationen und zeigt möglicherweise nicht, welche speziellen Dienstleistungen der Anbieter liefert. Bei der Einschätzung ist als Nächstes festzustellen, wie lange die Mitarbeiter bereits zusammenarbeiten, welchen Werdegang die leitenden Angestellten haben, wie viele Vollzeitangestellte die Firma hat (in einer derart rasch wachsenden Branche bewältigen Firmen die zunehmende Zahl der Projekte häufig mithilfe freier Mitarbeiter), wie groß ein typisches Projektteam und/oder Projekt ist und wie ihre langfristigen Interessen aussehen.

Eine relativ junge Firma (im Internetbereich sind das alle, die nicht länger als zwei Jahre bestehen) kann für ein kleineres Projekt von Vorteil sein, weil sie bestrebt ist, das Projekt als Wachstumschance zu nutzen. Für ein größeres Projekt könnte Jugend (und mangelnde Erfahrung) allerdings von Nachteil sein. Dabei bestimmt sich die Größe des Projekts nicht nur durch das Budget, sondern auch durch den Grad an Komplexität. Ein junges Atelier von Multimediaspezialisten mag für das Design dieses Projektsegments sehr gut geeignet sein, aber glauben Sie nicht, dass es auch andere Projektbereiche übernehmen könnte (auch wenn man Ihnen etwas anderes versichert).
Andererseits sollte man Konsolidierung nicht mit Jugendlichkeit verwechseln. Während eine kleine Firma ihre Kernkompetenzen durch einen festen Stab freier Mitarbeiter zu erweitern vermag, kann ein nationales Netzwerk von Unternehmen, die gerade fusioniert haben, das lokale Talent zur Erstarrung bringen. In einer Wachstumsbranche, in der Merger, Übernahmen, Entflechtung und Start-ups an der Tagesordnung sind, muss man vor allem den Werdegang des Teams und seine Fähigkeit zur effektiven Zusammenarbeit sorgfältig prüfen, wenn man das »Alter« als Maßstab der Erfahrung nehmen will. Natürlich hängt auch das noch erheblich von der Größe des Projekts ab. Je komplexer die Projektanforderungen sind, umso mehr dürfte der Internetma-

Teams externer Partner

In einer rasch wachsenden Branche erschweren schnelle Konsolidierung und das Aufkommen neuer Firmen den Überblick, welcher Anbieter jeweils die besten Ressourcen zu bieten hat. Um die Leistungsfähigkeit eines Anbieters zu beurteilen, sollte man daher die Firmengröße nach Zahl der Beschäftigten der Durchschnittsgröße eines Projektteams gegenüberstellen. Wenn eine Firma zwölf Angestellte hat und ein Projektteam durchschnittlich aus sechs Mitarbeitern besteht, kann sie jeweils nur an einer kleinen Zahl von Projekten arbeiten. Hat eine Firma dagegen 120 Beschäftigte, verfügt sie zwar über weitaus größere Ressourcen, die allerdings ein unterschiedliches Maß an Können und Erfahrung besitzen; je nach Umfang des spezifischen Projekts verringert sich damit die Wahrscheinlichkeit, dass man die Toptalente bekommt.

nager sichergehen wollen, dass der Anbieter die gesamte Bandbreite der verlangten Dienstleistungen erbringen kann. Ein einfacher Test besteht in der Frage, wie sich das geplante Team zusammensetzt und aus wie vielen Mitarbeitern es in der Regel besteht. Als Nächstes sollten Sie herausfinden, an wie vielen Projekten das Team jeweils arbeitet und wie viele Vollzeitbeschäftigte die Firma hat. Dann wägen Sie die Vor- und Nachteile ab, die das Team hat, das größte Projekt der Firma zu sein und damit einen Großteil ihrer Ressourcen zu binden oder aber ihr kleinstes Projekt zu sein und möglicherweise an untergeordnete Mitarbeiter delegiert zu werden.

Das Projektteam

Versuchen Sie nach Möglichkeit, die wichtigsten Mitarbeiter, die dem Projekt zugeteilt würden, (und nicht nur das Verkaufsteam) kennen zu lernen und mit ihnen zu sprechen. Auch wenn diese nachher die Arbeit der untergeordneten Mitarbeiter nur beaufsichtigen, ist es für beide Seiten des Teams wichtig zu wissen, wer für die Schlüsselkomponenten des Projekts verantwortlich ist. Wie Abbildung 9.2 zeigt, erfordert ein Internetprojekt in der Regel ein Designteam, ein Entwicklerteam, ein Produktionsteam und ein Projektmanagement-

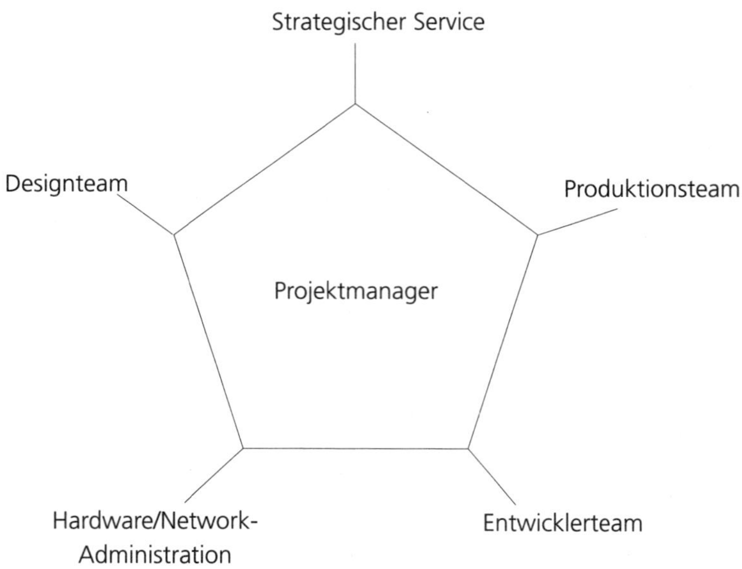

Abbildung 9.2 Internetprojektteam

team. Darüber hinaus kann auch ein strategisches Serviceteam einbezogen werden, das bei der Entwicklung der übergeordneten Unternehmensziele hilft. Diese Teams können je nach Projektumfang größer oder kleiner sein.

Das Designteam

Meist wird das Designteam vom *Creative Director* geleitet, der in unmittelbarer Zusammenarbeit mit dem Projektmanager für die Entwicklung einer umfassenden kreativen Lösung und Strategie verantwortlich ist und sich nach den Anforderungen des Kunden an die Designziele richtet.
Der *Art Director* setzt die Vorstellungen des Creative Director visuell um und entwickelt aus dieser Sicht das Design für das gesamte Erscheinungsbild und den Eindruck *(Look and Feel)*, den die Website vermittelt.
Ein *Texter*, der manchmal zum Designteam gehört oder aber von außen engagiert wird, erarbeitet gemeinsam mit dem Art Director Überschriften, Texte und andere Inhalte, die für dieses Medium und die übergeordneten strategischen Ziele geeignet sind.

Das Entwicklerteam

Das Entwicklerteam wird in der Regel geleitet vom *Interactive Director*, auch Webmaster genannt. Er arbeitet mit dem Creative Director zusammen, ist aber dem Projektmanager oder dem Account Manager unterstellt und koordiniert das Projekt auf technischer Ebene. Der Interactive Director muss imstande sein, die kreative Vision technisch umzusetzen, indem er die technischen Mittel und Fähigkeiten erkennt, die für die Implementierung des Projekts notwendig sind. Außerdem leitet er die Qualitätsprüfung.
Dem Interactive Director ist der Programmierer unterstellt, der Back-End-Systeme und das serverseitige Scripting entwickelt, um zusätzliche Funktionalität und Interaktivität zu schaffen, und der allgemein für die notwendige Systemintegration zuständig ist. Er sollte mit den gängigen Tools der Back-End-Entwicklung und des Engineering vertraut sein. Die *Site Engineers* sind dafür zuständig, die Altsysteme in die Site-Funktionen zu integrieren. Daher sollten sie autorisierte Entwickler dieser Altsysteme sein.
Der *Netzwerkadministrator* ist für die Verknüpfung der ausgewählten Softwareanwendungen mit der geeigneten Hardwareplattform verantwortlich. Er

ist dem Interactive Director unterstellt und ist zudem mit den Netzwerk- und Zugriffsanforderungen vertraut.
Der *Qualitätsprüfungskoordinator* testet das System unter verschiedenen Bedingungen und auf unterschiedlichen Plattformen auf Zuverlässigkeit und Zugriff. Er prüft zum Beispiel, wie lange das Herunterladen eines Bildes dauert oder ob eine Site mit verschiedenen Browsern gleichermaßen funktioniert. In der Regel ist der Qualitätsprüfungskoordinator dem Interactive Director unterstellt.
Je nach Projektumfang kann zum Entwicklerteam auch ein hoch spezialisierter *Multimediadesigner* gehören, der zuständig ist für die Entwicklung interaktiver oder multimedialer Aspekte des Projekts wie Animation, Audio- und Videosequenzen.

Das Produktionsteam

Das Produktionsteam kann entweder dem Creative Director oder dem Interactive Director unterstellt sein. Wenn der Schwerpunkt des Projekts auf dem Design liegt, gehören ihm in der Regel *Grafikdesigner* und *Produktionsdesigner* an. Liegt der Schwerpunkt dagegen auf der Entwicklung, so können auch *Systemintegratoren* im Produktionsteam sein. Die Mitglieder des technischen Entwicklerteams sind auch mit den Systemanwendungen und serverseitigen Scripts vertraut, die der Programmierer entwickelt.
Nach dem Start der Website sind möglicherweise Schulungen und weiteres Management notwendig. Das Personal hierfür kann aus dem Projektteam kommen oder aus Managern bestehen, die Erfahrung mit Schulungen und Site-Management besitzen.

Das Projektmanagementteam

Der *Account Director/Projektmanager* kümmert sich auf leitender Ebene um die Beziehungen zum Auftraggeber und formuliert und beaufsichtigt die Umsetzung interaktiver Strategien gemäß den übergeordneten Unternehmens- und Marketingstrategien. Der Account Director leitet und motiviert das interne Account-Team und kümmert sich um die Erfolgsbilanz dieses Auftrags.
Der *Account Manager/Producer* arbeitet eng mit dem Account Director zusammen und hält ständig Verbindung zum Team. Er oder sie kümmert sich

um Terminpläne, Budgets, Kostenschätzungen und das interne Rechnungswesen und ist außerdem für eine schriftliche Dokumentation der Projektstrategie, des Budgets und des Zeitplans zuständig.

Das Strategiche Serviceteam

Dieses Team hat die Aufgabe, die übergeordneten Unternehmensziele einzuschätzen und in erreichbare Zwischenergebnisse aufzuteilen. Der *Strategic Services Director* arbeitet in der Anfangsphase des Projekts eng mit dem Account Director zusammen und entwickelt in Meetings mit dem Kunden eine Bedarfsanalyse, die als Grundlage für die technischen Spezifikationen dient.

Wenn das Projekt ein gezieltes Marketing erfordert, kann dem Team auch ein *Marketing-* oder *Promotionmanager* angehören, der den Marketingplan mit medienübergreifenden Promotionstrategien, Werbeplan und E-Mail-Kampagnen entwickelt.

Im Rahmen des Strategischen Serviceteams kann auch ein *Forscher* hinzugezogen werden, der konkurrierende Websites prüft, um eine gezielte Positionierungsstrategie zu entwickeln.

Das Kernteam

Auch wenn das Projektteam aus Dutzenden talentierter Mitarbeiter bestehen kann, ist für die Qualität des Endergebnisses in erster Linie das Kernteam entscheidend. Es besteht aus dem *Account Director*, dem *Art Director* und dem *Interactive Director*, möglicherweise ergänzt um den *Strategic Services Director*. In diesem Kernteam sollte jeder über eine mindestens fünfjährige Erfahrung auf seinem Spezialgebiet verfügen (da das Internet in diesem Zeitraum erstmals ein massenhaftes Wachstum erfahren hat, dürften Erfahrungen in benachbarten Branchen genügen), eventuell einen Studienabschluss besitzen und bisherige Erfolge mit ähnlichen Projekten nachweisen können. Der Anbieter sollte Referenzen vorlegen, in denen jedes Mitglied des Kernteams namentlich genannt und die Dauer seiner Betriebszugehörigkeit aufgeführt ist.

Wenn ein Mitglied des Kernteams gleichzeitig eine leitende Funktion in der Firma innehat, lassen sich daraus die natürlichen Stärken der Firma ableiten.

Das Projektteam

Zum Projektteam gehören in der Regel mindestens fünf Spezialteams: 1) Das Projektmanagement, das die Verbindung zwischen dem Kunden und dem Anbieterteam hält und für die Einhaltung des Terminplans und des Kostenrahmens verantwortlich ist. 2) Das Designteam, das für das gesamte Erscheinungsbild, den Eindruck und das Corporate Branding der Website verantwortlich ist. 3) Das Entwicklerteam, das für die Integration der Anwendungen auf Systemebene verantwortlich ist. 4) Das Produktionsteam, das die Ergebnisse des Entwicklungs- und Designteams zu einer funktionsfähigen Online-Erfahrung verknüpft. 5) Das Strategische Serviceteam, das für das Marketing verantwortlich ist und sich auf die Umsetzung der übergeordneten Unternehmensziele konzentriert.

Ist zum Beispiel der Interactive Director gleichzeitig Präsident der Firma, dürften ihre besonderen Stärken auf dem Gebiet technischer Lösungen liegen.

Ressourcen der Anbieter

Bringen Sie in Erfahrung, wie die Anbieter ihre Position innerhalb der Branche einschätzen, indem Sie sie fragen, wen sie für ihre Hauptkonkurrenten halten. Vergleichen Sie diese Angaben mit der Liste, die Sie vorher aufgestellt haben, um die Positionseinschätzung des Anbieters in seiner Branche zu erhärten. Stellen Sie fest, ob es Stärken (oder Schwächen) bei bestimmten Systemanwendungen gibt.

Vertrautheit mit Systemanwendungen

Zieht der Anbieter Lösungen von der Stange vor, oder entwickelt er für jedes neue Projekt Lösungen, die auf den jeweiligen Kunden zugeschnitten sind? Auf diese Frage gibt es keine allgemein gültige Antwort. Die Effektivität der Lösung muss an der Bewertung von kurz- und langfristigen Zielen gemessen werden.

Bedenken Sie bei den Systemen dritter Parteien parallel zu den Stärken auch die Altysteme Ihrer Firma und die Frage, welche Auswirkungen sie auf die Entwicklung der Website haben. Geben Sie so ausführlich wie möglich nicht nur den Umfang und die Konfiguration der Altsysteme, sondern auch Ihre Erwartungen an, wer für die Integration des Front-End mit dem Back-End verantwortlich sein soll.

Schulung und Wartung

Denken Sie auch an die Schulung und fortlaufende Wartung, die für eine rund um die Uhr erreichbare Website erforderlich sind. Wird der Anbieter bei Abschluss des Projekts einen virtuellen Schlüssel übergeben und dann gehen, oder ist er Tag und Nacht erreichbar, um sich um anfallende Probleme zu kümmern?

Auch die Schulung kann eine schwierige Komponente der zu erbringenden Leistungen sein. Erwarten Sie eine schlüsselfertige Lösung, die von technisch nicht vorgebildetem Personal betreut werden kann, oder wollen Sie eine Art Rohbaulösung, die vollständig von einem betriebsinternen Internetteam betreut wird?

Projektumfang

Da komplexe Projekte häufig weit über den geplanten Rahmen hinausgehen, ist es wichtig, von vornherein klare Projektziele zu setzen und sie im Laufe der Projektarbeit ständig im Auge zu behalten. Dabei kann es sich um eine so einfache Zielsetzung handeln wie einen bestimmten Termin: »Wir müssen mit der Website bis zum 30. September ins Internet gehen, weil dann die Hauptsaison für den Verkauf anfängt.« Das Ziel kann aber auch auf den Funktionen der Website beruhen: »Wir brauchen eine Lösung, die End-to-End-Transaktionen ermöglicht und unsere Lieferzeiten um 20 Prozent verkürzt.« Unabhängig davon, wie das Ziel konkret aussieht, ist es wichtig, dass der Internetmanager es dem Anbieter vorab klar mitteilt. Wenn das Anbieterteam frühzeitig in die Projektvision einbezogen wird, kann das Internetteam seine Fachkenntnis optimal entfalten.

Referenzen

Es wäre äußerst ungewöhnlich (und kontraproduktiv) für einen Anbieter, andere als glänzende Referenzen vorzulegen. Um die Überprüfung des Hintergrundes leichter zu machen (und schnell Vergleiche zwischen Anbietern zu ermöglichen), sollten Sie eine standardisierte Checkliste zu den Referenzen anfordern.

- **Projektumfang**. Bitten Sie den Anbieter, kurz die Aufgabenstellung und das Endergebnis der Projekte zu schildern. Vergewissern Sie sich, dass die Zielsetzungen und zu erbringenden Leistungen sich grob mit den Anforderungen des neuen Projekts decken.
- **Team**. Lassen Sie sich die Zusammensetzung des Teams geben, das an dem Referenzprojekt gearbeitet hat, und stellen Sie fest, ob jemand aus dem Ihnen vorgeschlagenen Team daran beteiligt war. Bei einer großen Firma dürfte das so gut wie unmöglich sein, aber die Referenzen sollten zumindest genügend Informationen liefern, um die typischen Erfahrungen eines Projektteams zu vergleichen.
- **Terminplan und/oder Kostenrahmen**. Ein Projektabschluss innerhalb von drei Wochen mag zwar lobenswert sein, kann aber für das geplante Projekt ebenso unangemessen sein wie etwa ein Kostenrahmen von 750000 Dollar für den geplanten Projektumfang. Erkundigen Sie sich nach dem Zeitrahmen des Referenzprojekts. Falls der Anbieter Referenzprojekte anführt, die länger als zwei Jahre zurückliegen, stellen Sie fest, was er in letzter Zeit gemacht hat und warum er diese Projekte nicht als Referenzen angibt (es sei denn, die früheren Projekte seien für Ihre Branche nicht besonders relevant).
- **Resultate**. Da im Rückblick alles klarer wird, sollten Sie die Referenzfirmen fragen, ob sie mit den Ergebnissen seit dem Start der Website zufrieden sind. Haben sie dem Anbieter Folgeaufträge erteilt? Was würden sie anders machen, wenn sie noch mal von vorn anfangen könnten?

Eine Überprüfung der Referenzen sollte eine positive Erfahrung sein, die Ihre Erwartungen an die Leistungsfähigkeit des Anbieters bestätigt. Auskünfte sollten bereitwillig gegeben und positiv aufgenommen werden. Das ist der einfachste Weg, die Leistungsfähigkeit eines Anbieters zu überprüfen.

Das Entwicklungsteam

Ein Entwicklungsteam kann aus einem oder mehreren externen Partnern bestehen. Bei der Auswahl eines Anbieters ist es entscheidend, auf allen Ebenen mit der gebotenen Sorgfalt vorzugehen. Dazu gehört die Beurteilung früherer Projekte, eine Überprüfung der angegebenen Referenzen früherer Kunden sowie Präsentationen durch Teammitglieder, die dafür verantwortlich sind, die umrissenen Leistungen tatsächlich zu erbringen.

Projektmanagement

Der Anbieter sollte knapp schildern können, wie er Projekte managt. Stellen Sie fest, was in die Zuständigkeit und Verantwortung des Projektmanagers fällt. Wird er oder sie einen wöchentlich aktualisierten Statusbericht abliefern? Welche Erwartungen stellt der Anbieter an die Kundenseite?
Kommunikation ist ein wesentlicher Faktor für den Erfolg eines jeden Projekts. Wie oft sind Meetings geplant? Werden die Ergebnisse online vorgestellt, oder findet eine förmliche Präsentation mit anschließendem Prüfungsverfahren statt? Kunden- und Anbieterteam sollten vorab für das Prüfungs- und Genehmigungsverfahren einen realistischen Zeitrahmen aufstellen. Wenn der interne Entscheidungsprozess beim Auftraggeber über mehrere Ebenen erfolgen muss, sollte man dies dem Anbieter vorher mitteilen. Andererseits sollte das Projektmanagementteam flexibel genug sein, auf Anfragen verschiedener Ebenen einzugehen. Da es mit Sicherheit zu Verzögerungen aufgrund unvorhergesehener Umstände kommen wird, sollte vorher geklärt werden, wie man damit umgeht und wie sie sich auf den Terminplan und/oder das Budget auswirken.
Im Laufe der Entwicklung kann sich der Projektumfang ändern. Um Verzögerungen und Kostenüberschreitungen zu vermeiden, sollte man vor Projektbeginn Richtlinien und Verfahren für den Umgang mit Änderungsaufträgen (vom Kunden gewünschte Änderungen, die über den ursprünglichen Projektumfang hinausgehen) sorgfältig prüfen.

Auswahl des externen Partners

Bei der Auswahl des externen Partners sollte man sorgfältig seine Firmengröße im Verhältnis zu den Projektanforderungen erwägen. Größer ist zwar nicht unbedingt besser, aber der Internetmanager sollte sichergehen, dass der Anbieter für das Projekt nicht sämtliche Ressourcen komplett ausschöpfen muss. Andererseits sollte man sich darüber im Klaren sein, dass ein kleines Projekt bei einem großen Anbieter vermutlich an das untergeordnete B-Team delegiert wird, während das A-Team sich mit umfangreicheren Projekten befasst.

Am Ende des Auswahlverfahrens dürfte der Internetmanager noch zwei oder drei Anbieter auf seiner Liste haben, die in der Lage sind, die geplante Website erfolgreich zu entwickeln. Stellen Sie ihre jeweiligen Stärken und Schwächen in einem Diagramm zusammen und legen Sie es den anderen Teammitgliedern vor. Waren die Anbieter im Allgemeinen aufgeschlossen für all Ihre Fragen? Reagierten sie pünktlich darauf? Zeigten sie echtes Engagement für das Projekt? Ein abschließender Besuch im Büro des Anbieters kann ebenfalls Aufschluss über seine Professionalität und sein Können geben.

Bei der Bestimmung der Ressourcen sollte die Auswahl des Entwicklungsteams nach einer systematischen Analyse potenzieller Anbieter erfolgen, die durch eine eingehende, sorgfältige Prüfung erhärtet wird. Das Entwicklungsteam kann einer einzigen oder verschiedenen Firmen angehören, zum Beispiel einem Designatelier und einer Technologiefirma. Die Auswahl eines Anbieters, der die im Projektplan umrissenen Aufgaben erfüllen kann, erfolgt in folgenden Hauptschritten:

- eine Liste potenzieller Anbieter zusammenstellen;
- ihre Fähigkeiten aufgrund früherer Erfahrungen, der Firmengeschichte und des Werdegangs einzelner Mitarbeiter beurteilen;
- die Leistungsanforderungen an jedes Einzelteam oder mehrere Teams je nach erforderlichen Ressourcen aufgliedern;
- die entscheidenden Teamressourcen auflisten und mit den Leistungen vergleichen, die jeder Anbieter zu offerieren hat;
- die Prozessanforderungen im Kontext sowohl der Anbietermappen als auch der individuellen Projektanforderungen analysieren;
- Referenzen mit gebotener Sorgfalt überprüfen;
- das Anbieterteam auswählen, das den im Projektplan umrissenen Anforderungen am besten entspricht (möglicherweise kommen auch mehrere Teams in Frage).

10 Die endgültige Wegbeschreibung

Nachdem die Ressourcen bestimmt sind, kommt als letzter Schritt der Projektentwicklung die Implementierung, also die eigentliche Entwicklung, Fertigstellung und das fortlaufende Management der Website nach den bislang festgelegten Richtlinien. Die Implementierung erfolgt in drei Schritten: 1) Festlegung des Projektterminplans, 2) Fertigstellung von Zwischenschritten des Projekts und 3) ständige Beurteilung des Projektfortgangs und der Managementzuständigkeiten, um sicherzustellen, dass die Website den Unternehmenszielen entspricht.

Web-Guide

Das letzte Kapitel des Projektplans enthält den Terminplan, der von saisonalen Branchengegebenheiten oder von den Unternehmenszielen der Firma abhängen kann; Angaben zu wichtigen Kontaktpersonen (zu denen auch wichtige interne Mitarbeiter in Bereichen wie Informationstechnologie oder Marketing gehören) sowie die eventuell angestrebten Budgetvorgaben (zum Beispiel das zur Verfügung stehende Gesamtbudget oder die bevorzugte Abrechnungsweise).

Um sicherzustellen, dass der Internetstart termingerecht und im Kostenrahmen erfolgt, ist es wichtig, vorab bestimmte Leistungen festzusetzen, die im Laufe der Entwicklungsarbeit zu erbringen sind. Dazu gehören ein Terminplan mit fest umrissenen Zwischenergebnissen; eine klare Definition, welche Leistungen in der Entwicklung inbegriffen sind und welche zum fortlaufenden Management gehören; eine Übereinkunft über Schulungen, Wartung, Eigentumsrechte und Nutzungsrechte an den zu erbringenden Leistungen und schließlich eindeutige Parameter zu Budget/Kosten.

Terminplan

Lässt sich ein Internetstart tatsächlich in 90 Tagen vorbereiten? Das hängt vom Projektumfang und den geplanten Zielsetzungen ab. Tatsächlich kann man eine Website in nur acht Stunden starten:

- Erste Stunde: Finden Sie einen Internet Service Provider (ISP), der Hosting-Services für Websites anbietet, und melden Sie sich bei ihm an.
- Zweite Stunde: Öffnen Sie ein Schreibprogramm auf Ihrem Computer und verfassen Sie einige Absätze Text für den Inhalt der Site.
- Dritte Stunde: Bauen Sie einige grafische Elemente in die Site ein, entweder mit vorhandener Clip Art oder mit eingescannten Fotos.
- Vierte Stunde: Machen Sie Mittagspause.
- Fünfte Stunde: Speichern Sie das vorher erstellte Dokument in einem gängigen Format, in der Regel HTML (*Hypertext markup language*).
- Sechste und siebte Stunde: Fordern Sie bei Ihrem Service-Provider Instruktionen an, wie Sie die Datei auf den Internet-Server laden müssen.
- Achte Stunde: Rufen Sie Freunde und Kollegen an und geben Sie ihnen die Adresse Ihrer Website bekannt.

Eine Website lässt sich durchaus innerhalb von acht Stunden aufbauen, auch wenn ihre Effektivität eher fragwürdig ist. Es handelt sich also nicht um einen komplizierten Vorgang.
Die erste Herausforderung besteht darin, eine Online-Erfahrung zu schaffen, die das Zielpublikum auf die Website lockt und dann zum Handeln bewegt (um ein Produkt zu kaufen, die Online-Kundenbetreuung zu nutzen oder Informationen mitzuteilen). Die zweite Herausforderung besteht in der Entwicklung

einer Website, die auf der Technologie von morgen basiert, weil die von heute schon veraltet ist.

Warum in 90 Tagen? Weil der traditionelle Geschäftszyklus in der Regel ein Vierteljahr beträgt und weil dieser Zeitraum organisatorisch für ein Team ausreicht, ein solches Projekt zu gestalten und abzuschließen. Ein 90-Tage-Plan zwingt den Internetmanager, die heute anstehenden Aufgaben in Angriff zu nehmen, ohne die Zukunft aus den Augen zu verlieren; dieser Zeitrahmen geht außerdem davon aus, dass das Unternehmen bereits einiges in das Projekt investiert hat und die (internen und externen) Teams nach detaillierten Richtlinien, die im Projektplan festgelegt sind, im Großen und Ganzen bereits feststehen. Nicht in diese 90-Tage-Frist einbezogen ist natürlich die fortlaufende Wartung und Verwaltung der Website, die für den Erhalt ihrer Attraktivität notwendig ist. Lässt sich eine Website also in 90 Tagen starten? Auf jeden Fall. Sollte man den Start innerhalb von 90 Tagen vorbereiten? Das hängt von der jeweiligen Situation ab. Ein 90-Tage-Plan sähe etwa so aus:

Woche	Aufgabe
1	Fertigstellen des endgültigen Projektplans
2	Vertragsabschluss mit dem externen Partner
3	Entwicklung des Website-Schemas
4–5	Produktion der Content-Architektur
6	Design des Site-Konzepts
7	Auslieferung und Test der Alpha-Site
8–10	Entwicklung der Beta-Site
11	Auslieferung und Test der Beta-Site
12	Endgültige Überarbeitung und Qualitätsprüfung
Start! Start!	

Web-Guide

Der Terminplan für das Projekt sollte klar definierte Meilensteine enthalten, die auf den Unternehmenszielen und Marktbedingungen basieren, wie sie im Projektplan umrissen sind. Zu diesen Meilensteinen gehören: ein Konzeptschema, ein Site-Schema, funktionelle Spezifikationen, Content-Architektur, Designkonzept, Alpha-Test, Entwicklung, Beta-Test, Überarbeitung, Qualitätsprüfung und Start. Nach dem Start der Website sollte eine eindeutig festgelegte Wartungsstrategie umgesetzt werden.

Meilensteine des Projekts

Die Bewältigung der Aufgaben hängt von den Ressourcen ab. Ein kleines Team kann konzentriert vorgehen, hat aber möglicherweise nicht genügend Erfahrung, umfassende Funktionalität zu bieten.
Ein großes Team kann zwar funktionelle Tiefe bieten, hält aber vielleicht den Terminplan nicht ein. In der Realität basiert der Implementierungsplan auf folgenden Meilensteinen:

- Konzeptschema,
- Site-Schema,
- Funktionelle Spezifikationen,
- Content-Architektur,
- Designkonzept,
- Alpha-Test,
- Entwicklung,
- Beta-Test und Qualitätsprüfung,
- Start,
- Site-Management.

Auch wenn diese Meilensteine als lineare Folge angeordnet sind, können viele der Aufgaben parallel in Angriff genommen werden. Die Entwicklung erfolgt zum Beispiel erst nach dem Alpha-Test, kann bei eindeutig definierten Spezifikationen aber manchmal schon parallel zur Erarbeitung des Konzeptschemas beginnen. Wie bei jedem Projektplan dienen diese Meilensteine lediglich als Leitlinien und nicht als starre Produktionsparameter.

Konzeptschema

Bei herkömmlichen gedruckten Texten ist der Inhalt in der Regel linear angeordnet. Ein Jahresbericht liefert zum Beispiel Hintergrundinformationen über eine bestimmte Aktiengesellschaft. Die Erfahrung ist linear: Ein Kapitel folgt auf das andere. Der Leser kann zwar bestimmte Passagen überspringen, aber es ist ihm nahezu unmöglich, ein Thema unmittelbar mit einem anderen zu verknüpfen, sofern es keine entsprechenden Querverweise gibt.

Auf einer Webpage können Besucher dagegen über eingebaute Links zu Themen springen, die sie besonders interessieren. Der Jahresbericht von General Motors ist zum Beispiel auf der Website des Unternehmens unter der Rubrik »Investoreninformationen« abzurufen. Er beginnt mit einer kurzen Multimediapräsentation, die Ziele und Chancen des Unternehmens beleuchtet; danach folgt ein Inhaltsverzeichnis mit Links zu den Hauptkapiteln (wie »Finanzielle Schlaglichter«, »Aktionärsmitteilung«, »Finanzen«, »Vorstand«, »Unternehmensinformationen«). Wenn der Benutzer auf die Seite mit den finanziellen Schlaglichtern geht und mit dem Cursor über eine der Hauptkategorien fährt wie »Nettoumsätze und Erlöse«, öffnet sich ein kleines Fenster mit einer Grafik, die die Entwicklung der letzten drei Jahre in dieser Kategorie zeigt. Durch Multimedialinks und Subpages erschließt sich der Geschäftsbericht nicht mehr über einen linearen Prozess, sondern über die spezifischen Interessengebiete des Benutzers.
Um diese Erfahrung zu ermöglichen, musste jedoch zunächst jemand den Informationsfluss oder das Konzeptschema skizzieren, das die allgemeinen Richtlinien für die Benutzererfahrung auf der Website bestimmt. Ein Konzeptschema für eine Website des Einzelhandels mit Bestellmöglichkeit könnte zum Beispiel aus fünf verschiedenen Benutzererfahrungen bestehen:

- ein Produkt finden,
- ein Produkt aussuchen,
- bestellen,
- Auftragsbestätigung,
- zur Site zurückkehren, um weitere Produkte auszusuchen ...

Abbildung 10.1 zeigt ein solches Konzeptschema. Ein Konzeptschema definiert kurz und bündig die Benutzererfahrung, die mit größter Wahrscheinlichkeit zum angestrebten Unternehmensziel führt, und sollte daher sehr übersichtlich und leicht verständlich sein. Es entspricht einer grafischen Darstellung der strategischen Zielsetzung und bildet die Grundlage für das Site-Schema. Entwickelt wird das Konzeptschema entweder vom internen Projektteam oder dem Strategischen Serviceteam.

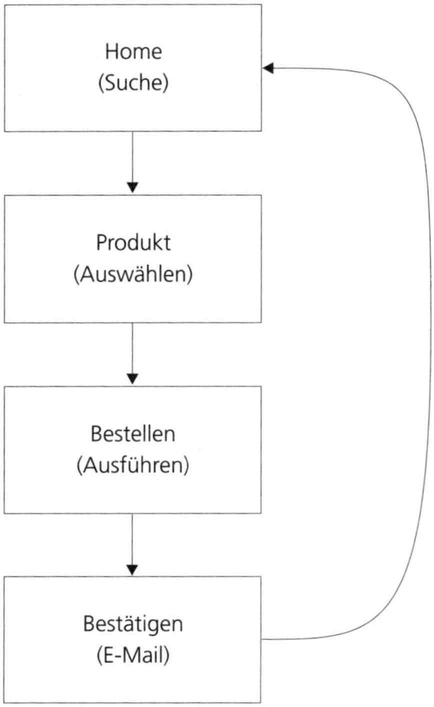

Abbildung 10.1 Konzeptschema der Website

Site-Schema

Das Site-Schema stattet die tatsächliche Benutzererfahrung mit allem Drum und Dran aus. Es bestimmt die Seiten, deren Inhalt konstant bleibt (die sich nur ändern, wenn die gesamte Version überarbeitet wird), Seiten, die dynamisch erzeugt werden (zum Beispiel um kundenspezifische Informationen anzuzeigen) und Seiten, die Informationen erfassen (durch ein Formular) oder eine sonstige Aktion auslösen. Wenn wir zu unserem Beispiel aus dem Einzelhandel zurückkehren, kann das Site-Schema recht kompliziert werden, sobald man die Benutzererfahrung in allen Einzelheiten klar festlegt.
Es kann sein, dass die Homepage außer der Suchfunktion mehr bieten muss: einen Link zu weiteren Informationen über das Unternehmen, Kontaktinformationen, neueste Presseveröffentlichungen und Informationen für Investoren. Außerdem kann sie eine Rubrik für Sonderangebote enthalten oder

eine Log-in-Möglichkeit für Stammkunden bieten, über die sie sich die lästige Eingabe ihrer Kundendaten ersparen oder eine frühere Bestellung mühelos wiederholen können. So kann sich das ursprüngliche Konzeptschema erweitern und sieht dann zum Beispiel ähnlich aus wie in Abbildung 10.2.

Ein Beispiel für ein funktionierendes Site-Schema ist die Website von Wal-Mart. Von der Homepage aus kann der Benutzer unter »About Wal-Mart« Informationen über das Unternehmen abrufen, Produkte nach bestimmten Kategorien oder über eine Suchfunktion suchen und als Stammkunde einen Log-in benutzen.

Bei der Produktauswahl kann man die Möglichkeit einbauen, Auswahllisten nach unterschiedlichen Kriterien wie Preis oder Hersteller anzuzeigen oder externe Links mit weiteren Produktinformationen anzuklicken.

Mit jedem Schritt dieses Prozesses werden die Möglichkeiten in dem Maße komplexer, wie man die Benutzererfahrung weiter definiert. Diese Erfahrung muss durch eine bestimmte Funktionalität erzeugt werden. So kann man nun im nächsten Schritt jeden Bereich der Homepage bestimmten Funktionen zuordnen. Die Homepage kann zum Beispiel von einem Administrator modifiziert werden (mühsam, aber effektiv). Die Suchfunktion kann auf einer bestimmten Suchmaschine laufen, die mit einer Lagerhaltungsdatenbank verknüpft ist. Außerdem wird ein Signal erzeugt, wenn ein Produkt nicht mehr vorrätig ist, sodass die Suchmaschine es nicht als Suchergebnis anzeigt. Ganz ähnlich lässt sich ein automatischer Auslöser einbauen, der ein Produkt als

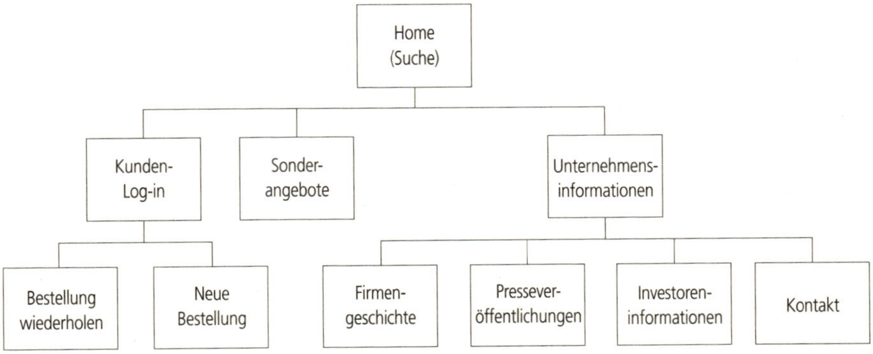

Abbildung 10.2 Benutzerarchitektur

»Sonderangebot« ausweist, sobald der Lagerbestand zu hoch wird oder es sich nicht so schnell abverkauft wie erwartet.

Auch die Informationen über das Unternehmen kann man von einem Administrator erzeugen lassen, obwohl man genauer definieren muss, wie dieser Inhalt publiziert wird. Verwendet der Administrator zum Beispiel verschiedene Schablonen, die eigens für Updates des Inhalts angelegt wurden? Oder ist der Inhalt so angelegt, dass er sich leicht über einen HTML-Editor wie FrontPage aktualisieren lässt? Oder muss der Administrator ein HTML-Experte sein, um die Seiten zu aktualisieren?

Alle Fragen von der Administration bis zur Funktionalität werden im Site-Schema geklärt, wie in Abbildung 10.3 gezeigt.

In dem Maße, wie sich das Site-Schema weiterentwickelt, wird es zum Bestandteil der technischen Spezifikationen der Website. Entwickeln sollten das Site-Schema das Strategische Serviceteam in Zusammenarbeit mit dem Entwickler- und Produktionsteam.

Site-Schema

Das Site-Schema legt die tatsächliche Funktionalität und den Prozessfluss fest, der in die Site eingebettet ist und Bestandteil der technischen Spezifikationen wird.

Funktionelle Spezifikationen

Das Site-Schema hilft, das Front End der funktionellen Spezifikationen für die Website festzulegen. Diese wurden vorher im Rahmen der technischen Spezifikationen festgelegt und für das Auswahlverfahren des externen Partners verwendet. Sie bestimmen die spezifischen Input/Output-Merkmale der Site. In den technischen Spezifikationen wurde zum Beispiel eine Lagerlistendatenbank mit 10 000 Produkten festgelegt, auf die bis zu 500 000 Nutzer pro Tag gleichzeitig Zugriff haben. Jedes Produkt kann bis zu zehn verschiedene Felder haben, die sich zu bestimmten Suchergebnissen verknüpfen lassen. Statusberichte über den Lagerbestand sind auf einer komplementären Site abzurufen,

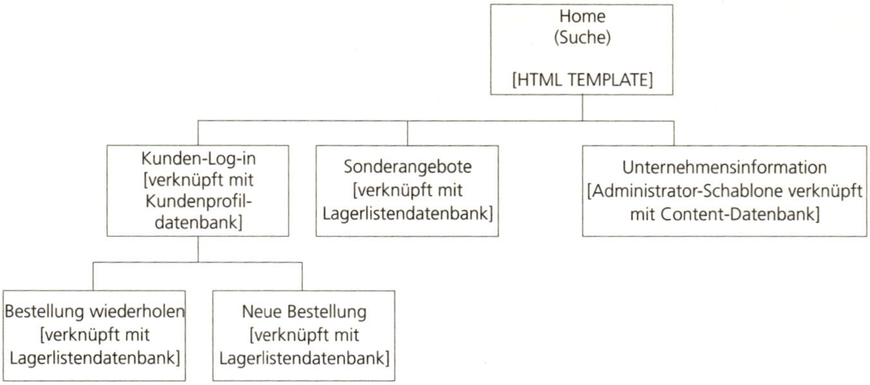

Abbildung 10.3 Prozessarchitektur

auf die nur das betriebsinterne Team Zugriff hat. Wie bereits gesagt, könnte sie aufgrund des langsamen Abverkaufs Artikel auch als Sonderangebote vorschlagen oder die Möglichkeit bieten, zwei Artikel zu einem Angebotspaket zu verbinden.
Die funktionellen Spezifikationen formalisieren die Benutzererfahrung auf dem Weg über das Site-Schema, dessen Nutzbarkeit sie damit untermauern. Ihre Entwicklung fällt in den Aufgabenbereich des Entwicklerteams.

Funktionelle Spezifikationen

Die funktionellen Spezifikationen definieren die technischen Prozesse, welche die Hauptmerkmale der Site erzeugen, und werden in der Regel vom Entwicklerteam erarbeitet.

Content-Architektur

Während die funktionellen Spezifikationen das Front End der technischen Spezifikationen festlegen, bildet die Content-Architektur den Aufbau der Site in einem Modell der statischen Inhaltsseiten ab. In unserem Beispiel kann die Homepage einige Links und ein paar Textabsätze mit Informationen enthalten.

Auf der Projekt-Page mag als Muster ein Suchergebnis mit Links zu weiteren Suchmöglichkeiten erscheinen. Auch der Teil über das Unternehmen kann einige statische Inhaltsseiten enthalten, die die geplante Benutzererfahrung zeigen.

Als Modell der Website legt die Content-Architektur die Benutzererfahrung visuell fest, einschließlich Navigation, Seitenfluss und Prototypen der Funktionen. Diese Architektur lässt sich nun an der strategischen Zielsetzung messen. Bei unserer Website aus dem Einzelhandel könnte die Content-Architektur für das Modell der Homepage etwa aussehen wie in Abbildung 10.4.

Zweck dieses Modells ist es, die Benutzererfahrung endgültig festzulegen und Sackgassen zu vermeiden (also Seiten der Website, von denen aus man keinen Zugriff mehr auf den Rest der Site hat). Ein Benutzer könnte zum Beispiel die Erfahrung und Leistungsfähigkeit eines Unternehmens im Internethandel prüfen wollen und dazu auf der Homepage die Rubrik »Über das Unternehmen« anklicken, um mehr über den Hintergrund der Firma zu erfahren. Von dort geht er dann weiter auf die Seite mit den Pressestimmen, um sich günstige Pressebericht über die Firma anzusehen. Nachdem er einige dieser Artikel angeklickt hat, ist er bereit, ein Produkt zu kaufen, aber der Button »Bestellen«,

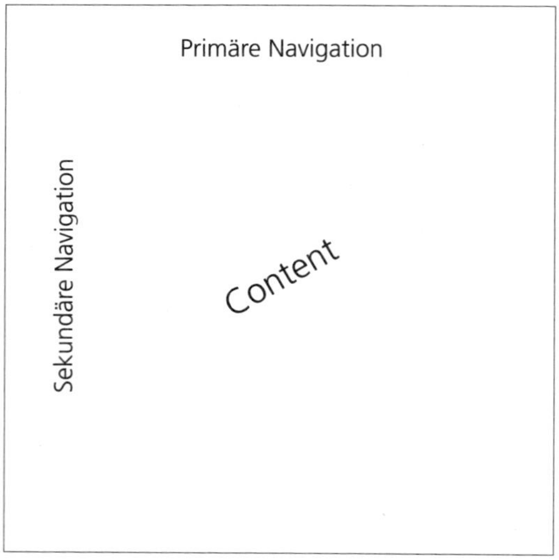

Abbildung 10.4 Content-Layout

der sich ursprünglich auf der Homepage befand, ist mittlerweile verschwunden; der kaufwillige, kompetente Kunde ist in eine Sackgasse geraten und wird frustriert.

Die Content-Architektur schafft diesen Überblick, indem sie sowohl den Inhalt als auch die Navigationselemente jeder Seite festlegt. Wenn man sie als skelettartiges Modell der Site benutzt, lassen sich Sackgassen vermeiden und verschiedene Untergliederungen so positionieren, dass die Verknüpfungen zwischen ihnen optimal gestaltet sind.

In diesem Prototyp werden auch die primären und sekundären Navigationselemente festgelegt, die auf jeder Seite der Website erscheinen. *Primäre Navigationselemente* sind Links oder Handlungsanweisungen, die auf jeder Seite der Website erscheinen (zum Beispiel »Bestellen«). *Sekundäre* (oder sogar tertiäre) *Navigationselemente* sind Links, die nur in bestimmten Teilen der Website erscheinen (zum Beispiel »Pressestimmen« nur in den Unternehmensinformationen). Wenn man die primären Navigationselemente in der Entwicklungsphase der Content-Architektur festlegt, sind die Grundlagen für das Designkonzept geschaffen. Die Content-Architektur wird gemeinsam von Produktionsteam und Designteam erarbeitet. Ihr vorrangiger Zweck ist auch hier, die Benutzererfahrung zu optimieren und die Content-Struktur der Site endgültig festzulegen, um die zügige Entwicklung, den Start und das Management der Website zu ermöglichen.

Designkonzept

Die Entwicklungsphase des Designkonzepts baut einerseits auf der zuvor erarbeiteten Content-Architektur auf und andererseits auf dem vorhandenen Branding und der Corporate-Identity, die vorher im Projektplan umrissen wurden.

In diesem Stadium arbeitet das Designteam all diese Elemente in einen ersten Entwurf für das Gesamterscheinungsbild und den Eindruck *(Look and Feel)* der Website ein. Je nach Zeitrahmen, der für diese Arbeitsphase eingeplant ist, entwickelt das Designteam nur ein Designkonzept, das zur Prüfung vorgelegt und verändert wird, oder mehrere Konzepte, aus denen ein oder zwei zur weiteren Ausarbeitung ausgewählt werden. Das erste Zwischenprodukt besteht vielleicht nur aus der Homepage, während das Design für die Schablonen der nachgeordneten Seiten erst während der endgültigen Fertigstellung der Homepage ergänzt wird. Wenn die Designkonzepte genehmigt sind, folgt die Entwicklung der Alpha-Site.

Alpha-Test

Zur Entwicklung der Alpha-Site gehört nicht nur das Designteam, sondern auch das Produktionsteam und das Entwicklerteam. Sie bestimmen einen spezifischen Bereich oder eine Site-Funktionalität, die für die Alpha-Site fertig gestellt wird und den Ausgangspunkt der weiteren Arbeit bildet. In unserem Einzelhandelsbeispiel könnte die Alpha-Site den Bereich der Unternehmensinformation oder, was vielleicht effektiver wäre, das Kundenprofilsystem umfassen, in dem frühere Bestellungen erfasst und vom Kunden aufgerufen werden können.

Die Alpha-Site bietet dem Projektteam erstmals die Möglichkeit, einen funktionsfähigen Teil der Website zu testen. Sie wäre zudem ausreichend funktionsfähig, um dem Zielpublikum, vertreten durch einige Fokusgruppen, erstmals die Unternehmensziele der Internetstrategie zu demonstrieren. Die Rückmeldungen dieser Fokusgruppen machen einen wesentlichen Bestandteil des Alpha-Stadiums aus. Durch diese Fokusgruppen sollte man die Wirkung des vorgeschlagenen Designs, die Effizienz der Informationen und der Navigation durch die Site sowie die gesamte Funktionalität testen, die in der Alpha-Phase entwickelt wurde. Wenn man bereits in diesem Frühstadium des Projekts Fokusgruppen einbezieht, lassen sich kostspielige Fehler in späteren Stadien vermeiden. Nachdem das interne Projektteam und die Fokusgruppen die Alpha-Site getestet und Rückmeldungen gegeben haben, kann die Entwicklung des Projekts in vollem Umfang beginnen.

Alpha-Site

Die Alpha-Site, die in umfassender Zusammenarbeit mit dem Entwicklerteam erstellt wird, bietet die funktionsfähige Demonstration eines spezifischen Teils der Website. Es ist die erste entscheidende Phase, in der alle Teile der Internetstrategie von den Unternehmenszielen bis zu den Details der Entwicklung zusammenkommen.

Entwicklung

Diese Projektphase erfordert den höchsten Arbeitseinsatz pro Tag oder die höchsten Betriebskosten, da an ihr die meisten Teammitglieder beteiligt sind. Je nach Projektumfang arbeiten sowohl das interne wie auch das externe IT-Team in dieser Phase mit. Auch das Designteam ist stark beansprucht, da es das Interface für die funktionellen Komponenten entwickelt, die das IT-Team ihm liefert. Und schließlich muss in großem Umfang der Inhalt endgültig erarbeitet und in die Website integriert werden.
Diese Phase kann sehr breit angelegt sein und verschiedene Teams über mehrere Wochen mit der Entwicklung beschäftigen, oder die Teams bewältigen das Projekt in enger, intensiver Zusammenarbeit innerhalb kurzer Zeit.
In diesem Stadium ist das Projektmanagement von entscheidender Bedeutung, weil nur die sorgfältige Koordination der vielen Talente eine termingerechte Fertigstellung des Projekts gewährleistet.
Nach erfolgreichem Abschluss der Entwicklungsphase wird das Projekt als Beta-Site zur endgültigen Prüfung mit Feedback vorgelegt.

Entwicklung

Diese Projektphase ist die aufwändigste, weil sie die Mitwirkung der meisten Mitarbeiter erfordert, um die Website nun tatsächlich so zu erstellen, dass sie den im Projektplan umrissenen Spezifikationen entspricht.

Beta-Test und Qualitätskontrolle

Nachdem nun sämtliche Stränge des Projekts zusammengeführt sind, nimmt in dieser Phase die ursprüngliche Vision des Managementteams allmählich konkrete Gestalt an.
Die Website wird auf einem Interimserver gestartet, um ihre einwandfreie Funktion zu testen (Qualitätskontrolle). Im Idealfall wird sie auch von ausgewählten Fokusgruppen getestet. Abschließend sollte das leitende Managementteam die Site prüfen, um sicherzustellen, dass sie die ursprüngliche Vision des Projektplans verwirklicht.

Diese Phase erfordert das längste Prüfungsverfahren, weil von vielen verschiedenen Gruppen ein Feedback einzuholen ist. Als Endstadium vor dem Internetstart bietet sich nun die letzte Gelegenheit, etwaige Mängel der Website zu beseitigen, von technischen Defekten bis hin zu Schwächen bei der Benutzererfahrung.
Mit dieser Prüfung geht natürlich eine endgültige Feinabstimmung der Website einher, bei der jedes Teammitglied letzte Änderungen vor dem Start vornimmt.

Beta-Test und Qualitätskontrolle

Beta-Test und Qualitätskontrolle bilden die letzte Projektphase, in der alle Benutzer noch einmal Gelegenheit haben, die Site vor dem Start zu testen. Sie sollte nun voll funktionsfähig sein bis auf kleinere Änderungen und Anpassungen an die zugrunde liegenden Unternehmensziele.

Start!

Ob es sich nun um einen *weichen Start* (mit wenig Tamtam, aber öffentlichem Zugang) oder einen *harten Start* (mit so viel Promotion, wie das Budget erlaubt) handelt, die Internetpremiere ist der Punkt, an dem die Website online geht und die Unternehmensziele ihrem eigentlichen Test unterzogen werden. Natürlich ist der Start nur ein Augenblick. Danach fängt die eigentliche Arbeit des Marketings, Managements und der Administration an, da die Site nun eine tragfähige Unternehmensgröße ist.

Site-Management

In Kapitel 12 befassen wir uns eingehender mit dem laufenden Management. Dabei geht es um Marketing, die Wartung und die Administration der Website.

Marketing

Das Marketing beginnt durch Promotion online (Bannerwerbung, E-Mail-Programme und Querlinks) und offline (Fernsehen, Rundfunk, Briefwerbung und Public-Relations-Events), Aufmerksamkeit beim Kunden zu erreichen. Sobald die Website wahrgenommen wird und Besucher anlockt, gewährleistet ein effektives Marketing, dass die Bedürfnisse der Kunden erfüllt werden, sei es nun durch die zufrieden stellende Lieferung eines Produkts oder die rechtzeitige Erinnerung an eine Nachbestellung, die für eine anhaltende Nachfrage der Kunden sorgt. Darüber hinaus ist das Marketing von nun an aber auch dafür verantwortlich, neue Programme zu entwickeln, um Neukunden zu gewinnen und bestehende Offline-Kunden zu bewegen, dass sie die Vorteile der Website nutzen.

Wartung

Die Wartung fällt vorwiegend in den Aufgabenbereich des technischen Teams und bezieht sich auf die fortlaufende Funktionalität der Website, wenn die Kundenbedürfnisse sich ändern und die Benutzerbasis wächst. In ihre Zuständigkeit fällt auch der Bereich der Datensicherheit und Vertraulichkeit, wenn die Zahl der Daten über jeden Kunden kontinuierlich zunimmt.

Administration

Zu den Aufgaben der Administration gehört es, tägliche Updates und Modifikationen des Site-Content vorzunehmen. Ob dies nun automatisch geschieht oder durch direkte Eingabe, es liegt in der Verantwortung des Administrationsteams, die Website täglich zu aktualisieren, um ihren Reiz zu erhalten.
Jeder Meilenstein des Projektes ist auf die rechtzeitige und effiziente Fertigstellung aller anderen Projektphasen angewiesen. Ob der Zeitrahmen acht Stunden oder 90 Tage beträgt, der erfolgreiche Internetstart hängt vom rechtzeitigen Erreichen dieser Meilensteine ab. Danach entwickeln sich die fortlaufenden Anforderungen der Site von selbst weiter; ihr Management kann daher fortlaufende Wartungsverträge erfordern.

team, umso kostspieliger wird das Projektmanagement. Das Projekt ganz an einen einzelnen externen Partner zu vergeben kann ebenfalls kostspielig sein, weil die laufenden Kosten für die vielen verschiedenen betriebsinternen Ressourcen ohnehin zu tragen sind.
Statt an äußeren Variablen sollte man das Budget an den Projektzielen orientieren. Wenn das Ziel zum Beispiel lautet, den Bruttoertrag um 10 Prozent zu

Implementierung

Der letzte Teil des Projektplans umfasst einen Terminplan mit klar definierten Meilensteinen, die Entwicklung eines Wartungsprogramms und die endgültige Festlegung des Projektbudgets. Die Entwicklung der Website wird in folgenden Hauptschritten umgesetzt:

- einen realistischen Terminplan aufstellen, der berücksichtigt, dass sich das Projekt im Laufe der Zeit weiterentwickelt;
- die Meilensteine des Projekts, versehen mit angemessenen Regelungen für Tests und Feedback, so managen, dass eine termingerechte Fertigstellung gewährleistet ist;
- ein fortlaufendes Managementprogramm mit klar definierten Aufgaben und Eigentumsrechten aufstellen;
- das Budget sowohl nach den zu erbringenden Leistungen wie auch nach der internen Kostenabwägung bemessen.

Wartungsverträge

Kundenbeziehungen und Informationen über individuelle Gewohnheiten der Kunden bilden immer häufiger die Bewertungsgrundlage für Strategien. Aus diesem Grund entscheiden sich viele Firmen, einen Großteil ihrer technischen Infrastruktur durch Outsourcing zu beschaffen. Da in diesem Fall alles vom Server bis zum Quellcode einer anderen Firma gehört, sind straffe Wartungsverträge für den dauerhaften Erfolg der Internetstrategie entscheidend.
Diese Vereinbarungen sollten Backup-Regelungen, Wartungsaufgaben, Zuständigkeit leitender Mitarbeiter und Eigentumsrechte an Kundeninformationen umfassen. Da diese Informationen sich möglicherweise auf dem Server einer Drittpartei befinden, sind diese Details wichtiger Bestandteil des Site-Managementplans.

Eigentums- und Nutzungsrechte

Es mag zwar gut sein zu wissen, dass sich zum Beispiel durch den neuen Vertriebsweg der Lagerumschlag beschleunigt, aber es ist ärgerlich, wenn man keine Möglichkeit hat herauszufinden, wer die Produkte kauft, weil sämtliche Informationen darüber in der Datenbank einer Drittpartei verwaltet werden, auf die man wegen der bestehenden Entwicklungsverträge keinen Zugriff hat.
Eigentums- und Nutzungsrechte – ein Bereich, der sich noch in der Entwicklung befindet – sind eine wichtige Komponente für die Entwicklungsfähigkeit der Website. Wer verwaltet die Site? Wer hat Zugriff auf ihren Inhalt? Welche Berichtsverfahren sind installiert? All diese Fragen bedürfen in dem Maße einer Klärung, wie die Eigentumsverhältnisse sich weiterentwickeln und sich nicht mehr nur auf fest gefügte Lagerlisten beziehen, sondern auch auf Kundenbeziehungen und die Möglichkeit, sie durch einzigartige Kundeninformationen zu managen.
Wie einfach ist ein Wechsel des Anbieters, wenn sich die Wartung als nicht

steigern, sollte man sich fragen, wie hoch die gegenwärtigen Betriebskosten sind und welche Investitionen gemessen an den Kosten realistisch sind. Wenn der Projektplan auf eine Umstrukturierung der bestehenden Kosten abzielt, wie sehen diese Kosten aus und welche Investitionen sind angemessen?
Da das Internet sich in ständiger Entwicklung befindet, kann ein Online-Projekt eine Mischung aus Forschung und Entwicklung und kurzfristigen Investitionen sein. Auch wenn die Kundenbeziehungen, die man durch das Internet schafft, sich hoffentlich über Jahre hinweg positiv auf die Bilanz auswirken, sind die Möglichkeiten, auf diesem Wege wirtschaftliche Parität zu erreichen, noch in einem Entwicklungsprozess.

11 Die Navigatoren

Der Terminplan und die wesentlichen Teilschritte des Projekts sind festgelegt, nun kann der eigentliche Entwicklungsprozess beginnen. Der Projektfluss wird geleitet vom Projektmanager, erfordert jedoch während des gesamten Entwicklungsprozesses auch andere interne Ressourcen. Da in dieser Phase die Richtlinien für die Website praktisch umgesetzt werden, ist sie im Projektplan dort enthalten, wo die Aufgaben und Zuständigkeiten der internen Teams festgelegt sind. Denn die angemessene Zuweisung der Zuständigkeitsbereiche im Haus ist für den Start einer Website ebenso wichtig wie die Verteilung von Aufgaben und Zuständigkeiten an externe Partner. Es kann zum Beispiel sein, dass das Marketingteam im Laufe der Entwicklungsphase die Hälfte seiner Zeit für die Erarbeitung des Site-Inhalts aufwenden muss. Das kann sich sowohl auf das »weiche« Budget als auch auf den Terminplan des Projekts auswirken. Indem man diese Zuständigkeiten vorab eindeutig festlegt, sorgt man für einen reibungslosen Fortgang des Projekts. Im Anschluss daran helfen einige Planungsinstrumente, die termingerechte Einhaltung des Entwicklungsplans zu gewährleisten. Nun legt man die tagtäglichen Aufgaben des internen Teams fest, um eine nahtlose Fertigstellung der Projekt-Meilensteine sicherzustellen.

Web-Guide

Die reibungslose Implementierung des Projektplans hängt ab von 1) einer klaren Festlegung der Aufgaben und Zuständigkeiten des internen Teams und 2) einer Reihe von Instrumenten, die den Managementprozess erleichtern. Da sich die einzelnen Aufgaben des internen Teams im Laufe der Implementierungsphase ändern, müssen sie vorab festgelegt werden, damit anderweitige Verpflichtungen berücksichtigt werden können.

Das interne Team

Die wichtigsten Mitglieder des internen Teams (siehe Abbildung 11.1) sind der Projektmanager, der Marketingkoordinator und der Systemintegrator.

Der Projektmanager

Der *Projektmanager* ist das Bindeglied zum externen Team und in mancherlei Hinsicht auch dessen Spiegelbild. Er ist in der Regel unmittelbar der Geschäfts-

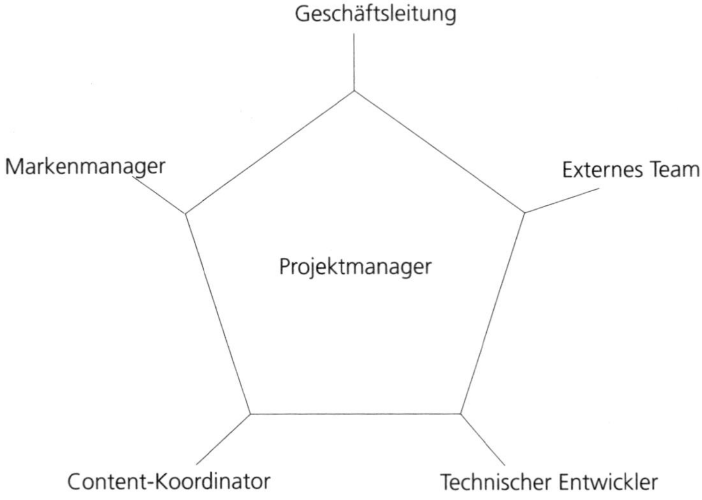

Abbildung 11.1 Kernteam der Website-Entwicklung

leitung mit Vertretern der Bereiche Finanzen, Betriebsführung und Strategie unterstellt. Jedem leitenden Teammanager ist wiederum eine Gruppe unterstellt, die für verschiedene Facetten des Projekts verantwortlich ist.
In einem arbeitsintensiven Projekt, das in einem zeitlichen Rahmen von nicht mehr als 90 Tagen abgeschlossen sein soll, ist Kompetenz auf den verschiedenen Fachgebieten eine Grundvoraussetzung. Maßgeblich für den Erfolg des Projekts sind jedoch letztlich Verständnis, Respekt und die Fähigkeit des Teams, in Stressituationen konkrete Ergebnisse zu erzielen.
Der Projektmanager ist für den Erfolg des Projektplans von entscheidender Bedeutung. Diese Position kann mit einem visionären Mitarbeiter besetzt werden, der bereit ist, seine Karriere mit dem Internetprojekt zu verknüpfen, oder mit einem ehemaligen Internetunternehmer, der durch eine Fusion oder Firmenübernahme in die Firma gekommen ist.
Bei einem geplanten Internetstart innerhalb von 90 Tagen sollte der Projektmanager davon ausgehen, dass er 50 bis 100 Prozent seiner Arbeitszeit in dieses Projekt investieren muss. Für andere Projekte dürfte er, offen gesagt, kaum Zeit haben. Denn er ist dafür verantwortlich, dieses Projekt termingerecht und im Rahmen des Budgets zum Internetstart zu bringen. Dazu muss er in dem Maße, wie der Projektumfang zunimmt (was er zwangsläufig tut), mit den Terminplänen anderer Mitarbeiter jonglieren und Prioritäten setzen, das interne Team inspirieren, mit dem externen Team verhandeln und dabei ständig der strategischen Vision der Geschäftsleitung treu bleiben. Das Geheimnis des Erfolgs sind Organisation, Geduld und Flexibilität. Die treibende Kraft ist ein termingerechter Internetstart im vorgesehenen Kostenrahmen.
Vor Beginn des Projekts sollte der Projektmanager sich in dem Internetbereich, in dem das Projekt positioniert ist, kundig machen, indem er sich so weit als möglich in die Rolle des Zielbenutzers versetzt. Ebenso wie der Zielbenutzer sollte er:

- zunächst in den wichtigsten Suchmaschinen und Verzeichnissen nach Schlüsselbegriffen suchen;
- die Ergebnisse prüfen und nachsehen, wer die Bannerwerbung zu diesen Schlüsselbegriffen gekauft hat;
- herausfinden, wer diese Schlüsselbegriffe als Domain-Adressen registriert hat (Endbenutzer könnten sie in der Hoffnung eingeben, unter diesen Adressen einschlägige Informationen zu finden);

- die Websites der Konkurrenten besuchen, die er vorher auf einer Liste zusammengestellt hat;
- prüfen, wie oft man klicken muss, um an die wesentlichen Informationen zu kommen;
- die Website wie ein Internetneuling durchsehen. Ist die Navigation einfach? Ist der Inhalt aktuell? Was ist öffentlich zugänglich, was muss man tun, um Zugriff auf geschützte Informationen zu bekommen? Ist die Benutzererfahrung standardisiert oder stark auf den jeweiligen Kunden zugeschnitten?

Unter all diesen Gesichtspunkten sollte sich der Projektmanager eine schlüssige Meinung bilden, wie sich die Website verbessern ließe.
Das ist natürlich einfach, wenn die Konkurrenz im Internet ist und sich mit einem Druck auf die Tastatur analysieren lässt. Aber was ist, wenn die Konkurrenz sich durch eine Firewall schützt? Dann fängt die eigentliche Hausaufgabe an. Fachpublikationen und Hinweise auf Forschungsgruppen sind zu überprüfen. Sobald der Projektmanager diese detaillierten Angaben gesammelt hat, um sie einem internen Team vorzulegen, sollte er ein Topteam zusammenstellen, das dem Projekt gewachsen ist.

Der Marketingkoordinator

Der Marketingkoordinator verteidigt als Hüter der eingeführten Marke das bestehende Image des Unternehmens und setzt den Rahmen, in dem eine entwicklungsfähige Beziehung zum Zielbenutzer aufgebaut wird.
Er kann auch dafür verantwortlich sein, verschiedene Marken, die bislang unabhängig voneinander vermarktet und beworben wurden, auf einer Website zusammenzufassen, dabei aber die Vorzüge der einzelnen Marken in der Infrastruktur zu berücksichtigen.
Angenommen, es handelt sich bei dem Unternehmen um eine Gruppe von Kraftfahrzeugvertragshändlern, die jeweils unter eigenem Namen arbeiten, aber zur selben Muttergesellschaft gehören. Nach eingehender Kundenforschung wird beschlossen, dass das Unternehmen auf jeder Website nahezu in Realtime den aktuellen Lagerbestand anführt. Da aus Gründen des internen Wettbewerbs jeder Händler einen anderen Hersteller führt, bietet jeder auf seiner Website nur die Autos an, die mit seinem Händlervertrag vereinbar

sind. Um aber mit Unternehmen wie Auto-by-Tel oder Cars.com konkurrieren zu können, die Autos unterschiedlicher Marken auf einer Website anbieten, ist auf der Website der Muttergesellschaft eine umfassende Lagerliste abzurufen, die Interessenten zum jeweiligen Vertragshändler weiterleitet.
Der Marketingkoordinator muss nun dafür sorgen, dass das Branding der Website mit dem Image der Muttergesellschaft und dem der einzelnen Vertragshändler vereinbar ist. Während es in den Zuständigkeitsbereich des Systemintegrators fällt, die Back-End-Verteilung der jeweiligen Lagerinformationen an die einzelnen Websites zu regeln, ist es Sache des Marketingkoordinators, eine Strategie zu entwickeln und einzuführen, nach der jeder Vertragshändler weiß, wie er online und offline auf die hergestellten Kundenkontakte zu reagieren hat. Wenn zum Beispiel jeder der Händler »Angebote der Woche« veröffentlichen will, muss der Marketingkoordinator festlegen, wie dieser Inhalt entwickelt und auf jede Website gebracht wird.
So verteidigt der Marketingkoordinator einerseits die eingeführte Corporate-Identity, setzt aber zugleich auch die Maßstäbe für die Zukunft der Marke auf dem Internetmarkt. Er muss vorausschauend denken und sich nicht nur auf die Benutzererfahrung beim Internetstart konzentrieren, sondern auf die weitere Entwicklung der Internetidentität.
Während also der Marketingkoordinator den Blick nach vorn richtet, ist es Sache des Systemintegrators, die Altsysteme im Auge zu behalten und zu entscheiden, ob es effektiver ist, sie nahtlos in die Internetstrategie einzubinden oder parallele oder gar völlig neue Systeme aufzubauen, die den Motor der Online-Präsenz darstellen.

Der Systemintegrator

Als Vertriebsweg kann das Internet sich sehr stark auf die traditionellen Geschäftsvorgänge eines Unternehmens auswirken. Angenommen, die Internetstrategie soll ein Elektrounternehmen mit einem elektronischen Zahlungssystem ausstatten.
Die Intention, gleichzeitig Tausenden (wenn nicht mehr) Benutzern in Echtzeit über ein Web-Interface Kontoinformationen zu liefern und diesen Benutzern dann zu ermöglichen, mit einem Klick auf einen Button Zahlungen auf das Konto des Unternehmens vorzunehmen, dürfte die Kapazitäten der technischen Infrastruktur selbst bei der innovativsten Firma übersteigen.

Der Systemintegrator muss nun entscheiden, was in die Altsysteme zu integrieren ist und welche Schritte dazu notwendig sind, und gibt schließlich eine Empfehlung, die die Systemarchitektur nicht lahm legt.
Im Fall des elektronischen Zahlungssystems für das Elektrounternehmen ist bereits ein System zur elektronischen Rechnungsbearbeitung vorhanden. Jede elektronische Zahlung lässt sich genauso bearbeiten wie ihre gedruckten Vorläufer. Zahlungseingänge werden gestapelt und in das System eingegeben. Es mag eine gewisse Umschulung des Personals erfordern, diese Zahlungsformulare einzugeben, aber der Dateninput in das System bleibt der gleiche. Dieses System kann irgendwann ineffizient werden, entspricht aber den unmittelbaren Anforderungen der Zahlungsbearbeitung. Für die tatsächliche Online-Transaktion kann man ein separates System verwenden.
Komplizierter könnte es für die vorhandene Architektur werden, Informationen aus dem System abzurufen. Dazu müssen einzelne Kontoinformationen in Form gesicherter Webpages erzeugt und nahezu in Echtzeit produziert werden. Auch wenn das vorhandene System eine interne Ansicht dieser Informationen zulässt, sollen sie nun Tausenden (wenn nicht mehr) Einzelpersonen zugänglich sein, die sie von unterschiedlichen Systemen gleichzeitig abrufen. Eine kurzfristige Lösung könnte darin bestehen, Informationen zu liefern, die mit Verzögerung aktualisiert werden.
Aufgabe des Systemintegrators ist es, die kurzfristigen und langfristigen Systemziele abzuwägen und die effizienteste Echtzeiterfahrung zu entwickeln. Im Gegensatz zum Marketingkoordinator, der die zukünftige Benutzererfahrung im Auge hat, muss er sich auf die Echtzeit-Benutzererfahrung konzentrieren. Der Projektmanager, der zunächst die äußeren Marktbedingungen im Blick hat, der Marketingkoordinator, der die zukünftige Benutzererfahrung vorhersehen muss, und der Systemintegrator, der sich auf die Echtzeiterfahrung kon-

Das interne Entwicklungsteam

Die Kernmitglieder des internen Entwicklungsteams sind in der Regel der Projektmanager, der Marketingkoordinator und der Systemintegrator. Alle drei gemeinsam sorgen sie dafür, dass das Projekt sowohl termingerecht und budgetgerecht zum Abschluss kommt.

zentriert, bilden gemeinsam das interne Kernteam, das (mit erheblicher Unterstützung) den termin- und budgetgerechten Internetstart gewährleistet.

Managementinstrumente

Die Kernmitglieder des internen Entwicklungsteams sollten sich darauf einstellen, dass sie bis zum Start der Website den größten Teil ihrer Arbeitszeit diesem Projekt widmen müssen. Während jeder dieser Manager die im Projektplan umrissenen Aufgaben leitet, erfordert die Fertigstellung der Website in wechselndem Umfang auch die Mitwirkung eines vielseitigen Teams, das vorher festgelegte Managementinstrumente einsetzt.

Der Projektmanager konzentriert sich zwar auf die übergeordneten Planziele, ist aber auch für die Leitung der tagtäglichen Arbeitsergebnisse des internen wie auch des externen Teams verantwortlich.

Da der Zeitrahmen für das Projekt recht knapp bemessen ist, hilft ein Online-Projektplan, der allen Teammitgliedern zugänglich ist, die Erwartungen aller Beteiligten zu koordinieren. Es mag sein, dass jeder externe Partner einen Online-Projektplan für seine spezifischen Aufgaben erstellt, der allerdings die Aufgaben des internen Teams nicht enthält. Ein Online-Projektplan ist ein wertvolles Instrument für die reibungslose Implementierung des Projektplans. Er sollte folgende Elemente enthalten:

- Ein **Teamverzeichnis**, das eine Liste sämtlicher Teammitglieder mit E-Mail-Adresse, Telefonnummer und Aufgabenbereich im Projekt enthält. Jeder, der schon einmal rund um die Uhr an einem Projekt gearbeitet hat, wird es zu schätzen wissen, wenn er mit einem Klick noch spät in der Nacht ein Teammitglied erreichen kann, selbst wenn die Antwort erst am nächsten Tag kommt.
- Einen **Terminplan** für das Projekt, der es allen Beteiligten ermöglicht, sich auf die jeweils anstehenden Teilschritte zu konzentrieren. Da eine Verzögerung in einem Teil des Projekts sich auf andere Zwischenschritte auswirken kann, erlaubt dieser Online-Terminplan allen Beteiligten des Teams, den Fortschritt zu verfolgen und Zwischenschritte zu modifizieren. Während das interne Team den Site-Inhalt entwickelt, ist das externe Team vielleicht

mit einer Reihe von Designkonzepten beschäftigt. Sobald diese genehmigt sind, kann man anfangen, eine Reihe von Page-Schablonen zu entwerfen. Wenn sich nun wegen Verzögerungen bei den internen Textern die Fertigstellung des Inhalts verschiebt, kann das Designteam vorschlagen, den Inhalt in Teillieferungen weiterzugeben, damit die Designentwicklung nicht völlig zum Erliegen kommt. Mit diesen Teillieferungen können die Designer die Arbeit parallel zur weiteren Content-Entwicklung fortsetzen. Der Projektterminplan optimiert die Flexibilität und hält das Projekt in Gang.

- **Zulieferungen.** Während der Terminplan den horizontalen Fortgang des Projekts regelt, legt eine detaillierte Beschreibung der Zwischenergeb-nisse klare Erwartungen an die vertikale Lieferung von Projektelementen fest. Bei einem Internet-Einzelhandelssystem gehören zum Beispiel zu den internetgestützten Transaktionen folgende Einzelelemente: ein Kundenprofilsystem, das in die vorhandene Kundendatenbank integriert ist; Vereinbarungen mit einer Handelsbank, die den Geldtransfer ermöglichen; Vereinbarungen mit den größten Kreditkartengesellschaften, ihre Kreditkarten zu akzeptieren und die Integration in ein Auslieferungssystem für die Produkte. Jede dieser Aufgaben fällt unter die zu erbringende Leistung »E-Commerce ermöglicht«, dürfte aber eine synchronisierte Kombination interner und externer Ressourcen erfordern. Als vertikaler Plan liefern die Projekt-Zulieferungen einen detaillierten und eingehenden Überblick über die Aufgaben und Zuständigkeiten, die für einen rechtzeitigen Internetstart notwendig sind.
- **Meilensteine.** Das vierte Element des Online-Projektplans sind die verschiedenen Meilensteine oder Abschnitte des Projekts, die mit einer Meilensteinliste verknüpft sind. So hat jedes Teammitglied unmittelbaren Zugriff darauf und kann individuelle Zuständigkeiten entsprechend anpassen.

Managementinstrumente

Zu den Managementinstrumenten, die eine termin- und budgetgerechte Umsetzung der Projektrichtlinien gewährleisten, gehört eine gesicherte Ressourcen-Site mit folgenden Informationen: Teamverzeichnis, Projektterminplan, klar definierte Zulieferungen und Projektmeilensteine.

Zusätzlich zu diesen Instrumenten, die dem Projektmanager die Leitung des Entwicklungsverfahrens erleichtern, kann er einen Producer hinzuziehen, der auftretende Engpässe (wie Verzögerungen bei internen Prüfungsverfahren) beseitigt. Der Producer kümmert sich auch darum, im Bedarfsfall weitere Ressourcen heranzuziehen, und überprüft wöchentlich das Projektbudget.

Zuständigkeiten im Team

Hauptaufgabe des Projektmanagers ist es, mit Unterstützung des Producers sicherzustellen, dass das Projekt den Weg zu einem termin- und budgetgerechten Internetstart einhält. Dagegen entwickeln sich die Aufgaben und Zuständigkeiten des Marketingteams und des IT-Teams in dem Maße weiter, wie das Projekt fortschreitet. Sie greifen wiederum auf andere interne Kräfte zurück, die ihnen im Laufe der Implementierungsphase spezifische Fachkenntnisse zur Verfügung stellen.

Marketing

Der Marketingkoordinator ist dafür verantwortlich, dass die Vorgaben für die übergeordneten Marketingziele erfüllt werden. Unterstützt wird er dabei von den einzelnen Produktmanagern.
Die Produktmanager helfen mit, die optimale Online-Erfahrung für ihr Zielpublikum zu umreißen, und sind daher sowohl an den ganz frühen Projektstadien als auch am Beta-Test der Site beteiligt. In der Anfangsphase sollte der Marketingkoordinator sich mit jedem Marketingmanager zusammensetzen und vorhandene Ressourcen sowie die geplanten Ergebnisse koordinieren. Wie wir bereits an konkreten Beispielen gezeigt haben, hat der Marketingkoordinator anschließend die Aufgabe, diese Ressourcen zu einer Online-Erfahrung zu organisieren, die in einem einheitlichen Format die entsprechende individuelle Botschaft vermittelt. Diese Aufgabe stellt häufig spezifische Anforderungen, die in den Arbeitsbereich des Kommunikationsmanagers fallen.
Sobald diese Zulieferungen definiert sind, verlagert sich die Aufgabe des Marketingkoordinators, der nun die Arbeit der internen Kräfte leitet. Ein betriebsinterner Texter wird beauftragt, die verschiedenen Botschaften der einzelnen

Produktmanager zu integrieren. Dieser Inhalt kann in einem Textverarbeitungsprogramm erstellt und anschließend an das externe Team weitergeleitet werden, das es in die Website einbaut. Auch dieser Arbeitsvorgang erfolgt in den relativ frühen Phasen des Projektplans.
In den Zuständigkeitsbereich des Marketingkoordinators fällt es auch, die visuellen Branding-Elemente der Site zu liefern. Dazu gehören Produktfotos und Logos sowie alle spezifischen Designvorgaben zu Schrifttypen und Farbpalette. Fehlende Elemente kann er in Zusammenarbeit mit einem Grafikdesigner entwickeln. In bestimmten Fällen zieht er auch interne Audio- und Videospezialisten hinzu, die auf diesen Gebieten Branding-Elemente des Unternehmens beitragen. Die Organisation und Fertigstellung dieser Elemente erfolgt ebenfalls recht früh im Laufe des Projekts.
Sobald diese Leistungen abgeliefert sind, beschränkt sich die Rolle des Marketingkoordinators auf eine Supervision, die gewährleistet, dass die Integrität der Marketingaussage online gewahrt bleibt.

Das IT-Team

Je nach technischen Anforderungen des Projekts arbeitet der Systemintegrator mit einem Team zusammen, das Ingenieure, Applikationsentwickler und Netzwerkadministratoren umfasst, um den reibungslosen Einstieg auf den Online-Markt zu gewährleisten.
Der Systemintegrator spielt eine wichtige Rolle in der Anfangsphase des Projekts, wenn die verschiedenen Systemanforderungen geklärt werden. Er ist wesentlich an einer realistischen Einschätzung beteiligt, mit welchem Aufwand sich die Online-Systeme in die Altsysteme integrieren lassen, und wirkt in enger Zusammenarbeit mit seinem Team maßgeblich an der Entscheidung mit, ob sie integriert oder ausgelagert werden.
Besitzt das Unternehmen genügend Bandbreite, um die Website im eigenen Haus zu verwalten und zu unterhalten? Welche Vor- und Nachteile hat ein Outsourcing der Site-Server an externe Partner? Bei diesen Entscheidungen spielt die Netzwerkadministration eine wichtige Rolle.
Was ist mit den Eigentumsrechten am Quellcode? Wie viele Applikationen von der Stange werden in die Site einbezogen, und wie viele werden eigens für das Unternehmen entwickelt, das dann auch die Rechte daran besitzt? Wer ist für die fortlaufende Administration, Wartung und Modifizierung dieser

Applikationen verantwortlich, wenn es sich um Sonderentwicklungen handelt? Bei dieser Strategie sollte das betriebsinterne Entwicklerteam ein erhebliches Wort mitzureden haben, denn eine falsche Entscheidung macht diesen Mitarbeitern das Leben schwer.

Die Frage, ob man maßgeschneiderte oder fertig angebotene Lösungen wählt, wirkt sich auch auf das Budget und den Terminplan aus. Der Besitz der Rechte am Quellcode kann einen Wettbewerbsvorteil schaffen, sich aber auch zum finanziellen Alptraum auswachsen. Das IT-Team muss diese Fragen im Hinblick auf die spezifischen Projektanforderungen klären.

Und schließlich ist für den Erfolg der Website die fortlaufende Betreuung entscheidend. Wer ist dafür verantwortlich, dass das Licht an bleibt, nachdem der Schalter erst einmal betätigt ist? Was ist mit Upgrades und Überarbeitungen der ursprünglichen Applikationen? Ohne einen sorgfältig erstellten Wartungsplan des IT-Teams könnte sich die Zeit nach dem Internetstart als informationstechnologisches Desaster gestalten. Der Systemintegrator trifft die Auswahl unter den besten internen Ressourcen und entwickelt einen klar definierten Implementierungsplan, der sich auch für zukünftige Upgrades eignet.

So erweitert sich das ursprüngliche Team aus drei leitenden Managern zu einem internen Netzwerk aus professionellen Firmenmitarbeitern. Angesichts der Tatsache, dass der Start der Website in der tagtäglichen Arbeit dieser Fachleute höchstwahrscheinlich nicht das einzig Wichtige ist, gibt der folgende Zeitplan einen kurzen Überblick über die entscheidenden Zuständigkeiten in jedem Stadium des Projekts.

Interne Zuständigkeiten im Projektablauf

Projektmanager: hauptverantwortlich für Konzeptschema

In dem Maße, wie sich aus der strategischen Zielsetzung die Definition der Benutzererfahrung entwickelt, sollte der Projektmanager sich in Zusammenarbeit mit dem leitenden Managementteam darauf konzentrieren, dass die geplanten Zulieferungen umgesetzt werden. Das Konzeptschema wird anschließend dem Marketingkoordinator und dem IT-Manager zur Prüfung vorgelegt, um sicherzustellen, dass die geplanten Ergebnisse auch realisierbar sind.

Marketingkoordinator: hauptverantwortlich für Site-Schema

Das Site-Schema legt den tatsächlichen Content-Fluss innerhalb der Website fest. In diesem Stadium arbeitet der Marketingkoordinator eng mit den Produktmanagern zusammen, um die Anforderungen des jeweiligen Zielpublikums einzubeziehen. Sobald diese Anforderungen quantifiziert sind, steht die Infrastruktur der Website fest.

Systemintegrator: hauptverantwortlich für funktionelle Spezifikationen

Um die geplante Benutzererfahrung in Echtzeit liefern zu können, legt der Systemintegrator in diesem Stadium die Kernfunktionalität und die Architektur der Website fest. Zu diesen Spezifikationen gehört sowohl die Integration in die Altsysteme als auch die Entwicklung der unabhängigen System-Architektur. Nachdem die internen funktionellen Spezifikationen definiert sind, kann die technische Architektur festgelegt werden.

Marketingkoordinator: hauptverantwortlich für Content-Architektur

Der Marketingkoordinator kümmert sich nun darum, dass der Site-Content erarbeitet wird. In enger Zusammenarbeit mit den Produktmanagern und Textern liefert er den Inhalt, der die Benutzererfahrung bestimmt.

Marketingkoordinator: hauptverantwortlich für Designkonzepte

Nun beginnt das Branding der Website, für das der Marketingkoordinator die internen Designspezifikationen und sämtliche Layoutanforderungen festlegt.

Projektmanager: hauptverantwortlich für Alpha-Site und -Test

Das externe Team entwickelt nun den Prototyp der Website, der in der Regel die Homepage, einige Subpage-Schablonen und eine begrenzte Funktionalität umfasst. Der Projektmanager sorgt in enger Zusammenarbeit mit dem externen Team für eine termingerechte Fertigstellung und Prüfung der Alpha-Site, die man anschließend einigen Fokusgruppen vorlegen kann, um von ihnen Rückmeldungen zu erhalten.

Projektmanager: hauptverantwortlich für Entwicklung

Nach dem Feedback und der Genehmigung der Alpha-Site kann das externe Team mit der umfassenden Website-Entwicklung anfangen. In diesem Stadium übernimmt der Projektmanager die allgemeine Leitung und Aufsicht und sorgt dafür, dass das externe Team die Terminvorgaben einhält.

Projektmanager, Marketingkoordinator und Systemintegrator: hauptverantwortlich für Beta-Site und -Test

Wie beim Alpha-Test leitet der Projektmanager nun auch die Prüfung der Beta-Site, die sämtliche Inhalte und Funktionen der Site enthalten sollte. In der Regel wird sie auch der Geschäftsleitung zur Prüfung und Genehmigung vorgelegt. Und da dies die Endphase vor dem Internetstart ist, sollte die Beta-Site auch vom Marketingkoordinator und vom IT-Manager geprüft und genehmigt werden.

Projektmanager: hauptverantwortlich für Überarbeitung und Premiere

Da das Projekt sich nun der Premiere nähert, muss der Projektmanager sich vergewissern, dass alle Teile zusammenpassen und die Website den wichtigsten Unternehmenszielen entspricht.

Projektmanager: hauptverantwortlich für Wartung und Administration

Je nach Aufgabenbereich, den der Projektmanager nach dem Internetstart übernimmt, kann er die fortlaufende Administration der Website selbst managen oder an einen Site-Administrator übergeben.

Aufgaben des Managements

Die Zuständigkeiten des internen Teams verändern sich im Laufe des Projekts. Indem man die Aufgaben und Erwartungen vorab klar festlegt, vereinfacht man die gesamte Implementierungsstrategie.

Projektmanagement

Die Implementierung des Projektplans erfordert die sorgfältige Koordination des gesamten Teams durch einen Projektmanager, einen Marketingkoordinator und einen Systemintegrator. Der Projektmanager sollte die Implementierung mit einigen Managementinstrumenten online lenken, während jeder Teamkoordinator die Verantwortung dafür übernimmt, dass in spezifischen Phasen der Site-Entwicklung die Zusammenarbeit mit anderen internen Kräften funktioniert. Das interne Management der Implementierungsphase beinhaltet folgende Hauptschritte:

- motivierten Mitarbeitern die Hauptverantwortung für das Projektmanagement, das Marketing und die Systemintegration übertragen;
- ein Online-Instrumentarium schaffen, das ein Teamverzeichnis, einen Projektterminplan, jeweils eine Liste der Zulieferungen und der Meilensteine des Projekts umfasst;
- das Managementteam bestimmen und sicherstellen, dass sein Beitrag in den Gesamtablauf des Projekts integriert ist;
- die Hauptzuständigkeiten der Teamleiter im Verlauf des Projekts regeln.

IV Die Umsetzung

12 Die Premiere

Es ist so weit! Monatelang hat ein erfahrenes Internetteam hart daran gearbeitet, einer Vision Gestalt zu verleihen, und nun ist die Website gestartet. Anders als das große Finale am Ende einer Theatervorstellung mit Starbesetzung hat der Internetstart eher Ähnlichkeit mit der Jungfernfahrt eines schönen Schiffes – die eigentliche Arbeit fängt jetzt erst an.

Es bringt erhebliche langfristige Herausforderungen mit sich, die im Projektplan umrissenen Unternehmensziele tatsächlich zu erreichen. Der nächste Schritt besteht darin, die Meilensteine des Projekts, die zu Beginn der Planung sorgfältig definiert wurden, nun auch tatsächlich zu verwirklichen.

Das letzte Kapitel kehrt daher an den Anfang des Projektplans zurück, wo die Unternehmensziele definiert wurden, die nun umgesetzt werden können. Zu beurteilen, ob diese Ziele erreicht werden, erfordert ein gründliches Management, die Administration und die Messung der Online-Ergebnisse.

Hat der Projektplan die Aufgabe, Leitlinien für den termin- und budgetgerechten Internetstart zu geben, so beginnt nach der Premiere der Website das Planungsverfahren wieder ganz von vorn, um Leitlinien für das reibungslose Management und die Administration der Site zu entwickeln. Dieser Betriebsplan orientiert sich nicht an strategischen Zielen, sondern an spezifischen betrieblichen Aufgaben, aus denen die tagtäglichen Zuständigkeiten für das Management der Website erwachsen.

Die folgenden Strategien legen den Übergang von der Entwicklungsphase der Website zu ihrem Betrieb fest. Dazu muss man die Aufgaben des Managementteams neu regeln und Strategien für die fortlaufende Administration der Website festlegen, die eng mit dem Management der Benutzererwartungen verknüpft sind. Am Ende dieser Phase wird ein neuer Projektmanagementplan entwickelt, der Betriebsplan, der den Zielen der fortlaufenden Unternehmensstrategien entspricht.

Web-Guide

Der Internetstart ist nur der erste Schritt in der Umsetzung der Online-Unternehmensziele. Erst effektive und fortlaufende Strategien für Management, Administration und Erfolgsmessung garantieren den Erfolg der Unternehmensstrategie. Der letzte Schritt des Internetstarts besteht darin, den Projektplan als Ausgangspunkt für die Entwicklung neuer Richtlinien zu nehmen, die im Betriebsplan zusammengefasst werden.

Vom Managementteam zum Betriebsteam

Das Team, das im Laufe der Website-Entwicklung erheblich gewachsen ist, wird nun so weit reduziert, wie es den Kernaufgaben zur Erhaltung der Website-Funktionalität entspricht. Der *Internetmanager* überwacht von nun an die tagtägliche Durchführung der Internetstrategie. Außerdem sollte ein *Content-Administrator* oder *Site-Editor* ernannt werden, der gemeinsam mit einem Team dafür sorgt, dass der Site-Inhalt aktuell bleibt und den Anforderungen des Publikums weiterhin genügt. Ein *Customer-Support-Administrator* dient als Bindeglied zwischen der Kundenbetreuung, die sich auf der Website um die sich ändernden Anforderungen der Kunden kümmert, und der traditionellen Kundenbetreuung über Offline-Kanäle (eine häufig übersehene Aufgabe). Wenn zum Beispiel wegen unvorhergesehener Unklarheiten der Website die Telefonanrufe beim Kundendienst plötzlich zunehmen, werden sie zum Customer Support Administrator weitergeleitet, der daraufhin entsprechende Änderungen der Site veranlasst. Hand in Hand mit dem Site-Editor sollte ein *Site-Designer* daran arbeiten, die kognitiven Erwartungen der Endbenutzer auch weiterhin zu erfüllen. Und schließlich gehört zum Kernteam für das Site-

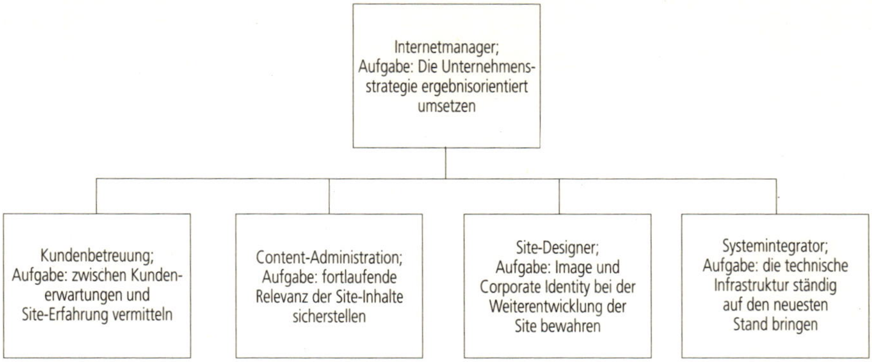

Abbildung 12.1 Internetmanagementteam

Management auch ein *Systemintegrator*, der die Funktionalität der Site auf Dauer sicherstellt. Das kann auch über ein vertraglich abgesichertes Management durch Application-Service-Provider erfolgen, die für die Integration zwischen den Altsystemen und der Internetarchitektur sorgen. Das Internetmanagementteam setzt sich nun zusammen wie in Abbildung 12.1 gezeigt. Jeder dieser Teammanager leitet in seinem Bereich ein entsprechendes Team.

Internetstart

Nach Monaten harter Arbeit ist die Website nun endlich ihrem Zielpublikum zugänglich. Je nach Umfang und Reichweite dieses Publikums gestalten Unternehmen die Internetpremiere recht unterschiedlich. Wenn die Strategie zum Beispiel auf eine breite Kundenbasis abzielt und Tausende Benutzer anlocken soll, kann sie mit Werbung, Promotion und Public-Relations-Kampagnen vorbereitet werden, um maximale Wirkung bei den Kunden zu erzielen. Eine Website, die dagegen nur eine bestimmte Händlergruppe anspricht, lässt sich mit einem Telefonanruf oder einer E-Mail an alle Beteiligten starten. Unabhängig von Umfang und Reichweite des Zielpublikums ist der Internetstart der entscheidende Punkt, an dem sich herausstellt, ob die Erwartungen erfüllt werden oder ob die Website die unmittelbaren Ziele verfehlt.
Die Erwartungen an die Website reichen vom Design über den Inhalt bis hin zur Funktionalität. Vermittelt sie eine intuitive Erfahrung? Schauen Besucher

sich mehr als nur die erste Seite an? Welcher Teil der Site erfreut sich der größten Beliebtheit? Ein gutes Design sorgt für eine intuitive Benutzererfahrung. Der Inhalt und seine ständige Aktualisierung bewirken, dass Benutzer die Website immer wieder besuchen. Und die Funktionalität wird mit dem fortlaufenden Besuch der Site auf die Probe gestellt.

Besuche der Website

Wenn die Website in ihrem Marktsegment richtig positioniert wurde, ist die anfängliche Besucherzahl ein erster Hinweis auf ihren Erfolg. Nimmt die Zahl der Besucher zu oder kehrt ein signifikanter Teil der Besucher öfter auf die Website zurück, so ist sie entwicklungsfähig. Wenn die Zielbenutzer mit der Website in eine Interaktion treten, sei es durch Registrierungen, Transaktionen oder andere Online-Mechanismen, dann haben sie ihre Gewohnheiten umgestellt, und die Website beginnt, quantitative Ergebnisse zu bringen und die im Projektplan gesteckten Ziele zu erfüllen.

Verwaltung

Zur Verwaltung oder Adminstration der Website gehört nicht nur die tägliche Wartung des Inhalts, sondern auch eine regelmäßige Bewertung der Positionierung, Konkurrenzsituation und Benutzererfahrung.

Kundenbetreuung

Die Beziehung zum Endbenutzer, die vor dem Internetstart eingehend analysiert wurde, sollte nun in der täglichen Nutzung der Website reflektiert werden. Entspricht zum Beispiel die Kundenbetreuung den Echtzeit-Anforderungen des Endbenutzers? Mit Tracking-Systemen lässt sich der Zugriff auf Kundenbetreuungsprogramme verfolgen, zum Beispiel auf die Seite mit den FAQs (*Frequently asked Questions*) der Website, E-Mail-Anfragen und Antworten oder direkte Online-Betreuungs- und Rückrufsysteme.

Die Website von Adobe ist ein gutes Beispiel für die Umsetzung extensiver Benutzerbetreuungsstrategien. Unter der Rubrik »CustomerFirst« finden sich unter anderem die »Top Issues« mit einer Antwortliste auf die häufigsten Fragen der Kunden. Diese FAQs werden monatlich aktualisiert, um auf die jeweils relevantesten Kundenfragen einzugehen. Über die Rubrik »CustomerFirst« können Benutzer auch eine Datenbank durchsuchen, die Antworten auf spezifische Fragen zu Produkten enthält, oder die neuesten Software-Updates herunterladen. Hier gibt es außerdem detaillierte Bedienungsanleitungen mit technischen Spezifikationen und Hinweisen zur Fehlersuche (»Troubleshooting«). Adobe bietet darüber hinaus Foren an, in denen Benutzer direkt miteinander in Kontakt treten können. Über diese Interaktionsebene erhält Adobe unmittelbaren Zugang zu Lösungen, die von Benutzern entwickelt wurden, und kann sich so besser um die sich entwickelnden Bedürfnisse der Kunden kümmern. Adobe bietet den Benutzern auch die Möglichkeit, einen E-Mail-Service zu abonnieren, der sie über technische Neuerscheinungen informiert, und nutzt somit E-Mails in der Kundenbetreuung nicht nur reaktiv, sondern auch vorausschauend. Daneben gibt es einige Programme zur unmittelbaren Kundenbetreuung und Zugang zum Support-Service eines externen Partners. Und schließlich bittet Adobe in Umfragen die Benutzer um Rückmeldungen über ihre Zufriedenheit. Adobe ist ein Beispiel für ein Unternehmen, das aktiv an einer fortlaufenden Online-Strategie zur Kundenbetreuung arbeitet, um den Anforderungen der Zielbenutzer gerecht zu werden.

Wartung der Website

Wenn die Website einen dauerhaften Anreiz zur regelmäßigen Wiederkehr bieten soll, dann müssen ihre Informationen in gleich bleibenden Abständen aktualisiert werden. CNN.com bietet ständig neue Nachrichten. Allerdings setzt diese Aktualität einen Administrationsprozess voraus, um die Daten in ein Online-Format zu bringen. Dazu muss ein Team von Content-Administratoren eingesetzt werden, das zum ständigen Betriebspersonal gehört. Je nach übergeordneten Unternehmenszielen der Website braucht man ein Betriebsteam, das sich um das fortlaufende Management der Site kümmert.

Der Betrieb der Website

Anders als der Projektplan, der spezifisch die Strategien und Verfahren für einen erfolgreichen Internetstart in allen Einzelheiten festlegt, umreißt der Betriebsplan die Zuständigkeiten für das fortlaufende Management, um sicherzustellen, dass die Website den übergeordneten Unternehmenszielen entspricht.

In dem Maße, wie sich auf der Website Alltagsroutine einstellt, beginnt die Messung der Ergebnisse. Wenn die Site dem Zweck dienen soll, das Beschaffungswesen auf das Internet zu verlagern, ist zu prüfen, wie viele Benutzer die Site in den ersten Wochen nach dem Start besuchen. Wie viele von ihnen tun den zweiten Schritt und fordern Ausschreibungsunterlagen an? Nimmt die Zahl qualifizierter Anbieter als Folge der Online-Beschaffung zu? Wenn man die Ergebnisse in den Anfangsstadien genau im Auge behält, kann man die Internetstrategie entsprechend ändern.

Zum Betrieb der Website gehört auch die fortlaufende Analyse der Marktbedingungen. Verändern sich die Erwartungen des Zielpublikums? Sind seit der ursprünglichen Analyse neue Konkurrenten im Internet hinzugekommen? Haben vorhandene Konkurrenten aufgrund dieser neuen Website ihre eigenen Strategien verändert? Auch hier sollte man im Managementplan als festen Bestandteil des laufenden Betriebs vorsehen, in regelmäßigen Abständen den Internetmarkt zu analysieren.

Ein weiterer wesentlicher Teil des laufenden Betriebs betrifft den Transfer der technischen Administration. Auch wenn ein Application-Service-Provider die laufenden Anwendungen verwaltet, bedarf es vermutlich eines internen Teams unter Leitung des Systemintegrators, das sich um die internen Modifikationen der Hauptdatenbanken kümmert.

So können zum Beispiel Geschäftsvorgänge über das Anwendungssystem eines externen Partners abgewickelt werden, aber das vorhandene Lagerhaltungssystem wird intern verwaltet. Der Service-Provider könnte dabei den Kundendienst für das interne System übernehmen. Sofern man es nicht vorab festlegt, ist die Dokumentation nicht unbedingt in den Leistungsvereinbarungen für die fortlaufende Administration enthalten. Das Gleiche gilt für das Site-Training. Daher ist es wichtig, gleich zu Beginn des Projekts zu klären, wer solche Wartungsleistungen erbringt.

Vertragsvereinbarungen und Garantien über Kapazität und Uptime sollten ebenfalls in der Planungsphase geklärt werden. Systemausfälle während des Betriebs können sich nachteilig auf die Benutzung der Site auswirken.

Nach dem Start

Der Betriebsplan basiert auf der Verwirklichung bestimmter unternehmerischer Meilensteine und der Evolution vorhandener Marktbedingungen. Ebenso wie der Projektplan enthält auch der Betriebsplan eine Definition der Unternehmensziele, eine Einschätzung der Marktbedingungen und die Zuteilung der Ressourcen.

Damit beginnt der Prozess wieder von vorn: Der Internetmanager legt der Geschäftsleitung Ergebnisse vor; die Geschäftsleitung prüft die Ergebnisse und schafft einen allgemeinen Konsens über die nächsten Ziele und geplanten Ergebnisse. Diese Ziele können auf den Ergebnissen der bisherigen Internetstrategie aufbauen. Wenn die Website zum Beispiel bisher 10 000 engagierte Benutzer angelockt hat, könnte man sich fragen, wie die nächsten Schritte aussehen müssten, um weitere 100 000 Benutzer anzulocken.

Eine andere Strategie könnte darin bestehen, ein völlig neues Programm zu starten. Wenn der erste Internetstart auf eine Kostensenkung der Lieferkette abzielte, könnte das zweite Projekt ein ganz anderes Publikum ansprechen und sich darauf konzentrieren, einen neuen Markt für ein Produkt zu erschließen. Diese unterschiedlichen Strategien erfordern möglicherweise ein neues Team, das die Erfahrungen des ersten nutzt. Die Vorgehensweise zur Organisation des Internetstarts ist dann bereits bekannt.

Der Internetmanager prüft nun die neuen Zielsetzungen mit seinem inzwischen erfahrenen internen Internetteam und entwickelt die Spezifikationen für die neue Website. Diese funktionellen Spezifikationen werden überprüft und bilden dann die Grundlage für die Ausschreibung, die an ausgewählte Anbieter geht. Nach Prüfung der eingegangenen Angebote wird ein externer Partner ausgesucht. Nun werden die technischen Spezifikationen schriftlich niedergelegt und genehmigt. Die Entwicklungsarbeit beginnt und wird in verschiedenen Stadien wiederholt überprüft und genehmigt. Sobald der Entwicklungsprozess abgeschlossen ist, wird die neue Website gestartet und der laufende Betrieb beginnt.

Die Implementierung einer erfolgreichen Internetstrategie erfordert die Zusammenarbeit vieler verschiedener Talente, die alle auf ein neu definiertes und ständig überprüftes Ziel hinarbeiten. Mit Weitblick, Teamgeist und Geduld hat der Internetmanager die einmalige Gelegenheit, einen Präzedenzfall zu schaffen und eine Strategie festzulegen.

Mit dem Start der Internetstrategie geht die Website von der Entwicklungsphase zum laufenden Betrieb über. Zu den Betriebsstrategien gehört:

- festlegen, welche Fachkräfte für den fortlaufenden Betrieb der Website benötigt werden;
- eine fortlaufende Strategie entwickeln, um den sich verändernden Markt einzuschätzen;
- anhand von Feedback und Interaktion mit den Benutzern die Reaktion auf die Website analysieren;
- einen Betriebsplan aufstellen, um die neuen Unternehmensstrategien umzusetzen und auf die sich ändernden Marktbedingungen zu reagieren.

13 Der Projektplan

Die erfolgreiche Durchführung einer Internetstrategie hängt von einem gut durchdachten Projektplan ab. Das folgende Schema dient dabei als Leitfaden und Web-Guide.

Teil 1: Die strategische Zielsetzung

Definieren Sie die Branche:

____

____

____

____

Skizzieren Sie den traditionellen Geschäftsablauf:

____

____

____

____

Skizzieren Sie den Online-Geschäftsablauf:

Legen Sie die Leistungsverbesserungen fest, die durch die Website erreicht werden sollen:

Definieren Sie die Unternehmensziele:

Legen Sie Maßstäbe für die Ergebnismessung fest:

Teil 2: Marktbedingungen

Definieren Sie die Zielbenutzer

Erstellen Sie ein Flussdiagramm, das Aufgaben und Zuständigkeiten der Hauptbenutzer definiert:

Skizzieren Sie das demografische und psychologische Profil der Zielbenutzer:

____

____

____

Skizzieren Sie das technische Profil der Zielbenutzer:

____

____

____

Entwickeln Sie eine Wettbewerbspositionierungsstrategie

Erstellen Sie eine Rangfolge der wichtigsten Wettbewerbsvariablen:

____

____

____

Listen Sie die horizontalen und vertikalen Konkurrenten auf:

____

____

____

Skizzieren Sie Stärken und Schwächen der Online-Konkurrenz:

____

____

____

Erstellen Sie ein Wettbewerbspositionierungsdiagramm:

____

____

____

Skizzieren Sie die Benutzererfahrung

Definieren Sie das Wertangebot:

Skizzieren Sie die wichtigsten Marketingstrategien:

Entwickeln Sie eine Strategie zur Kundenbindung:

Teil 3: Design und Branding

Definieren Sie Namenskonventionen und/oder Benennungsstrategien:

Definieren Sie die bestehende Corporate-Identity:

A. Logo:

B. Farbpalette:

C. Schriftart:

Skizzieren Sie das vorhandene Offline-Marketingmaterial (eventuell Muster beilegen):

Falls die Zusammenarbeit mit einer externen Werbeagentur gewünscht wird, geben Sie die Kontaktinformationen an:

Teil 4: Systemarchitektur

Skizzieren Sie die Altsysteme:

Geben Sie, soweit vorhanden, Präferenzen für die Systeminfrastruktur an:

Skizzieren Sie Hosting- und Zugangsstrategien (einschließlich Hardwarespezifikationen):

Skizzieren Sie interne Ressourcen und Verfahren, soweit sie sich auf die Website-Entwicklung auswirken:

Legen Sie Firewall- und Sicherungssystem fest:

Skizzieren Sie die Anforderungen an den laufenden Betrieb und die Wartung (einschließlich Schulung):

____

____

____

Teil 5: Anforderungen an externe Partner (vom Anbieter anzugeben)

Projektteam:

____

____

____

Vorgehensweise beim Projektmanagement:

____

____

____

Partnerschaften und Allianzen:

____

____

____

Erfahrungen und Kapazitäten:

____

____

____

Referenzen:

Teil 6: Terminplan und Budget

Legen Sie den Terminplan für das Projekt fest:

Skizzieren Sie die Aufgaben und Zuständigkeiten des internen Teams:

Setzen Sie Kriterien für den Kostenrahmen fest:

Index

X

Y

Z

Marie Luise Kaschnitz
Ein Lesebuch

1964-1974

Herausgegeben und mit einem
Nachwort von Heinrich Vormweg

Insel Verlag

Erste Auflage 1975

Quellenhinweise am Schluß des Bandes
Druck: MZ-Verlagsdruckerei GmbH, Memmingen
Printed in Germany

Ein Lesebuch

Die Gärten

Die Gärten untergepflügt
Die Wälder zermahlen
Auf dem Nacktfels die Hütte gebaut
Umzäunt mit geschütteten Steinen
Eine Cactusfeige gesetzt
Einen Brunnen gegraben
Mich selbst
Ans Drehkreuz gespannt
Da geh ich geh ich rundum
Schöpfe mein brackiges Lebenswasser
Schreie den Eselsschrei
Hinauf zu den Sternen.

Dies immer noch

Dies: immer noch wollen
Den Laden
Immer noch aufziehen wollen
Das Hinterhaus
Immer noch auf die Netzhaut
Und das Siebenuhrmorgenzimmer

Immer noch ausgehen wollen
Die altbackene Straße hinunter
Entlang den Fenstern
Voll vergeblicher Hilfeschreie
Und einsammeln im Drahtkorb
Schicksal um Schicksal

Auf der Zunge das alte Ungereimte
Mein Schritt eine Uhr die abläuft
In der Hand noch immer
Das Pappfähnchen Zuversicht
Hinter mir keine Armee
Dann und wann Kinder.

Fragmentarisch

Das sichtbare das
Unauffindbare das
Nicht mehr vorhandene das
Vergessene Ich.

Mein Ort

Diese Geräusche
Wie über Felsen gerissen
Und hinter den Wänden Geklirr
Von Lanze und Morgenstern
Und das Rauschen
Vorüber im Dunkeln
Stoßweise Salmonengewässer
Schwarzwolken vorüber
Mein Ort
Mein wankender Schritt
Meine Hand
Griff um Griff
In den Seilen.

Lupinen

Wir wagen es, hatten sie gesagt, und hatten alles genau besprochen, sogar den Weg aufgezeichnet, an den langen Abenden, in den Nächten, als sie auf das Klingelzeichen warteten, manchmal wurde auch gar nicht geklingelt, sondern mit dem Gewehrkolben gegen die Türe geschlagen, aufmachen, Judenpack, fort mit Euch in den Zug. Die Züge gingen von einem bestimmten Bahnhof ab und fuhren eine bestimmte Strecke, wer in der Stadt und ihrer Umgebung Bescheid wußte, kannte die Kurven, die Unterführungen, die freistehenden Häuser, auf deren Brandmauern riesige Flaschen gemalt waren, die Wäldchen aus struppigem Gebüsch. An einer gewissen Stelle fuhren alle Züge langsam, waren da schon langsam gefahren, als die Schwestern noch Kinder gewesen waren, damals ging es am Wochenende aufs Land zu Verwandten, Johannisbeeren pflücken, Stachelbeeren pflücken, und längs des Bahndamms hatten Lupinen geblüht. Abspringen hätte man können und neben dem Zug herlaufen, und die um sechs Jahre ältere Fanny hatte es sogar einmal gewagt und war mit einem Arm voll ausgeraufter Lupinen wieder auf die Plattform gesprungen, natürlich die Eltern waren damals nicht dabei. Der ängstlichen Barbara hatte das Herz im Hals geschlagen, übrigens auch jedes spätere Mal noch, wenn sie im großen Bogen auf dem Lupinendamm fuhren. Aber dann im Jahre 1943, als die Schwestern Nacht für Nacht auf den Abtransport warteten, war doch sie es gewesen, die den Vorschlag gemacht hatte: Abspringen, fünfzig Meter hinter dem kleinen Tunnel, da sind Schrebergärten und Bretterhütten, da ist das Erlengehölz, da ist ein Hohlweg zurück in die Stadt. Und dann war auch sie es gewesen, die wirklich die Tür aufgerissen hatte und herausgesprungen war, während Fanny einfach sitzen blieb, stumpfsinnig und gleichgültig, so als gäbe es kein Entrinnen, als sei ihr das bestimmt, das Lager in Polen, die Gaskammer, der namenlose Tod.

Wir erzählen von Barbara, die davongekommen war, die sich den Abhang hatte hinunterrollen lassen, ein Geschrei gab es da oben, auch ein paar Schüsse, aber danach nichts weiter, sie würde schon aufgegriffen und dem nächsten Transport zugeteilt werden, ihretwegen hielt man den Zug nicht an. Barbara hatte sich in den Schrebergärten versteckt gehalten, bis es dunkel war und war dann ruhig nach Hause gegangen. So hatten sie es ausgemacht, kein Klingeln an der Haustür, sondern Steinchen ans Fenster geworfen, und erst eine ganze Weile später sollte der Schwager herunterkommen und sie einlassen, Barbara, seine Schwägerin, und Fanny, seine Frau. Nur daß es nun eben nur eine war und die falsche, wie Barbara sich sagte, als sie die Steine ans Fenster geworfen hatte, und ein Schatten bewegte sich hinter den Scheiben und später kam jemand auf Strümpfen die Treppe herab. Das war jetzt schon über ein Jahr her, das Warten im feuchten Westwind, das Gesicht im Geisblatt, und die Schwester indessen fahrend, fahrend, und der Garten der Kindheit mit den Johannisbeer- und Stachelbeersträuchern schon längst versunken und dahin. Der Schwager hatte die Türe vorsichtig aufgemacht und das Mädchen war an ihm vorbei ins Haus geschlüpft, nur du, hatte der Mann gesagt, und Barbara hatte geantwortet, nur ich. Der Schwager hatte den ganzen Abend kein Wort mehr gesprochen, war am Tisch gesessen, den Kopf in den Händen, und erst am nächsten Morgen hatte er seine Anweisungen gegeben: All das schon hundertmal Besprochene, sich nicht am Fenster zeigen, nur in Strümpfen in der Wohnung umhergehen, leise sprechen oder am besten gar nicht sprechen, im Notfall den längst hergerichteten Verschlag auf dem Speicher aufsuchen, ein Schatten sein, ein Nichts. Was für zwei hatte gelten sollen, galt nun für eine, mit nur einer ist eigentlich alles einfacher, zu zweit schwatzt man doch einmal und lacht auch einmal, und wahrscheinlich hätte der Schwager nichts dagegen gehabt, wenn Fanny allein zurückgekommen wäre, vielleicht hat er sich das überhaupt so gedacht. Fanny allein, die zu ihm ins Bett schlüpft, vielleicht hätten sie dann über die Schwester und Schwägerin ein paar Tränen vergossen, aber es wäre doch alles in Ordnung gewesen, in der furchtbaren Ordnung der Ehe, die ein Bollwerk ist gegen Täuschung und Tod. Nur daß es jetzt nicht so war, kein Geflüster im Ehebett, sondern Barbara in ihrer Kammer und drüben der steinerne Mann, der gewiß gar nicht begreifen konnte, warum Barbara die Schwester nicht herausgezerrt hatte aus dem fahrenden Zug. Aber das kann sich niemand vorstellen, wie schnell so etwas geschehen muß, und den Hasenfuß überkommt in solchen Fällen eine wilde Entschlossenheit und der Tapfere bleibt einfach sitzen, starr und steif.

Ich muß es ihm begreiflich machen, dachte Barbara oft in den folgenden Monaten, wenn sie dem Schwager beim Abendessen gegenübersaß, aber sie wußte schon, er konnte es nicht begreifen, dies nicht und auch vieles andere nicht. Er war kein Betroffener, war arisch und blond mit grauer Haut, städtischer Angestellter und nur wegen einer häufig ausgekugelten Schulter nicht im Krieg. Ein Mann, der zwanzig Mal am Tag den Arm in vorgeschriebenem Winkel zum Gruß ausstreckte und der am Abend den englischen Sender hörte, tief über den murmelnden Kasten gebückt. Fanny und er, er und Fanny, eine Trennung von seiner Frau war für ihn nicht in Frage gekommen. Er hatte gemeint, sie schützen zu können, er hatte auch Barbara schützen wollen, aber dann, als sie die Schwägerin zu sich genommen hatten, war es ihm vielleicht schon zuviel geworden, zwei Frauen in der Wohnung, zwei gelbe Sterne, die ausgehen und wiederkommen und die am Abend miteinander flüstern, was er nicht hören soll und auch nicht hören will. Jetzt sind die gelben Sterne untergegangen, Fanny ist wer weiß wo, und Barbara ist auch wer weiß wo, es gibt sie nicht. Sie kann dem Schwager wenig helfen, nicht einmal sein Essen vorbereiten, ehe er zu Hause ist, darf kein Suppengeruch ins Stiegenhaus dringen, wenn er fortgegangen ist, kein Tellerspülen zu hören sein. Er geht jetzt oft am Abend aus, ins Wirtshaus, in die Versammlung, ja, er ist kürzlich in die Partei eingetreten und auch in die S. A., er trägt gelegentlich eine braune Uniform. Alles um nicht aufzufallen, um Barbara nicht in Gefahr zu bringen, das weiß sie genau. Sie möchte freundlich zu ihm sein, dankbar, nichts anderes, obwohl auch das andere naheläge, zwei Menschen in solcher Einsamkeit, ein Mann und eine Frau, die einen bestimmten Tag herbeisehnen, und es wird Herbst und wird Winter und wird Frühling und der Tag kommt immer noch nicht. Aber der Schwager weist auch Barbaras Dankbarkeit zurück. Er tut seine Pflicht und Barbara hat das Gefühl, daß er sie nicht leiden kann, daß er sich nur korrekt benimmt, ein korrekter Widersacher des Regimes, ein korrekter Philosemit. Barbara sieht schlecht aus, weil sie nie an die Luft kommt, auch der Schwager sieht schlecht aus, weil sie zu zweit auf seine Karte leben, er kann nicht hamstern, weil auch das aufgefallen wäre, was will der Witwer mit einem Kaninchenbraten, mit einem Säckchen Mehl, mit einer Kiste Wein. Ein Witwer ist der Schwager seit dem letzten Weihnachtsabend, als ihm die vorgedruckte Mitteilung gebracht wurde, aber da hatte sich erwiesen, daß er seine Frau längst verloren gegeben hatte, schon in der Nacht, in der Barbara zurückgekommen war, aber Fanny nicht. Er hatte sogar an dem Tag wieder angefangen, mit Barbara zu sprechen und in seiner trockenen Weise dieses und jenes zu erzählen, aber nur das Unerfreulichste, heute sind die Alliierten da und da zurückgedrängt worden, heute hat sich die jüdische Frau des Gemischtwarenhändlers das Leben genommen. Wenn er von den Zellenabenden kam, wo er hatte singen und bei festlichen Gelegenheiten auch schunkeln müssen, war seine Stimmung besonders finster. Einmal sagte er, warum tue ich das alles, ich bin SA-Mann, ich habe einen Revolver, ich kann zuerst dir und dann mir eine Kugel in den Kopf schießen. Wenn meine Mutter in Hamburg nicht wäre, hätte ich es längst getan. Barbara sagte nichts, aber sie zitterte am ganzen Körper, sie war zwanzig Jahre alt und hatte gehofft, daß alles vorüberginge, hatte auch manchmal kichernd, ein bleicher Kobold, in der Bodenluke gesessen und eben das gesungen, es geht alles vorüber, es geht alles vorbei, und den ziehenden Wolken nachgeschaut. Das tat sie jetzt nicht mehr, sondern hockte im Zimmer und zeichnete auf die leeren Seiten ihrer alten Schulhefte große Sonnen und Monde und Männchen, die Hand in Hand gingen, in einer Art von Zoologischem Garten oder einem Paradies. Doch ließ sie endlich auch von dieser Beschäftigung und zwar noch ehe die ersten Bomben fielen.

Das Städtchen, abgelegen und unwichtig, war von Fliegerangriffen lange verschont geblieben. Die zahlreichen Alarme hatten nichts zu bedeuten gehabt, der Schwager, der das Planquadrat mit seinen Märchennamen kannte, hatte, gewisse militärische Nachrichten abhörend, immer schon gewußt, daß die

Geschwader rechts oder links vorbeiflogen, er hatte vom Rundfunkgerät her beruhigende Zeichen gemacht. In den Keller ging damals noch kaum jemand, obwohl dieser mit allerlei ausgedienten Stühlen, Löschsand und Erste-Hilfe-Schränken vorschriftsmäßig ausgerüstet war. An dem Abend, an dem die Flieger ihre Bomben auf die Stadt warfen, saß der Schwager ebenfalls am Rundfunk, er machte aber keine Zeichen, drehte nur das Licht aus, zog die schwarzen Papierrollos hoch und blieb am Fenster, während draußen die ersten Christbäume herabsanken und das Abwehrfeuer begann. Im Haus wurde es jetzt lebendig, Kinder wurden die Treppe heruntergezerrt, an der Türe rief jemand, Herr Kapfinger und klopfte, aber der Schwager rührte sich nicht. Barbara durfte nicht in den Keller, der Schwager ging nicht, was Barbara nicht verstand, weil er sie ja die ganze Zeit über allein gelassen hatte und auch jetzt allein ließ, da er nur im dunkeln Zimmer von Fenster zu Fenster wanderte und mit Hiobsbotschaften aufwartete: Das war die Zementfabrik, jetzt brennt die Schule, jetzt kommen sie hierher. Bei den folgenden Angriffen verhielt sich der Schwager nicht anders, er wurde dem Mädchen immer rätselhafter, sie wußte nicht, haßte er sie oder war er nur unglücklich, daß er alles noch schlimmer haben wollte. Als sie einmal, was ihr verboten war, vor seinem abendlichen Heimkommen den Rundfunk anstellte, hörte sie dann andere Nachrichten als die ihr der Schwager erzählt hatte, die Amerikaner waren in der Normandie gelandet, was selbst der einheimische Sender nicht verschweigen konnte und was der ausländische in vielen Einzelheiten schilderte, eine gute Botschaft für alle, denen die Zwangsregierung verhaßt war, das rennende Kreuz und der doppelte Blitz.

Barbara sprang auf, zog ein helles Kleid an, holte auch, verstohlen durchs Fenster greifend, ein wenig Weinlaub, das sie in einem Krügchen auf den Eßtisch stellte, das Essen war vorgerichtet, eine Flasche jener Flüssigkeit, die als Heißgetränk bezeichnet wurde, bereitgestellt. Der Schwager kam nicht zur gewohnten Zeit, er polterte erst nach Mitternacht betrunken die Treppe herauf. Barbara, die ihn in solchem Zustand nie gesehen hatte, zog sich erschrocken in ihre Kammer zurück. Am nächsten

Morgen wagte sie nichts zu erwähnen, weder die Landung noch den Rausch, und tat es auch nicht, als ihr der Schwager, auf eine geringfügige Verschiebung des Rundfunkzeigers aufmerksam geworden, die heftigsten Vorwürfe machte. Barbara dachte nur ratlos, aber jetzt wird doch alles gut, sie vertrieb sich am Nachmittag die Zeit mit Haareschneiden und Haarebürsten und sah am Abend aus wie Fanny, deren Frisur sie ganz unwillkürlich nachgeahmt hatte. Der Schwager kam, starrte sie an und ging sofort zu Bett. Er bequemte sich, an einem der nächsten Tage, ihr einiges von den Kriegsereignissen zu erzählen, fügte aber gleich hinzu, so schnell geht das nicht. Wie jeder weiß, behielt er damit recht, es dauerte noch viele Monate, bis alles vorüber war. Den Sommer über hatte Barbara noch Geduld, sie bemühte sich, den Schwager bei Laune zu erhalten, der immer öfter betrunken nach Hause kam und der auch einmal nachts in der Speisekammer den Wochenvorrat an Brot verzehrte, was ihn am nächsten Morgen bedrückte, so daß er noch finsterer dreinschaute als sonst. An einem andern Abend aber griff er nach dem Mädchen, brutal und hochmütig, so als wolle er sagen, du könntest doch zu etwas nützlich sein, und ließ die heftig Widerstrebende gleich wieder fahren, verächtlich, so viele Scherereien und noch nicht einmal das.

Das Leben ist voller Rätsel, es muß doppelt rätselhaft gewesen sein für die kleine Barbara, die den Schwager im geheimen liebte und gehofft hatte, einmal die Stelle ihrer Schwester einzunehmen und die sich nun nicht erklären konnte, warum für sie alles anders sein sollte, keine Liebe, keine Hoffnung auf Glück. An einem Abend im Spätsommer war es gewesen, daß der Schwager ihr die Bluse aufgerissen hatte. Der nächste Tag wartete auf mit heißer Sonne und goldenen Gebüschen, und Barbara machte, kaum daß sie allein war, die Fenster weit auf und stand in der Sonne, so daß jeder sie hätte sehen können, und spürte die heiße Sonne auf ihrer Haut. Es war niemand auf der Treppe und niemand im Vorgarten, und auch als Barbara dann die ein wenig abschüssige Straße hinunterlief, hat sie niemand gesehen. Der Morgen war still, nur daß hier und dort schon die Kastanien aufplatzten und ihre rotbraunen Früchte dem Mädchen vor die Füße warfen. Eine dieser Früchte hob

Barbara auf und rieb sich mit ihr die Wange und steckte sie dann in die Tasche und spielte mit ihr. Wohin, nirgendwohin, nur draußen sein, den Weg suchten die Füße, die, des Gehens ungewohnt, stolperten, dann wieder tanzten. Die Füße liefen aus der Stadt hinaus, war da nicht ein Hohlweg gewesen mit roten Berberitzen und hatte man nicht beim Wiederauftauchen den Bahndamm gesehen. Barbara sah den Bahndamm, den großen Bogen um die Schrebergärten, die Lupinen blühten nicht mehr, nur ein Birnbäumchen stand rosarot und messinggelb im herbstlichen Laub. Der Weg lief auf den Bahndamm zu, es war die Stelle, an der alle Züge langsam fuhren, die Stelle, an der einmal vor zwölf Jahren, vor hundert Jahren, Fanny abesprungen war, um Blumen zu pflücken. Barbara blieb stehen und sah sich um, der ungewohnte Himmel, die ungewohnte Helligkeit warfen ihr die Zeiten durcheinander. Den Zug, der von der Stadt herkam, sah sie schon von weitem. Lauter schäbige, klapprige Kriegswägelchen, kein Judenzug mit verrammelten Luken, aber auch ein Sonderzug, Kinderlandverschickung, und Hunderte von Kindern beugten sich aus den Fenstern hinaus. Barbara rannte so schnell sie konnte, sie war gleich außer Atem, griff, um sich den Bahndamm heraufzuziehen, in die verblühten Lupinen, und die Stauden, die trocken und geheimnisvoll raschelten, lösten sich aus der Erde und blieben ihr in der Hand. Einen Augenblick lang stand Barbara keuchend dort oben im warmen Oktoberwind, wußte nichts, wollte nichts, ließ sich nur fallen in das Stoßen, Stampfen und Klappern des Zuges hinein. Eine Selbstmörderin, hieß es später, als Barbaras unkenntlicher Körper in die Leichenkammer gebracht, von niemandem identifiziert und schließlich im Armensarg bestattet wurde. Die wenigen alten Leute aber, die, aus ihren Schrebergärten zwischen kleinblütigen Herbstastern und späten Rosen dem Zug nachblickend, den Vorfall beobachtet hatten, sagten einmütig, die Tote sei ein Kind gewesen, das auf den Kinderzug habe aufspringen wollen, einen Büschel verblühter Lupinenstauden im Arm.

Zu irgendeiner Zeit

Zu irgendeiner Zeit und auf irgendeine Weise muß man es erfahren. Entweder man ist noch ganz jung oder man ist gar nicht mehr jung. Aber einmal muß man es erfahren, auf jeden Fall.

Muß man was erfahren, fragen Sie.

Daß die Existenz des Menschen eine tragische ist, sage ich. Einer, den ich kenne, fahre ich dann fort, war, als er es erfuhr, schon über 30 Jahre alt. Er bereitete sich auf das Assessor-Examen vor und machte eine Lehrzeit bei einem Notar, der ein Freund seines Vaters war. Dieser junge Jurist war ein oberflächlicher Mensch, nüchtern und auf eine rasche erfolgreiche Karriere bedacht. Eines Tages bekam er von dem alten Notar einen gerade von diesem behandelten Fall erklärt. Es handelte sich um den Nachlaß einer vierzigjährigen unter merkwürdigen Umständen verstorbenen Frau, der Notar war mit der Verwaltung ihres Erbes betraut. Woran gestorben, fragte mein Bekannter, und der Notar antwortete, verhungert, ja, Sie werden es nicht glauben, und wohlhabender Leute Kind. Ich habe den Vater noch gekannt, fuhr er fort, ein solider Beamter, aber schrullig, die Tochter, die sehr gut zeichnete, sollte keine Kunstschule besuchen, er ließ ihr Lehrer ins Haus kommen, sie hatten so gut wie keinen Verkehr. Als der Vater vor etwa zehn Jahren starb, hätte sie alles tun können, studieren, verreisen, und tat gar nichts, war wie ein Vogel, der seinen Käfig, obwohl die Gittertüre offensteht, nicht mehr verläßt. Also nicht ganz richtig, sagte mein Bekannter, und der Notar antwortete, wahrscheinlich nicht. Es müssen da, fügte er hinzu, eine Menge Bilder sein, möglich, daß sie etwas taugen, jedenfalls muß ein Inventar gemacht werden, chronologisch, abgesehen von dem Verzeichnis des Mobiliars. Gehen Sie gleich, vielleicht werden Sie heute noch damit fertig, vielleicht erst morgen, dann rufen Sie mich an.

Mein Bekannter ließ sich den Hausschlüssel geben, steckte einen Packen weißes Papier ein und machte sich auf den Weg. Er setzte sich in seinen kleinen Wagen, fuhr durch eine Rotdornstraße, eine Weißdornstraße, ein junges Mädchen, das er nach dem Wege fragte, errötete, und er rückte seine Krawatte zurecht. Ein heller Maitag, und er malte sich aus, wie er in der kleinen Stadt leben und was für Eroberungen er machen würde. Er befand sich, und das muß ich betonen, in dem Augenblick, in dem er das ihm bezeichnete Haus betrat, durchaus im Einverständnis mit sich selbst. Auch als er die verschiedenen komplizierten Schlösser geöffnet hatte und in den Hausflur trat, änderte sich seine Stimmung nicht. Er fand das Sterbehaus weniger unheimlich, auch weniger verwahrlost, als er erwartet hatte. In den unteren Räumen befand sich eine wohlgeordnete Bibliothek, die Möbel waren abgenützt und von geringem Wert. Im oberen Stockwerk sah es anders aus, es herrschte dort ein auffallendes Durcheinander, offenbar hatten der Verstorbenen alle Räume als Arbeitsräume gedient. Die Bilder, von denen der Notar gesprochen hatte, hingen an den Wänden, aber nur ein Teil von ihnen, die meisten waren ungerahmte Leinwände, die auf Staffeleien oder in Stapeln auf dem Fußboden standen, mit der bemalten Fläche zur Wand. Es roch nach frischer Ölfarbe und dieser kräftige und reine Geruch spornte die Tatenlust meines Bekannten an. Er bemerkte auf den Bildern Jahreszahlen und beschloß, sie nach diesen Jahreszahlen zu registrieren. Aus dem größten der Zimmer, in dem die Malerin offenbar auch geschlafen hatte, entfernte er so gut wie alle Möbelstücke, dann reihte er die Leinwände dort auf, wobei er auch die gerahmten Bilder auf den Fußboden und auf die ihnen zukommenden Plätze stellte. Es gab kein Bild, das nicht datiert war, es war für jedes Jahr nur eines vorhanden und es fehlte kein einziges Jahr.

Nachdem er mit dieser Arbeit fertig war, stellte mein Bekannter sich in die Mitte des Zimmers und wischte sich mit seinem Taschentuch den Staub von den Fingern und, ein wenig zerstreut schon, den Schweiß von der Stirn. Er zählte die Bilder, von denen, wie er bemerkte, die meisten Selbstbildnisse waren. Daß sich diese Bezeichnung auch auf die wenigen andern hätte anwenden lassen, wurde ihm im Augenblick noch nicht klar. Er war, was ich vielleicht noch nicht erwähnt habe, mit den sogenannten schönen Künsten wenig vertraut, und das hatte zur

Folge, daß er die Bilder ansah wie ein Kind sie angesehen hätte. Er nahm Papier und Füllfeder aus seiner Mappe und setzte sich auf eine alte Kiste, die er später immer weiter rückte. Bevor er bei dem ältesten Bild anfing, sah er noch auf die Uhr. Es waren insgesamt einundzwanzig Bilder da, für deren jedes er eine Zeit von drei Minuten aufzuwenden gedachte, also dreiundsechzig Minuten insgesamt. Selbst wenn er gelegentlich aufstand, um eine Zigarette zu rauchen oder am Fenster frische Luft zu schöpfen, mußte er in ein und einer halben Stunde mit seiner Arbeit fertig sein.

Es gab aber eine unerwartete Verzögerung bereits bei dem ersten Bild. Bei seiner Entstehung war die Verstorbene ohne Zweifel ein sehr junges und schönes Mädchen gewesen, und mein Bekannter ärgerte sich darüber, daß sie sich nicht so dargestellt hatte, jung, hübsch und in einem schönen Kleid, etwa so wie daheim seine Großmutter über der Eßzimmeranrichte hing. Es hatte ihm immer gefallen, wie die Großmutter ihren ungewissen und etwas wehmütigen Blick in eine unbestimmte Ferne richtete, während ihre Finger mit einer kleinen Perlenkette, dem Hochzeitsgeschenk ihres Mannes spielten. Sie saß auf einem Stuhl, der als Louis XVI. deutlich erkennbar war, und eine Schale mit ebenfalls deutlich erkennbaren Maréchal-Niel-Rosen stand neben ihr auf einem kleinen Tisch.

Von einer solchen angenehmen Umgebung konnte, wie mein Bekannter feststellte, auf den Bildern seiner Klientin die Rede nicht sein. Auf was sie jeweils saß oder wo sie stand, war nicht auszumachen, sie war in häßliche grobe Stoffe gekleidet, der Hintergrund war ein stumpfes Schwarz oder ein stumpfes Weiß, gelegentlich auch eine Art von Feuersee oder ein Gewirr von zackigen Strahlen, aus dem das gemalte Haupt wie gepeinigt dem Besucher entgegensank. Auf dem ersten Bild war eine häßliche Stadtlandschaft angedeutet, Gasometer, Brandmauern, Hochbahnschienen und dergleichen, was alles doch aus den Fenstern dieses Hauses gar nicht zu sehen war. Achselzuckend schrieb mein Bekannter auf seine Liste, Selbstbildnis mit Gasometer, und wollte schon weiterrücken, blieb aber noch sitzen und starrte das Mädchen an, das wiederum ihn anstarrte, mit zumindest einem seiner schielenden Augen und mit einem schiefen Lächeln um den Mund. Verrückte Person, dachte er, was will sie von mir, er war zu ungebildet, um zu bedenken, daß, wer sich selbst porträtiert, in den Spiegel blickt.

Auf dem zweiten Bild hob die verrückte Person ihm einen kleinen Totenschädel entgegen, wobei sie, nun mit beiden Augen, auf dieselbe dringliche Weise in seine Augen sah. Auf der dritten, ungerahmten Leinwand war nicht nur das junge Mädchen, sondern auch ein halb hinter ihm verborgener Mann wiedergegeben, eine Art von Phantom, ähnlich dem von Gott noch nicht erschaffenen Adam auf dem Relief in Chartres, von dem mein Bekannter aber nichts wußte, weil er noch nicht in Chartres gewesen war. Das Gefühl, das ihn angesichts des Schattenmannes überkam, war denn auch ganz einfältig, eine Art von Eifersucht, ein blinder Zorn. Selbstbildnis Nr. 3, schrieb er mit seiner damals noch so glatten, hübschen Schrift, und dachte ärgerlich, was hat der Kerl da zu suchen, ich denke, das Mädchen durfte nie ausgehen, es ist eine alte Jungfer geworden und schließlich verhungert, aber das ging ihn nichts an. Was ihn anging und ihn von Bild zu Bild mehr verwirrte, war der auf ihn gerichtete Blick, die Frage, wer bist du, die die Malerin sich selbst gestellt hatte, die er aber ohne weiteres auf sich bezog.

Als mein Bekannter vor dem vierten Bild auf seine Uhr sah, zeigte diese eine späte Nachmittagsstunde, eine Stunde, die bereits zu seiner Freizeit zählte. Er war, was ihm seit seinen Knabenjahren nicht geschehen war, ins Trödeln und Träumen geraten, jetzt rief er sich zur Ordnung, stand auf und schob die Kiste zurück. Die Fledermäuse, die auf diesem vierten Selbstbildnis ein recht verzerrtes Gesicht umflatterten, hatten es ihm angetan, er erinnerte sich daran, wie er selbst einmal, in einem dämmrigen Schuppen auf Entdeckungsreisen ausgehend, einen ganzen Schwarm von Fledermäusen aufgescheucht und welches Grauen er dabei empfunden hatte. Er kam nicht auf den Gedanken, daß die Malerin die weichflügeligen unheimlichen Tiere nur benützt hatte, um einen anderen tieferen Schrecken auszudrücken. Er fühlte sich ihr verbunden und meinte in den knabenhaften Gesichtszügen der Umflatterten sich selbst zu erkennen. Unsinn, dachte er gleich darauf zornig, die und ich, was heißen sollte, ein gesunder und erfolgreicher junger Mann und ein wahnsinniges Mädchen, und erschrak darum doppelt, als er das nächste Bild ins Auge faßte. Denn auf diesem fünften Porträt, das die Malerin in Männerkleidung zeigte, trat nun wirklich eine erstaunliche Ähnlichkeit mit ihm selber hervor.

Von der auf all diesen Leinwänden, Aquarellpapieren und Holztafeln angewandten Technik wußte mein Bekannter mir später nichts mehr zu sagen. Ein Kenner, meine ich, hätte eine gewisse Qualität der Malerei wohl festgestellt, er hätte wohl auch herausgefunden, daß sich in ihr die künstlerischen Wandlungen eines halben Jahrhunderts spiegelten, was angesichts der Tatsache, daß die Verstorbene das Haus nie verlassen und mit niemandem verkehrt hatte, vielleicht erstaunlich erscheint. Es liegen diese Dinge aber, wie man weiß, in der Luft und werden wie geflügelte Samen umhergetragen, und an Luft zum Atmen fehlte es ja auch dem Mädchen nicht. Mein Bekannter allerdings, der, nun schon nicht mehr ganz so systematisch und auch nicht mehr ganz so unbekümmert wie am Anfang, die Bilder ansah, bemerkte von solchen Wandlungen nichts. Er bemerkte nur die Leidenschaft, die hier zum Ausdruck kam, und wenn er selbst es auch nie in diese Worte gekleidet hätte, so hatte er doch eine Empfindung für die Existenz eines fremden Menschen und zum erstenmal. Dieser Mensch hatte mit ihm eine merkwürdige Ähnlichkeit und er blickte ihm aus immer andern Gesichtern auf eine Weise in die Augen, die in ihm ein starkes Unbehagen erweckte.

Das bin ich, auch das bin ich, dachte er wohl, wenn er überhaupt etwas dachte und sich nicht nur dieser unerwarteten Ausweitung seines Wesens ins Gefährliche, Abgründige mit törichtem Staunen überließ. Es war jetzt sieben Uhr, und er hätte fortgehen, in der Pension essen, einen Spaziergang machen und sich zu Bett legen können. Aber er tat das alles nicht, er blieb. Ein Bild zog ihn zum nächsten und das nächste zum übernächsten, so wie man von einer gutgeschriebenen Biographie ja auch immer weiter gezogen wird, bis zum Alter, bis zum Tod. Ehe er auch nur die Hälfte seines Inventars angefertigt hatte, wurde es Nacht. Die Deckenbeleuchtung ließ sich nicht anzünden, doch fand er in einem Abstellraum eine scheinwerferartige Stehlampe, die er an einer langen Schnur hinter sich her ziehen konnte. Es war jetzt still draußen und stiller noch in dem großen, verlassenen Zimmer. Er schrieb im Stehen, mit nachgerade zitternden Händen, Selbstbildnis mit Algen und Fischen, Selbstbildnis als Seiltänzerin, Selbstbildnis mit dem Kopf eines Hundes im Schoß. Der Hund war besonders unheimlich, weil er mit Menschenaugen (seinen Augen!) zu dem Mädchen aufsah, auch die Fische hatten Menschenaugen, während die kleine Gestalt auf dem Drahtseil überhaupt keine Augen hatte, nur schwarze Löcher in einem weißen Gesicht. Trotzdem war es gerade dieses, soviel mein Bekannter sich erinnerte, mit Ölkreide gezeichnete Porträt, das in ihm ein neues Gefühl für die Gegenwart der Dargestellten wachwerden ließ.

Obwohl es sich hier nur um eine Skizze handelte, schien nämlich diese mit ein paar Strichen angedeutete Tänzerin sich auf ihrem Seil zu bewegen und ihm immer näher zu kommen. Er war plötzlich lustig, wie betrunken, wahrscheinlich schrie er, die unheimliche Stille zu übertönen, sogar ein paar Worte, komm, Puppe, und breitete die Arme nach der Tänzerin aus. Diese natürlich blieb wo sie war und er blieb auch, wo er war und sammelte verlegen die heruntergefallenen Blätter vom Boden auf. Er ahnte aber jetzt, daß er dieses Mädchen geliebt hätte wie kein anderes, das ihm je gefallen hatte oder gefallen würde.

Kaum daß mein Bekannter auf diese Weise liebte (eine Tote liebte), mußte er auch schon leiden. Hatten nämlich die bisher von ihm betrachteten Bilder alle eine jugendliche Neugierde oder Wißbegierde, jedenfalls ein starkes Lebens- oder Liebesgefühl ausgedrückt, so machten solche Empfindungen auf dem fünfzehnten Selbstbildnis einer plötzlichen stummen Verzweiflung Platz. Das bisher gerundete Gesicht schien von Auszehrung befallen, durch die zarte Haut meinte der Betrachter den Totenschädel bereits durchschimmern zu sehen. Erschrocken schob er die Lampe zurück, dann wieder näher, er sah immer das gleiche, den Tod in einem Menschen wohnend, und von Angst erfüllt griff er sich an die eigenen glatten Wangen, das eigene feste Kinn. Von nun an war das fremde Gesicht sein Spiegelbild nicht mehr, auch sein Bruder nicht mehr. Noch immer, ja erst recht aber war es seine Geliebte, und hilflos mußte er zusehen, wie sie vor seinen Augen verfiel.

Mein Bekannter hat an diesem Abend das Haus nicht mehr verlassen. Er richtete sich auf einem alten Kanapee mit Kissen und Decken ein Lager her, fand aber so gut wie gar keinen Schlaf. Ehe er sich niederlegte, schrieb er sein Verzeichnis zu Ende. Es war nun schon so weit mit ihm gekommen, daß er auch ein wirres Geschlinge von feinen Linien, ein winziges, inmitten von lauter sinnloser Krakelei auftauchendes Gesichtchen, einen über apokalyptischen Wasserwüsten auftauchenden Stierkopf als Selbstbildnisse bezeichnete. Er ärgerte sich nicht mehr darüber, daß er nichts begriff, vielleicht war es ihm auch lieber so, aus der Geliebten, der Verrückten, war etwas anderes geworden, ein Wellenkamm, ein Stück Muschelkalkwand, eine Fahne Blattgrün über einem Nichts von Welt. Während er bei ausgelöschter Lampe schlaflos lag, versuchte er sich vorzustellen, wie das Mädchen gelebt hatte, und wie es gestorben war. Er ertappte sich dabei, daß er mit den Schritten der Malerin durchs Zimmer ging und mit ihren Fingern nach dem Pinsel griff. Weil es das erstemal war, daß er von sich absah, tat er es gleich gründlich, wußte nichts mehr von dem strebsamen Referendar, und grübelte und rätselte nur, was es alles gab, unausdenkliche Menschen und Schicksale, und die Gesichter von den Bildern schwebten von allen Seiten auf ihn zu.

Am Morgen wußte er zunächst nicht, wo er sich befand, dann, als er sich erinnerte, begriff er nicht, warum er die Nacht über in dem staubigen Totenzimmer geblieben war. Er sprang auf und beugte sich aus dem Fenster, ein Kind im roten Wämschen schaukelte im Nachbargarten, durch die blühenden Bäume fuhr ein frischer, reiner Wind. Das Verzeichnis steckte schon in seiner Mappe, nur ein Blatt war auf dem Schreibtisch zurückgeblieben, das wollte er noch mitnehmen und sah es flüchtig an. Das Blatt gehörte nicht zu der Bilderliste, es war etwas darauf geschrieben, aber keine Nummern und Jahreszahlen, nur ein kurzer, fortlaufender Text, den ich Ihnen natürlich wörtlich nicht wiedergeben kann. Es war da, soviel mein Bekannter sich später erinnerte, in ziemlich unklaren Worten davon die Rede, daß

einer in der Welt sich selbst, aber ein anderer in sich selbst die Welt erkennen könne, auch davon, daß alles nur eines sei, Draußen und Drinnen, Stein und Pflanze, Leben und Tod. Auch Du, Liebster, hieß es am Ende (und, Liebster, dachte er erschüttert) wirst eines Tages tragisch leben, aber ich sage Dir, daß das tragische Leben das einzig menschenwürdige und darum auch das einzig glückliche ist.
Hier schien, ohne Satzzeichen, das Geschriebene zu Ende, und mein Bekannter ging damit zum Fenster, um beim Tageslicht eine vielleicht schwächer werdende Schrift zu erkennen. Dort aber, als er das Blatt wieder aufhob, traute er seinen Augen nicht. Denn was da stand, hatte er selbst geschrieben und er wußte nicht wann und verstand es nicht.
Sie möchten wahrscheinlich noch erfahren, was damals aus meinem Bekannten geworden ist. Vielleicht denken Sie, daß er sich nun von den Bildern nicht mehr trennen und das Haus nicht mehr verlassen wollte, und daß der Notar seinen Vater anrufen mußte, verzeih, aber ich konnte das nicht ahnen, ich kannte ihn noch wenig, ja du mußt unbedingt kommen, und vielleicht bringst du auch einen Nervenarzt mit. Aber so war es nicht. Mein Bekannter hat über diesem nächtlichen Erlebnis den Verstand nicht verloren. Er ist nach Hause gegangen, hat sich rasiert und sich umgezogen und dann hat er dem Notar Bericht erstattet, wobei er das Meiste von seinen Erfahrungen für sich behielt. Er hat sich am Nachmittag mit Schreibarbeiten beschäftigt und ist am Abend mit einem Mädchen ausgegangen, das in demselben einfältigen Zustand wie er war und zugleich schüchtern und keck. Danach hat er weitergelebt, wie er bisher gelebt hatte, jedenfalls beinahe so. Erst viel später hat er sich daran erinnert, daß er in jener Nacht den Paukenschlag gehört hat, den jeder von uns einmal hört und mit dem das eigentliche Leben beginnt.

Silberne Mandeln

Das Programm des feierlichen Tages stand schon seit Wochen in allen Einzelheiten fest. Messe und besonderer Segen für die Silberbrautleute, danach zu Hause die Gratulationen, großes Betrachten der Geschenke, Anbieten von Wermut und Gebäck, wenn alle beisammen sind, Abfahrt in die Campagna auf das Gebirge zu. Mittagessen in Albano, Leute, die jung geheiratet haben, sind auch bei der Silberhochzeit noch nicht alt, haben keine grauen Haare, keine Kreislaufstörungen, die ihnen das gute Essen und Trinken verbieten. Also wird man jetzt Spaghetti alla Bolognese essen, aber vorher nach Antipasto, scharfe rote Wurstscheibchen, Oliven, gesalzenen Lachs. Danach Pollo alla Cacciatore, zerhackte Hühner mit viel scharfem rotem Paprika, Kalbfleisch in Kapernsoße, schließlich Zuppa inglese, diesen Biskuitkuchen, der mit Rum durchtränkt ist wie ein nasser Schwamm, Kaffee und dazu Silbermandeln, nicht zu vergessen den Wein, verschiedene goldgelbe Castelliweine und Süßweine und Astispumante und mit dem Kaffee wird man den Wein unschädlich machen, und mit dem Wein den Kaffee. Nach dem Essen, das gewiß einige Stunden in Anspruch nehmen wird, wird man auf der neuen Touristenstraße um den See fahren, auch irgendwo aussteigen und zu Fuß gehen, wenn das Wetter gut ist, aber warum sollte es nicht gut sein im Monat Mai. Einige Schritte auf einem Waldweg, mit den Kindern Ball spielen, ein Kofferradio wird auch mitgenommen, und der Vetter Mauro hat dazu noch ein ganz kleines japanisches, das trägt er in der Hosentasche, und erschreckt damit die Leute, ein Bauchsänger, eine wandelnde Musik.

Nach dem Spaziergang wird es zu heiß sein oder zu kalt, jedenfalls wird man noch einmal einkehren, in Marino, vielleicht auch in Castelgandolfo, dem Sommersitz des Papstes, wo sich dann das letzte Vorhaben des Tages abspielen wird und das wichtigste für Concetta, aber gerade weil es das wichtigste ist, hat sie es nicht auf ihr Programm geschrieben und redet davon nichts. Sie hat nur mit ihrem Beichtvater gesprochen, und der Beichtvater hat telefoniert und gesagt, jawohl, das wäre zu machen, sie müsse sich nur pünktlich einfinden, aber warum auch nicht pünktlich, ein Tag ist lang.

Das Essenbestellen und in dieser gewissen Angelegenheit mit dem Beichtvater Verhandeln, das sind nicht die einzigen Vorbereitungen, die Concetta für ihre silberne Hochzeit treffen muß. Alle Geschenke, die sie im Lauf ihres Lebens bekommen hat, die versilberte Vase, die goldenen Kettchen und Armbänder, die schon so oft ins Leihhaus gewandert und wieder ausgelöst worden sind, müssen glänzend poliert, der Strauß aus Wachsblumen, Tulpen und Narzissen muß abgestaubt, die Fliesen müssen mit Schwefelwasser gewaschen werden, schon flattert das durchbrochene und gestickte Tischtuch mit den dazu passenden Servietten frisch gewaschen auf der Dachterrasse im Wind. Der Schmuck, den Concetta an diesem Tage zu tragen gedenkt, darf nicht aus eigenem Besitz stammen, es läge sonst zu wenig auf dem Gabentisch, den die Verwandten und Bekannten bestaunen sollen, silberne Hochzeit ist nicht wie grüne Hochzeit, da zeigt sich, wie man geschätzt wird und was man den andern wert ist und damit sich selbst. Also macht Concetta, sobald sie das Tischtuch und die Servietten zum Trocknen aufgehängt hat, einen Rundgang, eine Rundfahrt vielmehr, jetzt mit der Circolare, jetzt mit dem Autobus, jetzt wieder mit der Elektrischen, jetzt ein Stückchen zu Fuß. Die Damen, bei denen Concetta früher einmal aufgeräumt oder Wäsche gewaschen hat, sind alle zu Hause, was für eine Freude, Concetta, und silberne Hochzeit, und schon wird der Tag in roten und grünen Kalenderchen notiert. Concetta lädt ein, in die Kirche, zum Gratulationsempfang, sie überschlägt in Gedanken die Geschenke, die zu erwarten sind, sie fragt nach den Kindern, den Brüdern, den Schwestern, sie geht noch nicht. Sie kennt die Schmuckkästchen der Damen, feine Lederetuis mit Samteinlage, oder auch nur Seifenschachteln mit rosa Watte, und könnte sie nicht etwas geliehen bekommen, ein Stück nur für ihre Silberhochzeit, hier das Madönnchen am Goldkettchen, hier das glatte Schlänglein mit den Rubinaugen, hier das Armband aus Filigran. Die Damen sind freundlich, sie leihen gerne, warum denn auch nicht. Leb wohl, Concetta, viel Glück Concetta, und Concetta, die das sorgfältig in Seidenpapier gewikkelte Schmuckstück in ihrer tiefen Handtasche hat verschwinden lassen, läuft die Treppe hinunter und dem nächsten Verkehrsmittel zu. In der Innenstadt geht sie noch zu dem Konditor, der Spezialist für Hochzeitsmandeln ist. Die niedlichen Gefäße, in denen das Zuckerwerk an alle Gratulanten verschenkt wird, werden von ihm gleich mitgeliefert, Concetta soll aussuchen und gerät in Verzweiflung, weil sie eines so schön findet, das mit Rokokodämchen bemalt ist, aber sie entscheidet sich am Ende vernünftig für das preiswerte aus dickem übersponnenem Glas. Schließlich sind sie arme Leute, die Druckerei, in der ihr Mann arbeitet, zahlt nicht viel, erst seit der siebzehnjährige Paolino mitverdient, geht es ihnen besser. Erst seitdem haben sie statt des einen Zimmers die Wohnung, in der sich freilich außer den Betten, dem Schrank und der Fernsehtruhe so gut wie nichts befindet, so daß man für den Festtag auch noch Möbel ausleihen muß. Von dem Süßwarengeschäft fährt Concetta direkt nach Hause, wo auf der Treppe schon die Schneiderin wartet, keine richtige natürlich, sondern eine Bekannte, die nähen kann. Die goldbraune Seide zum Festkleid ist ein Geschenk von Concettas letzter Dienstherrin, die aus diesem Grunde, also aus reiner Vornehmheit, von der Liste der Schmuckverleiherinnen gestrichen worden ist. Bice, sagt Concetta, komm herein, ich bin tot, ich ersticke, und reißt sich die Schuhe ab, aus denen ihre Füße quellen, und zerrt sich den Hüftgürtel vom Leib. Sie trinkt ein Glas Wasser, jetzt schon so eine Hitze, und wie soll das noch werden, bis zum Donnerstag, und Bice, jetzt will ich es dir zeigen, das große Geschenk. Das große Geschenk hat Concetta selbst gekauft, es liegt hinter Francos Socken im Kleiderschrank, Concetta legt es sich einen Augenblick auf die nackten schwitzenden Schultern, sie steht schon im Unterrock, zur Anprobe bereit. In der Abendsonne, die durch das Fenster in den Spiegel fällt, leuchten die Marderfellchen und Concetta streichelt mit nassen Fingern das stark nach zoologischem Garten riechende goldene Haar. So heiß muß es ja nicht werden, es kann auch ein Gewitter geben, es kann regnen, einmal hat es im Mai sogar geschneit. Das fehlte noch, sagte Bice, den Mund voller Stecknadeln, und Concetta seufzt und legt den Pelz mit den aneinandergenähten Köpf-

chen beiseite. Das Wetter läßt sich nicht voraussagen, das Wetter macht Gott.
Gott macht das Wetter, er braut am Silberhochzeitstag einen zünftigen Scirocco, eine Dunstglocke voll zitternder Hitze, aber am Morgen ist das noch nicht zu bemerken, am Morgen geht alles gut. Die Gäste werden um neun Uhr abgeholt, vorher gibt es noch ein langes Verhandeln, drei Taxis mit je acht Insassen, die Polizei will das nicht haben, aber die Strafe ist billiger als ein weiteres Taxi, und wer weiß, vielleicht begegnet man keinem Polizisten, und wer weiß, vielleicht drückt der Polizist ein Auge zu. In der Kirche spielt die Orgel das Ave Maria, Concetta und Franco knien ganz vorne, Franco in seinem guten blauen Anzug und Concetta in der braunen Seide mit Jäckchen, die Marderköpfchen auf dem Rücken, die Fellchen rechts und links auf die Brust fallend, wie die Zöpfe, die sie als Mädchen trug. Die Orgel spielt auch noch den Hochzeitsmarsch aus dem Lohengrin, und währenddem spricht der Geistliche leise und eindringlich auf die von ihm neu Vermählten ein. Concetta hört zu, freundlich und ein wenig geringschätzig, macht sich Sorgen, ob zu Hause der Eismann gekommen ist und ob ihre vierzehnjährige Tochter Nanda nicht wieder unter ihren Kopfschmerzen zu leiden haben wird. Sie denkt auch, das hier ist schön, aber was ich weiß, wird noch schöner, eine Überraschung für alle, wer hat das, wer kann das, ich bin auf den Gedanken gekommen, ich. Daheim ist der Gabentisch aufgebaut und erregt Bewunderung, die Blumen der Gäste werden ins Wasser gestellt, weißer Flieder, denkt Concetta, zweitausend Lire, elf rote Rosen fünfzehnhundert, ein Sträußchen Calendula, schäbig genug. Der Himmel hat sich umzogen, es ist schwül geworden. Die Gäste trinken Wermut mit Sprudelwasser, auch Franco und Concetta trinken und stoßen mit allen an. Der Sohn Paolino ist ein junger Mann, läßt sich unwillig abküssen, die Tochter Nanda verteilt die Glasschälchen mit den Silbermandeln, Concettas Brüder bekommen schon jetzt rote Gesichter und werden laut. Um 11.30 Uhr stehen die drei Taxis wieder vor dem Hause, alle drei sind mit Rundfunkempfängern ausgestattet, in allen dreien hört man dieselbe Musik, Musik zur Mittagsstunde, ein paar Lieder vom Festival in Nizza, die schon bekannt sind und

mitgesungen werden, so laut, daß Concetta die Ohren gellen. Auf dem Weg nach Albano, der dadurch abwechslungsreicher gestaltet wird, daß auf Geheiß der Fahrgäste die Chauffeure mitten in dem hektischen Verkehr der Ausfallstraße ein Wettrennen veranstalten, wird zweimal gerastet und in ländlichen Osterien Wein getrunken. Man fährt auf der Via Appia, der Jasmin hinter den Gartenmauern blüht. In einer der Wirtschaften wird photographiert, das Silberpaar allein und mit den Kindern und mit den Verwandten, und Concetta achtet darauf, daß auf der Photographie auch aller Schmuck zu sehen ist, das Madönnchen, die goldene Schlange, die Korallenohrringe und das Armband aus Filigran.

Beim Essen in Albano sitzt man fast drei Stunden. Paolino hält etwas verlegen eine kleine Rede auf seine Eltern, Nanda kichert, Concettas Brüder haben ihre Frauen ausgetauscht und blasen ihnen weinfeuchte Küsse ins Ohr. Wenn ihr wüßtet, denkt Concetta, zwischen Kalbfleisch und süßer Speise, wenn ihr wüßtet, was uns noch erwartet, und trinkt etwas weniger als die andern, ißt aber von allen Gerichten, schwillt rund herum an und kann doch hier den Hüftgürtel nicht ausziehen, nur die Lackschuhe heimlich unter dem Tisch. Gegen vier Uhr drängt sie zum Aufbruch, jetzt soll der Spaziergang gemacht werden, und er wird auch gemacht, hoch über dem unheimlichen Auge des Sees. Die kleinen Neffen und Nichten sollen Ball spielen, wollen aber nicht, erst eine Schafherde reißt sie aus ihrem Verdauungsstumpfsinn, da rennen sie den Schafen nach und sind nicht mehr zu sehen. Die Männer haben sich auf eine Felsplatte gesetzt und spielen Karten, die Vögel im jungen Kastanienlaub singen wie toll. Concetta auf ihren hohen Lackstöckeln muß den Kindern nachlaufen, Nanda hat nun wirklich ihr Kopfweh und macht sich am Bächlein Kompressen, alle andern machen nur Dummheiten, Concetta läuft und läuft und die kleinen Marderpfoten klopfen ihr auf die Brust. Laß doch, ruft die Schwägerin, wir haben nichts zu versäumen, aber Concetta weiß, daß sie doch etwas zu versäumen hat. Sie rennt und schreit, kommt ihr kleinen Schätzchen, und schmutzig und außer Atem trotten die kleinen Schätze endlich an ihrer Hand zum Taxi zurück. Was für eine Hitze, sagen die Erwachsenen, die auch einsteigen, was für ein Durst. Auch Concetta hat eine trockene Kehle und große feuchte Flecke unter den Achseln. Jetzt muß man noch den Kuckucksruf zählen, ach er ruft unermüdlich, kein Ende des Lebens, kein Ende des Glücks. In Marino wird wieder haltgemacht und ausgestiegen und Wein getrunken und erst dieser Wein steigt Concetta zu Kopf. Sie steht auf und torkelt, alle machen ihre Späße mit ihr. Sie setzt sich wieder hin und weiß nichts mehr, nicht wie sie alle an diesen langen Tisch in der Laube gekommen sind, nicht warum sie jetzt singt und mit ihrer Hand mit dem Schlangenring den Takt schlägt, nicht warum der See vor ihren Augen aufsteigt und wieder zurücksinkt, auf und nieder, und die Kinder werfen silberne Mandeln über den Tisch. Concetta hat das Gefühl, etwas tun zu müssen, etwas sehr wichtiges, aber sie kann sich an nichts erinnern, sie ist mit einem Mal so müde und spielt mit ihren Zöpfen, Franco, den sie schon als Buben gekannt hat, hat sie ihr einmal fest um den Hals geschlungen, wart nur, jetzt erwürge ich dich. Damals war auch Frühling, rief auch der Kuckuck, meine Zöpfe haben Krallen, kleine scharfe Krallen und übel ist mir, ich muß mich übergeben, steh auf, Concetta, geh ins Haus. Sie steht nicht auf, die Übelkeit geht vorüber, dafür rollen ihr jetzt die Tränen über die Backen, weil sie plötzlich weiß, was sie noch vorgehabt an dem Tag, das letzte, das eigentliche, die Überraschung, aber sie weiß auch, es kann nichts mehr daraus werden, ihre Füße hängen klein und schwach an den mächtig angeschwollenen Beinen und tragen sie nicht. Auch die andern lehnen jetzt über den Tisch mit verquollenen Mondgesichtern, nur ein paar hundert Meter wären es gewesen bis zur Villa, nur hundert Schritte zum Balkon, von dem aus der Heilige Vater heute den Segen erteilte, für ausländische Pilger, gewiß. Aber Concetta hatte eine Sondererlaubnis, der Papst hätte sie gesegnet und Franco und Paolino und Nanda, mit seinem Segen an diesem Tage wären sie hundert Jahre alt geworden und immer gesund geblieben, Paolino und Nanda hätten geheiratet und ungezählte Söhne bekommen. Aber nun wurde es schon dunkel, kein Einlaß mehr in den Hof, und der Segen längst vorbei.

Was hast du, Mammina, fragt Nanda, und die Schwägerinnen rufen, sie weint, man muß ihr Kaffee bestellen, oder willst du ein Eis?

Wir fahren nach Hause, sagt Franco, und schon brechen alle auf, pferchen sich in die Taxis, die weinende Concetta kommt zwischen ihren Mann und ihre Schwägerin Rosa zu sitzen, sie hört nicht auf zu schluchzen, und als die drei Autos sich in Bewegung setzen, fängt sie sogar an zu schreien. Sie hat jetzt furchtbare Visionen von dem, was geschehen wird, von entsetzlichen Krankheiten, denen sie und Franco unter Qualen erliegen werden, Nanda wird geschändet, Paolino auf seiner Vespa von einem Lastauto zermalmt. Die Stadt, von der Atombombe vernichtet, liegt in Trümmern, die in ihrem Kalender abgebildeten Apokalyptischen Reiter galoppieren in den Wolken über die Schutthalden hin.

He, sei still, schreit Franco, er hat die feinen Bräutigamsmanieren abgelegt und fühlt sich wie ein Mann, der mit Männern getrunken hat, erhaben über alle Frauen der Welt. Die Taxis rollen die albanischen Hügel hinunter, man sitzt eng und heiß, streitet und tut bald auch das nicht mehr, die fuchtelnden Hände kommen zur Ruhe, die Köpfe sinken irgendwohin, auf eine schweißnasse Schulter, auf die eigene Brust. So kommt es, daß außer den Fahrern, die an einer Kreuzung plötzlich angehalten werden, von der ganzen Hochzeitsgesellschaft niemand sieht, was da, von Polizistenarmen abgeschirmt, vorübergleitet: Zwei Motorradfahrer mit weißen Helmen, dann eine schwarze Limousine, die ganz mit weißer Seide ausgeschlagen und von innen erleuchtet ist, und darin der ebenfalls weißgekleidete müde alte Mann, der durch die nachtschwarze Campagna nach Rom zurückfährt und der von Zeit zu Zeit seine Hand zum Segen erhebt.

Ja, mein Engel

Genau heute vor fünf Jahren habe ich die Anzeige in die Zeitung gesetzt. Ich war damals noch gut zu Fuß, also ging ich zu Fuß den ganzen langen Weg bis zum Schillerplatz, wo sich die Annahmestelle der Zeitung befindet. Der junge Herr, der am Schalter saß, hat mich sehr freundlich beraten. Es sollte nicht zu teuer werden und doch sollte alles darinstehen, was ich suchte, nämlich eine ruhige, gebildete Mieterin für mein zweites, eigentlich drittes Zimmer, es blieben mir dann noch das Wohnzimmer und ein kleiner Schlafraum, also Platz genug.

Die Anzeige erschien am folgenden Samstag und den ganzen Samstag und Sonntag über klingelte es bei mir, und es kamen Frauen, die sich das Zimmer ansahen, mehrere alte, die ich aber nicht haben wollte, und einige junge, aber auch zu diesen sagte ich, ich stünde schon in Verhandlungen und würde Bescheid geben, weil ich immer meinte, es könnte noch eine kommen, die mir besser gefiele. Ich war darüber später sehr froh, weil das Fräulein, dem ich das Zimmer schließlich vermietet habe, erst am Sonntagabend gekommen ist und weil es mir sehr leid getan hätte, gerade diese Dame wieder wegzuschicken; denn sie war freundlich und bescheiden und schön wie ein Engel, sie erinnerte mich an meine kleine Schwester, die auch einmal so zart und fein war, die aber jetzt vier erwachsene Kinder hat und in die Breite gegangen ist.

Das Zimmer, das nach Süden lag und einen kleinen Balkon hatte, gefiel dem Fräulein sehr gut, und es hatte auch nichts daran auszusetzen, daß es so vollgestellt war. Das Fräulein hat sich genau angesehen, was an der Wand hing, den Meisterbrief meines Mannes und die zwei Urkunden mit den goldenen Medaillen von den Wettbewerben, und, schade, hat das Fräulein gesagt, daß Ihr Mann nicht mehr lebt, ich würde mich von ihm frisieren lassen, das kann nicht jeder, ich habe so widerspenstiges Haar, und ich habe gedacht, ja, Engelshaar, ich habe aber nichts gesagt.

Das Fräulein, das an der Universität studierte, ist bald darauf eingezogen, und ich habe ihm geholfen auszupacken, es hat viele Bücher gehabt und die Bücher haben wir in einer langen Reihe auf den Schreibtisch gestellt. Schon an diesem Tag habe ich meine Mieterin gefragt, ob ich sie beim Vornamen nennen dürfe, und sie hat gelacht und genickt, sie hat Eva geheißen, ich habe aber dann doch lieber Fräulein Eva gesagt. Es ist mir zuerst sehr merkwürdig vorgekommen, auf dem Korridor Schritte zu hören und auch, daß jemand zu meiner Wohnung die Schlüssel besaß. Ich habe mich aber daran rasch gewöhnt und nach einer Weile habe ich angefangen, abends darauf zu warten, daß das Fräulein heimkam, und wenn es einmal später wurde, habe ich mir Sorgen gemacht. Das Fräulein führte aber ein sehr regelmäßiges Leben, es saß sogar am Abend noch über den Büchern und nahm sich zum Essen so gut wie gar keine Zeit. Einmal bin ich mit einer Tasse Suppe zu meiner Mieterin ins Zimmer gegangen, und weil sie die Suppe so gierig gegessen hat, habe ich das danach fast alle Tage getan. Während das Fräulein gegessen hat, haben wir uns unterhalten, das Fräulein hat nach meinem Mann und nach meinem Leben gefragt, und wenn ich richtig ins Erzählen gekommen bin, hat es angefangen, ganz verstohlen wieder in seine Bücher zu sehen. Dann habe ich das Tablett genommen und bin aus dem Zimmer gegangen, und wenn ich irgendwo ein Paar Strümpfe oder einen Unterrock gesehen habe, habe ich die Sachen mitgenommen und sie ausgewaschen, und das hat das Fräulein gar nicht gemerkt.

Beim Aufräumen morgens habe ich mich umgesehen, ob das Fräulein nicht ein paar Photographien hätte, Aufnahmen der Eltern oder der Geschwister oder des Bräutigams, aber es waren gar keine Photographien da. Einmal habe ich mir ein Herz gefaßt und habe gefragt, wie steht es denn da, und auf meine linke Brust gedeutet, aber das Fräulein hat nur gelacht und gesagt, nichts, rein gar nichts, und es ist auch immer allein heimgekommen, wenigstens in der ersten Zeit. Ich habe das nicht recht in Ordnung gefunden, weil das Fräulein so ein hübsches Mädchen war, aber es war mir doch lieber so, als wenn es sich die Fingernägel und sogar die Fußnägel feuerrot angemalt und jeden Augenblick einen neuen Verehrer mit nach Hause gebracht hätte, wie das andere Mädchen tun. Ich glaube, daß ich mich schon damals in Gedanken sehr viel mit dem Fräulein Eva beschäftigt und daß ich es von Anfang an liebgehabt habe. *Meine* Eva, sagte ich zu meiner Bekannten, meine Eva ist erkältet, meiner Eva geht es besser, gerade als spräche ich von meinem eigenen Kind. Meine Bekannte zog dann immer ein Gesicht, das sieht man doch auf hundert Schritte, sagte sie, daß Ihre Eva Sie nur ausnützt und sich nicht das geringste aus Ihnen macht. Sie hatte aber damit unrecht und alle, die später dasselbe behauptet haben, haben ebenfalls unrecht gehabt. Das Fräulein konnte doch nichts dafür, daß es oft zerstreut war und manchmal kaum guten Abend oder danke sagte, wenn ich bei seinem Heimkommen schon mit dem Tablett dastand, und daß es über die frisch gewaschene und gebügelte Wäsche auf seinem Bett hinwegsah, als läge da weniger als nichts. Sie mußte so viel lernen, meine Eva, mein Engel, wie ich sie auch manchmal, aber natürlich nur in Gedanken, nannte, verschiedene fremde Sprachen und darunter auch solche, die kein Mensch mehr spricht. Ich weiß das, weil sie sich einmal von mir die Vokabeln hat abhören lassen, nur daß ich, wenn sie nicht weiter wußte, das betreffende Wort nicht richtig aussprechen konnte, und das hat sie ungeduldig gemacht.

Das war im Juni, also schon über ein halbes Jahr, nachdem das Fräulein eingezogen ist, und Anfang Juli, an einem schönen heißen Abend hat es an der Haustür unten dreimal geklingelt, und die Eva ist, was sie noch nie getan hatte, aus ihrem Zimmer gekommen und hat gesagt, lassen Sie nur, das ist für mich. Sie hat nicht erlaubt, daß ich auf den Knopf drücke, sondern ist die Treppe hinuntergelaufen, ihre Tasche und ihre Handschuhe in der Hand. Das Klingeln hat sich am nächsten Abend und am übernächsten und beinahe alle Abende wiederholt, und jedesmal ist die Eva ganz schnell weggelaufen, sie ist aber keineswegs spät nach Hause gekommen, sondern schon kurz nach zehn Uhr, und niemals hat sie ihren Verehrer mit in die Wohnung gebracht. Nur daß sie sich jetzt ein bißchen mehr Mühe mit ihren Kleidern gegeben hat, oder, um die Wahrheit zu sagen, *ich* habe mir die Mühe gegeben, jeden Tag habe ich ihr ein Sommerkleid ausgewaschen und es ihr aufs Bett gelegt, und einmal hat sie so etwas gemurmelt wie, das ist ja rührend, aber natürlich, um den Hals gefallen ist sie mir nicht.

Bitte, habe ich einmal gesagt, wenn Sie mit Ihrem Bekannten auf dem Balkon zu Abend essen wollen, ich könnte ein paar Schnittchen machen, aber sie hat nur gelacht und gesagt, was ist denn das, Schnittchen, so als ob das ein ganz ausgefallenes Wort wäre, ein komisches Wort. Es war ihr offensichtlich nichts daran gelegen, ihren Freund heraufzubringen, jedenfalls nicht, bis sie mit ihm verlobt war, also nicht vor dem Herbst. Ich habe mich darüber sehr gewundert, weil ich ja nicht die einzige Frau war, die Zimmer vermietete und weil ich schon viel gehört hatte, wie es jetzt bei den jungen Leuten zugeht, und wie sie zusammenlaufen und wieder auseinanderlaufen, und indessen ist schon alles geschehen.

Im Herbst dann teilte mir die Eva eines Tages mit, daß sie sich verlobt habe, sie wolle jetzt noch ihr Examen machen und dann heiraten, und noch am selben Abend stellte sie mir ihren Bräutigam vor. Ich hatte in meinem Zimmer einen kleinen Imbiß gerichtet, ein Fläschchen Ponysekt und ein paar Pralinen, ich dachte, die jungen Leute würden zu mir kommen, und wir würden anstoßen, ich konnte mir an dem Abend so gut vorstellen, wie einer Mutter zumute ist. Ich sah aber den jungen Mann nur im Korridor, wo es ziemlich dunkel ist, er gab mir die Hand und sagte, angenehm, ja, wirklich, nur dieses einzige Wort. Er war klein und gedrungen und eigentlich gar nicht so, wie ich ihn mir vorgestellt hatte, jedenfalls kein bißchen lustig, obwohl er noch jung und kaum älter als meine Eva war. Die beiden sind an dem Abend gleich weggegangen und das Fräulein Eva ist wieder kurz nach zehn Uhr allein nach Hause gekommen. In der Zeit bis zu ihrem Examen ist sie dann abends nicht mehr ausgegangen, sondern hat ihren Bräutigam heraufkommen lassen. Er ist aber nie lange geblieben, nur ein oder zwei Stunden lang. Wenn ich von meinem Zimmer in die Küche oder ins Badezimmer gegangen bin, habe ich die beiden reden hören und gemerkt, daß sie sich jetzt von ihm die Vokabeln abhören ließ. Niemals habe ich so etwas wie Späße oder Zärtlichkeiten oder Küsse gehört, und ich habe das ein wenig traurig gefunden. Ich habe mich aber dann daran erinnert, daß mein Mann und ich, als wir verlobt waren, meiner Mutter auch nicht genug verliebt getan haben, und ich habe gedacht, daß vielleicht die

jungen Leute mit der Zeit kühler werden, ein bißchen kühler mit jeder Generation.
Gleich nach dem Examen, das die Eva sehr gut bestanden hat, ist sie zu mir gekommen, um etwas mit mir zu besprechen, sie ist in mein Zimmer gekommen und hat da gesessen und sich überall umgesehen, wie jemand, der sich alle Maße genau einprägen will. Ich habe gedacht, sie würde mir jetzt kündigen, wogegen ich natürlich nichts hätte einwenden können. Sie hatte aber etwas ganz anderes im Sinn, vielmehr der junge Mann hatte es im Sinn, und kurz gesagt, wollten sie mir außer dem Zimmer des Fräuleins noch mein Schlafzimmer abmieten, ich sollte mein Bett ins Wohnzimmer stellen, und Küche und Bad sollten wir gemeinsam benützen. Ich habe zuerst einen Schrekken bekommen, alte Leute sind ja von Natur umständlich, und ich habe auch nicht gewußt, was ich mit all den Sachen anfangen sollte, die in meinen Kommoden und im Schrank im Schlafzimmer waren. Aber dann habe ich mich gefreut, daß die jungen Leute überhaupt Lust hatten, bei mir zu wohnen, und daß ich nicht alleine zurückbleiben würde.
Ein paar Tage darauf haben die Eva und ihr Verlobter mir das Zimmer umgeräumt, das am Ende ziemlich voll, aber doch ganz gemütlich war. In die anderen Zimmer sind die Handwerker gekommen, sie haben die alten Blumentapeten heruntergerissen und die Wände weiß getüncht, den Meisterbrief meines Mannes und alles, was vorher da an der Wand hing, haben die jungen Leute nicht mehr haben wollen, der Eva wäre es wahrscheinlich egal gewesen, aber der junge Mann wollte es nicht. Als sie mit allem fertig waren, sind die beiden weggefahren, sie haben von unterwegs eine Heiratsanzeige geschickt.
Daß ich in dem großen Zimmer gewohnt habe, mit Bett und Nachttisch und Sofa und Eßtisch und Kredenz, hat ungefähr ein Jahr gedauert, nein, etwas länger als ein Jahr. Es war in dieser Zeit noch ziemlich ruhig in der Wohnung, weil der junge Mann den Tag über weg war und weil auch die Eva noch arbeiten gegangen ist. Ich habe für sie eingekauft und ihr das Gemüse gerichtet, und am Abend, wenn die beiden nach Hause gekommen sind, habe ich mich nicht mehr blicken lassen. Ich wäre der Eva gern im Anfang noch ein bißchen zur Hand

gegangen und ich hatte auch oft am Abend das Bedürfnis, noch ein paar Worte zu sprechen, wenigstens so viele, wie ich mit der Eva gewechselt hatte, als sie noch nicht verheiratet war. Ich habe aber gleich gemerkt, daß es dem jungen Mann nicht recht sein würde. Er war nicht ausgesprochen unfreundlich, aber wenn ich ihm auf dem Korridor begegnete, hatte er eine Art, durch mich hindurchzuschauen, als wäre ich gar nicht vorhanden, oder als wäre da etwas, das ihm unangenehm oder sogar unappetitlich war. Es ging mir damals schon nicht mehr sehr gut, meine Haut war grau und faltig und meine Haare, die ich, besonders solange mein Mann noch lebte, immer hübsch frisiert getragen hatte, hingen in Strähnen herab. Das Gehen machte mir Mühe und es fiel mir nicht leicht, alle Zimmer aufzuräumen und zu putzen, was aber in dem Kontrakt stand, den der junge Mann aufgesetzt hatte, und sie bezahlten mich ja auch dafür. Ich hatte dadurch jetzt ganz schöne Einnahmen und konnte am Samstag einen Blumenstrauß kaufen, den ich meinen Mietern ins Zimmer stellte, und einen Kuchen backen, den sie ebenfalls von mir geschenkt bekamen.
Auch mit Geld habe ich den jungen Leuten einmal aushelfen können. Nur bis zum Ersten, hatte die Eva gesagt, die bei dieser Gelegenheit einmal wieder bei mir im Zimmer saß, so hübsch und fein mit ihrem rosigen Gesicht und ihren hellen Haaren, ich habe das Geld herausgekramt und sie hat mir zum erstenmal einen Kuß gegeben. Am Ersten pünktlich hat der junge Mann die Miete gezahlt, er hat mich die Quittung unterschreiben lassen und beobachtet, wie meine Hände dabei zitterten, von dem geliehenen Geld war die Rede nicht mehr. Als die Eva das nächste Mal zu mir ins Zimmer kam, teilte sie mir mit, daß sie ein Kind bekommen würde, und ich muß sagen, ich hatte mir das schon gedacht. Sie war in der letzten Zeit sehr blaß gewesen, und als sie bei mir im Zimmer saß, fing sie gleich an, Zigaretten zu rauchen, und sagte, ich krieg ein Kind, ganz ohne Gefühl, so wie man sagt, ich krieg einen Furunkel oder ein Gerstenkorn, und ich glaube, es paßte ihr nicht. Ich freute mich aber sehr, ich fing gleich an zu stricken, Jäckchen und Höschen und kleine Schuhe, und jedesmal, wenn ich wieder etwas fertig hatte, rief ich die Eva in mein Zimmer und sie bedankte sich,

aber es interessierte sie nicht. Die beiden jungen Leute gingen jetzt viel öfter als früher am Abend aus, und ich konnte der Eva am Morgen ansehen, wie müde sie war, und daß ihr das Tanzen und Trinken nicht bekam. Eines Abends faßte ich mir ein Herz und ging in die Küche, wo der junge Ehemann das Geschirr abwusch und eine Jazzplatte dazu spielte. Er bot mir keinen Stuhl an und stellte das Grammophon nicht ab. Als ich gesagt hatte, was ich sagen wollte, nämlich daß die Eva sich mehr schonen müsse, wurde er zum erstenmal richtig unangenehm und schrie mich an. Ich habe mir aber nachher gedacht, daß er vielleicht über meinen Anblick erschrocken ist, er bekam mich ja sehr selten zu sehen, und wie ich da an meinem Stock hereinhumpelte, sah ich wahrscheinlich wie ein alter häßlicher Vogel aus.

Die Eva hat diesen Zwischenfall niemals erwähnt. Sie ist weiter arbeiten und weiter am Abend ausgegangen, das Kind ist aber trotzdem gesund zur Welt gekommen. Ich habe der Eva all mein Gestricktes, schön in buntes Seidenpapier gewickelt, in die Klinik gebracht und ein Zettelchen daran geheftet, auf dem die Worte »von der alten Oma« standen. Das kleine Mädchen habe ich nicht zu sehen bekommen, und ich habe auch mit der Eva nicht richtig reden können, weil ein paar ihrer Freunde am Bett saßen und Likör tranken, und wie ich wieder gegangen bin und die Tür hinter mir zugemacht habe, haben sie alle laut gelacht. Die Eva hat mich aber während der paar Minuten einmal sehr lieb angesehen und gesagt, ich solle ihr später das Kind hüten und pflegen, die kleine Gudrun, daß sie groß würde und schön.

So ist es dann auch gekommen, und weil sie so glücklich darüber war, habe ich mich zusammengenommen und nicht gezeigt, daß ich zum Kinderhüten und Wickeln und Breikochen eigentlich schon gar nicht mehr imstande war. Was die Ihnen alles aufladen, hat meine Bekannte gesagt, aber ich war froh darüber, das Kind war sehr niedlich und wir stellten jetzt doch so etwas wie eine richtige Familie vor.

Bald nach der Entbindung wollte Eva durchaus wieder arbeiten gehen. Sie war ja nicht, wie sie es zuerst vorgehabt hatte, Lehrerin geworden, sondern hatte eine Bürostellung angenommen, die ihr sehr behagte, und die beiden hatten schon ziemlich viel, wie sie sagte, zur Anschaffung eines Wagens gespart. Das Kind war den ganzen Tag bei mir, abends holten sie sich das Körbchen ins Zimmer, aber manchmal, wenn sie sehr müde waren und ausschlafen wollten, ließen sie es auch stehen. Die kleine Gudrun schrie zuweilen in der Nacht, und weil ich Angst hatte, daß die Eva von dem Geschrei aufwachen könnte, trug ich das Kind im Zimmer hin und her. Einmal nahm ich es, weil es sich gar nicht beruhigen wollte, zu mir ins Bett, und dort hat es dann so fest geschlafen, daß ich mich nicht traute, es aufzunehmen. Am Morgen schlief es länger als gewöhnlich, und ich lag ganz still und rührte mich nicht. Ich weiß nicht, was Evas Mann an dem Morgen in den Sinn gekommen ist, meistens stand er zu spät auf und hatte es eilig wegzukommen. Aber an dem Tag trat er, ohne anzuklopfen, in mein Zimmer und wollte das Kind holen, er sah uns zusammen im Bett liegen und ich machte nur »psst« und legte den Finger auf den Mund. Er fing aber gleich an zu schreien und so laut, daß ich kein Wort verstehen konnte, und erst nach einer Weile habe ich gemerkt, warum er so böse auf mich war. Ein kleines Kind bei einer alten Frau im Bett, er fand das unhygienisch und unappetitlich, und wahrscheinlich hatte er damit recht.

Von dem Tag an brachte die Eva das Kind morgens zu einer Freundin, einer jungen Person, die selbst ein kleines Kind hatte, und wenn die beiden abends ausgehen wollten, ließen sie die kleine Gudrun dort, auch während der Nacht. Es muß da aber nicht sehr gut gegangen sein, denn eines Tages, schon ein paar Wochen später, kamen sie beide, Eva und ihr Mann, abends zu mir und wollten wieder etwas mit mir besprechen, sie waren beide sehr höflich und freundlich, und ich dachte schon, jetzt geben sie mir das Kind zurück. Es stellte sich aber heraus, daß sie ganz etwas anderes planten. Wie sie sagten, hatte die Eva die Absicht, ihre Stellung aufzugeben, sie wollte von jetzt an zu Hause arbeiten, Übersetzungen und dergleichen. Sie brauchte da einen Raum, in dem sie ihre Kunden empfangen könne, die kämen unter Umständen auch am Abend, ihr Mann wolle nicht gestört werden und man könne ihm auch nicht zumuten, daß er in dem kleinen Schlafzimmer sitze mit dem

Kind. Ich verstand schon, worauf sie hinauswollten, ich sagte, ich würde ja gern in das kleine Schlafzimmer ziehen, wenn ich nur nicht so viele Sachen hätte. Aber auch das hatten sie sich schon überlegt. Es gehörte zu der Wohnung noch eine kleine Mansarde, in die könne man die Möbel stellen, – nein, sie selber wollten sie nicht haben, und ich wußte schon, sie gefielen ihnen nicht. Das Kind sollte ich nicht wieder versorgen und aufräumen sollte ich auch nicht mehr, ich konnte mich ja so schlecht bücken und kam nicht mehr mit dem Besen unter die Schränke und Betten, und einmal, als ich die Kommode abzustauben vergessen hatte, hatte jemand, wahrscheinlich Evas Mann, in die feine Staubschicht ein großes Fragezeichen gemalt.

Ich zog also in das kleine Schlafzimmer und räumte nicht mehr auf, aber das Kind bekam ich jetzt ab und zu wieder zu sehen, nämlich, wenn meine Mieter am Abend Gäste hatten, da wußten sie nicht wohin mit der Kleinen und schoben sie mir ins Zimmer und sagten, aber nicht ins Bett. Ich ließ in diesen Nächten meine Nachttischlampe brennen und betrachtete das Kind, das sehr gewachsen war und das jetzt ruhig schlief, mit den Fäustchen rechts und links vom Kopf. Wahrscheinlich hätte ich ohnehin nicht schlafen können, weil es drüben in den Zimmern sehr laut herging, Grammophon und Radio und Spiele, und auch darüber freute ich mich, weil es für eine alte Frau schön ist, junge Stimmen und junges Gelächter zu hören. Obwohl ich es in dem kleinen Zimmer sehr eng hatte, war ich doch nicht unzufrieden. Die Eva war jetzt den ganzen Tag zu Hause und schrieb auf der Schreibmaschine und ich richtete ihr manchmal einen kleinen Imbiß, Kaffee oder Himbeersaft und ein Brötchen und trug ihr das ins Zimmer, und das war fast wie in der alten Zeit. Nur daß es mir in diesen Wintermonaten nicht gutging, ich bekam einen schlimmen Husten und hustete manchmal die ganze Nacht. Das Zimmer, in dem die Eva und ihr Mann schliefen, lag neben meinem Zimmer, und weil ich so große Angst hatte, sie zu stören, traute ich mich manchmal gar nicht ins Bett zu gehen, sondern blieb im Stuhl sitzen, weil man dann viel weniger husten muß. Sie haben es aber doch gehört, und die Eva hat mir eine Hustenmedizin gebracht und gesagt,

das ist ja schrecklich, und dann hat sie gefragt, ob es ansteckend wäre, dann solle ich doch lieber nicht mehr in die Küche gehen, wegen der Bazillen und wegen dem Kind. Ich bin also in meinem Zimmer geblieben und die Eva hat mir mittags das Essen gebracht, ein paar Tage lang richtiges Essen und dann noch einen Teller Suppe, aber das war für mich genug.
Im Frühjahr haben sie dann das Auto gekauft, das Geld hatten sie noch nicht ganz beisammen, aber ich habe ihnen etwas von meinem Sparbuch gegeben. Dafür fahren Sie mit uns, hat die Eva gesagt, wir machen schöne Ausflüge zusammen. Aber dazu ist es nicht mehr gekommen, ich war schon zu krank, und ich glaube, sie waren darüber froh. Die Gudrun lief jetzt schon und saß ganz stolz zwischen ihren Eltern in dem roten Wagen. Ich schleppte mich, wenn sie wegfuhren, immer zum Fenster, und manchmal winkte die Eva mir zu. Sie fuhren im Sommer gelegentlich auch zwei oder drei Tage fort, das lange Wochenende, und dann, als sie in Urlaub fahren wollten, beunruhigte sich die Eva, daß jetzt niemand mir meine Suppe kochen würde, und sie schlug darum vor, ich solle in die Mansarde ziehen. Ich habe mich dagegen gesträubt, erstens weil die Mandarde doch voller Möbel war, und zweitens, weil es im Sommer dort unter dem Dach zum Ersticken ist. Ich habe mich aber schließlich überreden lassen, weil in einer anderen Mansarde nebenan eine Frau wohnte, die versprochen hatte, für mich zu sorgen, und weil die Eva gesagt hat, wenn ich allein in der Wohnung bliebe, hätte sie keine ruhige Minute und der ganze Urlaub mache ihr keinen Spaß. Es war ein sehr heißer Sommer, und ich habe die ganze Zeit gut überstanden und einmal habe ich auch eine Karte bekommen mit einer Palme vor einem blauen Meer. Mit der Frau, die für mich gekocht hat, bin ich ziemlich gut ausgekommen, sie war mir nicht gerade sympathisch, aber man kann keine großen Ansprüche stellen, wenn man sich bedienen lassen muß. Ich habe auch gewußt, daß die Zeit vorbeigehen und ich bald wieder in meiner Wohnung sein würde, es war ja mit dem Husten auch besser geworden, nur mein Herz war schwach. Anfang September ist die kleine Familie, meine Familie, zurückgekommen. Von meinem Mansardenfenster habe ich nicht auf die Straße hinuntersehen können, aber ich habe doch immer

gewartet, und eines Abends ist es mir vorgekommen, als ob ich Evas Stimme und das Geplapper der kleinen Gudrun hörte.
Es ist aber niemand heraufgekommen und erst ein paar Tage später habe ich von meiner Bekannten erfahren, daß die drei wirklich heimgekommen waren.
Da sehen Sie es, hat meine Bekannte gesagt, ganz gleichgültig sind Sie denen, und überhaupt wollen sie Sie nur los sein, Sie werden schon sehen, in Ihre Wohnung kommen Sie nicht mehr zurück. Gerade an dem Tag aber ist die Eva heraufgekommen, ganz braun gebrannt und lustig, und hat mir etwas mitgebracht, was sie unterwegs für mich gekauft hatte, eine Einkaufstasche aus buntem Stroh mit Strohblümchen, und ich habe mich sehr gefreut und habe nicht daran gedacht, daß ich ja nicht mehr einkaufen gehen kann. Wie ich die Eva eine Weile betrachtet habe, habe ich bemerkt, daß sie wieder in anderen Umständen ist. Sie hat das auch bestätigt und hat gesagt, bei der Gelegenheit könnten wir gleich etwas besprechen, nämlich ob es mir nicht hier oben ganz gut gefiele und ob sie nicht die ganze Wohnung haben könnten, die zwei Zimmer würden ihnen, wenn das neue Kind erst da wäre, doch zu eng. Ich bin ein bißchen erschrocken, aber weil die Eva dann etwas gesagt hat von Wegziehenmüssen, bin ich noch mehr erschrocken und habe gedacht, das ist doch nicht möglich, daß ich die Eva und die Gudrun nicht mehr sehe. Die Eva war auch sehr lieb und hat versprochen, sie wird jeden Tag mit dem Kind heraufkommen, und wenn mich die Treppe nicht mehr so anstrengte, sollte ich herunterkommen und bei ihnen sitzen, wenigstens wenn ihr Mann nicht zu Hause wäre, der sei so nervös.
Wir haben es dann so abgemacht und am nächsten Tag ist der Mann von Eva heraufgekommen und hat etwas zum Unterschreiben mitgebracht, weil aber meine Gläser schon lange nicht mehr paßten, habe ich das, was ich unterschrieben habe, gar nicht richtig gelesen. Ich habe eine kleine Summe bekommen für die Möbel, die sie für mich verkauft haben, was, wie der junge Mann sagte, noch ein Glücksfall war, weil den alten Plunder heute niemand mehr will. Ich habe das ganz gut verstanden und auch, daß die beiden von nun an viel weniger Miete zahlen wollten, weil die Zimmer jetzt sogenannte Leerzimmer

waren. Das Geld für die Möbel hat noch auf dem Tisch gelegen, und ich habe etwas davon gesagt, daß ich es der Gudrun in die Sparkasse geben wollte. Ich habe noch ein bißchen gezögert, weil ich daran gedacht habe, daß ich es vielleicht für den Arzt brauchen würde, aber der junge Mann hat ganz schnell die Hand darauf gelegt und dann war es weg. Ich habe plötzlich Tränen in den Augen gehabt, aber nicht wegen dem Geld, sondern weil ich mit einem Male daran gezweifelt habe, daß die Eva jeden Tag heraufkommen und das Kind mitbringen würde. Ich habe den jungen Mann gebeten, sie daran zu erinnern, aber er hat nur gesagt, jeden Tag, ist das nicht ein wenig unbescheiden, und hat gelacht.

Er hat natürlich recht gehabt, es war wirklich unbescheiden von mir und wahrscheinlich hat sich die Eva auch darüber geärgert, denn sie ist höchstens jede Woche einmal gekommen und das Kind hat sie auch nicht immer mitgebracht. Sie ist auch nie lange geblieben, weil es nun schon Herbst und in der Mansarde recht kalt war, und später, als sie den dicken Leib hatte, habe ich ihr selber gesagt, sie solle die steile Treppe nicht mehr gehen. Ich war in der Zeit auch wieder krank, der alte Husten, und die Nachbarin war auch krank, oder es war ihr zuviel geworden, für mich zu kochen und mein Bett zu machen und nach mir zu schauen. Mitte November, als ich die Eva schon drei Wochen lang nicht gesehen hatte, ist an einem Samstagmorgen der junge Mann zu mir gekommen und hat einen Arzt mitgebracht und der Arzt hat mir eine Überweisung ins Krankenhaus geschrieben. Ich war damit ganz zufrieden, weil ich schon drei Tage kein warmes Essen mehr bekommen hatte, und auch weil ich dachte, daß im Krankenhaus gewiß ein Aufzug ist, so daß mich die Eva besuchen könne, ohne Mühe davon zu haben. Ich bin dann am nächsten Tag auf einer Tragbahre die Treppe hinuntergeschafft worden, und ich habe gedacht, unten wird meine Wohnungstür offenstehen. Die Eva wird da sein, und wenn ich schön bitte, tragen mich die Männer auch für einen Augenblick in meine alte Wohnung hinein.

Die Tür war aber zu und es ist mir eingefallen, daß es gerade die Zeit war, in der die Eva das Kind in den Kindergarten bringt. Ich habe also nur einen Blick auf die Tür geworfen, das

Schild mit meinem Namen war nicht mehr da, und das hat mir ein merkwürdiges Gefühl gegeben, so als sei ich selbst schon gar nicht mehr da. Das Auto, in das sie mich geschoben haben, ist ganz schnell durch die Stadt gefahren, und der Wärter, der neben mir gesessen hat, hat Späßchen gemacht und mich gefragt, ob ich denn durchaus schon sterben wolle. Das hat mich auf einen Gedanken gebracht und kaum, daß ich im Krankenhaus in meinem Bett lag, habe ich die Schwester um Briefpapier gebeten und habe eine Art von Testament gemacht. Die Schwester hat mir sehr freundlich dabei geholfen, aber wie sie gemerkt hat, daß ich alles, was ich gespart habe, der Eva hinterlassen wollte, hat sie den Kopf geschüttelt und gefragt, ob ich denn keine Verwandten habe. Die Eva, habe ich gesagt, das ist mein Kind, und die Schwester hat mir das Fieberthermometer eingelegt.

Ich bin jetzt seit vier Wochen im Krankenhaus. Ich lag zuerst in einem großen Zimmer mit vier anderen Frauen, erst vor kurzem haben sie mich in diese kleine Kammer gebracht. Die Frauen haben sich beständig beklagt und nie hat ihnen jemand etwas recht machen können. Ich habe ihnen aber ganz geduldig zugehört, weil sie dann auch geduldig zuhören mußten, wenn ich ihnen von meiner Familie erzählte. Meine Tochter, habe ich gesagt, und mein Schwiegersohn, und mein Enkelkind, und an den Besuchstagen habe ich jeden Augenblick nach der Tür geschaut, ob sie nicht hereinkommen, große Blumensträuße im Arm. Das ist so lange gegangen, daß die Frauen angefangen haben, sich lustig zu machen, und weil ich mich auch manchmal versprochen und statt von meiner Eva von meinem Engel geredet habe, haben sie angefangen, sich mit dem Finger an die Schläfe zu tippen. Aber daraus habe ich mir nichts gemacht. Ich habe ja gewußt, daß junge Leute nicht viel Zeit haben, und daß es sehr unbescheiden von mir war, zu erwarten, daß sie ihre Feiertage in einem Krankenhaus verbringen. Nur meine Bekannte, die selbst alt ist und nichts zu tun hat, ist jeden Sonntag gekommen. Aber von mir aus hätte sie auch wegbleiben können, weil sie die ganze Zeit nichts anderes getan hat als auf die Eva und ihren Mann zu schimpfen und zu sagen, daß sie mich schon ganz vergessen haben und ich sie überhaupt nicht

mehr wiedersehen werde. Ich will sie aber wiedersehen, schon um ihnen zu sagen, daß sie alles von mir erben, und ich weiß auch, daß sie vor meinem Tode noch einmal kommen werden. Besonders in den letzten Tagen, die ich noch in dem großen Zimmer verbracht habe, habe ich sie immer wieder ganz deutlich vor mir gesehen. Da standen sie in der Tür, die Eva hatte das Neugeborene, einen Jungen, auf dem Arm, und die kleine Gudrun riß sich von der Hand ihres Vaters los und lief auf mich zu. Die Frauen in ihren Betten waren ganz still, weil sie so etwas noch nicht gesehen hatten, so etwas Schönes wie meine Familie, die jetzt langsam näher kam und Blumensträuße auf mein Bett legte, so viele Blumen, sie deckten mich damit zu. Aber Fräulein Eva, habe ich gesagt, was machen Sie denn, weil sie mir die Blumen nun auch aufs Gesicht legte, und dann waren es gar keine Blumen mehr, sondern es war Erde und die Erde fiel mir in die Augen und in den Mund.
Jetzt haben sie mich hierhergebracht, vielleicht weil ich nachts so laut spreche und immer dieselbe lange Geschichte erzähle. So ein kleines Loch ist das, mehr als ein Besucher kann da gar nicht eintreten und darum, wenn die Eva jetzt kommt, kommt sie allein. Ja, allein ist sie, und was hat sie für ein seltsames Kleid an, schwarz mit silbernen Flügelärmeln, nichts für den Vormittag, aber ist denn noch Vormittag, es ist Abend, es ist Nacht. An mein Bett tritt die Eva und stampft ungeduldig mit dem Fuße auf, was aber nichts anderes sein kann als ein Scherz. Sie hat wieder Blumen mitgebracht und wieder legt sie sie mir aufs Gesicht. Ja, mein Engel, sage ich, sobald ich ein wenig Luft bekomme, und erschrecke, weil ich sie jetzt bei ihrem richtigen Namen genannt habe und zum ersten Male. Die Eva ist aber darüber nicht böse. Sie lächelt und legt ihre Hand auf die Blumen, sie ist so schön wie damals, als sie aus Italien zurückgekommen ist, schön wie ein Engel, und langsam, langsam drückt sie mich immer tiefer hinab.

Du kommst

für Iris

Feuerzeugflamme schöne
Die ich aufspringen lasse
Für dich in der blauen
Frühmorgendämmerung
Meines Winterzimmers
Du kommst

Von der Muschelhecke aus Lorbeer
Mit Fischköpfen gelben Zitronen
Am Hafen von Fiumicino
Aufsteigst du steil
Nahst über Meersaum und Schneefeld
Pfeilgerade

Meinen Atem halte ich an
Mit den Händen bedecke ich das unsichere Wasser
Die schartigen Halden

Halte den Atem an

Bis auf der Tafel zu Häupten der Wartenden
Aufleuchtet die Kleinschrift
Gelandet du bist mir gelandet.

Tritte des Herbstes

Du lieber Herbst
Das Laub
Noch heiß vom Sommer
Und leuchtet feurig
Dann im Wind
Die feinen
Knöchernen Tritte
Zweigauf
Zweigab.

Vorsicht

Die ihre Häuser ohne Fenster bauen
Kein Lichtschein nachts
Weil Lichtschein Gefahr bedeutet
Die ihre Ohren verstopfen
Ihre Augen nach innen drehen
Weil Sehen und Hören
Gefahr bedeutet
Die nicht ja sagen nein sagen
Weil Jasagen Neinsagen Gefahr bedeutet
Sie bleiben am Leben.

Lucky

In ironischer Anspielung auf einen billigen Optimismus heißt der alte Lastenträger in Becketts »Warten auf Godot« Lucky, der Glückliche. Er schleppt sich mit dem Gepäck und dem Klappstuhl des rätselhaften Pozzo, wird mit der Peitsche angetrieben, fällt immer wieder hin und kann sich nur aufrecht halten, wenn er zu tragen bekommt. Er schläft viel, und sein tyrannischer Herr empfiehlt, ihn mit Fußtritten zu wecken, gewiß aus Grausamkeit, aber auch, weil er aus sagenhaft langer Erfahrung weiß, wie der Diener zu behandeln ist, den er los sein will, aber nicht los wird, der ihn ärgert und aufregt, auf den er aber doch gewisse Rücksichten nimmt. Daß Herr und Diener zusammen alt werden, einander brauchen und sich gerade deswegen nicht leiden können, das kommt auch im Leben vor, und solches Auseinanderstreben und Einander-doch-nicht-entbehren-Können bekunden alle Beckettschen Paare, die Haßliebe jeder menschlichen Beziehung wird darin zum Ausdruck gebracht. Ein Teil ist immer der geistig Überlegene, der Denker, der Rechner, der Erinnerung besitzt, während der andere wünscht und vergißt. Lucky aber kann denken und rechnen oder konnte es doch einmal, und es scheint nicht einmal, daß sein Herr ihm das beigebracht hatte und sein Meister gewesen ist. Er ist heruntergekommen, auf den Hund, dem man die Knochen zuwirft, der aber auch einmal nicht fressen will, den man peitscht und tritt, der aber auch einmal, unberechenbar böse, sich wehrt. Pozzo entschuldigt ihn gelegentlich, er weiß, daß Lucky zu anderem bestimmt war, weiß es am besten, weil er das andere noch miterlebt und seinen Nutzen daraus gezogen hat. Daß Lucky früher gesungen und getanzt und ihn damit unterhalten habe, erzählt Pozzo den Landstreichern Wladimir und Estragon, ärgerlich über den Tanz, den der Diener gerade zum besten gibt. Die Zuschauer sollen erraten, wie er ihn nennt, und raten auf den »Tod des armen Schluckers« und das »Krebsgeschwür der Greise«, was freilich auch nicht zu vergleichen wäre mit den heiteren klassischen Tänzen, den Sarabanden, Fandangos und Giguen, die Lucky früher auszuführen verstand. Pozzo lehnt die Bezeichnungen ab, er weiß, was Lucky ausdrücken will, nämlich daß er sich in einem Netz verfangen hat und vergeblich versucht, sich aus den Maschen zu befreien. In der Reihenfolge, die Pozzo scherzhaft als die natürliche bezeichnet, wird Lucky danach zum Denken veranlaßt, wobei das Clownspiel mit den Hüten in einer neuen Variante ausgeführt wird. Ohne seinen Hut scheint Lucky zum Denken nicht fähig zu sein. Er ist es auch mit dem Hut auf dem Kopfe nicht, oder nicht mehr. Was er da eintönig gleichgültig herleiert, sind nur Trümmer, sinnlos durcheinandergefallene Bruchstücke einer Gedankenkette, die auch in Ordnung gebracht nichts Besonderes ergeben würde, nur einen von den Aussagen vieler Gelehrter gestützten, aber nie durchgeführten Beweis, daß leider, leider, trotz des Sports der menschliche Kopf – man begreift nicht einmal, was dem geschehen ist, eine Herabminderung auf jeden Fall. Die im blödsinnigsten Gelehrtenjargon hervorgebrachte Geschichte gescheiterter Hoffnungen und aufgegebener Versuche, die Lucky am Ende, von den erbosten Zuhörern angegriffen, wie ein Hund herausheult, kommt zum Schweigen, als Pozzo dem Lucky seinen Hut wegnimmt und ihn mit Fußtritten zerstört. Aber später, im zweiten Aufzug, als Wladimir diesen Hut findet, in Form bringt und seinerseits aufsetzt, kann er deswegen doch noch nicht denken, wenigstens nicht in dem alten wissenschaftlichen Sinn. Der höhnische Spaß scheint Lucky plötzlich anders und weniger allgemein zu kennzeichnen, nämlich als den Menschen der Vergangenheit, der Zeiten von Kunst und Wissenschaft, dem in Wladimir und Estragon ein neuer gegenübersteht, einer, der an den Wert der Kulturgüter nicht mehr glaubt, aber religiöse Sehnsucht empfindet und sich brüderlich verhält. Aber als die beiden, Pozzo und Lucky, nun wiederkommen, nach einer Nacht oder nach Jahrtausenden, als Pozzo blind und erinnerungslos und Lucky stumm geworden ist, da ist es doch wieder nichts mit solchem Fortschritt, da begreift die wütende Auflehnung des ehemaligen Tyrannen gegen die Zeit doch auch die Nachwelt, auch Wladimir und Estragon mit ein. Wladimir wiederholt Pozzos Worte später nachdenklich und macht sie sich zu eigen. »Rittlings über dem Grabe und eine schwere Geburt. Aus der Tiefe der Grube legt der Totengräber träumerisch die Zangen an. Man hat Zeit genug, um alt zu werden. Die Luft ist voll von unseren Schreien. Aber die Gewohnheit ist eine mächtige Sordine«, sagt er und fügt nach einer Pause die Worte »Ich kann nicht mehr weiter« hinzu. Und dann geht er doch weiter, der gescheite Wladimir, mit dem Toren Estragon, oder wartet weiter, Luckys Hut auf dem Kopf.

Der gealterte Mensch ist nicht nur im »Warten auf Godot«, auch in dem Hörspiel »Alle die da fallen«, auch in der Komödie »Endspiel« und in dem Einakter »Das letzte Band« Becketts Held – ein sehr anderer als die großen alten Männer der Literatur, als etwa der König Lear, der doch nur eine persönliche tragische Lebensstufe verkörperte, nicht das Alter der Menschheit überhaupt. Beckett gibt diesem seinem Helden viele Gesichter, Gesichter, die archaischen Masken gleichen, oder Urtypen in urtümlicher Beziehung, Herr – Knecht, Mann – Frau, Freund – Freund. In dem Hörspiel »Alle die da fallen« besteht ein altes Ehepaar in sinkender Nacht, in Sturm und Regen seinen Heimweg, da ist der Mann der Wissende und die Frau die Naive, die gerade, weil sie mit »wenigen einfachen Worten aus ihrem Herzen« eine dunkel noch erinnerte Beziehung zu ihren Mitmenschen wiederherstellen will, es mit jedem verdirbt. Wir knieten am selben Altar, sagt sie auf dem Bahnhof, wo sie ihren Mann erwartet, zu der geizigen Frömmlerin Miß Fitt, aber das alles gilt nicht mehr, sie wird ausgelacht und stellt mit ihrer unglückseligen Herzlichkeit, ihrer altertümlichen Sprache und ihrer Klage um ihr früh gestorbenes Kind selbst so etwas wie die Erinnerung des Menschen an ein goldenes Zeitalter dar. Ihr blinder Mann hat keine Illusionen mehr, er ist schon ein Stück weiter auf dem Wege, der über den Verlust eines Sinnes nach dem andern in die Weisheit des Todes führt. Er ist genauso unglücklich wie seine Frau, leidet ebenso wie sie unter dem, was aus der Welt und den Menschen geworden ist; und wie die beiden alten Wanderer von dem Predigttext »der Herr erhält alle, die da fallen« sprechen, brechen sie in dasselbe wilde und schmerzliche Gelächter aus. Der blinde Mr. Roney empfindet trotzdem alles ganz anders als seine Frau. Auch er erinnert sich, aber nicht ohne Nutzen, nicht ohne die schauerliche Folgerichtigkeit, die angesichts des Zustandes der Welt das Ende nicht mehr aufhalten, sondern beschleunigen will. Er hat das fremde Kind nicht aus dem Zug und unter die Räder geworfen, aber er hätte es doch tun können. Er bekennt auf diesem Heimweg, wie oft er mit dem Gedanken gespielt hat, ein Kind umzubringen, ein junges Unglück im Keim zu ersticken. Dieses junge Unglück geistert durch das »Warten auf Godot« in Gestalt des ungerecht behandelten, durch Leiden entstellten Knaben, es läuft als Waisenknabe Jerry dem alten Ehepaar nach und taucht im »Endspiel«, tot oder lebendig, in der Verlassenheit des Weltuntergangs noch einmal auf. Angesichts seiner ist die Zeugungsunlust das Teil der Wissenden, und der blinde Hamm im »Endspiel« spricht das Wort »Verantwortung« schließlich deutlich aus.

Dennoch zielt auf solche Fortpflanzungsfeindlichkeit nicht alles ab, und die ihr das Wort reden, machen sich nicht wichtig damit. Das Pathos, mit dem noch in Tolstois »Kreutzersonate« dieses Thema behandelt wird, fehlt durchaus. Lucky mit all seinen Doppelgesichtern ist vor allem müde und schläft viel. Er hat seine Altersschwächen und Altersunterhaltungen, er tanzt den Netztanz, er spielt das Endspiel, eine Partie, die von vornherein verloren ist. Wladimir und Estragon treiben ihre fast rituellen Späße, der Zeitvertreib des blinden Mr. Roney ist das Zählen, eine uralte Frau in einem uralten Haus spielt sich die Grammophonplatte »Der Tod und das Mädchen« vor. Der blinde Mr. Roney möchte sich zur Ruhe setzen, die Stunden bis zur nächsten Mahlzeit zählen, seine Frau immer im Bett liegen, langsam dahinschwinden, sanft in ein höheres Leben hinabgleiten. Es wird Zeit, daß es endet, sagt Hamm im »Endspiel«, und sein Diener Clow, der an der Küchenwand sieht, wie »sein Licht stirbt«, bekennt beim Fortgehen, daß er im Augenblick seines Hinfallens vor Freude weinen wird. Jeder hat noch eine geheime Lust oder einen Fetisch, den seine Hände berühren, Mr. Roney den kleinen harten Ball, der auch im »Letzten Band« eine Rolle spielt, Hamm das Taschentuch, das er mit den versunkenen Worten »Altes Linnen« sich am Ende übers Gesicht legen wird. Jeder hat sein Gebrechen, das ihn quält und herabmindert, aber auch seine Gedanken und seine Träume, selbst Pozzo beginnt am Ende zu träumen, und die Erinnerung an seine eigenen wundervollen Augen zieht wie ein heller Schein über das blinde Gesicht.

Hamm, der im »Endspiel« blind und unbeweglich im Rollstuhl sitzt, ist von allen bizarren Instrumenten Becketts das mit den meisten Tönen, dem überraschendsten Klang. Von ihm erleben wir in den weißgesichtigen halbtoten Eltern noch ein Stück seiner Vergangenheit; die Geschichte, die er »so gut wie möglich« erzählen will, soll ein Kunstwerk, sein Kunstwerk sein, ist aber auch seine Lebensgeschichte und die Geschichte seiner Schuld. Er hat es am schwersten von all diesen Sterbenden, weil er noch Phantasie besitzt, sich nicht wie Wladimir und Estragon mit allerlei Rechthabereien das eigene Noch-am-Leben-Sein beweisen muß. Er träumt gelegentlich von einer Flucht übers Meer, äußert einmal die Hoffnung, daß doch nicht alles umsonst gewesen sei, und weiß, daß seine Gedanken und Träume, sein Nie-wirklich-da-Sein ihn die Rettung so vieler Menschen versäumen ließen. Er ist voll Verachtung für seine Eltern, die sich von Mülltonne zu Mülltonne noch immer so viel zu sagen haben und Zwiebäckchen teilen, auch voller Haß, weil sie einst seinen Kinderruf nicht hören wollten – jetzt läßt er den Vater vergeblich betteln und weiß doch schon, daß am Ende wieder er selbst es sein wird, der vergeblich ruft. Er kennt die Furcht vor den Haifischen, vor dem Zuendegehen der lebenserhaltenden Pillen, vor der Ratte, die Clow nicht getötet hat. Er weiß alles voraus und besser und bezeichnet in der Erzählung von dem verrückten Maler, der in einer blühenden Landschaft nichts als Asche sah, seine eigene Lage als einen Wahnsinn, eine Sehweise, die den Tatsachen gar nicht entspricht. Diese Erkenntnis macht nichts besser, ändert nichts daran, daß er den kahlen Raum als sein Gefängnis und die untergehende Welt draußen als die andere Hölle empfindet. Seine Gebete haben nichts Blasphemisches, aber eher etwas von einer alten Erinnerung, gegen die sich aufzulehnen sinnlos geworden ist, einem ewigen Versuch, ein Verhältnis wiederherzustellen, das nicht mehr oder noch nicht wieder existiert. Die Worte des Herzens, nach denen er zuletzt verlangt, das Stück Poesie, das er sich aufsagt, sind ebenso alte Menschheitserinnerung und ein verlorenes Glück.

Aber wie Clow fragt, glaubst du an ein zukünftiges Leben, antwortet Hamm, meines war immer ein zukünftiges, das ist Titanenstolz, halbe Göttlichkeit, wie der trotzige Ausspruch »fern von *mir* ist der Tod«. Hamm ist das letzte Bewußtsein, die letzte Einbildungskraft, das letzte Gebet des Menschen, ihm und nur ihm traut man zu, daß er zu sterben versteht. Und bei all seinem spaßhaft ängstlichen Bestreben, im Rollstuhl die genaue Mitte des Raumes einzunehmen, ist er tatsächlich ein Mittelpunkt, ein Brennpunkt, in dem das Leben sich noch einmal sammelt und verglüht.

Sag noch etwas, bittet Hamm den zum Fortgehen gerüsteten Clow, ein paar Worte aus deinem Herzen, nicht anders wie die alte Frau Roney auf dem unheilvollen Heimweg anfleht, sei lieb. Aber Clow geht fort, gebeugt, weiser geworden, bereit, besser leiden zu lernen. Hamm bleibt nichts mehr als die Erinnerung an die Stunde, in der er Clow seine Verantwortung gegenüber dem heranwachsenden Leben klar gemacht hat. Das ist das bisher nie erzählte Ende seiner Geschichte, ist auch seine Rechtfertigung, die er aber jetzt gleichsam nur der Vollständigkeit wegen noch vorbringen muß. Es bleibt ferner das schon Vorausgesehene, der vergebliche Ruf nach dem längst verstummten Vater, der Pfiff, mit dem er Clow nicht mehr zurückholen kann. Dann wird alles fortgeworfen, die Pfeife, der Stoffhund, mit dem noch einmal ein Wesen erschaffen werden sollte, das tote Ding, das Clow ihm über den Kopf geschlagen hat, was aber auch zum Spiel gehörte und zur Auflehnung eben gegen dieses nie endenwollende Spiel Anlaß gegeben hat. Die Requisiten werden fortgeworfen. Das letzte, das Taschentuch, gehört Hamm allein und es dient ihm, der nun wirklich allein ist, gegen die Stille, die Starre das Gesicht zu bedecken.

Gemessen an dem trotzigen Halbgott Hamm ist der alte Krapp in dem Einakter »Das letzte Band« ein sehr irdischer Lucky, einer, dem seine Erinnerung alles bedeutet und aus dessen Erinnerung alles hervorgeht, die ganze Reihenfolge von Verlusten, als die Beckett die Menschengeschichte sieht. Dem alten Krapp ist kein Begleiter zugesellt, er ist Kopf und Herz in einem, oder Kopf und Sinne, wir erfahren, wie in seinem Leben jeweils eines von beiden die Vorherrschaft gewann. Er hat seine

Geschichte (die eines Menschen und die *des* Menschen auch hier) selbst auf Tonbänder gesprochen, ein dreißig Jahre zurückliegendes läßt er abrollen, und in diesem wird wieder von einem noch viel älteren erzählt. Da klingt seine kräftige Männerstimme in schaurigem Gegensatz zu dem jetzigen Greisengestammel durch den Raum, der Zuhörer erschrickt, aber Krapp lauscht unbefangen, noch jetzt stolz darauf, was für ein Kerl er war. Dabei gibt es auch Dinge, die er früher nicht gekonnt hat und jetzt kann, singen etwa, das Lied von den Abendschatten aus seiner Kindheit, oder dem Klangzauber eines Wortes nachhängen – in der deutschen Übersetzung ist das Wort Spule dafür denkbar schlecht gewählt. Die Beschäftigungen des jungen, dann des 39jährigen Krapp waren andere, zuerst die Frauen, dann, nach der großen Wende, dem Augenblick der Erkenntnis, der Abschied von der Liebe, die Arbeit, das Buch. Wie der alte Krapp auf diese ihm vom abrollenden Band vorgespielten Erinnerungen reagiert, ist der eigentliche Inhalt des kurzen Spiels. Krapp hört zu, wählt und verwirft, dreht ungeduldig weiter, dreht sehnsüchtig zurück, und hat am Ende alles weggedreht, was von seiner schöpferischen Arbeit handelte, und gierig zurückgeholt, was die Sinne gespürt, die glücklichen Augen gesehen haben.

An seinem gegenwärtigen Geburtstag hat er dem allen nichts hinzuzusetzen als Schimpfworte auf den Idioten, der er einmal war, sein Kinderlied und ein paar Erinnerungen an die Kinderzeit, dann das »sink auf sie nieder« der letzten Liebeserinnerung vor dem Verzicht. Aber dann reißt er das alte Band noch einmal aus der Schachtel und spannt es mit zitternden Händen ein. Er hört noch einmal die Schilfszene, die Entsagungsszene, »mein Gesicht in ihren Brüsten und meine Hand auf ihr«. Aber diesmal spielt er das Band zu Ende, bis zu den Sätzen »Vielleicht sind meine besten Jahre dahin. Da noch eine Aussicht auf Glück bestand. Aber ich wünsche sie nicht zurück. Jetzt nicht mehr, da dieses Feuer in mir brennt. Nein, ich wünsche sie nicht zurück«. Und diese Sätze von vor 30 Jahren hört sich der erloschene Krapp in entsetzlich regloser Erstarrung an.

Becketts Zwiegespräche mit ihren clownischen Späßen, ihren feststehenden Spielregeln und vorgesehenen Repliken wirken eher komisch als erschütternd. Nicht ich und du sind gemeint, sondern »nur« der Mensch, wahrscheinlich gibt es keinen, der über eine solche Verallgemeinerung Tränen vergießt. Der alte Krapp aber treibt keine Späße und hat keinen Widerpart. Er ist allein mit seiner Lebensgeschichte, mit der Endgeschichte der Menschheit, oder doch eines bestimmten Menschentyps, hinter dem Beckett hier keinen neuen, geschundenen und bedrohten, aber als Träger der Zukunft immerhin möglichen Knaben auftauchen läßt. Vielleicht sieht uns darum von allen Gesichtern des alten Lucky dieses am bedrohlichsten an.

Georg Trakl

Ein Vortrag

Ich glaube, daß niemand, der sich mit meinen Gedichten, auch den frühen, beschäftigt, auf den Gedanken kommen würde, daß in der Lyrik Georg Trakl mein großes Vorbild war. Eine Abhängigkeit von Hölderlin mag man mir schon eher nachsagen, und doch hat erst Trakl mich zu Hölderlin geführt, erst seine, im Vergleich mit den großen historischen und theologischen Visionen Hölderlins fast private poetische Welt hat mir für Hölderlins Gedichte die Augen geöffnet. Trakl war noch ein Zeitgenosse, in seinen Versen hatte sich Hölderlins strenges Pathos ins mir gerade noch Erträgliche gemildert, seine Schwermut entsprach der noch kindlichen Schwermut meines zweiten Lebensjahrzehnts. In seinem halben Wahnsinn war er ein Bruder der Ophelia, deren süßes und gefährliches Gestammel mich bei einem meiner ersten Theaterbesuche entzückt und erschreckt hatte. Ich verstand Trakl so wenig, wie die jungen Leute heute Paul Celan verstehen mögen, aber wie jene Celans »Engführung« nicht mit dem Verstand erfassen müssen, brauchte ich nicht zu wissen, wer in dem Gedicht »Geburt« die steinerne Greisin und wer der Knabe Elis war. Wie scheint doch alles Werdende so krank, hatte Trakl geschrieben – auch ich litt an der Krankheit Jugend, von der ich nicht wußte, daß sie im Heranwachsen auch geheilt werden kann. Trakl hatte den Krieg vorausgeahnt und der Krieg hatte seinen frühen Untergang bewirkt – in diesem ersten Weltkrieg nun, der für seine Zeit gewiß nicht weniger entsetzlich war als später der zweite, war ich aufgewachsen und wie bald hatten die siegestrunkenen Eintragungen meines Kindertagebuchs traurigen Betrachtungen Platz gemacht. Trakl war für mich ein Idiot wie Dostojewskis Fürst Myschkin, der passive Held, der in der heldenfeindlichen Nachkriegszeit ein so großes Ansehen gewann. In Trakls Gedichten zu leben, war wichtiger als sich in der Welt draußen heimisch zu machen. Er war mein Dichter, war der Dichter schlechthin.

Die ersten Traklschen Gedichte, die ich las, standen in der »Menschheitsdämmerung« der großartigen Sammlung expressionistischer Lyrik, die Kurt Pinthus 1920 herausgegeben hat. Trakl war da nicht allein mit seinen schwarzen Kriegs- und Untergangsvisionen, seinem stillen Wahn. In dem schon 1911 entstandenen Kriegsgedicht von Georg Heym versinkt eine große Stadt in gelbem Rauch, und so, als seien die Phosphorregen des zweiten Weltkriegs schon vorausgesehen, wird von kalten Wüsteneien und dem auf Gomorrha niederträufelnden Pech und Feuer gesprochen. Heym beschreibt in einem andern Gedicht die Heimat der Toten als eine schauerliche Unterwelt, er schildert in einem dritten die Morgue, das Leichenschauhaus von Paris, während Benn seine Eindrücke in einer Krebsbaracke wiedergibt. Das irdische, das Menschenparadies, scheint trotzdem vor der Tür zu stehen, ein letzter Aufstand nur nötig zu sein, um den Menschenbruder seiner selbst bewußt zu machen und ihn ins Licht eines neuen Tages zu führen. In diesen Chor drängender, heftiger und sehnsüchtiger Stimmen ist auch Trakls Stimme eingegangen, aber sie ist doch mit ihnen nicht auszutauschen, sie war es für mich schon damals nicht. Trakl wollte nichts, weder sich wie Werfel von Gott zerreißen lassen, noch wie Däubler das Werk der Umkehr tun. Mit seinen einfachen und schwermütigen Feststellungen, seinen farbenreichen Träumen, schuf er, nur der Lasker-Schüler verwandt, eine Welt, in der sich Leben und Tod durchdringen und die ich schon damals als meine Welt empfand.

Von Trakls Leben wußte ich zu jener Zeit noch wenig, ich kannte nur einen kurzen Bericht des Brenner-Herausgebers Ludwig von Ficker, in dem die milde Wesensart und die strenge Selbstbeherrschung Trakls gerühmt wurden, auch sein natürlich-einfaches Verhältnis zu einfachen Menschen, und in dem von dem einsamen Tod des Dichters im Garnisonsspital in Krakau die Rede war. Später erfuhr ich mehr von dem 1887 geborenen Georg Trakl – er stammte aus einer wohlhabenden Eisenhändlerfamilie in Salzburg, war halb burgenländischer, halb tschechischer Abstammung, er hatte früh Französisch gelernt und Baudelaires und Rimbauds Gedichte gelesen. Im Unterricht war er faul und gleichgültig, einem der Schule fernstehenden literarischen Freundeskreis vermittelte er seine Begeisterung für Dostojewski und Nietzsche, dort las er auch seine ersten Arbeiten, kurze Geschichten, vor. Seine Gedanken kreisten um Gott, Maria und die Sünde der Geschlechtlichkeit, die ihn bedrängte und um derentwillen er vielleicht der Versuchung, Rauschgift zu nehmen, so früh erlag. Er blieb sitzen und mußte die Schule verlassen, er besuchte Bordelle, war ein halber Dandy und ganzer Bohemien, oft hat man ihn, von den Drogen betäubt, in tiefer Bewußtlosigkeit gefunden. Während seiner Lehrzeit in der Salzburger Apotheke »Zum weißen Engel« soll er gewissenhaft gearbeitet haben, aber sein Wesen war schon damals zwiegespaltet, rauschhaft geäußerte Freude an der Schönheit der Natur wechselte mit bedrohlichem Verstummen, in allerlei Ängsten und Enttäuschungen bereiteten sich die Depressionen seiner späteren Jahre vor. Seine Beziehung zu der jüngeren Schwester Gretl, der »Mönchin« und »Fremdlingin« seiner Gedichte, wird von den einen seiner Biographen als poetisch sublimierte tiefe und reine Neigung, von den andern als Blutschande geschildert, so wie Trakl selbst bald als Heiliger und bald als Wüstling und möglicher Verbrecher erscheint. Gewiß fühlte er sich in der Welt von Jahr zu Jahr weniger heimisch, ein erträglicher Ort war, nachdem er den militärischen Medikamenten-Akzessisten-Dienst aus gesundheitlichen Gründen verlassen hatte, wohl nur Mühlau bei Innsbruck, wo ihm Ludwig von Ficker ein treuer Freund und Gastfreund war. Als die Schwester Gretl nach Berlin übersiedelte und heiratete, hatte Trakl seine Form schon gefunden, aber vor der wachsenden Schwermut retteten ihn auch die kurzen Perioden schöpferischer Erfüllung nicht mehr. Er sah Venedig, den Gardasee und bekam ein Stipendium, das ihn für einige Zeit vor Entbehrungen geschützt hätte, aber kaum, daß er von dem hinterlegten Geld die erste kleine Summe abgehoben hatte, brach der Krieg aus. Trakl ging als Militärapotheker ins Feld – ein Helfer, der aus Mangel an Medikamenten und Verbandmaterial nicht helfen konnte und der darüber erst eigentlich zusammenbrach. In der Irrenabteilung des Garnisonsspitals in Krakau starb er am 4. November 1914, er hat seinen Tod durch Drogen wahrscheinlich selbst herbeigeführt. Er hat einen Burschen gehabt, einen Bergarbeiter aus Hallstadt, und dieser hat nach Trakls Ende an Herrn von Ficker einen einfältigen und erschütternden Brief geschrieben, man hatte ihn aber nicht zu seinem sterbenden Leutnant gelassen, er wußte nichts.

Von dem Gefährlichen und Abgründigen in Trakls Leben, von dem »allerlei Verbrecherischen«, das er selbst in seinem Wesen erkannte, ahnte ich in der Zeit meiner ersten Trakl-Lektüre noch nichts. Er war der Jüngling, der Bruder, der an der Welt Leidende – für ein spät entwickeltes Mädchen wie mich kam die Teilnahme an seiner Trauer, seiner Todestrunkenheit, beinahe einer erotischen Beziehung gleich. Seine Jahreszeit, der Herbst, war auch die meine, sie ist es bis auf den heutigen Tag geblieben. Aus der Großstadt Berlin mit einem Mal in die Familienheimat in Südbaden versetzt, sah ich Trakls Landschaft, denn so weit von Österreich dieses alte Vorderösterreich auch gelegen ist, so erinnern doch das zarte Blau der Berge, der goldene Fluß der Wiesenabhänge an das salzburgische Land. Mit den Bauern des heimischen Dorfes kam ich in Berührung, und sie nahmen für mich die düsteren und leidenden Züge der Traklschen Bauern an. Ich kam nicht auf den Gedanken, daß Trakl ein Protestant gewesen sein könne, so sehr schien er mir im katholischen Südbaden heimisch, jeder Kreuzweg war sein Kreuzweg, ja er war es selbst, der am Rande des Weizenfeldes am Kruzifix hing. Das Wort »absterben«, das Trakl so oft verwendet hat, hörte ich nun in der Litanei, das tote Mädchen, das in der Bauernstube zwischen Lilien aufgebahrt lag, die erste Tote, die ich zaghaft berührte, war für mich Trakls sanfte Waise, deren Leib die Hirten verwest im Dornengebüsch gefunden hatten. Wie ich später erfuhr, konnte Trakl einem brennend weggeworfenen, im Dunkel erlöschenden Streichholz nicht ohne Schauder nachsehen, bei mir waren es die letzten Augenblicke der Sonnenuntergänge, das Verschwinden der Sonne hinter den Vogesen, die mich mit Entsetzen erfüllten. Ich war furchtsam und sah in den Schatten oft bedrohliche Gestalten – daß Trakl diese Schrecken ausgesprochen hatte, machte mich frei. Seine Engel mit den kotbefleckten Flügeln, seine Fieberschwärze, sein blutiges Linnen bestätigten meine Ängste, während seine wenigen ganz sanften und stillen Strophen, seine seltenen Bilder der Harmonie ein besonderes Gewicht gewannen. Hören Sie ein Beispiel für solche Verse schwebender Heiterkeit und ein anderes für eine am Rande des Chaos gerade noch wahrgenommene Harmonie. Hier das erste mit dem Titel

Verklärter Herbst

Gewaltig endet so das Jahr
Mit goldnem Wein und Frucht der Gärten.
Rund schweigen Wälder wunderbar
Und sind des Einsamen Gefährten.

Da sagt der Landmann: es ist gut.
Ihr Abendglocken lang und leise
Gebt noch zum Ende frohen Mut.
Ein Vogelzug grüßt auf der Reise.

Es ist der Liebe milde Zeit.
Im Kahn den blauen Fluß hinunter
Wie schön sich Bild an Bildchen reiht –
Das geht in Ruh und Schweigen unter.

Und nun das andere, auch ein Herbstgedicht, aber ein später entstandenes. Es heißt

In den Nachmittag geflüstert

Sonne, herbstlich dünn und zag,
Und das Obst fällt von den Bäumen.
Stille wohnt in blauen Räumen
Einen langen Nachmittag.

Sterbeklänge von Metall;
Und ein weißes Tier bricht nieder.
Brauner Mädchen rauhe Lieder
Sind verweht im Blätterfall.

Stirne Gottes Farben träumt,
Spürt des Wahnsinns sanfte Flügel.
Schatten drehen sich am Hügel
Von Verwesung schwarz umsäumt.

Dämmerung voll Ruh und Wein;
Traurige Guitarren rinnen.
Und zur milden Lampe drinnen
Kehrst du wie im Traume ein.

Ich möchte in diesem kurzen Vortrag Trakls Gedichte nicht zu deuten versuchen. Ganz gewiß bin ich, als ich sie neunzehnjährig las, auch nicht darauf aus gewesen, sie zu enträtseln, da sie mir ja gerade in ihrer Rätselhaftigkeit so teuer waren. Was mir ohne weiteres einging, war die kühne Farbigkeit der Traklschen Bilderwelt, ich selbst liebte die starken Farben, das Tiefschwarz und Purpur, das Braun und Blau und Gelb, ich liebte sie auch auf den Bildern von Emil Nolde, Franz Marc und August Macke, und bis zum heutigen Tage habe ich zum Schwarz-Weiß der Graphik kein rechtes Verhältnis gewonnen. Sonnenblumen, Resedenduft, fallende Äpfel, Hyazinthenlocken, schwarze Kastanien und gelbe Mauern, das alles hätte vielleicht schon genügt, um ein lebhaftes sinnliches Wohlgefühl in mir zu erwecken. Aber ich glaube nicht, daß es ein solches Wohlgefühl, eine Art von Wollust des Schmerzlichen war, was mich beim Lesen von Trakls Gedichten ergriff. Das eigentlich Ergreifende war vielmehr die Erfahrung von der Allgegenwart des Todes und die irrationale Art, in der Trakl dieser Erfahrung Ausdruck gab. Ich hatte, das sagte ich schon, fern vom Schuß, aber hilflos genug, als halbes Kind den Krieg erlebt, was ich vom Leiden und Sterben der Menschen erfahren, von ihrer Verelendung in der großen Stadt selbst gesehen hatte, genügte schon, um mich für Trakls unterweltliche Gesichte empfänglich zu machen. Weil in meiner Familie der Tod geleugnet und Krankheit und Unglück als eine Art von Schande angesehen wurden, haftete meiner Versenkung in Trakls Todesphantasien auch etwas Verbotenes und Gefährliches an – auf seinen einsamen Wegen entfernte ich mich zum erstenmal von meinem Elternhaus, das der Geist der Aufklärung und des Fortschritts erfüllte. Trakls Zweifel erschütterten das schon untergrabene Vertrauen meiner Kinderjahre, und zum erstenmal gab ich mir Rechenschaft über die Unsicherheit aller menschlichen Existenz. Daß Trakl seinerseits von Baudelaire beeinflußt war, wußte ich nicht, ich kannte seine »Blumen des Bösen« nur in Trakls melancholischer Abwandlung, aber nun entdeckte ich sie in meiner eigenen Umwelt, die noch vor wenigen Jahren so fest gefügt, so wohlgeordnet erschien. In dem Hauch von Verwesung, der Todestrauer, die mich aus Trakls Versen anwehte, verwandelte sich die gute Schülerin, das angenehme Familienmitglied ohne Übergang in den rätselhaften Knaben Elis, in den wahnsinnigen und aussätzigen Helian, die der Dichter Trakl besang.

An den Knaben Elis

Elis, wenn die Amsel im schwarzen Wald ruft,
Dieses ist dein Untergang.
Deine Lippen trinken die Kühle des blauen Felsenquells.
Laß, wenn deine Stirne leise blutet
Uralte Legenden
Und dunkle Deutung des Vogelflugs.

Du aber gehst mit weichen Schritten in die Nacht,
Die voll purpurner Trauben hängt
Und du regst die Arme schöner im Blau.

Ein Dornenbusch tönt,
Wo deine mondenen Augen sind.
O, wie lange bist, Elis, du verstorben.

Dein Leib ist eine Hyazinthe,
In die ein Mönch die wächsernen Finger taucht.
Eine schwarze Höhle ist unser Schweigen,

Daraus bisweilen ein sanftes Tier tritt
Und langsam die schweren Lider senkt.

Auf deine Schläfen tropft schwarzer Tau,

Das letzte Gold verfallener Sterne.

Und nun hören Sie den letzten Teil der Gedichtgruppe Helian, die mit den Zeilen »In den einsamen Stunden des Geistes / Ist es schön, in der Sonne zu gehen« beginnt:

Die Stufen des Wahnsinns in schwarzen Zimmern,
Die Schatten der Alten unter der offenen Tür,
Da Helians Seele sich im rosigen Spiegel beschaut
Und Schnee und Aussatz von seiner Stirne sinken.

An den Wänden sind die Sterne erloschen
Und die weißen Gestalten des Lichts.

Dem Teppich entsteigt Gebein der Gräber,
Das Schweigen verfallener Kreuze am Hügel,
Des Weihrauchs Süße im purpurnen Nachtwind.

O ihr zerbrochenen Augen in schwarzen Mündern,
Da der Enkel in sanfter Umnachtung
Einsam dem dunkleren Ende nachsinnt,
Der stille Gott die blauen Lider über ihn senkt.

Und noch eines von Trakls allerletzten Gedichten:

Klage

Schlaf und Tod, die düstern Adler
Umrauschen nachtlang dieses Haupt
Des Menschen goldnes Bildnis
Verschlänge die eisige Woge
Der Ewigkeit. An schaurigen Riffen
Zerschellt der purpurne Leib
Und es klagt die dunkle Stimme
Über dem Meer.

Schwester stürmischer Schwermut
Sieh ein ängstlicher Kahn versinkt
Unter Sternen,
Dem schweigenden Antlitz der Nacht.

Was alles mir damals an Trakls Gedichten verborgen blieb, kann nur der ermessen, der sich wissenschaftlich mit Trakl beschäftigt, der, wie etwa Wolfgang Held, die vielfachen Bezüge zu Biblischem und Mystischem, zur Kristallomantie und Metallurgie, zur Alchemie und Magie aufzudecken vermag und der die dämonische Rolle der Schwester, der »Fremdlingin«, Trakls Versen abzulesen weiß. Ich spürte zu jener Zeit nur eines: so viel Krankheit, so viel Tod und Wahnsinn konnte ein Mensch nicht in sich haben, es mußte ihm zugewachsen sein durch eine fast mystische Teilnahme an den Leiden anderer Menschen, an dem stummen Jammer der hilflosen Kreatur. Trakl hat das Wort Ich in seinen Gedichten selten ausgesprochen, er hat nicht, wie so viele seiner Zeitgenossen dieses Ich in einen pathetischen Zusammenhang mit dem Menschenbruder gebracht. Seine Brüder sind Träumer und halbe Tote, er selbst ist das weiße Tier, das zusammenbricht, der nächtliche Kahnfahrer, auf den das ergrünte Gezweig friedlich sinkt, die junge Magd, die wie ein Aas von Fliegen umschwirrt, weiß im Dunkel ihrer Kammer liegt. Er zählte das Böse einer Landschaft dem Bösen in seinem Innern hinzu und schuf dadurch jene furchtbaren Finsternisse, die in unseren Tagen in dem Tirol des Thomas Bernhard noch einmal Leben gewinnen. In den Briefen und Zeugnissen von Trakls Freunden fand ich vor kurzem wieder Stellen, die auf des Dichters Empfindlichkeit für das Leiden von Menschen und Tieren hinweisen und die sein zorniges Gerechtigkeitsgefühl betonen. Als ich Trakls Gedichte zum erstenmal las, wußte ich noch nicht, daß ihn diese Teilnahme, dieses wilde Sichaufbäumen gegen die eigene Ohnmacht den Verstand, ja das Leben gekostet hatten. Ich ahnte aber, daß niemand Verse schreiben kann, der nur für sich selbst und nicht auch für die andern spricht. Darüber hinaus erfaßte ich etwas von Trakls ambivalentem, aus Natürlichkeit und Introversion, aus Humor und Schwermut seltsam gemischten Wesen, das für den Österreicher so kennzeichnend ist. Ich fühlte mich ihm verwandt, und in meiner Naivität fühlte ich mich sogar eines Geistes mit ihm. Wenn ich einmal schreiben würde, wollte ich schreiben wie Trakl schrieb. Einstweilen aber schrieb ich überhaupt nicht, noch 5 Jahre lang nicht. Ich lebte nur wie ein Mensch, der sich dazu gemacht glaubt, sich auf irgendeine Weise auszudrücken, und der sich nicht ausdrücken kann, also unzufrieden dahin.

Ich sagte schon, daß ich durch Trakl zu Hölderlin geführt wurde, aber noch nicht, daß ich später »meinen« Dichter um Hölderlins willen verriet. Hölderlin war härter und großartiger, stand höher und stürzte tiefer hinab. Eine so stolze Zeile wie »im Arme der Götter wurde ich groß« hätte Trakl nie zu schreiben gewagt, und eine so eisige Verzweiflung, wie sie Hölderlins Gedicht »Hälfte des Lebens« ausdrückt, hat Trakl nie in Worte gefaßt. Hölderlins Götter waren furchtbarer und gefährlicher als Trakls sanfter Brudergott, wer Hölderlin las, rührte statt an Hyazinthenlocken und verwesendes Fleisch an die Säulen des Herakles, an den Fels, zu dem die trauernde Niobe versteint. Von dem mönchischen Beiseitegehen der Dichter der Jahrhundertwende war bei Hölderlin noch nichts zu spüren, auch nichts von dem Verfall des Fleisches – in seinem Schicksalslied schlagen die Menschen, von Klippe zu Klippe geworfen, hart auf, sie bewahren ihre Gestalt auch auf dieser Reise, die ins Ungewisse führt. Sie erinnern sich an die letzten Zeilen dieses Gedichts –

Doch uns ist gegeben,
 Auf keiner Stätte zu ruhn,
  Es schwinden, es fallen
   Die leidenden Menschen
    Blindlings von einer
     Stunde zur andern,
      Wie Wasser von Klippe
       Zu Klippe geworfen,
        Jahr lang ins Ungewisse hinab.

Das war ein anderer Ton als Trakls leise blutende Demut, und es war nun für mich wohl die Zeit gekommen, da ich nicht nur nach der mir von Hölderlin vermittelten griechischen Götterwelt, sondern ganz allgemein nach etwas Umfassenderen verlangte, als es mir der stille Einzelgänger Trakl geben konnte. Meine immer weiter bestehende Vorliebe für das Hymnische und Tragische im Gedicht hat dann viel später bei einem andern Dichter, nun wirklich einem Zeitgenossen, Nahrung gefunden. Der Chilene Pablo Neruda erschien mir erfüllt von Hölderlins Schwermut, von Trakls Todesbewußtsein, aber er griff mit seiner Weltschöpfung und Weltvernichtung nicht nur über Trakls herbstliche Gärten, sondern auch über Hölderlins großartige Bildungswelt weit hinaus. Er ruft den Menschen des alten Amerika, der »versunkenen Braut«, er verflucht die Eroberer, er besingt das Meer, die »große rasende Krone«, die Reiter zwischen den Regenwänden, die Ertrunkenen und Leidenden, und wie oft auch den Tod, freilich sehr anders als Trakl, elementarer und zugleich moderner, vom Bewußtsein der Geschichte erfüllt.
Wo ist nun bei mir der große Atem dieser von mir verehrten Dichter, wo ist ihre wahnwitzige Trauer, wo ist vor allem Trakls Verlorenheit, seine Verachtung des Glücks? Abgesehen davon, daß ich mich mit keinem der drei messen kann, bin ich auch einen anderen Weg gegangen. Elemente der Melancholie mögen sich in meinen Versen finden, auch Mystisches, auch Versuche in psalmodierender Weise die alten Themen der Heimat, der Gefangenschaft und der Existenz des Dichters zu behandeln. Ich habe aber, Trakl nicht nachahmend, ihm nicht einmal folgend, mit Gedichten angefangen, die eher Lob als Klage sind, in denen die Liebe ins Licht gerückt wird und das Unglück nur wie eine Wolke über den blühenden Landschaften des Lebens erscheint. Noch meine Kriegssonette, streng in der Form und folgerichtig im Inhalt, sind voll von jener Hoffnung, die für Trakl nur in der Todesstunde auftaucht und die eine rein methaphysische ist. Bald allerdings, und sehr lange ehe er in mein persönliches Leben eingriff, taucht auch bei mir der Tod auf, er beginnt, und das ist vielleicht die einzige Parallele zu Trakl, das Leben zu durchdringen. Die Vergänglichkeit war

schon das Thema eines alten Strandgedichts, sie ist später zum Zentralthema meiner Lyrik geworden. Die strengen Formen haben sich ebenso wie die Anklänge an Mittelmeerisch-Mythisches nach dem Kriege verloren, aber mit den für mich neuen freien Rhythmen habe ich nicht wie Trakl ein dunkles Zwischenreich beschworen. Gewiß, ich hätte es nicht gekonnt, mir fehlte jene, an Trakl gerühmte Fähigkeit, das Unausdrückbare auszudrücken, eine Fähigkeit, die von allen heute lebenden deutschen Dichtern vielleicht nur Paul Celan besitzt. Aber ich habe es auch nicht gewollt. Ich war an meine Zeit gebunden und hatte die Botschaften weiterzugeben, die ich von meinen Zeitgenossen empfing – das ist etwas anderes als Trakls »Wort der Liebe, das dunkeln Sinnes ein Idiot« spricht, und das im schwarzen Busch verhallt. Es ist etwas Geringeres und Vordergründigeres, aber es ist das, was ich machen konnte, und in dem ich meine eigene Sprache sprechen konnte, eine Sprache, die nackter und nüchterner als die Trakls ist und die sich nur selten zum Zeichen verkürzt.

Ich habe Trakl geliebt und nicht wie Trakl geschrieben. Wenn ich seine Gedichte wieder lese, erfüllt mich noch heute ein schmerzlicher Neid, den ich weder Rilke, noch George, noch Hofmannsthal gegenüber empfinde. Ich denke an meine jungen Jahre, an jenen dumpfen Zustand vor dem eigentlichen Erwachen und spüre genau, was ich Trakl zu verdanken habe: meine erste große Erschütterung durch das Wort, meinen ersten Zweifel, ohne den heutige Lyrik nicht gedeiht. Freude und Liebe, nach denen sich Trakl in seinem kurzen Leben vergeblich gesehnt hat, habe ich gehabt, und alles Negative in meinen Gedichten rührt, im Gegensatz zu Trakl, nur aus der Erkenntnis, daß Freude und Liebe die erdrückende Menge von Unglück und Schuld auf dieser Erde nicht aufwiegen können. Oft aber fallen mir jetzt, wo ich mich dem Alter nähere, zwei Zeilen des ganz jungen Trakl ein, die sehr charakteristisch für ihn sind und mit denen ich meinen Vortrag schließen möchte:

Schaudernd unter herbstlichen Sternen
Neigt sich jährlich tiefer das Haupt.

Schwierigkeiten, heute die Wahrheit zu schreiben

Von den aufgeworfenen Fragen (was ist Wahrheit – welche Tabus muß der Schriftsteller von heute vermeiden, um Erfolg zu haben – können Dichter die Welt verändern) hat mich die Frage nach der Wahrheit und ihrem Verhältnis zur Wirklichkeit besonders beschäftigt. Die Wirklichkeit, unsere heutzutage, drängt sich jedem auf. Es gibt Schriftsteller, die sie auf das genaueste studieren, indem sie nicht nur, wie es Goethe verlangte, »dem Volk aufs Maul schauen«, sondern auch vom Hexenglauben des 20. Jahrhunderts bis zur Jazzkirche, von der Atomwaffengefahr bis zur Tablettensucht jede Erscheinung des heutigen Lebens nachdenklich und sorgfältig registrieren. Wer nicht von vornherein darauf aus ist, die Welt in seine Netze zu bekommen, dem geht sie auch hinein, er hat nicht den Sammlerblick, er träumt und trödelt, aber irgendwann stellt sich heraus, daß auch er gesehen und gehört hat, daß auch seine Netzhaut klare und scharfe Bilder der Wirklichkeit bewahrt. Aus dieser auf so verschiedene Weise gewonnenen Wirklichkeit soll nun Wahrheit werden, eine, die wir überflüssigerweise sogar eine »höhere« nennen. In einem Verwandlungsprozeß, der weniger im Hinzufügen (etwa von Betrachtungen) als im Weglassen des Unwesentlichen besteht, soll die in jedem Augenblick schon vergangene und zur Leichenstarre verurteilte Wirklichkeit zu einem andern Leben erwachsen, das dauerhafter und möglicherweise ewig ist. So könnte es gewesen sein, meint der Schriftsteller, der eine sogenannte wahre Begebenheit in seine eigenen Worte kleidet. Aber hinter solcher Bescheidenheit verbirgt sich doch die Hoffnung, daß diese Begebenheit, mit seinen Augen gesehen und mit seinen Worten ausgedrückt, wahrer und wichtiger als die Wirklichkeit ist. Denn er hat sie zu seiner Sache gemacht, er hat sein Können, seine Geduld und möglicherweise die Erfahrungen eines ganzen Lebens in den Dienst dieser Sache gestellt. Und sofern ihm seine Darstellung gelungen ist, muß die Wahrheit, seine ganz persönliche Wahrheit, auch den Lesern sichtbar geworden sein.

Das Gelingen freilich ist ein Geheimnis, ein größeres als der

Erfolg, den wir, wie auch die Tabus, auf Wunsch unserer Fragesteller auch ins Auge fassen sollen. Die Wahrheit, oder sagen wir an dieser Stelle lieber: die Aufrichtigkeit der Darbietung ist meines Erachtens entscheidend; von der inneren Anteilnahme des Schriftstellers wird, wie von seiner Kühnheit, die Dauer seines Werkes bestimmt. Erfolge, sogar des Tages und der Öffentlichkeit, waren die Räuber, der Werther und heutzutage die Theaterstücke und Romane Samuel Becketts, die allesamt Tabus verletzten, die Räuber das politische der Herrschaft des 1. Standes, der Werther das private der bürgerlich-anständigen Liebe, die Gestalten Becketts das Menschenbild, an dem, obwohl es aus dem 19. Jahrhundert stammt, immer noch festgehalten werden soll. Künstlerische Wahrheit ist Treue zu sich selbst und zu seiner Zeit, in diesem Sinne gibt es eine künstlerische Wahrheit auch in der Lyrik – auch noch dem irrationalsten Gedicht muß man die historischen und soziologischen Erfahrungen abhören können, durch die sein Verfasser hindurchgegangen ist. In der Bewertung und Deutung der allen zugänglichen Erscheinungen liegt die Eigenart des Schriftstellers, ihnen entsprechend wird er seine Stoffe wählen und gestalten, sich aus den gerade gültigen Formen etwas, nämlich etwas Eigenes machen oder völlig, neue Wege gehen. Nur die Aufrichtigkeit trifft ins Schwarze, vielleicht sogar nur die Aufrichtigkeit einer bestimmten Lebensepoche, eines Augenblicks, in dem die Ausdrucksfähigkeit des Schriftstellers mit der Aufnahmefähigkeit des Lesers in geheimnisvoller Weise übereinstimmt – alle spätere Anerkennung ist dann nur ein Nachhall dieser im besonderen Sinne schöpferischen Zeit. Dabei gilt natürlich, daß man es auch in solchen Zeiten nicht jedem recht machen kann, nicht jedem recht machen mag. Die Wahrheit, auch die künstlerische, ist unbequem, die Gesellschaftskritik stößt, auch in freien Ländern, auf Widerstand, den neuen Formen bringen nicht nur die Böswilligen Mißtrauen entgegen. Es lohnt sich, darüber nachzudenken, woher da jeweils der Wind weht. Aber wer sich nach ihm richtet, weiß, daß er den Boden der Wahrheit schon verlassen und seine Sache schon verraten hat.

Daß die objektiven Werte sich im Laufe dieses Jahrhunderts so sehr verändert haben, glaube ich nicht. Zuneigung ist noch immer Zuneigung, Überwindung noch immer Überwindung, Standhaftigkeit noch immer Standhaftigkeit, Verrat noch immer Verrat. Was wir eingebüßt haben, ist der Stolz auf unsere Macht und Herrlichkeit, auch der Glaube an ein unmittelbares Eingreifen göttlicher Mächte in unser persönliches Geschick. Wir sind keineswegs sicher, ob wir einem Druck durch Folterung widerstehen würden, und beinahe überzeugt, bei einer langen, qualvollen Haft unsere innere Würde zu verlieren. Diese Erkenntnisse sind, wie die Einsicht in unsere verminderte Liebesfähigkeit, unsere Gleichgültigkeit und unsere nervöse Unduldsamkeit, Wahrheiten, die in der Literatur nicht verschwiegen werden können. Der alte Maßstab gilt trotzdem noch, sonst wäre nicht der kleine Rest von Liebe, Standhaftigkeit und Mut in der neuen Literatur so erschütternd – ich könnte Ihnen da von Hemingway bis zu Beckett viele Beispiel nennen. Ich meine auch, daß gewisse Vorstellungen von einem sittlichen Verhalten nicht untergehen können und daß sie auch in der Darstellung ihrer Gegenbilder noch wirksam sind. Auf Weltverbesserung zielt jedes Schreiben, sei es nur durch die intensive Bemühung, Stoff und Form in der einzig gültigen Weise zu verbinden, sei es durch die Sichtbarmachung von Dingen und Kräften, die dem rasch und flüchtig Lebenden verborgen bleiben müssen. Der alte, dem Leser vorgehaltene Spiegel, die alte moralische Anstalt, nur daß auf dem Theater der mahnend erhobene Zeigefinger wegfällt, so wie in der Lyrik der Jetztzeit der Leser sich seinen Vers selber machen muß. Eine aufmerksamere und nachdenklichere Welt *ist* eine bessere Welt – ich glaube, daß kein Schriftsteller darauf verzichten will, Aufmerksamkeit und Nachdenklichkeit zu erregen. Auf diese Bemühung wird er sich konzentrieren und nicht danach fragen, ob die zerstörerischen Kräfte am Ende stärker sind. Es sieht schlimm aus in der Welt. Aber wie es aussehen würde ohne die jahrtausendelangen Anstrengungen der Schreibenden, wissen wir nicht.

Eisbären

Endlich, dachte sie, als sie hörte, wie sich der Schlüssel im Türschloß drehte. Sie hatte schon geschlafen und war erst von diesem Geräusch aufgewacht; nun wunderte sie sich, daß ihr Mann im Vorplatz kein Licht anmachte, das sie hätte sehen müssen, da die Tür zum Vorplatz halb offen stand. Walther, sagte sie, und fürchtete einige Minuten lang, es sei gar nicht ihr Mann, der die Tür aufgeschlossen hatte, sondern ein Fremder, ein Einbrecher, der jetzt vorhatte, in der Wohnung herumzuschleichen und die Schränke und Schubladen zu durchsuchen. Sie überlegte, ob es wohl besser sei, wenn sie sich schlafend stellte, aber dann könnte ihr Mann heimkommen, während der Einbrecher noch in der Wohnung war, und dieser könnte aus dem Dunkeln auf ihn schießen. Darum beschloß sie, trotz ihrer großen Angst, Licht zu machen und nachzusehen, wer da war. Aber gerade, als sie ihre Hand ausstreckte, um an der Kette der Nachttischlampe zu ziehen, hörte sie die Stimme ihres Mannes, der in der Türe stand.

Mach kein Licht, sagte die Stimme.

Sie ließ ihre Hand sinken und richtete sich ein wenig im Bett auf. Ihr Mann sagte nichts mehr und rührte sich auch nicht, und sie fragte sich, ob er sich vielleicht auf den Stuhl neben der Türe gesetzt hatte, weil er zu erschöpft war, um ins Bett zu gehen.

Wie war es, fragte sie.

Was, fragte ihr Mann.

Alles heute, sagte sie. Die Verhandlung. Das Essen. Die Fahrt.

Davon wollen wir jetzt nicht sprechen, sagte ihr Mann.

Wovon wollen wir sprechen, fragte sie.

Von damals, sagte ihr Mann.

Ich weiß nicht, was du damit meinst, sagte sie. Sie versuchte vergeblich, die Dunkelheit mit ihren Blicken zu durchdringen, und ärgerte sich über ihre Gewohnheit, die Fensterläden ganz fest zu schließen und auch noch die dicken blauen Vorhänge vorzuziehen. Sie hätte gerne gesehen, ob ihr Mann da noch in Hut und Überzieher stand, was bedeuten konnte, daß er die Absicht hatte, noch einmal fortzugehen, oder daß er getrunken

hatte und nicht mehr imstande war, einen vernünftigen Entschluß zu fassen.
Ich meine den Zoo, sagte der Mann. Sie hörte seine Stimme immer noch von der Tür her, was – da sie eine altmodische Wohnung und ein hohes großes Schlafzimmer hatten – bedeutete, von weit weg.
Den Zoo, sagte sie erstaunt. Aber dann lächelte sie und legte sich in die Kissen zurück. Im Zoo haben wir uns kennengelernt.
Weißt du auch wo, fragte der Mann.
Ich glaube schon, daß ich es noch weiß, sagte die Frau. Aber ich sehe nicht ein, weshalb du dich nicht ausziehst und ins Bett gehst. Wenn du noch Hunger hast, bringe ich dir etwas zu essen. Ich kann es dir ins Bett bringen, oder wir setzen uns in die Küche und du ißt dort.
Sie schlug die Decke zurück, um aufzustehen, aber obwohl es für ihren Mann genauso dunkel sein mußte wie für sie selbst, schien er doch gesehen zu haben, was sie vorhatte.
Steh nicht auf, sagte er, und mach das Licht nicht an. Ich will nichts essen und wir können im Dunklen reden.
Sie wunderte sich über den fremden Klang seiner Stimme und auch darüber, daß er, obwohl er doch sehr müde sein mußte, nichts anderes im Sinne hatte als von den alten Zeiten zu reden. Sie waren jetzt fünf Jahre lang verheiratet, aber jeder Tag der Gegenwart schien ihr schöner und wichtiger als alle vergangenen Tage. Da ihm aber so viel daran zu liegen schien, daß sie seine Frage beantwortete, streckte sie sich wieder aus und legte ihre Hände hinter ihren Kopf.
Bei den Eisbären, sagte sie. Die Fütterung war gerade vorbei. Die Eisbären waren von ihren Felsen ins Wasser geglitten und hatten nach den Fischen getaucht. Jetzt standen sie wieder auf ihren Felsen, schmutzig weiß, und –
Und was, fragte ihr Mann streng.
Du weißt doch, was die Eisbären machen, sagte sie. Sie bewegen ihren Kopf von der einen Seite zur anderen, unaufhörlich hin und her.
Wie du, sagte ihr Mann.
Wie ich, fragte sie erstaunt und begann für sich im Dunkeln die Bewegung nachzuahmen, die sie soeben beschrieben hatte.

Du hast auf jemanden gewartet, sagte ihr Mann. Ich habe dich beobachtet. Ich kam von den großen Vögeln, die ganz ruhig auf ihren Ästen sitzen und sich dann plötzlich herabstürzen und einmal im Kreis herumfliegen, wobei sie mit ihren Flügelspitzen die Gitter streifen.
Bei den Eisbären, sagte die Frau, gibt es keine Gitter.
Du hast auf jemanden gewartet, sagte ihr Mann. Du hast den Kopf bald nach dieser, bald nach jener Seite gedreht. Der, auf den du gewartet hast, ist aber nicht gekommen.
Die Frau lag jetzt ganz still unter ihrer Decke. Sie hatte das Gefühl, auf der Hut sein zu müssen, und sie war auf der Hut.
Ich habe auf niemanden gewartet, sagte sie.
Als ich dich eine Weile lang beobachtet hatte, sagte ihr Mann, bin ich auf dem Weg weitergegangen und habe mich neben dich gestellt. Ich habe ein paar Späße über die Eisbären gemacht und auf diese Weise sind wir ins Gespräch gekommen. Wir haben uns auf eine Bank gesetzt und die Flamingos betrachtet, die ihre rosigen Hälse wie Schlangen bewegten. Es war nicht mehr so heiß und es war sogar ein Hauch von Spätsommer in der Luft.
Damals habe ich angefangen zu leben, sagte die Frau.
Das glaube ich nicht, sagte ihr Mann.
Zieh' dich doch aus, sagte die Frau, oder mach das Licht an. Sitzt du wenigstens auf einem Stuhl?
Ich sitze und stehe, sagte der Mann. Ich liege und fliege. Ich möchte die Wahrheit wissen.
Die Frau fing an, in ihrem warmen Bett vor Kälte zu zittern. Sie fürchtete, daß ihr Mann, der ein fröhlicher und freundlicher Mensch war, den Verstand verloren habe. Zugleich aber erinnerte sie sich auch daran, daß sie an jenem Nachmittag im Zoo wirklich auf einen anderen gewartet hatte, und es erschien ihr nicht ausgeschlossen, daß ihr Mann diesen anderen heute getroffen und von ihm alles mögliche erfahren hatte.
Was für eine Wahrheit, fragte sie, um einen Augenblick Zeit zu gewinnen.
Ich habe dich, sagte ihr Mann, damals nach Hause gebracht. Wir sind noch ein paarmal zusammen spazieren und auch einige Male abends ausgegangen. Jedes Mal habe ich dich gefragt, ob

du an jenem Nachmittag im Zoo auf einen anderen Mann gewartet hast und ob du vielleicht immer noch auf ihn wartest und ihn nicht vergessen kannst. Du hast aber jedes Mal den Kopf geschüttelt und nein gesagt.

Das war die Wahrheit, sagte die Frau.

Es mochte sein, daß draußen der Morgen schon anbrach, vielleicht hatten sich ihre Augen auch endlich an die Dunkelheit gewöhnt. Jedenfalls tauchten jetzt ganz schwach die Umrisse des Zimmers vor ihr auf. Sie sah aber ihren Mann nicht und das beunruhigte sie sehr.

Das war nicht die Wahrheit, sagte der Mann.

Nein, dachte die Frau, er hat recht. Ich bin mit ihm spazierengegangen und abends tanzen gegangen und jedesmal habe ich mich heimlich umgesehen nach dem Mann, den ich geliebt habe und der mich verlassen hat. Ich habe Walther gern gehabt, aber ich habe ihn nicht aus Liebe geheiratet, sondern weil ich nicht allein bleiben wollte. Sie war plötzlich sehr müde und es kam ihr in den Sinn, alles das zuzugeben, was sie so lange geleugnet hatte. Vielleicht, wenn sie es zugäbe, würde ihr Mann aus dem Dunkeln herüberkommen und sich zu ihr auf den Bettrand setzen. Sie würde ihm sagen, wie es gewesen war, und wie es jetzt war, daß sie jetzt ihn liebte und daß ihr der andere Mann vollständig gleichgültig geworden war. Sie zweifelte nicht daran, daß es ihr, wenn sie nur ihre Arme um seinen Hals legen konnte, gelingen würde, ihn davon zu überzeugen, daß es so etwas gab, daß eine Liebe erwachen und jeden Tag wachsen kann, während eine andere abstirbt und am Ende nichts ist als ein Kadaver, vor dem es einem graut. Walther, sagte sie, nicht Schatz, nicht Liebling, sie nannte nur seinen Namen, aber sie streckte im Dunkeln ihre Arme nach ihm aus.

Aber ihr Mann kam nicht herüber, um sich zu ihr auf den Bettrand zu setzen. Er blieb, wo er war und wo sie nicht einmal die Umrisse seiner Gestalt wahrnehmen konnte.

Ich war, sagte er, damals noch nicht lange in München. Es war dein Vorschlag, daß ich die Stadt erst einmal richtig kennenlernen sollte. Weil wir noch keinen Wagen hatten, fuhren wir jeden Sonntag mit einem anderen Verkehsmittel in eine andere Richtung, stiegen an der Endstation aus und gingen spazieren.

Immer ist es mir vorgekommen, als ob du auf diesen Spaziergängen jemand suchtest. Immer hast du deinen Kopf nach rechts und nach links gewendet wie die Eisbären, die die Freiheit suchen, oder etwas, von dem wir nichts wissen, und ich habe dich oft meinen Eisbären genannt.
Ja, sagte die Frau mit erstickter Stimme.
Sie erinnerte sich daran, daß ihr Mann ihr in den ersten Monaten ihrer Ehe diesen Namen gegeben hatte. Sie hatte geglaubt, er täte das in Erinnerung an ihr erstes Zusammentreffen im Zoologischen Garten, oder weil sie so dicke weißblonde Haare hatte, die ihr manchmal wie eine Mähne auf der Schulter hingen. Es war aber, wie sich jetzt herausstellte, kein Kosewort, sondern ein Verdacht.
Später, sagte sie, als wir den Wagen hatten, sind wir am Sonntag ins Freie gefahren. Wir sind durch den Wald gelaufen und haben auf einer Wiese in der Sonne gelegen und geschlafen, du mit deinem Kopf auf meiner Brust. Wenn wir aufgewacht sind, waren wir ganz benommen von der Sonne und dem starken Wind. Es ist uns schwergefallen, die richtige Richtung einzuschlagen, und einmal haben wir viele Stunden gebraucht, um den Wagen wiederzufinden. Weißt du das noch, fragte sie.
Aber ihr Mann ging auf diese Erinnerung nicht ein.
Wir sind ihm einmal begegnet, sagte er.
Ach, hör doch auf, sagte die Frau plötzlich ärgerlich. Geh etwas essen oder laß mich Licht anzünden und aufstehen und dir etwas zu essen bringen. Es ist noch ein halbes Hähnchen im Kühlschrank und Bier. Aber während sie das sagte, wußte sie schon, daß ihr Mann auf ihren Vorschlag nicht eingehen würde. Sie überlegte, womit sie ihn von seinen Gedanken abbringen könnte, und es fiel ihr nichts ein. Du hast morgen einen schlimmen Tag, sagte sie schließlich, du mußt bis zum Abend die Abrechnungen fertig haben und wenn du nicht ausgeschlafen bist, wird dir alles noch schwerer fallen.
Wir sind ihm einmal begegnet, sagte ihr Mann wieder.
Die Frau krallte ihre Hände in die Bettdecke und wußte nicht, was sie noch sagen sollte. Wenn es nur hell wäre, dachte sie. Ihr Mann hatte ihr zu Weihnachten einen Toilettentisch geschreinert mit einem Kretonnevorhang und einer Glasplatte, und sie hatte

ihm einen Lampenschirm gebastelt und diesen mit den Gräsern und Moosen, die sie im Sommer gesammelt und gepreßt hatten, verziert. Sie war überzeugt davon, daß diese Dinge, wenn man sie nur sehen könnte, ihr beistehen würden, ihren Mann davon zu überzeugen, daß sie ihn liebte und daß auch er selbst seinen alten Argwohn längst vergessen hatte.

Wir sind, sagte ihr Mann zum drittenmal, ihm einmal begegnet, und er sagte es mit seiner Stimme von heute abend, die so eintönig und merkwürdig klang. Wir sind die Ludwigstraße hinuntergegangen auf das Siegestor zu, es war ein schöner Abend und es war eine Menge Leute unterwegs. Du hast niemanden besonders angeschaut, es ist auch niemand stehengeblieben und es hat dich auch niemand gegrüßt. Ich hatte aber meinen Arm in den deinen gelegt und plötzlich habe ich gemerkt, daß du angefangen hast, am ganzen Körper zu zittern. Dein Herz hat aufgehört zu schlagen und das Blut ist aus deinen Wangen gewichen. Erinnerst du dich daran?

Ja, ja, wollte die Frau rufen, ich erinnere mich gut. Es war das erste Mal, daß ich meinen ehemaligen Liebhaber wiedergesehen habe, und es war auch das letzte Mal. Mein Herz hat wirklich aufgehört zu schlagen, aber dann hat es wieder angefangen und so, als wäre es ein ganz anderes Herz. Während das schöne kalte Gesicht meines ehemaligen Liebhabers in der Menge verschwunden ist, hat es sich in Nichts aufgelöst, und ich habe mich später an seine Züge nie mehr erinnern können.

Das alles wollte die Frau ihrem Mann sagen und ihn auch daran erinnern, daß sie sich damals auf der Straße an ihn gedrängt hatte und versucht hatte, ihn zu küssen. Sie zweifelte aber plötzlich daran, daß ihr Mann ihr glauben würde. Sie hatte das Gefühl, als stände hinter seinen Worten eine Unruhe, die sie nicht würde stillen, und eine Angst, die sie ihm nicht würde ausreden können, jedenfalls nicht in dieser Nacht.

Ich erinnere mich an unseren Spaziergang, sagte sie und versuchte ihrer Stimme einen gleichgültigen Klang zu geben. Ich habe keinen Bekannten gesehen. Ich habe so etwas wie einen Schüttelfrost gehabt, eine kleine Erkältung, und am Abend habe ich auch Fieber bekommen.

Ist das wahr, fragte der Mann.

Ja, antwortete die Frau.
Sie war traurig, daß sie nicht die Wahrheit sagen durfte, die doch viel schöner war als alles, was ihr Mann von ihr hören wollte. Sie war jetzt sehr müde und hätte gerne geschlafen, aber vor allem lag ihr daran zu wissen, was in ihren Mann gefahren war und warum er kein Licht anzünden und nicht zu Bett gehen wollte.
Dann ist also auch das andere wahr, sagte der Mann, mit einem Schimmer von Hoffnung in der Stimme.
Was, fragte die Frau.
Das vom Zoo, sagte der Mann. Daß du auf keinen anderen gewartet hast.
Ich habe auf dich gewartet, sagte die Frau. Ich habe dich nicht gekannt, aber man kann auch auf jemanden warten, den man noch nie gesehen hat.
Du hast mich, sagte der Mann, also nicht genommen, weil du von einem andern Mann im Stich gelassen worden bist. Du hast mich geliebt.
Noch einmal dachte die Frau, wie schmählich es von ihr war, daß sie hier lag und ihren Mann anlog, und noch einmal richtete sie sich auf und wollte die Wahrheit sagen. Es kam aber von der Tür her ein merkwürdiges Geräusch, das wie ein tiefes verzweifeltes Stöhnen klang. Er ist krank, dachte sie erschrocken, und legte sich wieder in die Kissen zurück und sagte laut und deutlich: Ja.
Dann ist es gut, sagte der Mann. Er flüsterte jetzt nur noch. Vielleicht hatte er auch die Schlafzimmertür von außen zugezogen und war im Begriff, die Wohnung wieder zu verlassen. Die Frau sprang aus dem Bett, sie riß an der Kette der Nachttischlampe und gerade, als habe sie damit eine Klingel in Bewegung gesetzt, begann es vom Flur her laut und heftig zu schellen. Das Zimmer war hell und leer, und als die Frau auf den Vorplatz lief, sah sie ihren Mann auch dort draußen nicht.

Obwohl das Haus, in dem die jungen Eheleute wohnten, ein altmodisches Haus war, gab es seit kurzem in allen Wohnungen Drücker, mit deren Hilfe man die Haustüre öffnen konnte. Walther, sagte die Frau unglücklich. Sie drückte auf den Knopf und öffnete zugleich schon die Wohnungstür und horchte hinaus. Sie wohnten fünf Stockwerke hoch, und fünf Stockwerke lang hörte sie die schweren Schritte, die die Treppe heraufkamen und die, wie sich herausstellte, die Schritte von Polizeibeamten waren. Ihr Mann, sagten die Männer, als sie der Frau auf dem Treppenabsatz gegenüberstanden, sei bei der Ausfahrt von der Autobahn mit einem anderen Wagen zusammengestoßen und schwer verletzt worden. Und als sie das gesagt und eine Weile in das erstaunte Gesicht der Frau geschaut hatten, fügten sie hinzu, daß der Verunglückte sich jetzt auf dem Weg ins Krankenhaus befände, daß aber die Sanitäter, die ihn in den Wagen getragen hätten, der Ansicht gewesen seien, daß er den Transport nicht überleben würde.

Das kann nicht sein, sagte die Frau ganz ruhig, es muß sich um eine Verwechslung handeln. Ich habe mit meinem Mann noch eben gesprochen, er ist in der Wohnung, er ist bei mir. Hier, fragten die Männer überrascht, wo denn, und gingen in die Küche und gingen ins Wohnzimmer und drehten überall die Lampen an. Da sie niemanden fanden, redeten sie der Frau gut zu, sich anzuziehen und sie ins Krankenhaus zu begleiten, und die Frau zog sich auch an, bürstete ihre langen weißblonden Haare und ging mit den Polizisten die Treppe hinunter. Auf der Fahrt saß die Frau zwischen den Männern, die versuchten, freundlich zu sein, und deren schwere Wollmäntel nach Regen rochen. Sie hatte ihren Spaß daran, daß der Fahrer das Martinshorn gellen ließ und alle roten Lichter überfuhr. Schneller, sagte sie, schneller, und die Polizisten glaubten, daß sie Angst habe, ihren Mann nicht mehr am Leben zu finden. Aber sie wußte gar nicht, warum sie in dem Wagen saß und wohin es ging. Die Worte ›schneller, schneller‹ sagte sie ganz mechanisch, und ganz mechanisch drehte sie ihren Kopf von links nach rechts und von rechts nach links, wie es die Eisbären tun.

Vogel Rock

Kurz vor drei Uhr bemerkte ich den Vogel in meinem Zimmer. Kurz vor drei Uhr nachmittags, ein schöner Tag im September, draußen schien die Sonne, also nichts von Dämmerung oder unheimlicher Stimmung, keine Spur. Da ich morgens früh aufwache, habe ich nach dem Mittagessen eine tote Zeit und bin unfähig, irgend etwas zu tun. Ich lege mich also mit der Zeitung auf mein Bett, lese ein bißchen und schlafe ein bißchen, übrigens ohne die Vorhänge zuzuziehen, auch die kleine Balkontüre steht offen und zwar bei jedem Wetter und bei jeder Temperatur. Neben meinem Bett befindet sich ein langer niederer Tisch, auf dem außer Büchern und Zeitschriften auch Schreibhefte und Bleistifte liegen, die ich gern zur Hand habe, um jederzeit etwas aufschreiben zu können.

Ich habe also auch an dem Tag geschlafen und bin aufgewacht und zwar diesmal nicht von selbst, sondern von einem merkwürdigen Geräusch, Schlagen wie von schweren Flügeln, aber wer denkt gleich an so etwas, und ich habe auch nicht an Flügel gedacht. Ich habe mich nur gewundert, weil in meiner Nähe sich etwas bewegte und habe die Augen aufgemacht. Den Vogel, einen großen, graubraunen, habe ich dann mit Erstaunen gesehen. Noch nie war einer zu mir ins Zimmer gekommen und war dort herumgeflogen zwischen den rosatapezierten Wänden, was dieser gleich zu Anfang mit einiger Geschicklichkeit tat. Mein Zimmer ist nämlich nicht groß, drei auf fünf Meter würde ich sagen, und es hätte mich nicht gewundert, wenn der Vogel sich bei seinem aufgeregten Hin und Her verletzt hätte und tot zu meinen Füßen niedergestürzt wäre. Er machte aber jedesmal eine rasche Wendung, nicht einmal mit dem Schnabel oder mit seinen Schwanzfedern berührte er die Wand. Wenn er nur, dachte ich, wieder hinunterfliegen würde auf den Teppich, und hinausspazieren, zu Fuß sozusagen, wie er doch wohl auch gekommen war, den braunen Teppich für Moos haltend und die rosa Wände für die Morgenröte, aber er tat es nicht, er blieb da oben und fand nicht zurück. Er flog noch eine ganze Weile lang hin und her und versuchte bald auf der Kette des

Kerzenleuchters, bald auf dem Rahmen des Spiegels Fuß zu fassen, wandte sich aber auch dort jedesmal blitzschnell wieder ab und strich unter der Zimmerdecke hin. Es war ihm bald anzumerken, daß er müde wurde und nicht aus noch ein wußte, und ich überlegte, wie ich ihm helfen könnte, etwa dadurch, daß ich das Fenster öffnete, das viel breiter als die Balkontüre ist und durch das man ein großes Stück Himmel sieht. Ich fürchtete aber, den Vogel zu erschrecken, und rührte mich nicht. Nur mein Schreibheft hatte ich ganz vorsichtig herübergeschoben und hielt es auf meinen angezogenen Knien.

Dann, kurz nach halb vier Uhr, fing der Vogel plötzlich an zu schreien. Er gab, immer noch hin- und herfliegend, einen langgezogenen und schrillen Ton von sich und dieser durchdringende und angstvolle Ton erschreckte mich sehr. Ich habe niemals, etwa in einem Käfig, Vögel gehalten und bin Tieren gegenüber überhaupt befangen; auch die zutrauliche und respektlose Art, mit der viele Menschen mit ihren Hunden oder Katzen umgehen, habe ich niemals nachahmen können. Ich bekam darum, als ich die wilde Stimme des Vogels hörte, sofort Herzklopfen. Ich wollte sogar aufspringen und aus dem Zimmer laufen, ich schlug schon mit der Hand die leichte Decke, die über meinen Knien lag, zurück. Es ist aber in diesem Augenblick der Vogel, der wohl meiner jetzt erst gewahr geworden war, plötzlich zur Ruhe gekommen. Er hat sich auf meine Wäschekommode gesetzt und seinen Kopf zu mir herübergewandt. Die ganze nächste Zeit über saß er da oben und sah mich mit seinen gelbumränderten traurigen Vogelaugen an.

Wenn ich mir jetzt einbilde, daß ich mich von Anfang an vor dem fremden Vogel gefürchtet habe, so ist das nicht wahr. Seine Stimme hat mich einen Augenblick lang beunruhigt, ich habe ihn aber, sobald er wieder still war, ganz ruhig und mit einem gewissen sachlichen Interesse angesehen. Ich habe versucht herauszubekommen, was für ein Vogel es war, und zu diesem Zweck habe ich zuerst einmal festgestellt, was er für eine Körperform hatte, wie lang seine Beine und sein Schnabel waren und wie sein Gefieder beschaffen war. Es hätte mir ohne Zweifel Freude gemacht, ihn einer bestimmten Gattung von Vögeln zuzuordnen, und wahrscheinlich hätte ich mich auch, wenn

mir das gelungen wäre, in seiner Gegenwart ruhiger und sicherer gefühlt. Ich habe aber mit diesen Untersuchungen kein Glück gehabt. Obwohl ich eine Menge von Vögeln kenne, gab es doch keinen, dem mein struppiger Gast ähnlich gesehen hätte. Er war ziemlich groß, aber er hatte weder die rostroten Steuerfedern der Trappen noch das bunte Gefieder der Wildtauben, nicht die glänzenden schwarzen Federn der Raben und Krähen, nicht den langen Schwanz der Elster und nicht die Federkrone des Wiedehopfs. Sein Schnabel war lang und gelb wie der einer Schnepfe und seine Füße waren wie die der Schnepfe stark und niedrig, aber seine Färbung war gleichmäßig und stumpf, es waren auf seinen Federn weder lichte Flecke noch helle Streifen zu sehen. Es gibt ihn also nicht, dachte ich ein wenig beunruhigt, als ich mir noch all die andern Vögel ins Gedächtnis gerufen hatte, die ich zwar nicht aus der Natur kannte, die aber einmal, auf großen farbigen Tafeln abgebildet, in unserem Kinderzimmer hingen. Es gibt dich also nicht, sagte ich laut, und stieß dann, weil ich vor meiner eigenen Stimme erschrak, einige lächerliche Pieptöne aus, so als könnte ich mit meinem Gast ins Gespräch kommen, ich wußte aber schon, daß das nicht gelingen würde, und der Vogel rührte sich auch nicht und schaute mich nur immer weiter an.
Soviel ich mich erinnere, habe ich gleich danach, es mochte jetzt etwa vier Uhr sein, angefangen den Vogel zu zeichnen. Wahrscheinlich habe ich dabei die Absicht gehabt, eine etwa gelungene Wiedergabe des Tieres mit Abbildungen in berühmten vogelkundlichen Werken zu vergleichen und ihn auf diese Weise schließlich doch noch zu identifizieren. Ich zeichnete in mein Notizheft, das ich gegen meine aufgestützten Knie lehnte, ich gab mir Mühe und hatte, da ich, ohne den Vogel zu erschrecken, das Zimmer ohnehin nicht verlassen konnte, Zeit genug. Ich bin auch im Zeichnen ganz geschickt, ich meine auf eine gewisse akademische Weise, ich habe, um mich in dieser Fertigkeit zu üben, verschiedentlich Abendklassen besucht. Es gelang mir aber nicht, den Vogel so wie er war aufs Papier zu bringen, und darüber wunderte ich mich sehr. Ich machte vier Zeichnungen und auf der einen hatte der Vogel Storchenbeine und einen Spatzenkopf, auf der zweiten trug er auf einem dünnen

Hals zwei Köpfe, auf der dritten hing er in einer Schlinge und hatte drei Beine, auf der vierten war von ihm fast nur das mir zugewandte Auge, ein riesiges Menschenauge, zu sehen. Ich versuchte es noch ein paarmal, auf immer neuen Blättern, aber es wollte mir nicht gelingen, meine Finger taten nicht, was ich wollte, sondern etwas, was ich gar nicht wollte und was mir den Vogel nicht näher brachte, sondern ihn fremd und höchst unheimlich erscheinen ließ.

Als ich meine Zeichnungen eine Weile angestarrt hatte, klingelte das Telefon. Bei diesem Geräusch fing der Vogel an mit den Flügeln zu schlagen und die Augen zu verdrehen und ich hielt es für besser, auf den Korridor zu gehen und den Hörer abzunehmen, manche Leute lassen den Apparat viele Male klingeln, ehe sie ihren Versuch aufgeben, und das hätte den Vogel gewiß ganz verrückt gemacht. Ich war aber auch sehr froh, auf diese Weise aus dem Zimmer zu kommen, und vielleicht hatte ich auch die Hoffnung, der Vogel würde in meiner Abwesenheit den Mut haben, bis zur Balkontür und durch die Tür ins Freie zu fliegen. Ich ging also hinaus und redete eine ganze Weile, aber als ich wieder in mein Schlafzimmer zurückkehrte, war der Vogel immer noch da. Er saß immer noch auf der Kommode, nur daß er sich jetzt aufgeplustert hatte, jedenfalls schien er mir jetzt viel größer als vorher. Ich starrte ihn erschrocken an und dann setzte ich mich hin, diesmal auf einen Stuhl, aber ich zeichnete nicht mehr. Ich muß ihm einen Namen geben, dachte ich und fing an mich zu besinnen. Es fiel mir aber keiner ein und darüber geriet ich in eine furchtbare Aufregung, so als sei mit einem Namen alles gewonnen, Ruhe und Sicherheit und Glück. Ein Name aus einem Märchen, aber ich wußte nicht, aus welchem, kam mir endlich in den Sinn, ich wußte auch nicht mehr, was für eine Art von Vogel das gewesen war. Ich schrieb unter meine Zeichnungen die Worte Vogel Rock und sagte sie auch leise vor mich hin, Rock, Rock, Rock, aber eine Beruhigung war das nicht.

Ungefähr um fünf Uhr muß ich auf den Gedanken gekommen sein, mir eine Tasse Tee zu machen. Ich ging in die Küche und stellte Wasser aufs Gas, und als das Wasser kochte und ich es auf die Teeblätter gegossen hatte, beschloß ich, das Tablett ins

andere Zimmer zu tragen, das ehemals das Zimmer meines Mannes war. Ich hatte aber diesmal die Tür nicht richtig zugemacht, und als ich in das Zimmer meines Mannes kam, sah ich den Vogel schon dort sitzen und zwar auf einem Tisch, der mit Büchern und Manuskripten bedeckt war. Er saß da nicht ruhig, sondern wandte den Kopf nach allen Seiten, so als wolle er alles in Augenschein nehmen, den Sekretär und die lange Bücherwand und die Couch mit den drei Rückenkissen und den Schreibtischstuhl mit den Armlehnen, die vorn etwas eingekerbt sind, so daß man in die Kerben seine Finger legen kann. Auf eine dieser Armlehnen setzte er sich später und das war mir sehr unangenehm, weil ich überhaupt niemand Fremden auf diesem Stuhl sitzen lasse, wenigstens wenn ich es vermeiden kann. Die Fenster standen auch in diesemZimmer weit offen, und während ich auf der Couch saß und meinen Tee trank, überlegte ich, warum der Vogel nicht hinausflöge, es wurde darüber sechs Uhr und die Sonne ging unter, gerade in der Lücke zwischen den beiden gegenüberliegenden Häusern, dort, wo die Pappeln stehen. Sie war groß und rot, und als sie hinter den Pappeln verschwunden war, fing der Vogel wieder zu schreien an.
Ich glaube, daß mir schon in diesem Augenblick der Gedanke gekommen ist, den ich damals nicht in Worte zu kleiden wagte und den ich auch heute noch nicht aufschreiben kann. Das Telefon klingelte noch einmal, diesmal war eine Freundin von mir am Apparat, die, kaum daß ich ein paar Worte gesprochen hatte, erschrocken fragte, was hast du, was ist dir, und gewiß dachte ich daran, ihr von dem Vogel zu erzählen, aber ich tat es nicht, ich redete mich heraus mit Kopfschmerzen und Übelkeit, ich mußte wohl etwas Verdorbenes gegessen haben, und als meine Freundin herüberkommen und nach mir sehen wollte, sagte ich schnell, nein danke, ich brauche nur Ruhe, ich gehe ins Bett. Ich dachte aber nicht daran, ins Bett zu gehen, vielmehr zog ich, kaum daß ich den Hörer niedergelegt hatte, meinen Mantel an und lief aus der Wohnung und die Treppe hinunter, wohin ich wollte, wußte ich nicht.
Es war jetzt schon dunkel, aber noch sehr warm, und ich war froh, draußen zu sein. Ich ging eine Weile ziellos durch die Straßen und dann ging ich zu einem mir befreundeten Ehepaar,

das ziemlich weit draußen, schon am Rande der Schrebergärten, ein Häuschen und einen Garten mit schönen alten Bäumen besitzt. Der Mann ist Vogelkenner und überhaupt ein Tierliebhaber und wahrscheinlich wollte ich mir bei ihm Rat holen, was ich mit dem Vogel anfangen sollte, ein großer Vogel in einer kleinen Stadtwohnung, ein Vogel, der wegfliegen könnte und nicht wegfliegen will. Wie ich es erwartet hatte, saßen meine Freunde im Garten bei einem Windlicht, um das die Nachtfalter schwirrten, in der hohen Rüster hörten wir die Käuzchen schreien. Über diese Käuzchen wurde gleich gesprochen und nun hätte nichts näher gelegen, als daß ich meine Frage anbrachte, aber ich habe es nicht getan. Ich habe schon angefangen, denkt euch nur, heute, und bin dann wieder ausgewichen und habe von einem anderen, ganz belanglosen Vorfall berichtet, der schon ein paar Tage zurücklag und den ich nur benützte, um nicht stumm dazusitzen und die großen Bäume im Nachtwind ächzen zu hören. Wir sprachen danach noch einmal über Nachtvögel, aber auf eine ganz nüchterne, fast wissenschaftliche Weise, es wurde die volkstümliche Anschauung von den Käuzchen als Todverkündern gar nicht erwähnt und auch von Seelenvögeln, das heißt von in Gestalt von Vögeln dem Körper entfliehenden Seelen, war die Rede nicht. Ich machte im Laufe des Abends noch zweimal, aber vergeblich den Versuch, von meinem Erlebnis zu erzählen, und hatte wohl auch im Sinn, mich von meinen Freunden nach Hause begleiten zu lassen, wenn der Vogel dann verschwunden war, um so besser, stellt euch vor, hätte ich dann gesagt, ich habe mich vor ihm gefürchtet, und mit einem Gelächter wäre alles zu Ende gegangen. Ich sagte aber nichts und bat meine Freunde auch nicht um ihre Begleitung, und das war gerade, als ob ich etwas zu verschweigen oder zu verbergen hätte.

Es muß ungefähr halb zwölf gewesen sein, als ich mich von meinen Freunden verabschiedete, und kurz vor Mitternacht, als ich nach Hause kam. Sofort, nachdem ich das Licht im Korridor angedreht hatte, sah ich den Vogel, der auf dem schmalen blauen Läufer saß und sich langsam auf mich zu bewegte. Er ging nicht, wie am Nachmittag auf dem Büchertisch, hochbeinig den Flur entlang, sondern kroch auf dem

Bauch, wobei er seine Flügel weit ausgebreitet nachschleppte. Der Korridor ist ebenfalls recht schmal, darum streifte der Vogel mit seinen Flügelspitzen die Wände, was ein seltsam fegendes Geräusch hervorrief, so wie wenn große Schwärme von Zugvögeln in geringer Höhe vorüberziehen.

Der Vogel schien mir viel größer als vor meinem Weggehen, niemals hätte er jetzt noch auf der schmalen, mit allerlei Sachen vollgeräumten Wäschekommode Platz gehabt. Er war so groß, daß ich erschrak und am liebsten gleich wieder zur Türe hinausgelaufen wäre. Aber dann blieb ich doch stehen und überlegte, was ich tun könnte, die Nachbarn wecken oder die Feuerwehr anrufen, von der ich wußte, daß sie mit Hilfe von langen Leitern oft verirrte Tiere aus den Wipfeln der Bäume oder von den Dächern herunterholt. Ich hätte aber, um zum Telefon zu gelangen, an dem Vogel vorbeigehen oder vielmehr über ihn hinwegsteigen müssen und das wagte ich nicht. Ich wagte gar nichts und eine Zeitlang machte ich aus Feigheit einfach die Augen zu. Als ich sie wieder öffnete, war der Vogel mir noch ein Stück näher gekommen. Er saß jetzt bei der Türe zum Wohnzimmer, die offenstand, und auch die Fenster im Wohnzimmer standen noch immer offen, und ich konnte über den Pappeln zwei Sterne sehen.

Geh fort, dachte ich, und vielleicht sagte ich es sogar, verstört und verwirrt, wie ich war, mit dem riesigen Vogel zu meinen Füßen, von dem ich mir schon vorstellte, wie er mir auch ins Schlafzimmer folgen und schließlich auf meiner Brust hocken würde. Denn der Vogel drängte sich jetzt ganz nah an meine Füße, und ich spürte seine staubige Wärme an meinem nackten Bein. Er war sehr groß und häßlich, und seine Augen waren trübe und ohne Glanz, und als ich auf ihn herunter- und gerade in seine traurigen kalten Augen sah, gab er ein merkwürdiges Krächzen von sich und jeden Augenblick konnte er wieder anfangen zu schreien. Zum ersten Mal roch ich ihn auch, er hatte den Geruch von trockenen Tannennadeln, auf die den ganzen Tag die Sonne geschienen hat, aber am Abend kriechen die fürchterlichen Schatten eines modrigen Talgrundes wie Nacktschnecken über sie hin.

Sie wissen, wie man ein Tier verjagt. Man klatscht in die Hände und stößt den Atem wie eine Lokomotive ihren Dampf von sich, und wenn das nicht hilft, stampft man mit den Füßen, bewegt die Arme wie Windmühlenflügel und schreit. All das habe ich am Ende dieses Tages getan und der Vogel hat sich wirklich gerührt, er ist ins Zimmer gekrochen und von dort zum Fenster hinausgeflogen, ziemlich ruhig übrigens, ohne wildes Flügelschlagen und ohne einen Laut. Es hat während seines kurzen Fluges merkwürdigerweise so ausgesehen, als flöge jeder Teil des Tieres für sich, der Kopf für sich und die Flügel für sich und der Schwanz für sich, es war Luft zwischen dem allen, wie bei einem Ding, das sich in seine Bestandteile aufzulösen beginnt. Einen Augenblick lang habe ich ihn auch draußen noch so schweben sehen, er war jetzt wieder klein, nicht größer als ein gewöhnlicher Vogel, und kaum, daß er das Fenster hinter sich gelassen hatte, war er auch schon nicht mehr da. Ich bin gleich durch das Zimmer gelaufen, um ihm nachzusehen, vielleicht wollte ich auch das Fenster hinter ihm schließen. Es war aber da gar nichts mehr, kein Schatten vor den stillen, nachtbleichen Häusern, keine Bewegung auf die Pappeln zu. Da war nur ich, die jetzt ihre Arme nach dem verschwundenen Vogel ausstreckte und weinte und die am nächsten Tag und am übernächsten Tag und noch viele Tage lang mittags zitternd vor Erwartung auf ihrem Bett lag, aber der Vogel kam nicht, und ich weiß, er kommt auch nicht mehr.

Nicht mutig

Die Mutigen wissen
Daß sie nicht auferstehen
Daß kein Fleisch um sie wächst
Am jüngsten Morgen
Daß sie nichts mehr erinnern
Niemandem wiederbegegnen
Daß nichts ihrer wartet
Keine Seligkeit
Keine Folter
Ich
Bin nicht mutig.

Bei Null

Durchzug von Wolkenfeldern
Schrift am Himmel
Unleserliche
Von den letzten Dingen
Schwebendes
Sinkendes
Plankton im Teich
Die Todesart
Ist jedem ausgewählt
Wer von uns würde
Unter der Folter nicht singen?
Jahre
Unhörbar heruntergezählt
Bei Null beginnt der Aufstieg
Rauschend.

Vor der Tür

Ich verlasse
Ich stoße mich ab
Von allem
Hab meine Lust
Immer am Aufbruch
Weiß kein beßres Wort
Als dies
Lebt wohl
Lebt wie Ihr wollt
Womöglich wohl
Aber jedenfalls ohne mich
Ich bin schon vor der Tür
Bin an der Luft
An die Luft gelehnt
An die tausend Stimmen
Der Einsamkeit
Atme ich tief.

Ich früher

Ich früher kam euch bedrohlich
Packte euch an der Gurgel
Überschüttete euch
Mit Asche und Lava

Rief euch zurück ins Gedächtnis
Eure ewigen Niederlagen
Malte euch an die Wand
Die alte Schreckschrift
Welt unter

Nicht weiter
So
Nicht weiter
Auf Prosperos Insel

Meine Gedichte von morgen
Haben keine erkennbaren Worte mehr
Auch keine verschlüsselten
Nur

Regentropfen und Tränen
Sanft
Auf ein moosgrünes Wasser

Dong
Darong
Dong.

Beschreibung eines Dorfes

I

Eines Tages, vielleicht sehr bald schon, werde ich den Versuch machen, das Dorf zu beschreiben. Ich werde überlegen, womit anfangen, mit dem Oberdorf, mit dem Unterdorf, mit dem Friedhof, mit dem Wald. Oder mit den Höhlen, die hoch oben am Ölberg liegen, Wasser, so geht die Sage, erfüllte die Talbucht, wie jetzt zuweilen der Nebel, an den Felsen waren einmal Ringe, an den Ringen Boote befestigt, während in Wirklichkeit nur eines feststeht, nämlich, daß diese Höhlen die Zuflucht nacheiszeitlicher Jägerhorden waren

schließlich werde ich mit der Vogelschau beginnen, mit dem, was ein Vogel sieht, oder ein Fluggast aus seinem Kabinenfenster, schwarzen Wald auf der einen Seite des Tales, mit Buchengrün an den Rändern, Buchenwald auch an der anderen Seite, von Ahornen und Lärchen durchsetzt

übergehend in den Rebberg, und auf dem Talgrund das Dorf, zwischen Wiesen und Obstbäumen, die mächtige Lindenkuppel des Hauses Nr. 84 und die vielen Glasfenster der Gärtnerei

ich werde das alles beschreiben und besonders ausführlich über die Rebhänge sprechen, die viele Jahrzehnte lang vernachlässigt waren, Brachland und Kartoffeläckerchen hier und dort

die aber jetzt neu angepflanzt und von blauen Asphaltstraßen durchzogen sind. Ich werde bei dieser Gelegenheit auch erwähnen, daß noch vor vielen Jahren, aber schon zu meiner Lebenszeit, die Trauben mit den Füßen gestampft oder in der Eichentrotte gepreßt wurden

daß aber jetzt der Wein gemeinschaftlich behandelt und in große Behälter gefüllt wird, die nicht mehr aus Holz, sondern aus Glas oder Beton bestehen.

2

Am nächsten Tag, meinem zweiten Arbeitstag, werde ich zu der Vogelschau zurückkehren. Ich werde zuerst die schönen Waldränder bekanntgeben, dann das Wiesenvorland, dann das Rheintal, die Vogesen, den Schweizer Jura und die Burgundische Pforte, die man übrigens auch von den Mansardenfenstern des Hauses Nr. 84 sieht. Ich werde den historischen Charakter der Landschaft betonen, und behaupten, daß, wer Einbildungskraft besitzt, noch heute die Heere durch die Ebene ziehen sehen kann

die Kelten und Germanen, kämpfend mit Cäsars Legionären, die Alemannen und Franken, die Bauern aus Staufen, die das Schloß der Herren Schnävelin von Bärenlapp im Dorf zerstörten

die Schweden, die dreihundert Kirchhofener Bauern erschlugen und das Kloster Sölden in Brand steckten

die Truppen des Marschalls Turenne, der über das Kuckucksbad und durch das Hexental gegen die Bayern zog, die Truppen Ludwigs XIV., die von Breisach her Freiburg eroberten

die Heere des Pfälzischen Erbfolgekrieges, des Spanischen Erbfolgekrieges, des Österreichischen Erbfolgekrieges, des 1. Koalitionskrieges, des 2. Koalitionskrieges, des 3. Koalitionskrieges und der Freiheitskriege

was alles für die Dörfer des Hexentals bedeutete Plünderung, Kontributionen, Bauern, zum Schanzen gezwungen, Hafer, Feldfrüchte, Wein, Gold, Vieh, Schweine, Hühner weggeführt, Brandschatzung, Flucht in die Wälder, Elend, Tränen und Angst.

3

Nachdem ich von diesen lang zurückliegenden Kriegswirren gesprochen, aber auch die Orte Chemin-des-Dames und Hartmannsweilerkopf und den vor dem letzten Krieg angelegten Westwall erwähnt habe, werde ich, was aber mit dem Dorf nicht unmittelbar zu tun hat, die oberrheinische Tiefebene beschreiben

und zwar so, wie sie ist, wenn man sie durchquert, wenn sich die Gebirge wie ängstliche Hunde gegen den Boden drücken, während die Könige des Flachlandes, Mais, Weizen und Tabak, ihre Häupter erheben

ohne die poetische Schnakenwildnis der Altwasser, mit der es schon seit Jahrzehnten vorbei ist, wie mit den Libellen, die einst über die libellenflügelfarbigen Sumpflachen schwirrten

mit stattdessen Jungwäldern aus märkischen Kiefern, grünkronig, rotstämmig, die sich unter weißgetürmten Schönwetterwolken erheben

indem ich die Veränderungen der Landschaft damit erkläre, daß man dem Rhein das Wasser abgegraben und die Autobahn gebaut hat, und indem ich von diesen Veränderungen ausführlich berichte, schlage ich bereits den Grundton meiner eben begonnenen Arbeit an. Das Schild ›Baden verboten‹ mitten im Forst, und was ein Mensch erleben kann, auch wenn er nicht sehr alt wird

letzter Aufruf für die Libellen, letzter Aufruf für die Schmetterlinge, von denen auch noch die Rede sein soll, wie von den Baggern, die in den Kiesgruben wühlen und mondbleiche Seen ausheben

von den weißbestäubten Kalkwerken, die an die alte Festung, den Isteiner Klotz sich lehnen

von den spitzen Hügeln, dem Auswurf des Kaliwerks Buggingen, und den Straßen des kleinen Thermalbades, durch die am Sonntag in dicken blauen Uniformen die französischen Flieger ziehen, von den Geißblattranken, die sich an die alten, verfallenen Bunker des Westwalls schmiegen, und wie meine Mutter, nicht weit davon, im Sterben lag, und die französischen Gefangenen ihr mit Wintergrün das Totenbett schmückten. Wie kein Schuß hinüber, herüber, keiner fiel.

4

Am vierten Tag werde ich in die nähere Umgebung des Dorfes zurückkehren. Ich werde vom Wasser sprechen, von diesem Netz von Bächen und Bächlein, die sich im Tal vereinigen, um die Ebene und den Strom zu gewinnen, auch von der neuen Kanalisation

diesem Netz von Röhren, welche die menschlichen Ausscheidungen unterirdisch befördern, und wie dieses Netz auf seltsame Weise den klaren und reinen Strömen über der Erde entspricht. Von den Bächen, die nicht reguliert sind, die einmal abgezapft wurden mit Wehren, die man öffnen und schließen konnte, Wiesen, die ich wässerte, und unter den hochgezogenen Brettern strömte das Wasser den durstigen Wurzeln der Apfelbäume zu, aus denen aber jetzt die Kraft der Motoren das Wasser aufsaugt, in Röhren leitet, in Schläuche, in Regner, die ihre Strahlen weit aussendend, über den Wiesen sich drehen

von dem Wasserbehälter hoch über dem Dorf, dort, wo die Straße den Wald verläßt und der große Blick nach Westen frei wird, von diesem Betonklotz, in dem es strömt und pocht und rauscht wie in einer Gebirgsschlucht

von all dem werde ich erzählen und an den Rand des Blattes den Lauf der beiden Hauptbäche zeichnen, Möhlin und Eckbach, die sich unterhalb des Dorfes vereinen. Ich werde sagen, daß diese Bäche und ihre Nebenbäche schon alles Wasser im Tal sind, kein See, kein Teich, und alle Meere weit, nämlich viele Hunderte von Kilometern weit entfernt. Binnenland, aber kein Trockenland, ozeanische Winde wie oft, von Frankreich her, die feuchten Westwinde zur Weihnachtszeit

die schwefelgelben Sonnenuntergänge, die himbeerroten Sonnenuntergänge, ein Küstenland, aber am Himmel, unbegehbare Inseln, unbefahrene Buchten, graublau und rosig, eine andere gewaltige Landschaft, unter der die mit Händen zu greifende versinkt. Zwei Landschaften und auch die irdische hat ihre Stunden, auch das greifbare Wasser die heißen Mittagsstunden, wenn man durch den Wildwuchs der Böschung hinabtaucht und da hockt im kühlen Finstergrünen, wo der Bach funkelnd über die Steine springt

wo in tiefen Gumpen die alten Forellen stehen, die man als Kind mit den Händen gegriffen hat, mit denen man aber jetzt reglos eine stumme Zwiesprache hält

über die weiten Wege der Menschen, die weiten Wege der Fische, Gleitwege und Sprungwege, im Frühjahr zwischen schlaffstengeligen Anemonen, fetten goldgelben Sumpfdotterblumen

und sich erinnert, daß am Bach, in der Nähe des Hauses Nr. 84, einmal eine Mühle stand, daß der Müller ein großer Schläfer, aber auch erfindungsreich war, so daß er einen Glockenzug konstruierte, und die Glocke weckte ihn nach jedem Mahlgang pünktlich zur rechten Zeit

daß da, wo einmal die Mühle stand, später ein Sprunggarten für Pferde war

daß dort noch später junge Bäume aufwuchsen, edle, fremdartige, die aber vor ihrer Zeit schon geschlagen wurden

dann eine Schonung von Tannen, zu Christbäumchen herangezogen, Veränderung über Veränderung, ich habe die Absicht, darauf noch einmal zurückzukommen, vielleicht schon am nächsten Tag.

5

Am nächsten Tag aber, meinem fünften Arbeitstag, wird mir anderes wichtiger erscheinen, zum Beispiel, wie schnell im Tal das Gras wächst, schneller als irgendwo

so, daß es zwei-, dreimal im Jahr geschnitten wird, auf den Matten liegt, verzettelt wird, mit der Hand, mit den flinken Gabeln des Heuwenders, den der Traktor zieht

wobei es seinen Duft verströmt in den warmen Juninächten, seinen wilden Heugeruch, den verrückt traurigen zu Mondschein und Rosenblüte

wie nach dem zweiten Schnitt sich eilig schon die Herbstzeitlosen hervordrängen, dann die Champignons, einzeln und in Hexenringen, die Boviste, aus denen der Graustaub quillt

besonders auf der nach Westen zu gelegenen Wiese, wo die Schwalbenflugvorbereitung stattfindet und wo Anfang September alle Drähte der Überlandleitung voll von zappelnden Jungschwalben hängen, und die Champignons und Boviste gehören wie der Schafkot und die Roßäpfel bereits der Vergangenheit an

wie unter den nach Mariä Geburt leeren Drähten das Gras zum drittenmal aufwächst, zum für mich hundertfünfzigsten Mal, auch das andere, feuchte, silberschartige, im Wald, wo es schon alles überwachsen hat

die zugeschütteten Panzergräben, die Leiche des erhängten Polen und die toten Soldaten der Wlassow-Armee

und wie es auch uns überwachsen wird, die klein auf dem Friedhof liegen, aber groß, mit ausgebreiteten Armen unter dem Tal, den Kopf beim Wasserwerk, die Füße unter den Schwalbendrähten

wie es dann wüchse, das Gras, aus unserer Brust und aus unseren Schenkeln, lang und saftig aus unseren Händen, die rechts und links unter die Waldwiesen zu liegen kommen. Wie schön es da blühte im Mai

und sich wiegte über dem toten Rehbock und dem
Jäger aus Kurpfalz, und ein neues Kindergesicht bettete sich in
die Halme, in den krabbelnden Urwald, das alte Zinnkraut
zu Kröte und Blindschleiche, und spitzknieig, rie-
senäugig hüpften die Schrecken von Halm zu Halm.

6

An meinem nächsten Arbeitstag werde ich einige Zahlen anführen, im Dorfe wie viele Seelen, wie viele davon Kinder, wie viele Männer, wie viele Frauen

wie viele Katholiken, Protestanten, Religionslose, wie viele Eingesessene, wie viele Neubürger, wie viele vorübergehend Anwesende

wie viele Personen im eigenen Hause und wie viele zur Miete oder zur Untermiete wohnen

wie viele Personen Landwirtschaft betreiben und wie viele davon in der Landwirtschaft hauptberuflich, wie viele nebenberuflich tätig sind

wie viele Einwohner einen Kraftwagen, ein Motorrad, ein motorisiertes Fahrrad (Moped) besitzen

wie viele Männer und Frauen der Gemeinde in der Industrie tätig sind

und wie viele zu ihrer Arbeit mit werkseigenen Autobussen, mit eigenen Fahrzeugen, mit dem Linienautobus fahren

wie viele Einwohner in den letzten zehn Jahren an Kreislaufstörungen, an Krebs, an Tuberkulose, an anderen Krankheiten gestorben sind

wie viele Kinder im Augenblick den von der Kirche unterhaltenen Kindergarten, die staatliche Volksschule, die höhere Schule in der Stadt besuchen

wie viele Einwohner Unterstützung beziehen und wie viele ganz auf Kosten des Staates leben

(wie viele einen gesunden Schlaf haben und wie viele aufstehen und umhergehen müssen in der Nacht.)

Danach werde ich noch die Toten beschreiben, ihre hageren lehmbraunen Gesichter vom römischen Typus oder fette mit riesigen Kröpfen, mit schlauen Augen, mit gütigen Augen, aus Erde gemacht, zu Erde gewordene während die Lebenden schon aus ganz anderem Stoff zu bestehen scheinen, die Jungen besonders, die nicht mehr auf dem Ochsenkarren langsam vorbeifahren, sondern hüpfend auf dem Unimog oder knatternd auf dem Motorrad

die Mädchen in blumenschönen Kleidern mit den Frisuren von Filmschauspielerinnen, roten Lippen, rosenroten Nägeln, seitlich sitzend auf dem Gepäckträger, an die Schultern der jungen Männer geschmiegt

die Kinder, die auf dem Friedhof ›Meerstern, ich dich grüße‹ singen, die weißgekleidet tanzen auf den Gräbern, immer mehr werden, fortziehen nach Westen, während von Osten neue Scharen heran

7

Am nächsten Tag werde ich mich den Geräuschen des Dorfes zuwenden, zuerst den noch immer nicht verklungenen Geistergeräuschen, dem Schleppschritt der Kühe, dem Knarren der Wagenräder, dem Pferdegetrappel auf der Landstraße, der Glocke des Ausrufers, dem Rattern und Sausen der Dreschmaschine im Schopf

dem Sensendengeln, im Juni von den Wiesen her, metallisch kräftig, dem dürren Holzgeklapper der Flegel auf der Tenne,

Geräuschen, an deren Stelle etwas anderes getreten ist, etwas Lautes, Rasches, ein Hin und Her der Zukunft entgegen, das zieht und treibt

Geräusche von Traktoren, die mit vielfältigen Geräten hacken, jäten, pflanzen, pflügen, Wasser pumpen, regnen, mähen, dreschen, Erde krümeln

Geräusch der Sprengungen im Kalkwerk hinrollend über die Wälder

Geräusche der französischen Flugmaschinen, die über dem Tal ihre Übungsflüge ausführen und die Schallmauer durchbrechen

der Raupenschlepper, die die Erde bewegen, auf den Bauplätzen, im Weinberg

der Motorräder auf dem Wege zum Fußballplatz, große Schleife um den Friedhof, offener Auspuff, Fahnen von weißem Staub

der Lastwagen, Autobusse, Personenwagen auf der Straße

aber wie immer das Gelächter der Spechte, das Spotten der Ringeltauben, das sehnsüchtige Pfeifen der Bussarde

die Kirchenglocken wie immer, Sonntagsmahnung, Scheidzeichen, Feuernotruf in der Nacht

Geräusche des Holzfällens, Kerbeschlagens, mit langstieligen Äxten, der Bäume, die fallend pfeifen, brausen,

dann krachend aufschlagen, die Krone, der Stamm
des Westwinds wie immer alte orgelnde Stimme,
das Erschrecken der Rehe im Wald.

8

Am nächsten Tag, meinem achten Arbeitstag, werde ich über den Friedhof schreiben, über die kleinen Nummern auf den Gräbern, über die Namen, die sich immer wiederholen, Maier, Hermann, Mangold, Schmutz, Koch, Weber, Schweizer, Mörder, Gutgesell.

Ich werde eine kleine Skizze zeichnen, in der Mitte das Grab eines alten Pfarrers und die vier (nicht mehr vorhandenen) Linden

rechts am Ende des Querwegs die kleine Kapelle himmelblau ausgemalt und mit Sternen und links das Familiengrab der Bewohner des Hauses Nr. 84, und die beiden schönen Trauerbäume, die an dieser Stelle die Mauer überragen

ich werde versuchen, den Grabstein des alten Reiters wiederzugeben, Wappen und Helmzier, Dachsparren und Rosen und den springenden Steinbock im Wappen seiner Frau; dabei werde ich mich an die Beerdigung des alten Reiters erinnern

an den arabischen Schimmel, der ohne Sattel hinter dem Leichenwagen hertänzelte und wie eben dieser Schimmel den Reiter auf die Höhen des winterlichen Gebirges trug, ich werde erwähnen

daß der Reiter gar nicht hier begraben sein wollte, sondern bei den Soldaten seines Regiments, während sein Schwiegersohn, der dritte, von weit hergekommene, gerade dieses gewünscht hat, zwischen den Einwohnern des Dorfes, auf der schönen Anhöhe zwischen Tal und Tälchen wie auf einem Schiff in den Westhimmel segeln

auch den Grabstein dieses Schwiegersohnes werde ich zu zeichnen versuchen, seine fremdartig sich von dem roten Sandstein abhebenden parthenonischen Reitergestalten in ihrer ewigen Jugend

und die Mauer, die der Herr Matern, der Sohn des Reiters, um die Gräber der Familie gezogen hat und über die sich seine Schwestern, die zwei, die damals noch am Leben waren, sehr aufgeregt haben

die aber jetzt schon mit wildem Wein und Rosen üppig und schön überwachsen und auch nicht so hoch geworden ist, wie es ursprünglich beabsichtigt war, so daß man über sie hinweg die Rheinebene und die Burg Staufen sehen kann, und die beiden roten Sandsteine ragen über sie hinaus

auch die zweite rote Sandsteinplatte werde ich beschreiben, das romanische Kapitell und die eingemeißelte Gedichtzeile und sagen, daß unter diesem Grabstein die junge zweite Frau des Herrn Matern liegt, deren Glieder, Augen, Stimme, Atem gelähmt waren, die fünf Wochen lang an einem Scheinleben erhalten wurde und ohne Besinnung starb

ferner das kleine Urnengrab, das vor kurzem über den Gebeinen des Reiters und seiner Frau ausgehoben worden ist und das die Asche der zweiten Schwester des Herrn Matern enthält. Ich werde versuchen, die blasse und liebliche junge Frau, die leidenschaftliche und poetische Schwester und den unter den griechischen Reitern ruhenden Schwager zu schildern, was aber wohl über meine Kraft gehen wird, weswegen ich nur noch erzähle, daß neuerdings zu Weihnachten auf dem Friedhof Lichter angezündet werden

Lichter, die des Westwindes wegen oft unruhg brennen oder sofort erlöschen

Lichter an Tannenbäumen, die an einzelnen Stellen, wie zum Beispiel auf der Grabstätte des Hauses Nr. 84 schon so etwas wie ein Gehölz bilden, einen kleinen flammenden Wald.

9

An meinem neunten Arbeitstag werde ich von dem im Tal so üppig wachsenden Obst sprechen, von den Kirschen, Äpfeln und Birnen, die früher ins Faß wanderten, ein Bruchteil nur wurde geschnitzelt, im Backofen gedörrt

von den Äpfeln, die holzig und sauer, von den Kirschen, die klein und süß waren, und wie die letzteren, der Gärung ausgesetzt, sich verwandelten in glasklares Kirschwasser, freilich erst nach dem Brennen, der geheimnisvoll hexenküchenhaften Destillation

wie im Kriege jeder brannte, auch der das Brennrecht nicht besaß, hinter verschlossenen Türen fielen die Tropfen aus dem Kolben, der Vorlauf zuerst, mit dem man die Fesseln der Pferde und die Glieder der Alten einrieb

dann die immer klarere, immer edlere Flüssigkeit, von der ein Rausch schon in der Luft hing und ein Abglanz auf den Gesichtern, auch auf des stumm dabeihockenden Paters Gesicht

wie in die hohen, von grauem Moos überwachsenen Birnbäume die alten Männer stiegen und stürzten aus den Wipfeln zu Tode

wie ein Pfirsichbaum wohl hier und dort in den Reben stand, eine rosige Wolke, aber nur kümmerliche Früchte trug

wie jetzt alles anders ist, Edelobst, neue Kulturen, Spaliere, Hecken, Buschbäume, von Kindern mit der Hand zu pflücken, in kurz gehaltener Grasnarbe, unkrautfrei, mit blausilbern schimmernden Drahtnetzen eingezäunt

planmäßige Schädlingsbekämpfung, sorgfältige Ernten, fließende Bänder, auf denen sich die Früchte selbst nach ihrer Größe ordnen

in Kisten legen, in Lastwagen, in Lagerhallen, die Birnen Alexander Lucas und William Christ, die Äpfel Cox Orange, Golden Delicious, Stark Earliest, Goldparmäne, Champagnerreinette, Roter Boskoop, James Grieve und nur im Pfarrgarten noch diese kleinen, marktunwürdigen rotgesprenkelten Mirabellen, diese goldgelb aufplatzenden Zwetschgen, von Wespen über und über bedeckt, und mit einem leisen Prall, in niemandes Gegenwart, fallen dort die Äpfel und Birnen ins Gras.

10

An meinem zehnten Arbeitstag werde ich von der Gärtnerei erzählen, den hunderten von Frühbeetfenstern im Freien

den gescheit gewinkelten Glashäusern, mit Spitzdächern, Flachdächern, mit Ölheizung, ohne Ölheizung

mit Ketten von Glühbirnen, die am Abend angezündet werden, Truglichtern, die einen langen Tag vortäuschen, wodurch die Blüte der Chrysanthemen nicht beschleunigt sondern verzögert wird

wie infolge dieser Maßnahme auf dem großen Gelände zwischen Bach und Nebenstraße nachts weiße Helligkeit herrscht, Festplatzglanz, den eine eingestellte Stoppuhr plötzlich zum Erlöschen bringt

wie der grüne Salat fabrikmäßig nach Zeitplan hergestellt wird, wie über das abgeerntete Feld der Motorpflug geht, wie am nächsten Tag schon neue Pflänzchen, von der Maschine gesteckt, in den vorbereiteten Rillen sitzen, welken, beregnet werden, sich erholen

wie in der Kinderstube der Gärtnerei das zarteste frischeste Grün mit durchsichtig weißen Würzelchen aus spielzeugkleinen Kästen in winzige Torfmulltöpfe versetzt wird, wächst, begossen wird, wächst

wie im steilen Glashaus daneben die Gurken hängen, haarig schlank an schwachen Stengelchen, hingen da über braunen Wasserlachen, als der Vater des Herrn Matern aus dem 1. Weltkrieg heimgekehrt, die kleine Gärtnerei errichtet hatte, die Urzelle, hängen nicht mehr

Veränderung über Veränderung, auf den ehemaligen Tennisplatz der große Glasblock gestellt, Salat, Tomaten, danach wieder Salat

Bau des großen Schuppens, der Gemüsewaschanlage, des Büros, der großen Gewächshäuser, und dem Gärtner wuchsen inzwischen fünf Kinder heran in den Häusern Kresse, Lauch, Sellerie, Salat und Tomaten, aber vom Sommer an Chrysanthemen, großköpfig, kleinblütig, sonnengelbe, rostrote, Zottelköpfe, Spinnen, Margueriten, Arme voll herausgetragen und verladen zu den Totengedenktagen, Totensonnen, Totenspinnen, ohne Süße, herbstbitter riechend, aber Licht, Licht

während nun auch schon das lange her ist, daß die freigewordenen Polen nachts plündernd das Tal durchzogen und die kleinen Söhne des Gärtners Wache hielten, auf dem hohen Ackerrand hin und her liefen, mit Topfdeckeln und Kindertrompeten Lärm schlugen

Pflanzen, immer gesündere, immer edlere, und jetzt sind es schon diese Söhne, die ihre Leute in grünen Kitteln, eine grüne Brigade, im Wagen aufs Feld bringen, die selbst gepachtet haben und selbst bestimmen, während der Vater in der Stadt Prüfungen abhält, den Lastwagen fährt, keinen Schlaf braucht, nachts auf den Straßen, der alte Träumer mit dem Löwenhaupt, der stolz herausgewölbten Brust.

11

An meinem elften Arbeitstag werde ich (spät genug) eine Karte zeichnen, das Dorf, wie es zwischen den Abhängen des Schwarzwaldes und den Ausläufern des beim Einbruch des Rheintals vom Schwarzwaldmassiv abgestürzten Schönbergs liegt. Mitten im Tal werde ich den langgezogenen Hügel andeuten, und zwischen Hügel und Kohlwald das kleine Tal, durch das der Eckbach fließt

ich werde deutlich machen, daß, wer von Westen, also vom Unterdorf kommt, das sogenannte Kuckucksbad (früher eine Badeanstalt mit einer schwachen Mineralquelle, jetzt ein Wohnheim des Kalkwerks) zur Linken hat, während diesem Bergaufwandernden zur Rechten die schon erwähnten weiten Wiesen mit den Reiseschwalben und das die Wanne genannte, vom Gärtner gepachtete große Gemüseland liegen

daß sich an diese Wiesen und Felder, immer rechts von der Dorfstraße, die Obstanlagen des Herrn Matern und neuerdings die Obstanlagen der zu einer Genossenschaft zusammengeschlossenen Jungbauern anfügen und daß die Straße, sobald man das Gasthaus zum Schwanen hinter sich hat, in einer Art von Hohlweg verläuft

mit einer grasbewachsenen, von einer Hecke gekrönten Böschung zur linken, dann mit den Gartenmauern des Hauses Nr. 84, dann wieder mit einer Böschung von ähnlicher Art

daß man sich auf solche Weise, auf meiner Karte und in Wirklichkeit, dem eigentlichen Dorfkern nähert, dem alten Schulhaus und jetzigen Rathaus, dem neuen freundlichen Schulhaus und der Kirche, die sich auf einem ziemlich steilen Hügel zur Rechten erhebt

wonach ich auf meiner Karte die große Schleife andeute, die die Straße um den Pfarrgarten zieht, ehe sie zur eigentlichen Dorfstraße wird, mit Bauernhäusern rechts und links dann das kleine Plätzchen hinter dem Pfarrgarten, auf das ich einige Würfel stelle, die Milchhalle, das Spritzenhaus und das hübsche ehemalige Rathaus, ein ganz kleines Gebäude, in dem jetzt der Friseur Unterkunft gefunden hat. Bei welcher Gelegenheit ich erzähle, daß die dritte Schwester des Herrn Matern in dem hübschen, mit weißen Möbeln und grünen Vorhängen ausgestatteten Amtsraum standesamtlich getraut worden ist

was jetzt schon einige Jahrzehnte und fünf Bürgermeister zurückliegt, aber nur drei Ratsschreiber zurück, da der lustige dicke sein Amt sehr lange versehen hat. Ich werde hinzufügen, daß der Nachfolger des Pfarrers, der diese jüngste Schwester des Herrn Matern am Tag darauf, einem sehr warmen Dezembertag, in der Kirche des Dorfes getraut hat, nicht mehr am Leben, sondern im Konzentrationslager Dachau umgekommen ist und daß nach einigen Jahren, während derer verschiedene Pfarrhelfer, auch ein Kapuzinerpater, das Amt versehen haben, der jetzige Geistliche kam, der heute schon über siebzig Jahre alt ist und der hinter der aufrechten Haltung des gewesenen Offiziers seine Einsamkeit verbirgt.

12

Anstatt die von mir begonnene Karte weiter auszuführen, werde ich an meinem nächsten Arbeitstag in die hügelige Landschaft die neuen Häuser setzen, die, abgesehen von der älteren Siedlung für die Kalkwerkarbeiter, drei Gruppen bilden, von denen eine an der Straße zum Oberdorf, eine hinter dem neuen Schulhaus und eine am Fuße des Weinbergs liegt. Ich werde diese Häuser so zeichnen wie ich sie sehe, leicht, wie Vögel, die sich nur für einen Augenblick niederlassen

ohne Keller und Speicher, dafür mit schmiedeeisernen Laternchen, glatten Fußböden aus blauem Linoleum und Gruppen von Gartenzwergen auf dem kurzen Gras. Ich werde sagen, daß man sich Generationen einander ablösend in diesen Häusern nicht vorstellen kann, eher in der dritten Generation schon den dritten Besitzer, denn die Stadt ist weit und die Schwermut der weichen Winterabende ist groß. Nachdem ich diese neuen, meist für zwei Familien bestimmten Häuser beschrieben habe

werde ich erwähnen, daß es auch in den alten Häusern jetzt Linoleumfußböden, Kachelbadewannen und Schaumgummisessel gibt und daß auch dort, wo übereck das schräggeneigte Heiligenbild zwischen Strohblumensträußen noch hängt, auf Fernsehschirmen Präsidenten lächeln und Fußballmannschaften Pokale bekommen. Ich werde sagen, daß man sich in den beiden Kaufläden des Dorfes die Erzeugnisse der ganzen Welt von den Regalen nehmen und in Drahtkörbchen legen kann und daß es nur wenige Einwohner gibt, die nicht mit dem Kraftwagen zur Feldarbeit oder in die Stadt fahren

danach werde ich an die alte Bäckersfrau erinnern, die in ihren kleinen stickigen Verkaufsraum das warme Brot aus der Backstube brachte und den Kindern aus einem hohen Glase klebrige Süßigkeiten gab

ebenso an die alte entsetzlich verkrümmte Botenfrau, die einmal einen klapprigen hochrädrigen Kinderwagen vor sich her schiebend den Einwohnern des Dorfes in der Stadt die Besorgungen machte

auch an die zwischen Lilien auf den Tischen stehenden Särge der an der Schwindsucht gestorbenen Mädchen und an das herkömmliche Wehgeschrei, in das die Verwandten ausbrachen, wenn der Pfarrer mit der Monstranz um die Ecke bog.

13

An meinem nächsten Arbeitstag werde ich die Gerüche des Dorfes beschreiben, wenig Süßes, beileibe nichts tropisch Betäubendes, wenig Flieder, keine Akazien, ein einziger Faulbaum im Garten des Hauses Nr. 84, und die Madonnenlilien in den Bauerngärten fast ausgestorben

die Frühlingsgerüche, rein, zart, aufschießendes Gras, Kirschblüte, Apfelblüte, Quittenblüte, Narzissen im Garten, gelbe Gerüche, weiße Gerüche, ein Wölkchen rosa dabei

dann schwerere, verwirrendere, Juniglanz, Junischwermut, Lindenblüte, Heu

Harzduft und Holzgeruch im Wald, von den rissigen Stämmen her, von den aufbereiteten Klaftern, der hellen Schnittfläche der Buchen

Hitze und Staubgeruch der Feldwege, der Feldraine und der Geruch des blühenden Getreides, wenn das bleiche Gelb unterm Gewitterhimmel sich aufbäumt, sich neigt

Geruch von regennassen Blättern, von nassen Brombeerranken im Hohlweg

von Septemberrosen, heiß in der schon kühleren Luft

von Schädlingsbekämpfungsmitteln, scharfer, beißender, der zum Husten reizt

und der Geruch der Pilze, der fetten, von Schnecken bekrochenen Schwämme, Tiergeruch

Tiergeruch aus den wenigen noch von Vieh bewohnten Ställen und Geruch von zusammengeklatschtem auf Bretterwägen vorübergefahrenem Dung

von Kartoffelkraut brennend verglimmend in Ackerfurchen, starker, strenger Kartoffelkrautgeruch

schon bei den ersten fallenden Blättern, den mehr und mehr fallenden Blättern, die der Fuß aufwirbelt, bis sie an der Sohle hängen bleiben, naß, schwarz

Geruch von Rauch, von Luft, ozeanischem Westwind, Sehnsuchtsgeruch, Ferne

Geruch in Apfelkellern, Weinkellern, Kartoffelkellern, Geruch von Tannenzapfen im Kamin

Geruch des Schnees.

14

An meinem nächsten, dem vierzehnten Arbeitstag werde ich einige Wege in der Umgebung des Dorfes beschreiben, den Bettlerpfad etwa, der im Kohlwald aus dem Tannendickicht tritt, das Tal durchquert und danach, Waldspitzen abschneidend, Wiesenzungen wiesengrün durchschleichend, immer wieder den Blick freigibt auf die Stromebene, auf die Burg

oder den an der bereits gefällten Buche mit den Hunderten von Namenszügen russischer Hiwis vorbei, durch jungen Fichtenbestand und alten Buchenwald führenden Weg zum Hohen Bannstein

einem alten Grenzstein mit fünf Wappen, den traubentragenden Bären von St. Gallen, den drei Kelchen von Staufen, den Bärentatzen der Schnaevelins, dem Wappen des Lazarus von Schwendi, dem Wappen der Krone

wobei man sich fragt, was da einmal war, ein Thingplatz, ein Kruzifix, ein Galgen, jedenfalls etwas, an dem alle Gemeinden Anteil haben wollten, zu dem hin sie lange schmale Waldzungen streckten

und nahe dem Hippenrain die kleine Lichtung mit den alten Eichen und der Saulache nicht weit

oder den Weg rechts am Leimbachtal hinauf, ein Hund war da einmal frei hinter einem Gitter, der bellte nicht, setzte nur zum Sprung an, weiß und riesig, sprang über den hohen Zaun dem Vorüberwandernden auf die Brust. Weg zur kleinen immer leeren, immer mit Blumen geschmückten Kapelle und weiter zum Köpfle und links immer das schmale Tal mit seinen alten einsamen Schwarzwaldhöfen eine halbe Stunde vom Dorf entfernt, aber in Wirklichkeit weiter, ein halbes Jahrhundert weit

oder den Hudelweg, Fußpfad zwischen Farren und Nolimetangere, deren Samen von den tastenden Fingern berührt fortspritzen, weiter oben im granitsteinigen Buchenwald das Kreuz mit der Hand, Hand eines Waldarbeiters, in den gespaltenen Stamm geklemmt und von dem Manne selbst mit der Axt abgehackt, hier verewigt zum Gedenken an die Rettung seines Lebens

mit den Pilzen, die kamen in den Hungerjahren, kamen in Rudeln dicht an den Weg, Steinpilze, Herrenpilze, Birkenpilze, schwarze Totentrompeten, Parasol, kommen nicht mehr, sind auch im Innern des Waldes nicht mehr zu finden

nur die alten Rufe, die sich voneinander entfernen und sich einander nähern, Rufe der Pilzsucher, ich hier, wo du, geistern durch den Wald

oder die Wege im Gründewald, der tausend Meter hoch zur Gemarkung des Dorfes gehört und der der zweite Waldbesitz des Herrn Matern ist. Weg durch den großen Kahlhieb in der Nähe des auf der Flurkarte als Vogelgericht bezeichneten Ortes, den Kahlhieb, der bereits mit Lärchen, Weißtannen und Fichten wieder aufgeforstet ist, der aber für das Auge des Waldunkundigen eine üppige Wildnis darstellt, Buchenbüsche, aus den Stümpfen hervorgebrochen, Brombeerranken, Königskerzen, Buschwindröschen zwischen den noch nicht abgeschleppten Stämmen

vor den grauen am Abend rosig leuchtenden Gneisfelsen, an denen man früher im Hochwaldschatten vorbeiging, die aber jetzt offen daliegen und von weither zu sehen sind

wahrscheinlich werde ich auf den Rand des Blattes, auf dem ich die Hochwaldlichtung beschreibe, diese sehr charakteristischen Felsen zeichnen. Daneben zwei kleine Gestalten, die den Herrn Matern und seine Schwester, (die einzige, die noch am Leben ist) vorstellen sollen. Die beiden, wie sie dort umhergehen, über Bäume sprechen, über Hozpreise, Holzfällerlöhne, Waldbesitz und Waldverkauf und sich uneins sind

und sich nirgends so eins sind wie dort oben, knietief im nassen schartigen Gras, die übrigebliebenen, immer auf dem Rückweg von sommerblumenflammenden Beerdigungen, übervoll von dem Leben der Toten, das in sie hineingetreten ist

und auch wieder leer, erfüllt von dem Brausen der hochgelegenen Wälder, von dem Blick über die Baumkronen in die dunstige Tiefe des Stromtals.

15

Danach, an meinem fünfzehnten Arbeitstag, werde ich eine Liste machen von dem, was im Tal wächst, Blüten ansetzt, Frucht trägt, Samen ausbildet und abwirft, verdorrt, verwest

die Kürbisse gelb mit haarigen Schlangenstengeln

die Maiskolben in papyrusbleichen raschelnden Hüllen mit weichen Büscheln an den Kelchblattenden

die Rapsblüte goldgelb vom Wind überspielt und die Leinblüte, lichtblau, vom Wind überspielt

das Getreide Weizen, Roggen, Gerste, Hafer, Mischfrucht, in sonnigen Sommern gelb strotzend, in Regensommern auswachsend mit Würzelchen schwarz

die schon erwähnten Äpfel, Birnen, Pfirsiche, Quitten, mit künstlicher Beregnung, nicht mehr mit Feuern, gegen den Frost geschützt, die roten und schwarzen Johannisbeeren, Rosenthals langrankige, Siltvergirtus, Heros, Red Lake, in langen Reihen gezogen und die Erdbeeren, mit Stroh unterlegt, äckervoll geerntet von lustigen Frauen

die Tomaten, Kartoffeln, Nachtschattengewächse, der Blaukohl prachtvoll silbrig, der rötliche Rhabarber, der Grünkohl, Rosenkohl, Spinat

die Pfingstrosen in den Bauerngärten, die Rosen, der Rittersporn, die Sonnenblumen, ganz selten noch eine Malve

alles üppig gedeihend im milden Wetter. Schneeschmelze, Veilchenwärme, wenn der Westwind drei Tage, fünf Tage, sieben Tage mit furchtbarer Stärke weht, die acht Linden im Hofe des Hauses Nr. 84 sich biegen und schwarze Zweige auf den Kies streuen

wenn die regennassen Wege lehmschwere Klumpen an die Schuhe hängen und in der Wetterecke, zwischen blauen Dunstwänden, der Himmel nach Sölden zu noch grün ist, glasklar und rein.

16

An meinem sechzehnten Arbeitstag werde ich mich dem zuwenden, was man vor Augen hat, wenn man über den Sattel hinter dem Kuckuckbad dorfwärts bergab geht, nämlich das Kalkwerk, diese große Industrieanlage mit ihren bereits abgebauten und neuen Steinbrüchen, den grauen hohen Rundtürmen, den Leitertreppen, den Bürogebäuden und Schuppen, alles mit feinem Kalkstaub bedeckt. Ich werde erzählen, daß die dem Dorf zugewandte Seite des Rebbergs nicht abgebaut werden darf, auch nicht der Kamm mit seinen Haselnußbüschen, Pfaffenhütchen und Schlehen, auf deren Dornen die Neuntöter ihre Beute stecken

daß aber im sogenannten Echotal der Tagbau immer weiter talauf rückt, die Wiesen in Steinmulden verwandelt und das Echo wirft das Geräusch der Sprengungen wie endloses Gewitter zurück. Ich werde sagen, daß diese Mulden schön anzusehen sind, bleich wie Mondhalden, davor die ebenfalls bleichen Gebäude, durch Seufzerbrücken miteinander verbunden, mit Räderwerken und Schaltwerken, die stampfen und brausen auch in der Nacht. Danach werde ich erzählen, daß von den vielen Männern, die einmal hier benötigt wurden, kaum noch ein paar Arme beschäftigt sind

vielmehr alles von den Maschinen geleistet wird, weswegen wer am Abend, wenn die Schreibstuben geschlossen sind und die Lastwagen und Mörtelmischwagen auf den Morgen warten

wer am Abend vorübergeht, keinen Menschen sieht und ihm das ganze geräuschvoll arbeitende, aber nur von ein paar im Winde schwankenden Lampen erhellte Werk wie von Geisterhänden bewegt erscheint.

17

Am nächsten Tag vielleicht werde ich erklären, daß der Name des Tales, in dem das Dorf liegt, der Name Hexental mit Hexen nichts zu tun hat, sondern auf eine alte Form des Wortes Hekken zurückgeht, daß aber der Feuertod einer schönen und jungen, der Hexerei verdächtigen Frau aus dem Dorfe verbürgt erscheint. Ich werde die Geschichte dieser Hexe erzählen, die sich vor dem Bürgermeister und zugleich Hexenmeister von Staufen geschickt herauszureden verstand, bis der listige Mann sie sozusagen bei ihrer Handwerksehre packte, es stimmt also, du kannst nichts, hast nie etwas gekonnt. Aus dem Tuchfetzen, den er ihr verächtlich hinwarf, molk sie dann frische Kuhmilch, und schon sprangen die Zeugen hinter Vorhängen und angelehnten Türen hervor

so daß diese Anne nicht in das Dorf zurückkehrte, sondern auf dem Marktplatz von Staufen verbrannt wurde, eine von den vielen, von denen im Tal die Sage geht.

18

Von dem großen Unwetter des Sommers 1950 werde ich sagen, wie da die Reben und Feldfrüchte hinterm Eisregen und Hagel verschwanden und zerfetzt wieder auftauchten, wie der große Nußbaum beim Gasthof vom Blitz gespalten und auf den Weg geschmettert wurde. Dabei werde ich auf das alte Gasthaus zu sprechen kommen, auf seine nach Norden gerichtete Terrasse mit dem kalten Eisengeländer und den Eisenstühlen, unter Kastanien

auf die großen Zeiten der Wirtsstube, als die Zihagilde zum Tanz aufspielte, da wurde auch noch gesungen, was nun alles dahin ist, die Lieder vergessen, die damals jungen Leute erwachsen, mit Familie und immer mehr Arbeit, die Maschinen haben keine Erleichterung, keinen Zuwachs an Freude, an Muße gebracht

auf den (vor kurzem abgerissenen) Schuppen mit den vergitterten Fenstern, wo im zweiten, aber auch schon im ersten Weltkrieg die Gefangenen untergebracht waren, jeden Morgen allein zur Arbeit gingen, abends heimkehrten, von dem Wirt und Gefangenenwächter gut behandelt wurden, beinahe wie Freunde

am Ende versprachen, zu Besuch zu kommen, zu schreiben, nicht zu Besuch kamen, nicht schrieben

auf den neuen Gasthof endlich, den der Sohn bewirtschaften will, der im Rohbau schon dasteht mit Fenstern nach Süden, mit Butzenscheiben, Täfelung, gemütlichen Sitzecken, alles für Gäste, die von weither kommen sollen, dreißig Wagen auf dem Parkplatz, fünfzig Wagen auf dem Parkplatz und in der Küche ein Mann mit einer hohen weißen Mütze, der in Kupferpfannen brät und bäckt

Gerichte aus Italien, Gerichte aus Spanien, Gerichte aus Indien

alles zu immer demselben an der sonnigsten Stelle des Ölbergs gewachsenen Markgräfler, unter demselben, langsam über den Wald heraufsteigenden und seinen großen alten Bogen beschreibenden Mond.

19

Der Kirche des Dorfes werde ich mich noch zuwenden, dieser kaum hundertjährigen Kirche, von deren Vorgängerin rätselhafterweise niemand auch nur vom Hörensagen weiß. Der steilen Treppe, die auf das Portal zuführt, den alten Grabsteinen und den Linden, in deren Schatten am Sonntag die Männer stehen, während die Frauen drinnen beten, auch fürs bucklige Männlein mitbeten, nur Geburt, Hochzeit und Tod sind die alten heiligen Stationen, da treten auch die Männer noch ein

über den heiligen Hilarius werde ich sprechen, den Schutzpatron der Kirche, den vornehmen Bischof aus Poitiers

vielleicht auch über die irischen und schottischen Mönche, die das Christentum in den Breisgau brachten, den heiligen Trudpert, der beim Waldroden und Predigen im nahen Münstertal von zwei Knechten erschlagen wurde

und den heiligen Ulrich, der mit dem Kaiser Heinrich III. nach Rom und ins Heilige Land zog, in das Kloster Cluny eintrat und dann in den Breisgau kam und bei der Zelle des Einsiedlers Vittmar das Kloster zu St. Ulrich gründete

auch über das 1076 gegründete Frauenkloster in Bolisvilere, das 1105 nach Sölden verlegt wurde und über das im Tal einige skandalöse Geschichten umgehen

über die Jünger am Ölberg, große ungeschlachte Gestalten im ehemaligen Kirchhof des Dorfes in eine künstliche Grotte gestellt, wo sie das Haupt auf die Brust neigen und schlafen ihren klotzigen Holzschlaf

gegenüber einer einzelnen neuen Grabstätte, der des schon erwähnten früheren Pfarrers, der, weil er der Frau eines SS-Mannes das Sakrament der Ehe gespendet hat, nach Dachau gekommen ist und dort, angeblich durch eine Verstopfung seiner Lungen mit dem Staub der von Häftlingen gesammelten Heilkräuter, gestorben ist

wobei wir uns schlafend stellten wie die hölzernen Jünger mit dem Haupt auf der Brust.

20

An meinem zwanzigsten Arbeitstag werde ich darüber nachdenken, warum ich das Haus Nr. 84 nicht beschreiben will, nur von außen, nicht eintreten, weder durch den Haupteingang, zu dem einige Stufen hinaufführen und durch den man in die Halle mit den Ahnenbildern, aber auch in den kleinen Arbeitsraum des Herrn Matern gelangt

noch über die verfallene Terrasse, und durch den ehemaligen Salon, der an einen alten Staatsbeamten und Klavierspieler vermietet ist, in dem aber immer dieselbe, seit fünfzig Jahren dieselbe Papageientapete die Wände bedeckt

noch durch die Holzlege, in der einmal das Brot gebacken wurde, in der aber jetzt nur die Fahrräder und Roller der Kinder stehen

noch durch die Hintertür, durch deren Glasscheibe man die vielen Kinderstiefelchen sehen kann, die dort gleich beim Hereinkommen ausgezogen werden müssen, die vielleicht den Kindern des Herrn Matern gehören, vielleicht aber auch schon den Kindern dieser Kinder, oder den Kindern ganz fremder Leute

eben weil man das nicht weiß, weil man nichts weiß, alles nur von außen, den Hof mit den acht schon mehrmals erwähnten sehr alten Linden, von denen vier um den Brunnen herum und vier weiter westlich bei dem Treppchen zum tiefer gelegenen Untergarten stehen, mit dem Trottschopf, der vor ein paar Jahren neu gedeckt wurde, wobei (während des Richtfestes) die kleinen Söhne des Herrn Matern mit den Zimmerleuten auf dem Dachfirst standen

mit dem bei der Waschküche eingemauerten Grabstein eines Kindes aus der Familie Schnaevelin von Bärenlapp, die einmal hier ein Wasserschloß besaß

dann den nach Westen zu abgerundeten Untergarten, der einmal ein Obstgarten war, der jetzt aber aus schönen glatten Rasenflächen, einem Kreuz von Blumenrabatten und einer kleinen Springbrunnenschale mit einem grauen verwitterten Putto besteht

die beiden an die Ecken der Stützmauer gelehnten aus der Barockzeit stammenden Gartenhäuschen, in denen einmal die Igel wohnten, und von deren einem der Dämonenziegel, ein alter Tonziegel mit Sonnen und kleinen kreuzförmigen Sternchen stammt

die Trauerweide lichtgrün und heiter und der einzig stehengebliebene alte Apfelbaum, die Goldparmäne, unter der die Gartenstühle stehen. Das Pferderelief, mit dem der Reiter seinen Kriegspferden (1914–1918) ein Denkmal gesetzt hat

die Rosen Michèle Mailland und ihre Tochter, die Rose Gloria Dei, die frühe Strauchrose Maigold und die Rose Scarlet Climber, die an den weißen Gittern auf der Stützmauer rankt

das neue Pfirsichspalier und die alte längst abgerissene weinüberwachsene Pergola nach der Straße zu

den fast abgestorbenen Birnbaum, dem eine mächtige Krone von Efeu aufliegt, den dieser herrliche Efeu langsam erstickt

und wie das ist, wenn man im ersten Augustlicht aus dem Schatten der acht zu einer einzigen Krone zusammengewachsenen Hainbuchen über die in Klarheit leuchtenden Rasenflächen blickt und wie das ist

wenn man in den Juninächten zwischen den Pfingstrosenbüschen hingeht und das Nachtgebirge der Linden im Osten aufsteigt.

21

An meinem einundzwanzigsten und wahrscheinlich letzten Arbeitstag werde ich mich besinnen, warum ich das alles angefangen habe, diese Schilderung eines Dorfes, doch nur um Ruhe zu finden, um entlassen zu werden aus der furchtbaren Beschleunigung, aber man wird nicht entlassen, auch hier nicht, gerade hier nicht, Veränderung über Veränderung

das Rad der Jahreszeiten ein weitflügeliges Rad dreht sich, ich selbst drehe es schneller und schneller, bis es eine Scheibe wird, eine klirrende Sonnenscheibe

so daß, wenn ich wiederkehre im Mai und wir gehen und suchen im noch dürren Wald den Seidelbast und die Weidenruten sind rot

wenn ich wiederkehre im Juni und schiebe mit dem Rechen das Gartenheu zu Haufen zusammen und der Herr Matern sitzt am Abend am Waldrand am Heiden auf dem Hochsitz und bringt das Gewehr in Anschlag und schießt und stirbt mit dem Bock

wenn ich wiederkehre im September, Anfang September, Zeit der Sonnenblumen und der Begräbnisse, der ersten Altweiberfäden und der ersten Apfelernte, sorgfältig gepflückt

wenn ich wiederkehre in der Zeit der heilig-unheiligen Nächte, der Stürme, des Nebels und Rauhreifs, des steigenden Lichts

wenn ich das Rad drehe und sehe, wie die Häuser des Dorfes sich auftun und die Kinder wankend unter der Last ihrer Schultüten sich ins Schulhaus begeben, ein neuer Jahrgang gehorsam

und drehe und sehe wie die Häuser des Dorfes sich auftun und die Sterbenden sich auf den Weg machen und legen sich in die vorbereiteten Gräber gehorsam

wie sie die neue Straße am Waldrand entlang schon gebaut haben, schon lange

und die geplante neue Kinderschule und die geplanten Siedlungen

wie sie mit Hubschraubern aufs Feld fliegen und die Ernten einbringen bei Flutlicht

wie die Äxte im Wald und die letzten Schmetterlinge nur noch von den urältesten Leuten erinnert werden

wie der Himmel nachts hell ist von kreisrunden Raumschiffen, eine furchtbare Helligkeit

wie, was aber nicht geschehen wird, nicht geschehen wird, nicht geschehen wird

nach einer möglichen Katastrophe nahezu alles Leben erlischt und über der Einöde des Tales die Wälder wieder zusammenwachsen, neue Urwälder mitten im Tal

wie im Bett der Straße, die einmal der Burggraben des alten Wasserschlosses war, wieder Wasser fließt, ein Strom, der einen See bildet, einen See, der aufsteigt bis zu den Höhlen der nacheiszeitlichen Jäger, den Löchern, in denen sich die Bewohner des Tales vor den Schweden versteckten

wie von Schlamm und Wasser alles bedeckt ist, die hölzernen Jünger ertrunken und in St. Ulrich der runde Taufstein mit den zwölf Aposteln und dem Christus in der Mandel von fremden Fischen umspielt.

Tage, Tage, Jahre

28. Februar

Das war die ländliche Fastnacht, und was mir zu ihr eingefallen ist, wenn auch längst nicht alles, aber ich kann mich nicht länger aufhalten, denn inzwischen habe ich ein Geräusch gehört. Ein Klopfgeräusch aus einer der vielen Wohnungen dieses Hauses, das so hellhörig ist, oder auch eines von draußen, ein Baugeräusch, Abbaugeräusch, was war doch, etwas war, sie werden unser Haus abreißen, um ein Pilzhaus aufzustellen, zu welchen Zwecken das Pilzhaus dienen soll, weiß ich nicht. Von dem Plan bin ich ausgegangen, das steht uns bevor, mir und allen Einwohnern dieses Hauses, wenn auch noch nicht unmittelbar. Zuerst werden die kleineren Häuser abgerissen, die gegenüber und die weiter gegen den Park hin, es sind dort in einigen Stockwerken bereits die Rolläden heruntergelassen, die Wohnungen werden trotz aller Wohnungsnot nicht mehr vermietet, die nötigen Reparaturen werden nicht mehr ausgeführt. Wir, die Anwohner dieser Straße, haben das schon oft erlebt, zuerst die Vernachlässigung, dann die fehlenden Fenstergardinen, hier und dort eine zerbrochene Scheibe, dann der Bauzaun, die Krane, das Gepolter heruntergerissener Steine, und Lastwagen fahren hin und her. An Widerstand, aktiven oder passiven, ist dabei nicht zu denken, für solche Fälle gibt es die Zwangsräumung, da erscheinen die Möbelpacker von Polizisten begleitet, wer randaliert, kommt auf die Wache, wer dort weiter randaliert, in die Glocke. Sie haben davon gehört. Ein verrückter Name, da klingt doch nichts und schwingt doch nichts, um einen kleinen rechteckigen Raum handelt es sich, nackte Betonwände, ein Brett zum Schlafen, nackter Häftling, alle gegen einen, wer hätte dazu Lust. Ich ganz gewiß nicht, ich bin feige, obwohl ich an diesem Mietshaus hänge, an den Pappeln in der Häuserlücke gegenüber, an den alten Kastanien am Ende der Straße, an der großen Parkwiese, die natürlich auch zugebaut werden wird. Ich weiß schon, daß man jedem Einwand gegen die Errichtung von Pilzhäusern mit dem Wort höhere Gewalt begegnet, es gibt eine höhere Gewalt des Krieges, die kennen wir zur Genüge, aber auch eine des Friedens, es ist die Gewalt der Zukunft der ich jetzt nachsinne oder zu der ich hinsinne, unsere Gegend ein Rechenzentrum, Denk- und Zählmaschinen in jedem Hochhaus, nachts ein steinerner Tod. Und wohin geht das, was sich zum Beispiel bei mir hinter den Tapeten abgesetzt hat, was unter der Decke schwebt, die gesprochenen Worte, die gedachten Gedanken, die gefühlten Ängste, die geliebte Liebe, alles aus fünfundzwanzig Jahren. Ja, so lange wohnen wir schon in dem großen Mietshaus, einem Block, könnte man sagen, nichts aus der alten Bürgerzeit, überhaupt nichts Besonders, aber ich bin nicht die einzige, die an dem Haus hängt. Hier möchten wir sterben, habe ich schon mehrere Insassen der rund 60 Wohnungen sagen hören, unverständlich, in so einem Kasten, alles kleinbürgerlich, besonders die Wandbekleidung der Treppenhäuser, sechs Haustüren, sechs Treppenhäuser, hier wollen wir sterben. Ihr werdet lachen, das Haus kommt zuerst daran, es stirbt euch unter den Händen, unter dem Staubsauger, den Betten, die stehen schon auf Luft.

1. März

Die zuletzt geschriebenen Bemerkungen sind kindisch, eine verkappte Klage, während man sich doch frei machen sollte, welch eine Gelegenheit, den Erinnerungsballast loszuwerden, Erinnerungen auch an den Krieg, der übrigens an unserem Haus vorbei gegangen ist, ihm war ein anderes Ende bestimmt. Die jüngeren Einwohner ziehen wahrscheinlich gern an den Stadtrand oder noch weiter hinaus, die Älteren zu Verwandten oder in sogenannte »Heime«, wo sie vielleicht kein eigenes Zimmer bekommen, aber doch ein Bett allein, und ob das nicht besser ist als durch den Dschungel gejagt zu werden von Truppen, die hin- und herziehen, man hat das auf dem Bildschirm gesehen. Man sieht manches auf dem Bildschirm, das einem den Frieden rauben könnte, wenn man sich nicht schützte, solche Sachen gibt es eben, irgendwo auf der Welt ist immer Krieg, und haben wir selbst nicht schon einiges mitgemacht. Die alte Frau, die da mit einer Traube von skelettartigen Enkelkindern behängt, durch den Sumpf watete, ist gewiß längst in Sicherheit, aber so wahrscheinlich ist das gar nicht, wahrscheinlich hat sie eines der Kinder nach dem andern, die ganze Traube sterben und kleinweis fallen lassen müssen, und ist schließlich allein weitergewandert, hat längst nicht mehr unterschieden zwischen Freunden und Feinden, nur zwischen Soldaten, die eine Brotkruste geben, und Soldaten, die schießen, und war schon krank zum Sterben, starb aber nicht. Wanderte über die Leinwand einer bundesdeutschen Wohnstube mit Fernsehsessel, Fernsehpantoffeln, Fernsehlämpchen, furchtbar immer dieses Vietnam, aber es lohnt nicht abzudrehen, man kann ja die Augen zumachen, immer und überall kann man das. Auch vor der Tatsache, daß es auf den Ort, an dem man lebt, nicht ankommt, vielmehr auf einen, den ich als »inneren« nur ungern bezeichne. Denn er besteht ja aus Innen und Außen, aus Vergangenheit und Gegenwart, so daß man zugleich überall ist, in Frankfurt, in Hamburg, in Vietnam und in der Mondkapsel, und in seinen eigenen zwanzig Jahren und in seiner Kindheit auch. Und das nicht nur jetzt, aber jetzt besonders, im Zeitalter des Bildes, der Allgegenwart aller Ereignisse und Dinge, der freiwilligen oder unfreiwilligen Partizipation.

5. März

Ich habe in den letzten Tagen mehrere Briefe geschrieben, habe aber meine Beunruhigung durch das Pilzhaus in keinem erwähnt. Ich weiß schon, daß niemand mich verstehen würde, ich bin oft genug gefragt worden, warum ich diese häßliche Stadt nicht verlasse, um wie die meisten anderen Schriftsteller in ein hübsches Landhaus zu ziehen, an einem See in Oberbayern oder an das südliche Meer. Auf diese Frage weiß ich nicht recht zu antworten, ich gewöhne mich hier nicht ein, vielleicht gerade deswegen, die Stadt ist nicht schön, vielleicht deswegen, das Sichnichtzuhausefühlen als eine uns gemäße Verfassung, man schüttelt den Kopf und versteht mich nicht. Sie haben, fragt man, die Stadt wohl schon früher gekannt, die alte Kaiserkrönungsstadt, die alte Bürgerstadt, die Fachwerkhäuser und schönen Plätze, die vornehmen Museumskonzerte, die eleganten Leute im Opernfoyer, und es ist wahr, ich habe das alles gekannt, wenn auch nur flüchtig, gekannt und vergessen, während mir eine andere Stadt deutlich vor Augen steht.

Die Trümmerbraut, Haare aus Rauchfetzen, Atem aus Brandgeruch, Tod und Verwilderung, Einbruch der Urwälder, der Urtriebe, Vorwarnung, Warnung, Entwarnung, Detonation. Lautloses Gestammel im Keller, der Schutzraum hieß, vorbei, bitte auf uns nicht, und Geräusch, Kratzgeräusch der Besen, die Glassplitter zusammenfegen, dann die erste Nacht ohne Verdunkelung, was für ein Frühling, der erste nach dem Krieg. Dann ruhige Nächte, aber Kälte, Armut und Hunger, Buschwindröschen, Akazienschößlinge auf Trümmerbergen, Abendlicht auf nackten Ziegelmauern, Amerikaner, die zu Besuch kommen, rauchen, rauchen, in den Aschbecher lange Kippen, die in der Nacht noch ausgeschlachtet werden. Rollwagenfahrten vor die Tore, zwei Rüben, zehn Falläpfel, am Bahndamm ein Nest Hallimasche, in der Kneipe ein Heißgetränk, ein markenfreies Stück Brot. Fast unmerklicher Wiederanfang, ein Dachstock gerichtet, ein Beet mit Blumen bepflanzt. Fragt man mich wirklich, warum ich an dieser Stadt hänge, der Trümmerbraut, jetzt eine fette Madam, die mit Brillantringen an der Kasse sitzt und die Kasse klingeln läßt, die aber einmal anders war, jung, zigeunerisch wild und Träume hatte, Todesträume und Lebensträume, die rannte und schleppte und Schlange stand, nichts mehr wußte von Kaiserkrönung und von der hier aufgewachsenen Exzellenz. Es konnte noch alles aus ihr werden, aus uns werden, und was, bitte, ist aus ihr, aus uns geworden. Aber für mich ist das alles eben noch sichtbar, ich kann es nicht vergessen, ich vergesse es nicht. Und wahrscheinlich ist es das, was mich hier zurückhält und warum ich nicht in meine Heimat ziehe oder nach Italien oder an einen oberbayerischen See.

10. März

Um herauszubekommen, ob man wirklich daran denkt, uns wegen eines bevorstehenden Abbruchs des Hauses zu kündigen (Demnächst? Wann?), habe ich heute etwas unternommen. Ich habe den Hauswirt, eine Aktiengesellschaft mit bedeutendem Grund- und Hausbesitz, angerufen und gebeten, in meiner Wohnung sogenannte Schönheitsreparaturen ausführen zu lassen. Die Gesellschaft ist darin sehr großzügig, in einem bestimmten Turnus werden die Decken gestrichen, die Wände tapeziert, ja es wird sogar nach und nach der alte Bodenbelag (Linoleum) durch neuen ersetzt. Wenn, dachte ich, das Haus in absehbarer Zeit abgerissen werden soll, wird man mir das zwar vielleicht nicht sagen, man wird mich aber, was die Reparaturen anbetrifft, vertrösten, wozu der allgemeine große Mangel an Handwerkern einen genügenden Vorwand bietet. Es geschah aber nichts dergleichen, neue Tapeten und neues Linoleum wurden mir, wenigstens für einen Teil der Wohnung, bewilligt und für die Durchführung der Arbeiten ein nicht allzu fern liegender Termin bestimmt. Ich war verwirrt, stammelte, also haben sie nicht, also wollen sie nicht, und hängte ein. Obwohl die Männerstimme, die des Verwalters unseres Wohnblockes, ganz natürlich und sachlich geklungen hatte, war ich nicht sicher, ob der Auskunft zu trauen war und ob die Handwerker je kommen würden. Auch die Angestellten der Gesellschaft waren unter Umständen nicht eingeweiht, vielleicht spielten auch, in Anbetracht des gewiß sehr hohen Gewinnes, den ein Pilzhaus abwerfen würde, ein paar Rollen Tapeten und etliche Quadratmeter Bodenbelag für die Firma keine Rolle. Es lag auch gewiß nicht in ihrem Interesse, die Bewohner des Blockes durch eine Verweigerung von Reparaturen zu beunruhigen und zu einem vorzeitigen Ausziehen zu bewegen. Ich bin allerdings überzeugt davon, daß niemand ausziehen würde. Auch die vor einiger Zeit erfolgte Mieterhöhung hat von den etwa sechzig Parteien nur zwei dazu veranlaßt, den Möbelwagen zu bestellen. Ich habe mir eben den mir für die

Reparaturen genannten Termin in mein kleines Buch eingetragen. Dabei habe ich bemerkt, daß ich eine lang geplante Lesereise noch vorher antreten muß. Wenn es mir nur gelänge, diese Lesungen unter einem Vorwand abzusagen. Den wirklichen Grund einer solchen Absage, meine Befürchtung nämlich, es könnte während meiner Abwesenheit das Haus zwangsweise geräumt werden, dürfte ich natürlich nicht nennen. Man würde mich für überängstlich halten, vielleicht sogar für verrückt.

Das Arztschild, das seit einiger Zeit aus dem Rasenstreifen vor unserem Hause aufragt, hat mich auf den Gedanken gebracht, ein ähnliches Schild aufzustellen, auf dem ich freilich nicht ärztliche Untersuchungen, sondern Führungen durch meine Wohnung anbieten würde. Da seit dem Ende des letzten Krieges Gewerbefreiheit herrscht, könnte dagegen niemand etwas einzuwenden haben. Bürgerliche Wohnung, Besichtigung täglich, außer Montag und Sonnabend, von 16 bis 18 Uhr. Eintritt frei, was aber wohl ein Fehler wäre, da etwas, für das man nicht bezahlen muß, wenig Anziehungskraft besitzt. Es könnten sich einige Neugierige aber doch einfinden, Mütter mit Kindern etwa, an Regentagen, oder die Insassen eines Altersheims, für die alles eine Unterhaltung, zum mindesten eine Abwechslung ist. Die Schwierigkeit besteht nur darin, daß ich meinen Besuchern den Grund meiner Gastfreundlichkeit und Zeigelust, das bevorstehende Ende der Wohnung (des Hauses, des Stadtviertels) nicht nennen kann, ohne Bestürzung zu erwecken. Ich muß also so tun, als litte ich selber unter Einsamkeit und Langeweile, und es läge mir daran, auf diese Weise Bekanntschaften zu machen. Kommen Sie doch herein, nein, es wird kein Eintrittsgeld erhoben, und Filzpantoffeln brauchen Sie auch nicht anzuziehen, was ich Ihnen zeige, ist ja kein Schloß, sondern nur ein Leben, oder viele Leben, meines und das meiner Familie und das meiner Vorfahren. Ja, Sie haben recht, enttäuscht zu sein, lauter Hausrat von früher und Geschichten von früher, gleich hier auf dem Korridor fangen wir an. Und dann fange ich, vorausgesetzt, daß die Besucher nicht bereits weggelaufen sind, wirklich an, auf die einzelnen Gegenstände in meiner Wohnung zu deuten und sie zu erklären, aber sie interessant zu machen gelingt mir wahrscheinlich nicht. Bitte, Abschied zu nehmen, sagen, nach einem Bericht von Franz Theodor Cokor, die polnischen Begräbnisangestellten, indem sie den Sarg für die Angehörigen noch einmal für einen Augenblick öffnen, und das sollte ich auch sagen, bitte Abschied zu nehmen von den Zeugen meiner Vergangenheit, Eurer Vergangenheit, aber ich sage es nicht. In dem leiernden Tonfall eines gewerblichen Fremdenführers erzähle ich von dem Urgroßvater, dessen in Kupfer gestochenes Bildnis im Korridor hängt, ein Flüchtling aus dem Elsaß, ein badischer Minister, der seine neue Heimat auf dem Wiener Kongreß vertreten hat. Sie wissen doch, was das war, der Wiener Kongreß, und wer das war, der Fürst Metternich, und die Fremden, die ich führe, sehen mich mißtrauisch an. Er soll seine Sache gut gemacht haben, mein Urgroßvater, sage ich hastig, wenngleich seine Memoiren – und verliere mich in Einzelheiten – und die Fremden sehen von dem Urgroßvater weg in meine Küche und wundern sich, daß ich keine Waschmaschine habe, und von der Rose von Straßburg, der schönen schwindsüchtigen Tochter des Ministers, möchte ich noch erzählen, – aber dazu kommt es nicht mehr.

6. April

Ich habe das Fremdenführerspiel – ein reines Gedankenspiel natürlich – abgebrochen, was nicht heißt, daß ich es nicht eines Tages wieder aufnehmen werde. Es kommt mir aber, selbst in diesem Zustand der Zurückgezogenheit und des Wartens – vieles von außen zu und wichtige Dinge, über die ich zugunsten von Vergangenheitsträumereien nicht hinweggehen kann. So erzählte heute ein junger Lehrer von einer Schulstunde, die er in seiner Klasse von halbwüchsigen Knaben gehalten und während der er sich bemüht hatte, den Schülern einen Begriff von dem Martyrium der Juden und von der Grausamkeit und Gedankenlosigkeit ihrer Henker zu geben. Er hatte zu dem Thema nicht viel gesagt, hatte vielmehr den Kindern Grammophonplatten vorgespielt und zwar zunächst Gedichte von zwei verfolgten und ausgewanderten Dichterinnen, der Else Lasker-Schüler und der Nelly Sachs, Gedichte, in denen nicht das persönliche Schicksal der Autorinnen, sondern eher die irrationale Schwermut des uralten heimatlosen Volkes, seine Träume und Gottesvorstellungen zum Ausdruck kamen. Die Schüler hatten dem höflich, aber ohne rechte Anteilnahme zugehört. Auf die Gedichte hatte der Lehrer etwas ganz anderes, nämlich alte Aufnahmen von Führerreden folgen lassen. Die heisere, überanstrengte Stimme brüllte, überschlug sich, äußerte Gemeinplätze, drohte, schimpfte, gab kein Zuckerbrot, sondern forderte Opfer an Bequemlichkeit, aber auch an Blut. Ein Geisterchor antwortete, fiel ein, nicht in sanfter Ergebenheit, vielmehr fanatisch, eigentlich nur mit zwei Silben, zwei Lauten, i – ei, i – ei, ein hämmernd rhythmisches Gebrüll der Zustimmung, das der Lehrer, der jung war, original nicht mehr in den Ohren hatte, vor dem ihm aber graute. Gerade deswegen, das heißt um dieses Grauen auf seine Schüler zu übertragen, hatte er die Platten aufgelegt. Er sah dann aber, und mit Entsetzen, wie die Klasse sich aus der Stumpfheit des Gedichteanhörens unversehens löste und wie die Knaben, weniger von dem Inhalt der Reden als von dem Massengebrüll fasziniert, zwar lachten, aber auch zuckten und stierten, und dabei ihre Individualität verloren, so daß er am Ende seine Schüler kaum mehr wiederzuerkennen vermochte. Er erzählte von dem Vorgang leise, tief niedergeschlagen. Wir gaben uns Mühe, ihn zu trösten, indem wir das rhythmische Sieg-Heil dem aufpeitschenden Trommeln und Schreien gewisser Negerstämme verglichen, einen physischen Rauschzustand, der auch die Schüler, die dergleichen nie kennen gelernt hatten, ergriffen haben mochte. Dabei waren wir selbst niedergeschlagen von dem Ausgang dieses Erziehungsversuches, bei dem die Urinstinkte der Massenerregung über die schwermütigen Worte der Dichter den Sieg davon getragen hatten.

Ich war in der Stadt, auf der Zeil, am Fluß, dann auf der Kaiserstraße, und die Stadt war von heute, die einfallslos aufgebaute, mit erst neuerdings einigen Hochhäusern, mit den hübschen zum Sonntagsspaziergang hergerichteten Mainufern, mit Herden von geduldig wartenden Automobilen auf allen Plätzen und an allen Straßenrändern, mit Warenhäusern, Warenhäusern, Warenhäusern, mit der Axt allen Bäumen schon an die Wurzel gelegt, mit Wimpeln an den Straßenbahnbügeln, Frankfurter Messe, Rauchwarenmesse, Technische Messe, Clomesse, Buchmesse, Baumesse und so weiter, Handel und Wandel, das ganze Jahr hindurch,

in der Stadt, welche also diese Stadt ist, aber auch noch eine von mir bereits erwähnte andere, stinkende, brandgeschwärzte mit hoch oben in der Luft hängenden Zimmerresten, Efeutapetenresten, mit Vorwarnungen, Warnungen, Entwarnungen, Schlangestehen vor den Geschäften, in diesem Winter soll niemand hungern ohne zu frieren, bittere Witze, wer jetzt noch lebt ist selber schuld, Bomben sind genug gefallen,

in der zweiten Stadt also, die versunken ist, vergessen, für mich aber immer gegenwärtig, weil wir in dieser Stadt einmal zehn Stunden lang nach unserer kleinen Tochter suchten, ein Ehepaar, das sich nach dem Angriff wiedergefunden hat, das schon gar nicht mehr in der Stadt wohnt, nur da arbeitet, abends hinausfährt an den Taunusrand, Fernschläfer nannte man das, und das Kind ging in der Stadt in die Schule, fuhr ebenfalls hinaus,

hatte auch an diesem Tag hinausfahren wollen, war bei Alarm mit einer Freundin auf den Bahnhof gelaufen und gedachte auf diese Weise die letzte Schulstunde zu schwänzen,

nur daß dann keine Entwarnung kam, sondern die Bomben auf den Hauptbahnhof fielen, wobei die Kinder bereits im

Vorortzug saßen, aber ein Mann, der auch bereits im Zug saß, riß sie heraus, Kinder, könnt ihr rennen, rennt, und faßt sie bei den Händen, der Schutzengel rannte mit ihnen den Bahnsteig entlang bis zur Unterführung und brachte sie später in den Bunker, der aber voll war,

zu welcher Zeit man den zusammengestürzten Bahnhof bereits abgesperrt hatte, Züge konnten hier nicht mehr abfahren, nur vom Westbahnhof, und das sagte den Kindern niemand, die aber, als alles vorbei war, heimwollten, wie denn, auf Fahrrädern, bei Verwandten der Freundin auszuleihen, aber die Verwandten waren verreist, die Fahrräder hatten keine Schläuche, nur eine Köchin war da mit einem großen Fisch, zu dessen Bereitung Gas und Elektrizität fehlten, also schenkte sie den Kindern den Fisch,
mit welchem die Kinder dann auf der Überlandstraße gingen, wo ab und zu ein Wagen vorbei kam, ein kriegswichtiger, da hoben sie den großen Fisch über ihre Köpfe, was auch verstanden wurde, Fahrlohn, und ein junger kriegswichtiger Mann nahm den Fisch und packte die Kinder in seinen Wagen,

wovon allem die Eltern nichts wußten, nur wußten, daß die Kinder auf den Bahnhof gegangen waren, der eingestürzt war, aber jemand sagte, wenn auch vielleicht nur aus Mitleid, die Kinder seien danach noch einmal aufgetaucht, gesehen worden,

woraufhin also die Suche in der Stadt, in der es noch überall brannte, Mauern einstürzten, die Fragen an Freunde, an Mitschülerinnen, in fremden Bunkern, schließlich auf dem Westbahnhof, wohin große Menschenmengen strömten, auch Mengen von Schulkindern, da ist sie, nein, das ist sie nicht. Den Kopf nach rechts gedreht, nach links gedreht, hundertmal, Tausende von Malen und ausgeschaut mit Augen, die von der Angst, aber auch von Rauch und Feuerhitze tränten,

welche Tränen mir wieder in die Augen treten dann und wann, wenn ich durch die so veränderte Stadt gehe, die aber eben nicht nur eine ist, sondern auch eine andere, so wie wir selbst nicht nur von heute, sondern auch von gestern und auch von morgen sind,

und viel später und immer auch nach der entsetzlichen Krankheit und dem Tod meines Mannes werde ich denken, sagen, nicht sagen, aber wissen, dieses war mein schlimmster Tag.

14. April

Ein schlechtes Gewissen – man hat es einigen Menschen, besonders Toten gegenüber, man hat nicht genug Liebe gezeigt, und nun vermeidet man noch, eben aus diesem Grunde, an sie zu denken, womit man ihnen dann in alle Ewigkeit unrecht tut. Jemand hat das Gewissen den letzten, eigentlichen Gottesbeweis genannt, aber damit kommt man nicht weiter, warum hat es damals geschwiegen und meldet sich erst, wenn es zu spät ist, warum ist einem die eigene Lieblosigkeit gar nicht aufgefallen, was hat uns die Augen verschlossen für eine Not, die sich am Ende als katastrophal herausgestellt hat. L., nach Ottos Begräbnis, bat mich, zu ihr nachhause zu kommen, der Ton ihrer Bitte klang von vornherein beleidigt und verärgert, ich hatte mein Handköfferchen bei der Witwe des Freundes gelassen, ihretwegen war ich gekommen, in weniger als zwei Stunden ging mein Zug. Komm doch mit uns, bat ich, bring mich dann auf den Bahnhof, nichts wäre natürlicher gewesen, und es war auch natürlich, daß ich den Abend noch nachhause fahren wollte, weil es zwei Tage vor Weihnachten war. Alles natürlich, nur daß der Natur, der menschlichen, nicht zu trauen ist, daß man etwas mehr sein sollte als Natur, eben mit der Hilfe des Gewissens, aber das Gewissen bleibt stumm. L. war so sonderbar, erzählte ich später meinem Bruder, und mein Bruder berichtete von mehreren Vorfällen, bei denen L. sich ebenfalls höchst sonderbar betragen hatte, streng, unfreundlich, unbillig, worüber wir uns beklagten und womit wir unser Gewissen beruhigten, das sich bei mir doch gar nicht gerührt hatte, nicht als L. sich auf dem Wege vom Friedhof unter einem nichtigen Vorwand bei ihrer Wohnung absetzen ließ und nicht in der Nacht, als ich in dem Aussichtswagen eines Schnellzugs nachhause fuhr, es brannte da kein Licht und durch die gläsernen Wände und das gläserne Dach sah man die Tannenabhänge, den Schnee und die Sterne. Ich dachte an den gestorbenen Freund, aber was ich hätte denken sollen, war, laßt die Toten ihre Toten begraben, und umdrehen, sofort wieder zurückfahren, aber das Flehen, das sich hinter L.s unfreundlichen Worten versteckt hatte, hatte ich nicht bemerkt. Niemand hat bemerkt, daß sie schon tödlich erkrankt war, an ihrem Verstand, ihrem Erinnerungsvermögen zweifelte, vielleicht hat sie mir an dem Nachmittag etwas darüber mitteilen wollen, aber ich bin weggefahren, nichts in mir hat Feuer geschrien. Wir sollten uns wenige Wochen später treffen und trafen uns auch, aber da war die Angst, die L. erfüllte, so groß geworden, daß sie nicht mehr imstande war, sie zu äußern. Nein, nein, ich war beim Doktor, mir fehlt nichts. An jenem Nachmittag, als wir von den Schneegrabhügeln, von den ausgestellten lebensrot geschminkten Leichen zurückkehrten, hätte sie vielleicht gesprochen, und ich habe sie sonderbar gefunden, nichts als sonderbar, was doch zeigt, daß das Gewissen nur ein Treppenwitz ist, keine Alarmglocke, sondern eine erst viel später über uns verhängte Qual, die schließlich alles, eine lebenslange Beziehung, jede gemeinsame Freude, jedes gemeinsame Lachen in ihren trüben Schleier hüllt. Einmal lieblos gewesen, immer lieblos gewesen, und wo sind nun die Stunden des guten Einvernehmens, und wann könnte ich je wieder in der Nacht in einem gläsernen Eisenbahnwagen fahren, ohne diesen inneren Brand zu spüren, auf dem vielleicht unsere Vorstellung von einem höllischen Feuer beruht.

Betrachtungen wie die eben niedergeschriebenen, gehören eigentlich gar nicht in diese Aufzeichnungen, die ja eine Art von Standortbestimmung sein sollen, Standort: verlorener Posten, wenn man so will, da ja jeder, der keine Zukunft mehr hat, auf verlorenem Posten steht. Damit meine ich natürlich nicht die ganz äußerliche Bedrohung meiner Wohngegend, sondern das beginnende Alter, die täglich verringerte Lebenswahrscheinlichkeit, gegen die es keine Verteidigung gibt. Eine pathetische Zeit, ein Ort der Gefahren, der doch gerade in seiner Verlorenheit vieles wieder einfach erscheinen läßt. Der Tod macht alles sinnlos, sagte mir vor kurzem auf dem Kahlenberg ein junges Mädchen, das, wenn man Krieg und Unfall nicht in Betracht zog, eine Lebenserwartung von noch fünfzig Jahren hatte, und, wenn ich mich dieser jungen Wiener Philosophin dialektisch gewachsen gefühlt hätte, hätte ich ihr vielleicht geantwortet, der Tod gibt allem seinen Sinn. Eine gefühlsmäßige Äußerung, die Äußerung eines Menschen, dessen Jahre gezählt sind und dessen stupide erfreutes »ich lebe noch« der Reaktion der Überlebenden nach Bombenangriffen gleicht.
Wieder eine Nacht überstanden, wieder für einen Tag Essen herbeigeschafft – die junge Studentin, die sich ihres Wohlstandsdaseins wegen oft gescholten gesehen hatte, meinte, daß in der für sie schon sagenhaften Zeit der täglichen Lebensbedrohung alles leichter gewesen sein müsse. Aus Entbehrung und Bedrohung aber besteht auch das Alter, in dem tatsächlich vieles leichter wird, wenigstens für die, die in dem bloßen »Unter-der-Sonne-sein« einen Sinn schon sehen. Dieses bloße Unter-der-Sonne aber ist gerade der verlorene Posten, von dem ich gesprochen habe: eine Traumlandschaft, in der man sich so unwohl nicht fühlt. Ich mußte mir das gestehen, als das schöne todernste Mädchen mich verlassen hatte, ein Bote aus dem Reich des Zweifels und der Verzweiflung, aus dem Reich der Jugend, die mir plötzlich unglaublich fern gerückt war. Denn ich hatte meiner Besucherin nichts zu geben, was sie nicht ver-

achtet hätte, und ich konnte von ihr nichts empfangen als eben diesen Satz »der Tod macht alles sinnlos«, den ich selbst einmal ausgesprochen hatte, oder hätte aussprechen können vor langen Zeiten, den ich aber jetzt, gerade im Angesicht des Todes, nicht wahrhaben will.

1. Mai

In der vergangenen Woche sind verschiedene neue Gerüchte aufgetaucht, die im Supermarkt, aber auch auf ganz altmodische Weise an den Straßenecken besprochen werden. Die meiner Wohnung gegenüberliegenden Häuser sollen bereits verkauft sein, und zwar an eben den Konzern, der die Absicht hat, das Pilzhaus zu bauen. Schon die Bogenlampen, die an Stelle der alten, ursprünglich vom städtischen Gas gespeisten Laternen in unserer doch schmalen und bescheidenen Straße mit großem Getöse eingerammt werden, deuten auf die von mir vorausgesehenen Absichten der Stadtverwaltung hin. Heute sprach ich mit einer Frau, die eben in dieser Verwaltung und sogar in der Abteilung Baudezernat einen Verwandten, ich glaube einen Schwager, sitzen hat. Was sagt Ihr Verwandter, fragte ich, was wird aus uns, hat man die Absicht, eine Bürgerversammlung einzuberufen oder nicht. Die Frau ging aber auf meine Frage nicht ein. Die Kastanien, sagte sie, werden auf jeden Fall daran glauben müssen, und das ist auch recht so, schließlich ist es wichtiger, daß der arbeitenden Bevölkerung ihr Weg in die Innenstadt erleichtert wird, als daß Sie einmal im Jahr unter blühenden Kastanien spazieren gehen. Ich war, obwohl ich es gewöhnt bin, daß man meinen Beruf als eine Art von Müßiggang ansieht, von der Feindseligkeit ihrer Worte überrascht. Ich hatte an die Kastanien, diese schöne Allee auf der nahegelegenen Bockenheimer Landstraße, im Augenblick gar nicht gedacht. Ich wußte, daß in einer Apotheke an der Ecke Postkarten verkauft oder verschenkt wurden, bräunliche Photographien, die offensichtlich aus einer lang vergangenen Zeit stammten, da unter dem mächtigen Laubdach der Baumkronen diese jetzt sehr stark befahrene Straße noch still und verlassen lag. Die Aufforderung »Rettet die Kastanien der Bockenheimer Landstraße« war auf die Rückseite der Karten gedruckt, ich selbst hatte einige von ihnen beschrieben und verschickt, aber nie recht daran geglaubt, daß sich auf solche Weise die bedrohten Bäume wirklich retten ließen. Jetzt sehe ich, es kommt eines zum andern, es kann nicht schnell genug gehen. Eines Nachts, – man wird kaum wagen, die Bäume bei Tageslicht und vor aller Augen zu entfernen, – eines Nachts also werde ich die mächtigen Axtschläge hören, aber ich werde darüber keine Tragödie schreiben, wie das Tschechow vor fünfzig Jahren getan hat, denn eine Tragödie beruht auf einer Zeitenwende oder einer Schicksalswende, und die Zeitenwende, der die Kastanien, wie einst der Kirschgarten, zum Opfer fallen, ist lange vorbei. Ich werde mir die Decke über den Kopf ziehen und meine Ohren mit Wachs verstopfen, es kommt eines zum andern, eines zum andern, und ich möchte nur noch Zeit genug haben, verschiedenes aufzuschreiben, was zu der alten Wohnung, der alten Gegend und zu dem gelebten Leben gehört. Ich bin überzeugt davon, daß ich, sobald ich erst einmal diesen Boden unter den Füßen verloren habe, mich mit anderen Dingen beschäftigen werde. Rettet die Kastanien, und dabei sind schon längst ganz andere Gefahren in unseren Gesichtskreis getreten.

2. Mai

In der vorigen Niederschrift habe ich auf die H-Bombe (jetzt kurz und vertraulich die Bombe genannt), angespielt, aber doch nicht auf diese allein. Ich las vor kurzem von den Fortschritten, die man in der Biologie gemacht hat und noch machen wird, über die Möglichkeit, männlichen Samen beinahe unbegrenzt haltbar zu machen und zu Zeugungszwecken noch zu verwenden, wenn der Samenspender längst tot, in einem Krieg gefallen, bei einem Autozusammenstoß verblutet oder an irgendeiner Krankheit gestorben ist. Sein Same lebt, wenn man so klug früher schon gewesen wäre, gäbe es noch etwas von Goethes Samen, von Napoleons Samen, von Byrons Samen, natürlich nur kleine, sorgfältig gehütete Mengen, die aber gegen entsprechende Bezahlung gewiß abgegeben werden würden. Von wem, gnädige Frau, wünschen Sie ein Kind, von Ihrem gutmütigen, aber etwas öden Ehegatten, oder von dem geistreichen und bösen Friedrich dem Zweiten von Preußen, welch ein Einbruch von gefährlichem Genie in die Familie Mayer, unser Kronprinz könnten Sie sagen und mit vollem Recht. So weit ist es noch nicht, aber schon genügend unheimlich, wenn auf Wunsch ihrer Frauen die Soldaten, die nach Vietnam verladen werden, vorher ihren Samen auf die Bank, auf die Samenbank tragen und zwei, drei, fünf Jahre nach ihrem Tode im Dschungel könnten ihre Frauen noch Kinder von ihnen bekommen. Diese Witwenkinder, Leichenkinder können heranwachsen, können, da auch ihr Geschlecht wählbar ist, Knaben sein, ein autoritärer und militaristischer Staat könnte sich auf diese Weise Armeen heranziehen. Die Helden der Nation, die Fußballspieler, Schlagersänger und Piloten würden durch Samenverkauf ihre Familien versorgen, es könnte da auch zu kleinen Inflationen kommen, lauter Moß Stirlings im Autobus, keine kinderlosen Frauen mehr, dafür aber Eifersucht genug. Ich habe dir doch verboten auf die Bank zu gehen, was hast du da wieder eingekauft, einen kleinen Günter Grass, an dem wirst du deine Freude haben, du wirst schon sehen.

Doch ist das alles noch lustiger, auch appetitlicher als die ebenfalls ins Auge gefaßte Möglichkeit, aus intakten, auf Eis gelegten Körperteilen neue Menschen zusammenzustückeln, Produkte der Schlachtfelder, für neue Schlachtfelder bestimmt.

DAS KIND *24. Mai*

T. W. A. gewidmet

Die ausgedachten dämonischen Kinder, auf dem Schiff in »Highwind in Jamaika«, die zarten Geschwister in »The turn of the screw«, der gräßliche kleine Junge in Kathrin Ann Porters »Narrenschiff«, die Riesenzwerge der Gisela Elsner und Günter Grass' Sprotte und Jannemann, die einen Mörder ermorden – sie alle spiegeln die Angst ihrer Erfinder vor dem Abgründigen allen kindlichen Wesens, eine Erfahrung unheimlicher Art hat jeder einmal mit Kindern gehabt und sogar mit dem eigenen Fleisch und Blut. Meistens ist aber doch ein fremdes Kind das ewig fremde, das unverständliche und bedrohliche Geschöpf, gegen dessen bösartige Vitalität kein Kraut gewachsen ist. Hier das Erlebnis eines Freundes, übrigens eines Philosophieprofessors, mit einem solchen Kinde, der Freund hat mir vor Jahren davon erzählt und ich glaube, daß er es heute noch nicht vergessen hat. Das Kind hatte, während der Professor sich allein in der Wohnung befand, an der Etagentür geläutet, worauf er zunächst nicht reagiert hatte, da er niemanden erwartete und sich mitten in einer schwierigen Arbeit befand. Erst als sich das Klingeln, und recht ungeduldig, wiederholte, stand er auf, ging den langen Korridor hinunter und öffnete die Tür. Das Kind stand draußen, es war eines der Kinder, die im Hause wohnten und er kannte es vom Sehen. Es war ein etwa fünfjähriges Mädchen mit dem Gesicht einer alten Bäuerin, es trug eine karierte Schürze, und kleine starre Zöpfe waren ihm um den Kopf gelegt. Ich will meinen Ball, sagte das Kind, und ehe der Professor noch fragen konnte, warum und wieso, war es schon an ihm vorbei in sein Zimmer gelaufen und deutete auf das Fenster, das halb offen stand. Der Professor begriff, daß der Ball in der Dachrinne liegen sollte und versuchte das Kind zu vertrösten, auf den nächsten Morgen, an dem es der Stundenfrau vielleicht gelingen würde, den Ball mit einem Besen hinunterzustoßen, er bot auch an, einen neuen Ball zu kaufen oder dem Kind das Geld für einen

Ball zu geben, er wollte nur wieder allein sein, sich an seinen Schreibtisch setzen und das Kind nicht mehr sehen. Davon war jedoch keine Rede, die Kleine begann mit ihrer hellen unerbittlichen Stimme herumzukommandieren. Er selbst mußte in die Besenkammer kriechen und einen Besen holen, der aber zu kurz war, dann ein anderes, ihm gar nicht bekanntes Haushaltgerät, das wahrscheinlich zum Entfernen von Spinnweben an den Zimmerdecken diente. Er lief hin und her, war schon außer Atem und wunderte sich, daß er jeden Befehl des Kindes ohne Widerspruch ausführte, sich nun sogar über das Fensterbrett beugte und mit dem Spinnwebbesen in der Dachrinne hin- und herfuhr, wobei er aber den Ball nicht erreichte. Die zwergenhafte Hausfrau, Ehefrau, stand hinter ihm, hatte die Hände über ihrem runden Bauch zusammengelegt und rief, tiefer, tiefer, und tatsächlich lehnte er sich immer weiter und schließlich gefährlich weit hinaus. Er war jetzt überzeugt davon, daß das Kind im Sinn hatte, ihn am Ende hinunterzustoßen oder doch hinunterstürzen zu lassen, und daß es nur zu diesem Zweck seine Wohnung betreten hatte. Tiefer, tiefer, schrie die kleine feiste Mörderin, und klatschte wie besessen in die Hände – dieses Geräusch war es dann, das ihn plötzlich zur Besinnung brachte, er konnte jetzt das ganze verrückte Unternehmen abbrechen und das Kind hinausführen, auch die Türe hinter ihm zuschlagen, er war aber, wie er mir erzählte, in Schweiß gebadet und zitterte am ganzen Leib.

24. September

Sie müssen bedenken, sagte ich heute zu einem Bekannten, wie das war, in den sogenannten besten Jahren meines Lebens, daß man damals Lampenschirme aus Menschenhaut, aus der Haut von ermordeten Häftlingen gemacht hat, von allem anderen ganz zu schweigen. So, daß ich jetzt noch gewisse Lampenschirme aus einem hellen dünnen krakeligen Pergament nicht ansehen kann, es könnte doch noch etwas übrig geblieben sein, Pergament war immer dauerhaft und vielleicht waren noch große Vorräte da. Beleuchtungskörper waren ohnehin das Letzte, was es noch zu kaufen gab, kein Brot, keine Wurst, keine Stühle, keine Herde, aber Beleuchtungskörper die Hülle und Fülle. Sie erinnern sich, diese Geschäfte waren immer gut ausgestattet, alle Ware hing von der Decke herab. Übrigens habe ich neulich auch in meinem Besenschrank ein Stück Seife gefunden, graubraun, schleimglatt, schwer wie ein Stein. Kriegsseife sagen Sie, aber ich sage, Seife aus dem Fett von ermordeten Häftlingen, ich hätte das Stück gleich wegwerfen sollen, aber ich habe es nicht weggeworfen, manchmal schleiche ich mich an den Besenschrank und nehme es in die Hand. Das waren die besten Jahre meines Lebens, übrigens auch Ihres Lebens, aber solche Erinnerungen gingen meinem Bekannten auf die Nerven, lassen Sie das doch, sagte er, lassen wir die Vergangenheit ruhen. Aber ich wollte sie nicht ruhen lassen, das sind doch Ungeheuerlichkeiten, der Lampenschirm, die Seife, geschäumt hat sie ohnehin nicht, aber wir sind uns damit über das Gesicht, den Hals gefahren, mit dem Leichenfett unserer Brüder, und vielleicht war der Körper Ihres besten Freundes dabei. Hören Sie auf, sagte mein Bekannter zornig, das sind krankhafte Vorstellungen, und ich sagte, ja, da haben Sie recht.

Aber sie beruhen auf Tatsachen, auf Taten, und das ist es, was wir unseren Enkeln zeigen sollten, einen Lampenschirm, ein Stück Seife, und sagen, homo homini lupus, und sagen, es müßte nicht sein.

10. Oktober

Von der Vergangenheit, der schändlichen deutschen Vergangenheit geschüttelt werden heute mehr als meine eigene (schuldige) Generation, die damals vierzehn – sechzehn – achtzehn Jahre alten, die noch kaum etwas miterlebt, jedenfalls nichts verstanden haben, für die also nicht Quälerei, Rechtsbruch und Mord an sich, sondern das Verhalten ihrer Väter in jenen Jahren zur peinigenden Frage wird. Der Vater als möglicher Mörder – schon vor einigen Jahren als in Argentinien Eichmann entdeckt wurde, der für tot galt, aber mit seiner Frau und seinen Kindern unter einem andern Namen lebte – schon damals habe ich mir Gedanken darüber gemacht, was, als alles herauskam, in diesen Kindern vorgegangen sein muß, der gute Vater, der Gutenachtsagevater, der Sonntagsausflugvater, ihre Hände hatten, klein, in seiner Hand gelegen, vielleicht hatte er Spielzeug gebastelt, Fahrräder repariert, auf Fragen, wie funktioniert das, ein Wankelmotor, wie heißen die kleinen Fische, die den großen trägen halb blinden Walen den Weg weisen, befriedigende Auskunft gegeben. Und dann derselbe Vater, nicht mehr zu Hause, dafür auf den Titelseiten aller Illustrierten, und die Gesichter der Illustriertenleser verzerren sich vor Abscheu, Ekel und Haß. Einen Eichmann hat nicht jeder zum Vater, nicht einmal einen kleinen, aber Verdacht ist noch in vielen Kindern aufgewachsen, heimlich, wie eine Krankheit, die keine Schmerzen verursacht. Die junge Amerikanerin Sylvia Plath, die studierte, Gedichte schrieb, heiratete, Kinder bekam, danach bessere Gedichte schrieb und sich mit 30 Jahren ohne ersichtlichen Beweggrund das Leben nahm, muß an einem solchen Geheimschaden, Spätschaden gelitten haben und an ihm zugrunde gegangen sein. An der Diskrepanz nämlich zwischen dem Vaterbild und dem Mörderbild, das schloß sich nicht zusammen, zerriß sie, ließ sie einen Tod wählen, der gewissermaßen eine kleine private Gaskammer war. Dabei war, einer kleinen, in ihrem Gedichtband veröffentlichten Biographie zufolge, der Vater vor der Nazizeit ausgewandert, war an einer amerikanischen Universität ein Insektenforscher gewesen, hatte kein Blut an den Händen, nicht einmal im übertragensten Sinn. Man kann aber aus Sylvia Plaths Daddy-Gedicht erraten, was da vorgegangen sein mag, Auswanderung vielleicht wegen der nichtarischen Mutter und des Vaters Augen trotzdem aufleuchtend bei jeder Nachricht aus der alten Heimat, den Bildern der Straßen voller Hakenkreuzfahnen, den Filmen von der Olympiade, bei der die ganze Welt Deutschland und den Führer akklamierte. Da der Vater starb, als Sylvia neun Jahre alt war, kann ihr das alles kaum zum Bewußtsein gekommen sein. Was ihr zum Bewußtsein kam, war der gute Vater, der starke, der sehr geliebte Vater, sein Gesicht über ihr Bett gebeugt, ihr kleiner Schritt, der neben seinem großen hinhastete, ihre Hand in seiner Hand. Später dann kamen die anderen Erinnerungen, oder das, was sie über den Vater hörte, vor allem über die Zeit hörte – das hat er gutheißen können, und das und das, da wuchs Grauen auf. Da fielen die beiden Väter auseinander, da mußte sie mit dem einen fertig werden, Schluß machen und verlor dabei den anderen, und mußte am Ende Schluß machen mit sich selbst.

im November

O diese Novembersonntagvormittage in dem von den Weißbindern aufgefrischten Blau, draußen der Nebel, drinnen tiefe Stille, manchmal Glockenläuten, alle Einwohner des großen Mietshauses, der ganzen Straße, in ihren Betten schlafend, aufwachend, wieder einschlafend, ich allein wach. Eine Vigilie am hellen lichten, vielmehr dunkel blinden Tage, und ein Ende ist so oder so gesetzt. Blaue Stunde am frühen Vormittag und völliges Alleinsein, was bei mir nach acht Jahren, nach zehn Jahren immer noch bedeutet, mit ihm sein, ihm erzählen, du glaubst es nicht, 15 Sitze im bayrischen Landtag und was anderswo eine Partei, eine vielleicht ganz gesunde Opposition wäre, ist bei uns eine Lawine und eine des Bösen, mögen die Leitworte Heimat, Sparsamkeit, Sauberkeit noch so unschuldig klingen. Man hört die Stiefelschritte schon auf dem Straßenpflaster, und morgen die ganze Welt. Und gab es nicht Leute, die nach dem letzten Krieg behaupteten, dieses Volk müsse ausgerottet werden, sonst würde nicht Ruhe in Europa, nicht Ruhe überall. Es gab noch einen anderen Vorschlag, keine Industrie und natürlich keine Waffen, nicht einmal hochwertige Nahrungsmittel, nur Kartoffeln, ganz Deutschland ein einziger Kartoffelacker, mit ein bißchen Handwerk, Schnitzwerk, Spielzeug und Kuckucksuhren, und im Spätherbst wäre Kartoffelfeuerrauch überall aufgestiegen, die armen braven Deutschen hätten am Abend ihre Hacken beiseite gestellt und aus jedem Haus hätten die in Heimarbeit hergestellten Kuckucke geschrien. Utopie und eine dumme, was in einem Volk steckt an Arbeitskraft und Erfindungslust, kommt heraus, und was nicht darin steckt an politischer Vernunft und Humanität, kommt nicht hinein, und mit dem Wahnwitzigen, Selbstmörderischen wird die schöpferische Unruhe bezahlt. Sie werden es uns nicht durchgehen lassen, nicht noch einmal durchgehen lassen, wer denn? – die andern, die auch keine Engel sind und vielleicht selbst Dreck am Stecken und nationalistische Gefühle haben, was soll ihr Einspruch bewirken, wenn nicht Trotz, ihr habt uns nichts zu sagen, wir bauen uns unsere Atomwaffen allein. Tragt den Kopf hoch, ihr Vertriebenen, die ihr hier längst auf einen goldenen Zweig gekommen seid und eigentlich gar nicht gewillt wart, ins Ostelbische Karge zurückzukehren, aber jetzt kann man euch ansprechen mit den alten Liedern, das muß sich doch vereinen lassen, Wohlstand und alte Heimat, ließe sich vereinen, wenn nur einmal wieder einer mit der Faust auf den Tisch schlüge, eine Faust ist eine Faust, auch wenn sie sich aus dem Grab herausreckt. Blaue Stunde am frühen Vormittag und alle so still, die Bürger unter den Federbetten, kein Wetter zum Herausfahren, Taunuswandern, ich könnte auch noch schlafen, mag aber nicht. Es könnte doch wieder jemand auf den Gedanken kommen, uns auszurotten, das Volk der Richter und Henker, das Volk der Gasöfen, »obwohl man da ohne Zweifel stark übertrieben hat«. Jetzt läuten wieder die Glokken, kommen gewackelt und holen die Schläfer, armes, entsetzliches Vaterland, ein ewiger Friede war dir nicht bestimmt.

Und eigentlich wollte ich mich mit einem Toten unterhalten, aber ich habe das alles nur gemurmelt, kaum die Lippen geöffnet, zum ersten Mal sollte er etwas nicht hören, nicht wissen, fort sein, weit fort.

5. Februar

Der Briefkasten, in den ich täglich meine Briefe zu werfen pflege, ist verschwunden, abmontiert, ein anderer, nahe gelegener, ebenfalls, was, obwohl ich dann einen der Briefkästen in nicht allzu großer Entfernung von meiner Wohnung wiedergefunden habe, bei mir eine Art von Panik hervorgerufen hat. Vergeblich habe ich versucht, mir die Verlegung, etwa mit Parkschwierigkeiten für das Abholauto, zu erklären. Ich sehe in dieser Maßnahme der Post einen Akt reiner Willkür, dem bereits andere, wie etwa das sinnlose Verlegen von Haltestellen der Elektrischen oder die plötzliche Entfernung von Telefonkabinen vorausgegangen sind, und dem vielleicht noch weitere einschneidendere Maßnahmen folgen werden. Die dumpfe Bürgerreaktion, mit uns können sie es ja machen, ist doch nur ein Zeichen, daß hinter den kleinen Schikanen der Post oder der Verkehrsbetriebe etwas geahnt wird, eine geheime Absicht, uns vom Altgewohnten zu lösen und Neugewohntes gar nicht erst richtig Boden fassen zu lassen. Tatsächlich bleibt nur weniges um uns so lange unverändert, daß es zur Gewohnheit und gar zur lieben Gewohnheit werden könnte. Die auf der Rundfunkskala angegebenen Sender sind schon längst nicht mehr an der alten Stelle, sind alle paar Monate wieder woanders zu finden, der Supermarkt wird beständig umgebaut und umarrangiert, selbst auf einen einfachen Zebrastreifen ist kein Verlaß mehr, von den immer wieder in entgegengesetzter Richtung zu befahrenden Einbahnstraßen ganz zu schweigen. Es ist, als sollten wir in einem künstlichen Labyrinth die Orientierung verlieren, dann, eines Tages auch nicht mehr nachhause finden – es ist schon lange mein Verdacht, daß sich in den kleinen Spreizfüßen der neuen Häuser Gangwerke verbergen, so daß diese Häuser ihren Standort beliebig, d. h. nach dem Belieben der Behörden, ändern können. Es ist wahrscheinlich, daß wir, nach langem Umherirren erschöpft, auch unsere Namen nicht mehr anzugeben wüßten. Wir würden dann wohl in ein Asyl gebracht, in dem sich noch viele andere Verirrte und Namenlose befänden. Eine große Nummer auf dem Rücken unserer Kleidung tragend, würden wir, mit einfachen Arbeiten beschäftigt, die uns verbleibende Lebenszeit verbringen.

26. Februar

Vergiß nicht, rede ich mir zu, du hast das Goldene Horn gesehen. Deine Freunde haben geheimnisvolle Leiden, deine Freunde sterben, sie sterben an deinem Alter, an nichts anderem, wer hätte sich das einmal vorstellen können, diesen Umgang mit Todeskandidaten und wer weiß, auch dich betrachten sie als einen solchen, in den Schubladen der Redaktionen liegt dein Nachruf bereit. Es ist nicht alles gekommen, wie du es dir geträumt hast, weggestorben ist dir der Liebste und du nicht mit ihm, auch nicht gleich danach, nicht einmal bald danach, deine furchtbare Lebenskraft hat dich aufrecht erhalten, wenn auch nicht gesund, du schläfst schlecht, dein Puls rast und springt, deinen Knochen fehlt dieses und jenes, so daß sie nicht mehr federn, dich nicht mehr wie sie sollten tragen. Es gibt Erfahrungen, die du wohl nie machen wirst, zum Beispiel, wie das ist, Enkelkinder haben, ob man die liebt oder ob sie einem vollständig gleichgültig sind, gleichgültiger als irgendein Kind, das auf der Straße rennt und seinen kleinen Stock an einem Gartengitter tanzen läßt, o die vertraute Musik. So viele Dinge, die ausgeklammert werden, obwohl man mit ihnen gerechnet hat, zum Beispiel damit, einmal etwas zu schreiben, bei dem man, wenn man es gedruckt sieht, *keine* schlechten Gefühle hat, das man *nicht* minderwertig findet, nicht von minderem Wert als die Gedichte, Geschichten, die *zählen,* einmal nicht. Dies und das also, Gründe genug, sich zu beklagen, ebensoviele und mehr zu frohlocken, die aber hier nicht aufgezählt werden sollen, nur das eine – wir sind um die Mauern von Stambul gegangen, wir haben das Goldene Horn gesehen.

Sog in die Wolken

Staude wie rasch dahin
Fasriger Blütenschaft
In die Erde leg ich
Was auferstehen soll
Auch die Rufe von weither

Unsicherer Zeitlauf
Sog in die Wolken
Dort
Über der Ebene der Tonkrüge
Kämpfen die Geister

Von einem bestimmten Augenblick an
Sind alle Himmel feurig gefärbt
Und gefährlich ist es
Mit bloßem Aug in die Sonne

Kaiserkron und Päonie
Eichendorffs
Blumen des Untergangs
Wachsen aus meiner Hand
Und die Schößlinge wurzelher
Der lange gestorbenen Linden

Besitzanzeigende
Fürwörter tönen nicht mehr
Auf den Landkarten verblassen die Grenzen
Ausreden will ich mir
Meinen Tisch mein Bett
Alles was mein war

Wer sein stehendes Heer inspiziert
Umfällt ihm dieser und jener
Ein Waffenrock leer
Mit blanken Knöpfen

Brachland die Bahn-
Strecke entlang
Und dickichte Wälder
Sagtest du Bruder
Die Hirsche kommen zurück?
Sagtest du
Die Wölfe?

Hinab
Geflügelt zur Taufschale Apostelschale
Aus rotem Sandstein
Zur Mandorla
Kommt ein Fremder des Wegs
Von den Höhen
Besprengt mich mit
Frieden.

In diesem Jahr

In diesem Jahr
Paul Celan
Schon vergessener
Dein Tod
Sprung von der Kaimauer
In den unreinen Fluß
Deine Atemnot
Die Blasen trieb
In der Lichtstadt
Muß es sehr dunkel gewesen sein.
Es sah dich keiner

Ein wenig später der Zug
Von Kindern in Samtjacken langen
Bäurischem Sonntagsstaat
Zur Blechmusik
Dorf Hausen im Wiesental
Und Hebel der Prälat
Seine apokalyptischen Verse

Ein Blutsturz hat die junge Stimme erstickt
Meiner Nichte Mitsou
Die in Japan geboren war
Fast bebte die Erde noch
In Yokohama
Die an Krebs gelitten hatte
Mehr noch an Todesangst
Viele Monate lang

Dann nicht mehr
Dann Hoffnung

Nicht lange danach
Das kniende Paar
Vor dem obszönen Altar

Keines das mich so anging
Keines
Dem ich inbrünstiger
Segen gewünscht
Erfüllung

Alles in diesem Jahr
Auch in Graz in der Steiermark
Das dunkle melancholische Hotel
Sein Innenhof mit den geschwungenen Gittern
Der Erzherzog
Auf jedem Treppenabsatz
Einmal Elisabeth
Verwesungshauch
Und doch
Wie sie sangen und tanzten am Abend

Die Oper des Herrn Staatsbeamten Zeller
Der er nicht beiwohnen durfte zu seiner Zeit
Wie sie sangen und tanzten
Mit Anmut und Feuer
Noch heute (heute!)
Rosen aus Tirol

Später beim Abflug nach Schiphol
Die Waffensuche
Kundige Griffe der Polizistin
Landung im Nebel und langer Weg auf dem Fließband
Nichts von blühenden Tulpenfeldern
Und Gärten auf schwankenden Kähnen
Nur dieser riesige Himmel
Und wie er
Seine Sonneninseln und jähen Schatten
Über die Erde warf
Fahren
Im sanften November . . .

Steht noch dahin

Steht noch dahin

Ob wir davonkommen ohne gefoltert zu werden, ob wir eines natürlichen Todes sterben, ob wir nicht wieder hungern, die Abfalleimer nach Kartoffelschalen durchsuchen, ob wir getrieben werden in Rudeln, wir haben's gesehen. Ob wir nicht noch die Zellenklopfsprache lernen, den Nächsten belauern, vom Nächsten belauert werden, und bei dem Wort Freiheit weinen müssen. Ob wir uns fortstehlen rechtzeitig auf ein weißes Bett oder zugrunde gehen am hundertfachen Atomblitz, ob wir es fertigbringen mit einer Hoffnung zu sterben, steht noch dahin, steht alles noch dahin.

Die Kinder

Endlich habe auch ich die streunenden Kinder gesehen. In den Händen hielten sie alte Flinten und Stöcke, Handgranaten baumelten ihnen an den Gürteln, die meisten von ihnen waren barfuß, einige nackt. Sie liefen über die sumpfigen Wiesen von Bonames, dort wo einmal die jetzt regulierte Nidda floß. Als sie näher kamen, sah ich, daß ihre kleinen Bäuche aufgetrieben waren und daß das Weiß in ihren Augen gelb war. Sie stolperten und stießen einander vorwärts, sie kickten Steine, wer einen Frosch fand, steckte ihn lebendig in den Mund. Ich stellte mich den Kindern in den Weg, plapperte und flehte, kommt mit mir, man wird euch zu essen geben, ihr werdet unter warmen Decken schlafen. Die Kinder hielten nicht an, die Handgranaten schlugen gegen ihre Knie, sie gingen durch mich hindurch wie durch die Luft.

Appetit

Ich esse meine Suppe, ich esse mein Fleisch, meine Nudeln, Kartoffeln, Salat jeden Tag, so viele auch Kinder, verschüttete vor meinem Fenster, mit Fingern weißlichen Krallen Signale versuchen. Ich esse mein Fleisch jeden Tag, so viele auch Schiefknochen, so viele Hungerbäuche bei mir am Tische sitzen und Eiterbeulen aufplatzen neben meinem gefüllten Teller. Ich esse, den Blick auf das Napalmfleisch gerichtet und auf die Würmer, die aus den offenen Wunden kriechen. Ich esse meine Suppe, mein Fleisch, meine Nudeln, Kartoffeln, Salat, Kompott, jeden Tag, alle bestaunen meinen Appetit, niemand glaubt mir mein Alter.

Theaterplatz

Der des Mordes Verdächtige aber nicht Überführte wurde, in einer der letzten Ruinen der Stadt versteckt, mit sechshundert Kugeln beschossen, sogar Panzerwagen fuhren auf. Er schoß zurück und traf einen Polizeihund, den man später fotografierte. Von dem Belagerten hieß es, daß er sich am Ende selbst das Leben genommen habe. Noch mehrere Tage lang fuhren die Wagen an dieser Stelle langsam, blieben die Passanten stehen und starrten zu der durchlöcherten Hauswand hinauf. Es ist gut so, hörte man einen sagen, er war noch jung, jeder Tag Zuchthaus kostet soundso viel, und lebenslänglich, rechnen Sie das mal aus, wer hätte es zahlen müssen, wir.

National

Einige machen sich Gedanken über ihren Nationalismus. Sie lieben ihr Land, aber nicht, wenn es vor Tüchtigkeit birst, sondern wenn es an sich zweifelt und weint. Da das sehr selten der Fall ist, lieben sie es selten. Bei sportlichen Wettkämpfen, sogenannten Weltmeisterschaften, zittern sie bei dem Gedanken, ihr Land könne siegen und sie müßten am nächsten Tag lauter geschwellten Hemdbrüsten begegnen. Sie lieben ihr Land, seinen kalten Frühling, seinen leuchtenden Herbst, seine Kinder, seine Sprache und einiges aus seiner Literatur. Sie möchten nicht dazu verurteilt werden, ganz in einem Lande zu leben, in dem man ihre Sprache nicht spricht. Trotzdem haben sie ihrem Land beständig am Zeuge zu flicken. Das zeigt, daß sie Nationalisten sind.

Tarantella

Noch meine Eltern fanden die Vorstädte von Neapel pittoresk. Es störte sie nicht, daß die Einwohner dieser hübsch über dem blauen Golf gelegenen Orte zu viert in einem Bett schliefen, nichts zu essen hatten, infolgedessen stahlen. Sie übersahen die Merkmale der Syphilis und die Merkmale der Hoffnungslosigkeit und erfreuten sich an den Glöckchen der Tarantella. Ich will nicht nach Indien reisen (wozu ich eine Gelegenheit hätte); diese mir aus dem Fernsehen bekannten Hungergestalten, die verrückterweise nicht abzuschlachtenden Kühe würden mir das Vergnügen an der Exotik verderben. Dabei bringe ich es aber doch recht gut fertig mir etwas woran ich nicht denken will, vom Leibe zu halten. Der Hunger, das Elend und die Ungerechtigkeit in der Welt lassen mich schlafen.

Warmer November

Wem die Warenmassen der Kaufhäuser, auch die heiße trübe Luftwelle gleich beim Eintreten Furcht einflößt, der bleibt in seinem Quartier und sucht gegen Abend, immer gegen Abend, die kleinen dem Untergang geweihten Ladengeschäfte auf. Man kennt ihn dort, er wird mit seinem Namen gegrüßt. Die Frauen der Ladeninhaber sind im Krankenhaus oder die Inhaber selber sind im Krankenhaus und die Frau gibt Auskunft, ja, es geht ihm besser, ja, er kommt bald nach Haus. Laub an den Bäumen, Laub auf dem Pflaster, blauer Nebel und über den vierstöckigen also niederen Häusern ragen die hundertäugigen Geisterpaläste der Versicherungen auf.

Im Dom

In der Kirche, dem aus dem 14. Jahrhundert stammenden Dom unserer Stadt, sind die Altarbilder beschmiert, die barocken Zierate abgeschlagen worden. An den Wänden steht in großen Buchstaben einiges geschrieben, grobe Aufforderungen zu sexuellen Handlungen, zu vollziehen am Stadtpfarrer, am Bischof, an Jesus Christus selbst. In den Kapellen liegen Kackhaufen, auf der Platte des Hochaltars Speisereste, offenbar hat dort eine Art von Liebesmahl stattgefunden, Wurst, Käse und Bier. Es ist auch möglich, daß auf den Altarstufen junge Leute sich umarmt haben. Zur Zeit ist die Kirche leer, die Portale stehen offen, durch die drei Schiffe fährt ein mächtiger Wind. Die einzig stehengebliebene Statue, der während des letzten Krieges halbverbrannte Erlöser, schwankt in gespenstischer Ohnmacht hin und her. Sein hölzerner Mund ist mit Lippenstift grellrot bemalt, auf seine Dornenkrone hat man rosane und grüne Lockenwickel gesteckt.

Leeres Papier

Seit einiger Zeit finde ich die tags zuvor von mir beschriebenen Blätter am Morgen, wenn ich mich zur Arbeit setze, leer. Ich kann mich auch beim besten Willen nicht erinnern, was ich da zu Papier gebracht habe. Die wenigen Worte, die etwa stehengeblieben sind, kann ich nicht entziffern, oft verbringe ich ganze Vormittage damit, an ihnen herumzurätseln, was ich herauslese, ergibt keinen Sinn. Allerdings kommt es auch vor, daß mich gerade diese närrischen Worte auf eine neue Spur setzen, die ich dann eifrig verfolge. Meine Hundenase wittert und wühlt, wieder habe ich etwas, das ich ans Tageslicht bringen kann. Am Abend sind zwei oder drei Seiten vollgeschrieben, die ich erfreut überlese. Am Morgen wird es sein wie gestern, alles verblichen und verschwunden, nur ein paar fadendünne Wörter stehengeblieben, hindostanisch, suaheli, Traumsprache, wenn ich mit allem etwas anzufangen wüßte, stünde es schlimm.

Worte

Ein Wörterbuch anlegen, ein Verzeichnis der seit Jahrzehnten bevorzugten Worte, da käme man sich auf die Schliche, auf die Farben, auf die Objekte, 357mal Wind, 468mal Wasser, viele Kastanien, viele Platanen, keine Fichte, vielmals Wolken, so gut wie keine Sterne, warum eigentlich nicht. Großes Aufheben um die Monate Juni, September, Oktober, Schnee einmal in einem mächtigen Klumpen, sonst kaum vorhanden, Regen, Fehlanzeige, Gewitter beliebt. Beliebt auch Bäche, Brunnen, Flüsse, Wanderdünen, Moos, Thymian, Sonnenblumen im Verblühen, Asphodelos und ein gewisser Wald überm See. Alle Tauben sind grau, nicht weiß, Vögel erscheinen in Vogelzügen, sonst gibt es nicht viele Tiere, jedenfalls keine lebendigen, die Thunfische am Strand werden geschlachtet, ein junges Rind steht eisverkrustet im Schnee. Rosen gibt es viele, aber auch Herbstzeitlosen und Wollgras, Wildnis der Ruinenlandschaften, Hochhäuser, Eisenbahnzüge, Autostraßen, Syrakus und Leverkusen, Rauch und Nesseln und einige Male Mais. Das Zählen wird auf die Dauer langweilig, da möchte man lieber ein Bild malen, auf dem das alles dargestellt ist, nebeneinander, untereinander, durcheinander, Mais, Moos, Rosen, graue Taube, geschlachteter Thunfisch, Ruinenstädte und Zugvögel, nicht zu vergessen der kleine Sonnenkegel, der im atlantischen Ozean versinkt.

Schrott und Schrott

Im großen Saal des Volksbildungsheims wird eine Ausstellung der heute bevorzugten Malgegenstände gezeigt. Es sind dort also keine Bilder zu sehen, sondern die dargestellten Objekte selbst. Eingedellte Verkehrsschilder, löchrige Säcke, schrottreifes Autozubehör, verrostete Kanister, verbogene Heizungsröhren, geplatzter Asphalt. Ich wundere mich nicht, daß in dieser sauberen wohlaufgebauten Stadt gerade solche Dinge den Malern in die Augen fallen. Es kommt mir aber darüber etwas in den Sinn. Ich erinnere mich an die Zeichnungen einer Schulklasse aus dem Taunus, die man nach der Zerstörung der Stadt Frankfurt in das verwüstete Zentrum geführt und der man die Aufgabe gestellt hatte, ihre Eindrücke nach eigenem Ermessen wiederzugeben. Auf den Blättern dieser Kinder, die nichts als Schrott, Brandschutt und Ruinen gesehen hatten, standen alle Häuser aufrecht bis zum Gesims, schwangen die zerstörten Brücken sich unversehrt von Ufer zu Ufer, erhoben sich die zerfetzten Bäume makellos in vollem Laub.

Am Feiertag

Als die Osterglocken läuteten
Mit den Tönen h e g fis
War ich siebzig Jahre und siebzig Tage alt
Ich hatte erfahren
Daß siebzig Jahre ein Loch sind
In das einer fällt
Und sich rettet an schlüpfrigen Wänden

An Ostern war ich so weit
Daß ich hoch oben
Die kleine Sternmagnolie sehen konnte
Und wie der Wind ihr die Blüten zerriß

Im Fernsehen wurde der Attentäter gezeigt
Der Gärtner Sein rundes törichtes Gesicht
Und sein feststehendes Messer
In Hottes Wolfsschanze
Einer Kneipe in Berlin
Legen sie wieder die alten Platten auf
Vor allem diese: Preußens Gloria

In San Giovanni im Lateran
Sah ich die Kerzen alle zurückgekehrt
Die schwarzen Banner der Trauer rot überhangen
Die hölzernen Ratschen
Gaben ihr unterweltliches Knarren auf
Auch die Ungläubigen atmeten freier

Als die Osterglocken läuteten
Hatten auf der Straße
Schon ein paar hundert Autofahrer
Ihren Geist aufgegeben
Das große Schlachten
Wie wenn am Feiertag
Hatte begonnen

Heuer wurden zur Osterzeit
In einigen Städten
Mondsteine herumgereicht
Authentisches aus dem Astronautengepäck
Nichts Besonderes
Einfach Geröll

Le fond de l'air est froid
Sagte meine Mutter
Die noch französisch erzogen worden war
Le fond de l'air . . .

Diese ärmlichen Vorfrühlingsfreuden
Weidenschleier
Und Eidottergelbes
Dahinter die häßlichen Häuser
Und Auferstehung.
Das Wort
Auferstehung.

Strände

I

Strände die klassischen
Unter den Jupitertempeln
Und die atlantischen
Mit ihrer gefährlichen Rückflut
Schwermütige Ufer der Südsee
(Ohne Geschichte)
Samland und Buchenwälder
Copacabana
Sarazenenturm
Ölwald hinab die Klippe
Uferwelle
Zurückgerissene Kiesel
Angespültes
Sepia so weiß und glatt
Und Stachelfrüchte
Ein bleicher Tang vom Sargassomeer

Wer hat den Mädchenleib tot
An den Rand der Wellen gelegt
Wer von euch Jägern?
Wer von euch Vogeljägern von Torvaianica?
Fürchtet euch nicht
Die Anklage Mord ist lange schon niedergeschlagen
Und die Tote verwest

Ein sonnengelber federleichter Sand
Über die Nehrung geweht
Hat mein Haus begraben
Ist weitergewandert
Da steht mein Haus
Ein Skelett von Sparren

2

Meine Landkarte Seekarte entspricht
Nicht den wirklichen Längen und Breiten
Entferntes
Liegt nah beieinander
Mein Kontinent
Hat seine eigenen Wüsten und Fruchtbarkeiten
Hier sind die überstandenen
Katastrophen eingezeichnet
Persönliche
Und dort das Tempetal
Remember Passo di Chiunzi

Piłsudski Platanenallee
Im schönen Schwung bergab zum Fußballfeld
Bahndämme beim Luftangriff
Mein Gesicht
Gepreßt in die toten Lupinen

Und die Häfen, der Hafen
Von dem aus
Ich keinen Landausflug machte
Seine glühenden gleißenden
Molen
Windiges Château d'If
Mesdames Messieurs
Ich hatte nichts mehr zu suchen
Hatte dich
Nicht mehr zu suchen

Ein Tänzer hat die letzte der Inseln gekauft
Er wohnt dort nicht
Ich nächtens begehe das Riff
Mit seinen Schritten und Sprüngen

Ich messe, messe mich aus
Unter dem Bienenmond
Auf dem Teppich von wilden Narzissen.

Vulnerable

Noch jeden Tag heute zu sagen
Klangvoller Hammerschlag
An die mediterrane Glocke
Aber zaghafter: morgen

Wir haben ein Alter
Das ist fett geworden
Hat uns umwachsen
Elefantenhaut
Schwer abzuheben die Schichten
Schwer
Zwiesprache zu halten
Mit den gesunkenen Jahren
Einige zwar
Scheinen golden herüber
Warten auf mit Geräuschen Gerüchen
Aber die anderen
Tauben und stummen

Was war denn, was war
Irgend etwas muß doch gewesen sein
Und nicht nur dieses – damals trug ich mein Haar
In die Stirne gekämmt

Heimkehren wollen
In den Mutterschoß
Ist etwas für Männer
Die ihr Leben lang
Hinschleichen zum schmatzenden Weiher
Kein Ort für mich
Wo du geboren bist
Tödlicher Schütze Apollon
Weißglühendes Delos
Dorthin

Noch ins Auge zu fassen das Neue
Sehbücher Sprechblasenromane Kassettenbilder
Und wie die Epoche des Wortes zu Ende geht
Verstummen
Die Dichter

Zu messen die Spanne
Immer kleinere
Ewigkeit kommt
Auch wenn wir nichts tun
Atmen zu Bett gehen aufstehn
Ewigkeit rätselhafte
Kommt

Vorsichtig sind wir geworden
Melden uns nicht krank
Bleiben wach in der Nacht
Auf und ab in der Nacht
Was wollen wir wissen

Noch wissen?

Nichts was uns selbst angeht
Auch
nichts von drüben
Nur ob Frieden sein wird
Gerechtigkeit
Eines Tages
Hier.

Orte

Vorlesen in Mittelschulaulen, Hörsälen, traurigen Kulturvereinsräumen, und manchmal wird schon, wenn ich an das Pult, den Lesetisch trete, geklatscht. Dann verbeuge ich mich, lächle verlegen, blicke nach rechts und nach links, alles rasch, linkisch, obwohl ich schon längst keine Angst mehr habe, ja in dem Augenblick, in dem ich nach dem Buch, der Manuskriptseite greife, in diesem Augenblick der tiefen Stille ein gewisses Vergnügen empfinde. Die lange Lesung, jahrzehntelang, die Zuhörer wechseln, auch die Schauplätze, aber meine Stimme bleibt dieselbe, ermüdet nicht. Was ich lese, Verse oder Prosa, ist mein Leben oder das Leben anderer, wie es sich mir darstellt. Das Vorlesen ist die Probe, die Worte, Sätze, Verse werden ins Feuer gelegt, einige zerfallen, sind durch keine Betonung, Beschwörung zu retten, andere halten stand. Während ich mit den eigenen Sätzen oder Verszeilen meine Erfahrungen mache, muß ich weiterlesen, einiges bleibt auf der Strecke, muß aufschauen, mich wieder zurechtfinden und nicht nur in den Zeilen, auch in der Vergangenheit, in der das Gelesene angesiedelt ist. Heute, nach einem Jahr, nach einem halben Jahr würde ich es anders machen, immer Dinge von gestern, während Dinge von morgen in mir vorgehen, kein Wunder, daß man sich verspricht. Ein Vorlesen aus Dingen von morgen, nicht Zukunftsphantasie, nur Sprache, wie sie morgen sein wird, Bilder, die ich morgen nehmen werde. Manchmal stocke ich mitten in einem Gedicht, einer Geschichte und meine, daß sie mir von selbst über die Lippen gehen werden, diese ungeschriebenen Texte, bei denen ich mich nicht langweilen und über die ich mich nicht schämen muß.

Royaumont, die alte Zisterzienser-Abtei mit ihrer mächtigen Kirchenruine, dem flammenden Herbstpark, und wie wir da ankamen bei Nacht. Unter den hohen Gewölben stehen wir bei flackernden Kerzen und werden eingeteilt, Madame und Madame und Madame, Monsieur und Monsieur und Monsieur, Dreierzimmer also, und, wie sich herausstellt, riesige, mit zwei Betten nebeneinander und einem in der Ecke, das hat, als wir hinaufkommen, die junge Dame vom Herder-Verlag schon belegt. Elisabeth Langgässer und ich also Seite an Seite, und ich fürchte mich vor Frau Langgässers kühlen, durchdringenden Blicken und hole die spanische Wand, zerre sie zwischen unsere Betten, unhöflich genug. Doch schon in der ersten Nacht sprechen wir, dann in allen folgenden ohne Trennwand, Handwerksgespräche über die Kurzgeschichte, eine von uns beiden im Augenblick bevorzugte Form. Ich staune über Elisabeth Langgässers bewußtes Arbeiten, ihre überlegene Anwendung von Kunstmitteln, ihren klaren, analytischen Verstand. Etwas muß darin sein, sagt sie, in jeder Kurzgeschichte, ein Paukenschlag, ein lautloser, wenn Sie wollen, aber einer, nach dem nichts mehr sein kann, wie es vorher war. Wir sprechen in der Nacht, sitzen tagsüber bei den Vorträgen, ein Priester mit Baksenmütze hat uns bei Kehl über die Grenze gebracht, es ist das Jahr 1948, Einzelvisen werden nicht erteilt. An einem Vormittag, schon gegen Mittag, bahnt sich ein Diener den Weg durch die Reihen und bleibt vor mir stehen, der junge Mann, der mich draußen sprechen will, ist Paul Celan, ein schmächtiger Jüngling aus Czernowitz, ein Emigrant. Wir gehen zusammen durch den rotgoldenen Park und setzen uns auf eine Bank, und Celan liest mir mit eintöniger, noch völlig ungeübter Stimme seine »Todesfuge« vor.

ICH einst im Buchsbaum, ich einst im Haselgebüsch, versteckt unter dem roten Kinderzimmertisch, immer schluchzend, von Tränen überströmt. Ich tue mir leicht weh, und man tut mir leicht weh, die Geschwister, die Mutter, der Vater, der mich übersieht. Lola, der schwarze Hund des Gärtners, ist ein Schrecken, wie der Gärtner selbst, der rothaarige, der die Kinder mit seiner Hacke bedroht. Ich will lauter Freude, aber meine Wünsche werden von geheimnisvollen Mächten immer wieder durchkreuzt. Später schreibe ich dasselbe verzweifelte Glücksverlangen meinen Gestalten zu. Die Welt soll in Ordnung sein, ist aber nicht in Ordnung, scheint während meiner Lebenszeit immer mehr aus den Fugen zu gehen. Darum das Schwarzsehen, die poésie noire. Aus lauter Glücksverlangen, das aber nach und nach immer unpersönlicher wird, nicht mehr mich selber meint. Wer ausspricht, bannt, und der Wunsch, das Schreckliche zu bannen, mag die Ursache meiner traurigen Gedichte und pessimistischen Geschichten gewesen sein. Der Grund, warum ich selbst, zu aller Erstaunen, heiter sein konnte, harmonisch, ohne Launen. Allerdings genügte mir, die schlimmen Dinge anzuzeigen. Eine Kämpferin war ich nie.

NEIN, gewiß habe ich niemals einen übel aussehenden Fremden in meine Wohnung aufgenommen, ihn gar in das eigene Bett gelegt, wo denken Sie hin? Nie habe ich mich als Krankenschwester in Seuchengebiete verschicken lassen, der Gedanke kam mir einfach nicht. Ich war immer träge, liebte meine (recht einfache) Bequemlichkeit, wollte für meinen Mann, mein Kind, meine Freunde da sein, wollte schreiben, will es noch, wenn vielleicht auch alles, was ich zu sagen habe, schon gesagt worden ist, und ich mit Fiebermessen und Töpfchenausleeren mehr helfen könnte als mit Gedichten und Essays. Ein schlechtes Gewissen ja, das hatte ich wohl ab und zu, besonders im Alter, als ich mich, wenigstens in Worten, für die Entrechteten und Hungernden hätte einsetzen können, das aber aus Schüchternheit und Angst vor jeder sogenannten Angabe selten tat. Ich war gastlich und habe mit fremden Menschen, die sich an mich wendeten, und mit Briefen an diese Menschen mehr Zeit, als ich verantworten konnte, vertan. Ich konnte nicht nein sagen, aber auch zu keiner Sache, die mir nicht nahe kam, ein überzeugtes Ja. Meine Nächsten waren meine Nächsten im ganz wörtlichen Sinne, nicht die Neger in Harlem, sondern die Freunde von früher und die jungen Leute von jetzt, der Briefträger, die Aufwartefrau, die Leute im Haus. Ein gut Teil meiner Freundlichkeit war Gefallsucht, ist es noch, weswegen ich über mich zu Gericht sitze von Zeit zu Zeit.

DER alte Luftschutzbunker unter dem Bahnhof von Karlsruhe, der auch noch nach dem Krieg stark belegt ist, von Illegalen, die ohne Passierschein nachts ankommen, unter die Erde kriechen, aus der Erde wieder auftauchen und zum ersten Frühzug eilen, hastig und scheu. Die Kette der Militärpolizisten ist um diese Zeit dünner, summt weniger zornig, läßt den einen oder anderen Illegalen durch. Der Bunker, das Nachtquartier, ist nicht kalt, doch feucht, auf dem nackten Betonboden liegen wir dicht gedrängt, die Rucksäcke unter dem Kopf. Einmal sitze ich dort ein paar Stunden mit angezogenen Knien, vor mir meine Übersetzung eines Eliot-Gedichts, das in der kurz zuvor von den Alliierten genehmigten Zeitschrift »Die Wandlung« erscheinen soll. Es ist eines der vier Quartette, und jedesmal, wenn mir später diese Übersetzung vor Augen kommt, schäme ich mich sehr. Es fällt mir dann aber auch jener riesige trüb beleuchtete Kellerraum wieder ein und die vielen unbekannten Schläfer, die ihre Habe festhalten mit Händen, die sich nicht lockern im Schlaf. Es fällt mir ein, wie ich, mein Heft auf den Knien, die gemäßen Worte suche und das Gedicht erfahre, etwas von draußen, endlich etwas von draußen, und schließlich auch umsinke, mich einreihe in die Gemeinschaft der Schlafenden, und einer, der wie ich noch wach ist, rollt mir über den nassen Zementboden einen Apfel zu.

Über den Reichstagsbrand im Jahre 1933 soll ich vor der Fernsehkamera Auskunft geben, an was ich mich erinnere, aber ich erinnere nur Zeitungsschlagzeilen und Gesprächsfetzen, das haben die Nazis selbst gemacht, einer allein kann das gar nicht, das waren viele, also die Partei. Weil ich Erinnerungen nicht habe, erzähle ich unprogrammäßig von etwas anderem, nämlich von dem Abend des 30. Januar, an dem wir zu Fuß den weiten Weg aus dem Königsberger Hufenviertel in die Innenstadt gingen, um etwas zu erfahren; ein Rundfunkgerät besaßen wir noch nicht. Wir gehen auf der breiten Holzbrücke über den Schloßteich und treten in ein Lokal, aus dem uns Rauchschwaden und Glühweinbrodem und die Lautsprecherstimme aus Berlin entgegendringen. Die Stimme bringt die Nachricht von der Machtübernahme durch die Nationalsozialistische Partei, Hitler von Hindenburg zum Reichskanzler eingesetzt, Hitler von der auf der Wilhelmstraße wartenden Menge und einem Fackelzug begeistert begrüßt. Der Jubel der Berliner, dieses abgehackte und drohende Sieg-Heil, Sieg-Heil, mischt sich mit dem Jubel der Zuhörer in Königsberg; während wir heimgehen, brennen auch hier Fackeln, und die Stiefelschritte der SA lassen die alte Holzbrücke erdröhnen. Wir konnten nicht einstimmen, jeder, der damals anderen Sinnes war, wird sich an das Gefühl des ohnmächtigen Zornes, des völligen Alleinseins in der allgemeinen Hochstimmung erinnern.

Reise in die Schweiz, Reise ins Schlaraffenland, nirgends Brandruinen, Trümmerschutt, zerlumpte Gestalten, Hohlwangen, Hohlaugen, dafür der Anblick von unverwüsteten Straßenzügen, gepflegten Anlagen, Blumenbeeten, Blumenständen, Obstständen, Schaufenster voll Patisserie. Kein Haus in den ärmsten Armenvierteln, das man nicht gern bewohnt hätte, kein Passant, mit dem man die Kleider nicht hätte tauschen mögen. Freundliche Menschen mit guten Nerven, humane Gesinnung, geschont, geschont. Ich lasse mich einladen und beschenken, getragene Sachen natürlich, aber Königsgewänder, ein Mantel aus echter Wolle, eine Tasche aus echtem Leder; daß meine Schwester für schweizer Begriffe bitter arm ist, will mir nicht einleuchten, da sie doch in einer Wohnung mit heilen Wänden lebt und das Badewasser läuft. In Bern kauft mir ein altphilologischer Freund ein Paar Strümpfe, schön dick, obwohl ich doch lieber dünne seidene gehabt hätte, Tand. In Bern spüre ich das erste Unbehagen, diese blitzende Sauberkeit, diese gepflegten Balkonblumen, diese glasklar rinnenden Brünnlein, ich sehne mich nach Hause. In Genf wird mir wieder wohler, vielleicht weil nicht alles so perfekt ist, vielleicht weil ich einen jungen Freund treffe, der während des Krieges in Deutschland war und alles kennt. Eine Bergwanderung bekomme ich von Alexander Mitscherlich geschenkt, Unterengadin, 1700 m hoch, o der schöne Gratweg, mit wild klopfendem Herzen in der dünnen Luft. Da bin ich schon zehn Tage jenseits der Grenze und beginne mich zu fragen, was denn nun eigentlich wahr ist, das Hüben oder das Drüben, ich werde verwöhnt und bin dankbar und sehne mich doch ins Elend zurück. Als ich dann vor den Trümmern des Bahnhofs Bad Krozingen meinen Mann und mein Kind stehen sehe, so blaß und so dünn, kommen mir die Tränen, Tränen der Freude.

WIEN, Leopoldstadt und Tanzen, allein im Zimmer, nicht etwa aus Fröhlichkeit, sondern aus Verzweiflung, weil damals das Todesurteil über dich schon gesprochen war, und ich doch nicht daran glauben wollte und mir Mut zutanzte im abgeschlossenen Badezimmer, mit langen Tanzschritten, weichen Wendungen zu gesummter Melodie. An der altmodischen Badewanne, dem blindgemachten Fenster hin. Verrückt, ja, verrückt, und auch das war verrückt, das Singen auf der Straße zu eben derselben Zeit. Auf den Straßen der Leopoldstadt, auf der Brücke über den Donaukanal. Diese idiotischen selbsterfundenen Verschen, fällt ein Winterreif, geht ein Todeswind, halt die Ohren steif, Soldatenkind. Das alles auf dem Wege ins Krankenhaus, den ich zu Fuß zurücklege, gewiß um nicht so schnell anzukommen. Tanzen und singen, so als könnte ich ihn damit am Leben erhalten (und er lebte ja danach tatsächlich noch zwei Jahre lang; wenn auch mit krauser Sprache, so doch mit dem alten, von Geist und Liebe erfüllten Blick).

In Frankfurt, in Rom, im Breisgau und auf Reisen, was mich da immer wieder quält, alle Tage und Jahre, nun schon mehr als ein Jahrzehnt nach deinem Tod: der Gedanke, daß du dich, zuerst langsam, dann mit wachsender, schließlich rasender Geschwindigkeit von mir entfernst, so daß zu den täglichen Wegen (an den Briefkasten, zur Post, zum Kaufmann, oder, auf dem Dorf mit dem Hund zum Waldrand, am Friedhof vorüber), so daß zu diesen Wegen ein anderer kommt, eine Art von Flugweg, sich abstoßen vom Rand der Erde und schweben, übrigens ohne Schwimm- oder andere Bewegungen, vielmehr rauschend wie eine Rakete, und bald ist die große Schwärze erreicht. Daß die Toten schneller reisen als alle Raketen, stellt sich heraus, ich erreiche den Toten nicht, finde ihn nirgends, muß umkehren oder werde umgekehrt, ehe mich der Atem verläßt. Ich versuche es immer wieder, es liegt mir viel daran, dort, im Grenzenlosen, nicht allein zu sein eines Tages, nicht ohne ihn. Ein Zwiegespräch zwischen einem eben Gestorbenen und einem, der schon viele Jahre lang tot ist, habe ich einmal aufgeschrieben, der Dialog ist, mit elektronischen Klängen versehen, vom Rundfunk produziert worden. Da geschieht es, daß eine eben erst Gestorbene einen lang schon Toten einholen kann, weil sie alles Irdische vergißt und statt der Liebe die ewige Liebe begehrt. Eine Art von Wunschtraum also, aber doch ein tieftrauriger. Denn wenn ich wählen könnte zwischen der körperlichen Wiederkehr dieses einen Menschen und dem Aufgehobensein im Ewigen Schutzmantel, würde ich, ohne zu zögern, nach der irdischen Gegenwart verlangen. Im Gegensatz dazu wird sein Bild immer undeutlicher, auch den Klang seiner Stimme kann ich nicht mehr herstellen, das ist mein größter Schmerz.

Ein schlechtes Gewissen habe ich jahrzehntelang nicht gekannt. Ich war auf keinem Gebiet vollkommen, nicht einmal eine gute Hausfrau, aber ich wurde geliebt und alle Tage bestätigt, seine Zustimmung machte mich besser, als ich meinen Anlagen nach war. Das schlechte Gewissen, das ich später doch kennenlernte, bezog sich auf unpersönliche Dinge, ich selbst als Mensch unter mir unbekannten Menschen, für die ich mich nicht einsetzte, für die zu leiden ich nicht bereit war, an die zu denken mir Unbehagen bereitete, aber nicht mehr. Nur, dieses Unbehagen wuchs und drohte schließlich auch meine Arbeitslust zu ersticken. Meine Fähigkeit, Worte in eine bestimmte, wie ich glaubte, höhere Ordnung zu bringen, hatte alles aufgewogen, was ich für eine bessere Ordnung in der Welt nicht tat, nicht zu tun gewillt war, was ich auch, nachdem ich von der Grausamkeit und den unverdienten Leiden schon ganz durchdrungen war, nicht tat. Mit dem schlechten Gewissen zur Zeit des Nationalsozialismus hatte es angefangen, das hatte beim Dichten und Trachten noch nicht wesentlich gestört. Später wurde das anders, die happy few, für die man hatte schreiben wollen, gab es nicht mehr, man machte so weiter, erhitzte sich noch immer an Formproblemen, aber mit mattem Feuer, ohne rechte Überzeugung, daß die angestrebte kleine Vollkommenheit noch etwas galt.

BESCHREIBEN Sie, sagte der Philosoph Werner Marx, ein Freund meiner späten Jahre, die Welt Ihres Vaters, eines gebürtigen Badners, eines preußischen Offiziers. Schildern Sie seine Anschauungen und damit die Luft, in der Sie aufgewachsen sind. Stellen Sie diese Welt der unverrückbaren Grundsätze in einen Gegensatz zu dem, was Sie heute umgibt. Immerhin überblicken Sie siebzig Lebensjahre und eine Zeit, in der sich mehr verändert hat als in Jahrhunderten vorher. Beginnen Sie mit den ersten zehn Jahren unseres Jahrhunderts, mit der heilen Welt.

Ihre Zumutung, sagte ich, bringt mich auf den Gedanken, daß es diese heile Welt niemals, zumindest nicht in meiner Lebenszeit, gegeben hat. Mein Vater ist immer ein Außenseiter gewesen. Mit seinen Kameraden in den preußischen Regimentern stand er gut, konnte aber wenig mit ihnen anfangen, er galt ihnen als halber Intellektueller und heimlicher Demokrat. In seiner Heimat, in die er sich nach dem Ende des Ersten Weltkrieges zurückzog, war er schon durch die Tatsache, daß sein Vater zum Protestantismus übergetreten war, seinen Gutsnachbarn entfremdet, im Adelsverein, den wir Kinder den Zackenklub nannten, langweilte er sich sehr. Eine Zeitlang, als er noch jung war, litt er so sehr unter Depressionen, daß er seinen Abschied nehmen wollte. Er war ein Kind der Aufklärung und ein deutscher Idealist, und was eigentlich hat er uns beigebracht – keine Vaterlandslieder, aber Achtung, nicht nur vor dem Nebenmenschen, sondern vor jeder Kreatur. Also nichts, was für seine Zeit, die Kaiserzeit, charakteristisch gewesen wäre, die er auch überlebte und einsargte. Die Flucht des Kaisers nach Holland hat ihn empört, und nie hat er seinen obersten Kriegsherrn beim Holzhacken besucht. Er ist ein Demokrat geworden, später eine Art Nationalsozialist, wenn es auch den Nationalsozialismus, an den er glaubte, nie gegeben hat.

Ich habe einmal einen Brief bekommen, der mir klargemacht hat, was ich nicht war, nicht getan, nicht durchgemacht habe. Ich bin nicht von einem betrunkenen Vater geschlagen und angebrüllt worden, ich habe nicht helfen müssen, den fetten schlaffen Leib einer Trinkerin ins Bett zu schaffen. Gehungert habe ich nur, wenn alle Leute gehungert haben, und bin nur in Lebensgefahr gewesen, wenn alle Leute in Lebensgefahr waren. Ich bin nicht zum Stehlen ausgeschickt worden, und niemand hat mich gezwungen, auf andere Menschen zu schießen. Es war aber nichts von dem allen, was die Briefschreiberin mir angekreidet hat. Sie sind, stand in dem Brief, nie wirklich gedemütigt worden. Und ich überlegte mir das und antwortete, ja. Obwohl ich im Grunde froh darüber bin, daß nie ein Vorgesetzter mich, wie das heute heißt, zur Sau gemacht hat, kein Liebhaber mich wie ein Stück Mist behandelt hat, bedaure ich doch den Mangel an Erfahrung, der mir in dem Brief vorgeworfen wird. Ich denke aber nicht, was alles ich hätte schreiben können, wenn ich proletarisch oder als Negerkind oder als Judenkind aufgewachsen wäre, sondern was hätte aus mir werden können, mit einem Zentnergewicht auf den Schultern von Anfang an. Was wäre aus mir geworden, welche Eigenschaften hätte ich entwickelt, welche wären nicht zum Ausdruck gekommen. O die vielen Leben, die man hätte leben können, diese vielen schrecklichen Leben.

ZU WIE vielen der heute verachteten und geschmähten Professoren habe ich aufgesehen, ich, die naive Schülerin, die ewige Hospitantin, durstig nach Information. Dabei wollte ich als junges Mädchen nicht studieren, setzte mich nicht wie meine zweitälteste Schwester mit zwanzig Jahren nochmals auf die Schulbank, um das Abitur nachzumachen, das es an unserer Berliner Mädchenschule nicht gab. Ich interessierte mich nicht für die Frauenbewegung, deren große Vorkämpferinnen damals, im Ersten Weltkrieg, schon alt waren, ich gehörte zu denen, die ihre Leistung anerkannten, aber ihr Erbe verschenkten. Kaum daß ich geheiratet hatte, war ich überglücklich, der Welt der wissenschaftlichen Institute und der Universität anzugehören, die mir, der Offizierstochter, mit einemmal als die einzig begehrenswerte erschien. Im Kreise der Professoren und ihrer Frauen war ich lange Zeit die jüngste, jedenfalls die ungebildetste, meine Fragelust aber war ungeheuer, ich hörte jeder Belehrung zu. Das Fach, das der Professor vertrat, spielte keine Rolle, ich fragte die Altgermanisten und die Romanisten ebenso aus wie die in unserem Kreise seltenen Naturwissenschaftler. Ich mußte mich nicht spezialisieren, der Aufbau eines Liliengewächses durfte mir ebenso wichtig sein wie die Metrik eines griechischen Gedichts. In meinem Wissenwollen und Bescheidbekommen war immer auch etwas Erotisches, auch eine schöne Verschwendung, da ich selbst nichts anderes dazutun konnte als meine Aufmerksamkeit, mein Glück.

Frankfurt im Krieg und worin soll sie denn bestanden haben, unsere sogenannte innere Emigration? Darin, daß wir ausländische Sender abhörten, zusammensaßen und auf die Regierung schalten, ab und zu einem Juden auf der Straße die Hand gaben, auch dann, wenn es jemand sah? Daß wir prophezeiten, zuerst den Krieg, dann den totalen Krieg, dann die Niederlage und damit das Ende der Partei? Nicht heimlich im Keller Flugblätter gedruckt, nicht nachts verteilt, nicht widerständlerischen Bünden angehört, von denen man wußte, daß es sie gab, es so genau aber gar nicht wissen wollte. Lieber überleben, lieber noch da sein, weiter arbeiten, wenn erst der Spuk vorüber war. Wir sind keine Politiker, wir sind keine Helden, wir taten etwas anderes. Das andere hielt uns aufrecht, ihn die Wissenschaft, die Geschichte der mittelmeerischen Strukturen, mich die Nacherzählung griechischer Mythen, meine Gedichte, später das von mir neu erzählte Leben des französischen Malers Gustave Courbet. An der Wichtigkeit unserer Arbeit zweifelten wir keinen Augenblick, eine wissenschaftliche Erkenntnis, eine gelungene Verszeile, auch eine nie gedruckte, konnten nach meiner damaligen Auffassung die Welt verändern, verbessern, das war unsere Art von Widerstand, eine, die uns zu Volksfremden machte, zu Verrätern schlechthin. Es hat da aber der Nationalsozialismus etwas vorweggenommen, was später wiederkommen sollte, international, ja global, die Auffassung von der Abseitigkeit der reinen Wissenschaft, von der Überflüssigkeit der formalistischen, der bürgerlichen Kunst.

Beeindruckend ist in der Strafanstalt Preungesheim die Schlüsselrasselei, das Aufschließen, Zuschließen auf Schritt und Tritt. Auch der rührende und traurige Versuch, auf einem Grasstreifen zwischen zwei Mauern eine Art von Spielgarten für die Kinder der weiblichen Häftlinge, mit Schaukel und Sandhaufen, einzurichten. Im oberen Stock führt eine mit betont lustigen Farben eingelegte Glastüre in die Bibliothek, in der ich lesen soll. Von verschiedenen Seiten her kommen Mädchen, nett angezogen, nett frisiert, und setzen sich im großen Halbkreis um mich herum. Die Beteiligung ist freiwillig, es sind nur junge und sehr junge Zuhörerinnen gekommen. Nach der Geschichte »Der Tulpenmann«, einer Zirkusgeschichte, lese ich das Gedicht »Ich lebte«, danach die Titelgeschichte aus den »Langen Schatten«. Es kommt am Ende Kritik, und sehr ablehnende, von zwei jungen Mädchen. Diese Siebzehnjährigen finden, was ich schreibe »ekelhaft« und aggressiv. Ich erfahre, daß eine von ihnen selbst Geschichten erzählt und daß es süße Märchen von Blumen, Bienen und Sternen sind. Die anderen Mädchen gehen zur Direktorin, weil sie fürchten, ich könne beleidigt sein und nicht wiederkommen. Es wird ihnen geraten, mir doch selbst zu sagen, daß sie es »schön« gefunden haben, und sie tun das, einzeln, höflich wie höhere Töchter. Ich überlege mir nachher, ob es nicht besser gewesen wäre, man hätte ihnen etwas Leichtes, Hübsches und Lustiges vorlesen können. Vielleicht hätte auch ich in einer solchen Lage nicht die Wirklichkeit, sondern eine Traumwelt begehrt. Aus Angst, neugierig zu erscheinen, habe ich nach der Lesung nicht darum gebeten, eine Zelle besichtigen zu dürfen. Die Zellentüren stehen neuerdings offen, kleine Unterhaltungen zwischen Tür und Angel sind gestattet. Besuche der Häftlinge in anderen Zellen sind aber, der sehr verbreiteten Homosexualität und der damit verbundenen Zuträgerei und Anschwärzerei wegen, verboten. Wer, wie ich, nur einmal kommt und geht, weiß überhaupt nichts, weniger als nichts.

JEDER Schritt eine Qual. Langes Nachdenken darüber, ob man aus dem Nebenzimmer ein Taschentuch, ein Buch holen soll, oder doch lieber nicht. In der Ruhestellung tut nichts weh, auch die Schmerzen beim Gehen wollte ich nicht wahrhaben, sie fingen aber schon an, mir das Gesicht zu verzerren. Ich wollte nicht nachgeben und schleppte mich in den Palmengarten, in den Grüneburgpark. Ich, die Läuferin, die leichtfüßige, ging am Ende schief, gebückt, wie eine alte Frau. Ich bildete mir ein, diese Veränderung mit meinem Willen, dem leidenschaftlichen Wunsche, gesund zu sein, aufhalten zu können. Die gesunde Krankheit, die Krankheit der Gesunden, tatsächlich, außer dem einen fehlte mir nichts. Eine Badekur und noch eine Badekur, eine Hoffnung, noch eine Hoffnung, fast schon eine Gewißheit, und dann plötzlich die Erkenntnis, es hilft alles nichts. Dann plötzlich die so lang unterdrückte Verzweiflung, der rasende Zorn, und der Entschluß zur ersten, dann zur zweiten Operation. Plötzlich schien mir der jahrelang geleugnete Schmerz völlig unerträglich und schlimmer als der Tod. Als – fünf Jahre nach den ersten Beschwerden – alles vorüber und ich mit stählernen Hüften ausgestattet war, wurde mir die Schmerzfreiheit, der leichte rasche Gang nicht selbstverständlich, ich empfand ein starkes Glücksgefühl, an jedem neuen Tag.

Ich bekam einen Brief von einer Gleichaltrigen, darin stand, wir wohnen alle in der Todeszelle, niemand besucht uns, wir dürfen den Raum nicht verlassen, nur warten, bis man uns abholt und das Gerüst wird schon gezimmert, im Hof. Ich begreife die Briefschreiberin nicht, ich weiß, daß ich sterben werde, aber wie in einer Todeszelle fühle ich mich nicht. Ich höre die wilden heftigen Geräusche des Lebens und spüre die Sonne und den Eisregen auf der Haut. Das Alter ist für mich kein Kerker, sondern ein Balkon, von dem man zugleich weiter und genauer sieht. Von dem man unter Umständen, vom Blitz getroffen oder von einem Schwindel überkommen, hinabstürzt, nicht weil es so dunkel und einsam ist, sondern weil die Sonne übermächtig scheint.

EINTÖNIG alles, auf einen Ton gestimmt, auf den Wiesenton der Rheinebene zwischen Schwarzwald und Vogesen, und Pappeln verschiedener Art begleiten rechts und links den Neumagen, den kleinen Fluß. Es gibt gewiß noch mehr Spaziergänge, aber ich mache immer den einen, nach Westen, da habe ich das Flüßchen zur Rechten, unterhalb des Ortes Biengen gehe ich über die Brücke und kehre flußaufwärts zurück. Ich empfinde dabei keine Langeweile. Während ich die kleinen Strudel, die glatten Flächen der Staustufen und die bescheidenen Wasserfälle beobachte, auch von ferne die Tätigkeit der Heuwirbler und die Quellwolken über den niederen Hügeln, steht die Zeit still, oder ich bin aus ihr hinausgetreten. Welche Gnade, bei lebendigem Leibe, klopfenden Pulsen, entrückt zu werden in eine sozusagen irdische Ewigkeit, in der jedes Ding einen Wert hat, aber einen geheimen, der nicht herausfordert zu Lobpreisung und Vergleich. Der nur in mir umgeht, wie die leise Abendnebelluft oder das Rascheln der Maisstauden, das ich später, wenn ich an den kleinen Badeort denke, vor allem höre. Also doch Langeweile, eine lange Weile des Entlassenseins aus der Beschleunigung, dem Getriebenwerden, Gepeitschtwerden, einem persönlichen Lebensende, einem unpersönlichen, unter Umständen katastrophalen Weltende zu. Das Schweigen draußen, die Müdigkeit nach der kleinen Pflichterfüllung der Thermalbäder und Massagen, dann im Dunkeln noch einmal durch den Garten zu den blauen Hibiskussträuchern im künstlichen Licht.

UNSERE Küche in der Königsberger Hardenbergstraße, und natürlich ist es nicht wahr, daß wir nichts gewußt haben, dieses und jenes hat man wohl gehört. Was aber später keiner mehr glauben wollte, kein Amerikaner und kein zurückgekehrter Emigrant, ist die Tatsache, daß man eben einiges erfahren *sollte,* daß gewisse Gerüchte absichtlich in Umlauf gesetzt wurden, mit der Absicht zu erschrecken, abzuschrecken, so ist es dem und dem ergangen, so ergeht es auch dir. So geht es dir, wenn du nicht genug Geld in die Sammelbüchse steckst, wenn du beim Vorbeimarsch der SA ein schiefes Gesicht ziehst, wenn du dein Kind die völkischen Lieder nicht lehrst. Die Kinder waren die Instrumente des Terrors, was sagt dein Papi zu Hause, ein Sohn von Freunden hat seine Eltern angezeigt und ins Gefängnis gebracht. Bekannte, aus jeder Diktatur bekannte Geschichten und keine eigentliche Erklärung für die häßliche Angst, die in einem aufstieg, wenn man sich vor Freunden über etwas entrüstet hatte, so geht es dir, du verschwindest, ohne auch nur das geringste zu bewirken, die in den Lagern haben keine Identität mehr, niemand bewundert sie, niemand trauert um sie, sie sind nichts. Daß über Einzelheiten, etwa über die Methoden der Foltern, nichts zu erfahren war, rückte die Lager in die Finsternis mythologischer Schauplätze, nein, dahin nicht, lieber den Arm gehoben, Heil Hitler gesagt, den Krieg wird er ohnehin verlieren. Ein Urlauber aus Polen, der Schatz unseres Mädchens, hat einmal in unserer Küche etwas von Massenvernichtungen erzählt, ich habe versucht, ihm meinen Standpunkt klarzumachen, und er hat mich angesehen wie aus dem Hinterhalt, böse und starr. Kleine Warnungen, kleine Mahnungen und schlaflose Nächte. Ich, von Natur feige und mit einer quälenden Vorstellungskraft ausgestattet, hielt den Mund.

Wie ich einmal mit dem englischen Fräulein durch den Charlottenburger Schloßgarten ging. Wir hatten ein englisches Kinderbuch mitgenommen, aus dem ich vorlesen sollte und auch vorlas, zu meiner Verwunderung hatten wir uns dazu aufs Gras gelegt, unter schöne schattige Bäume und in einiger Entfernung vom Weg. Die Engländerin, die wir Cacol nannten und die wir sehr liebten, sah den Polizisten schon von weitem, dachte aber nicht daran, sich aus ihrer bequemen Lage zu erheben, und unterbrach mein Vorlesen nicht. Ich sah erst auf, als mir der Pickelhaubenschatten aufs Buch fiel, und erschrak, denn Schilder, die das Betreten der Rasenfläche verboten, standen überall. Der Polizist zog sein Notizbuch, jetzt, dachte ich, kommen wir ins Gefängnis, zu Wasser und Brot. Name und Adresse, sagte der Polizist streng, und Cacol nannte lächelnd eine ganz fremde Straße und einen fremden Namen, auch ich wurde von ihr umgetauft, ich war ihre Tochter und wohnte bei ihr. Wir gingen alle drei über den Rasen, und der Polizist verließ uns unfreundlich, wir würden von ihm hören, das leichtsinnige Lachen der Engländerin hatte ihn in seiner Beamtenehre gekränkt. Kaum, daß er um die Ecke war, fing ich an zu tanzen und zu springen, Gott sei Dank, daß niemand weiß, daß ich Rumpelstilzchen heiß'. Ich empfand, was geschehen war, als Befreiung und malte mir aus, wie der Polizist uns in der fremden Straße suchen und nicht finden würde. Das englische Fräulein war in meinen Augen eine Heldin, und wie gern hätte ich wirklich in der unbekannten Straße und allein mit ihr gewohnt. Stolz erzählte ich zu Hause, was sie mir zu erzählen nicht verboten hatte. Daß daraufhin die Tage der lustigen Cacol, ihre Tage im Hause eines deutschen Offiziers, gezählt waren, konnte ich nicht begreifen.

ALLE Museen, die mein Mann zu Studienzwecken besucht hat und die ich mit ihm besucht habe, sind in meiner Erinnerung zusammengewachsen zu einem einzigen, unermeßlichen Gebäude, Säle, Gänge, Treppen, Tausende von Kilometern, zurückgelegt mit jungen Schritten, mit müden Schritten, mit neugierigen Augen, mit Augen, die übersättigt das Fenster suchen, dieses Viereck voll von schönem langweiligem Blau. Vasen, Vasen, weiße, zartblau bemalte, schwarzfigurige, rotfigurige, Sportler und Krieger und Liebhaber, enge Taillen, breite Schultern, Locken und kurzer Bart. Griechische Buchstaben, unordentlich ausgeschüttet, und das Ganze im Feuer gebrannt. Schränke voll Vasen, Regale mit nichts als Köpfen, einer neben dem andern, einer häßlicher als der andere, tönerne Provinzler, von provinziellen Porträtisten gebildet, aber an denen durfte ich vorübergehen, wurde nur aufmerksam gemacht auf den einen oder anderen, um seiner Augen, seines spätantiken Himmelsblicks willen. Frauenfrisuren, hochgetürmte mit Rosenkohllöckchen, und leere Augenhöhlen, Kaiserinnen, Modepuppen, langweilig, weiter, oh, das schöne irisierende Glas. Die schönen, gemalten Gärten, die abschiednehmenden jungen Toten, mit ihnen auf den Stelen ihre Lieblingshunde, ihre Schmuckladen, ihre dienenden Knaben, wie sie lächeln, und sind doch von allem schon weit entfernt. Die endlosen Säle voll Statuen, schön gefaltete Gewänder, ohne Köpfe, Brustpanzer, aus Marmor oder Bronze mit Darstellungen der Erdenwelt und der Sternenwelt, und die Sarkophage mit ganzen Heeren, Kopf an Kopf, Leib an Leib vordrängend in der Schlacht. Die Eroten und Genien, der sterbende Gallier und das Mädchen von Auxerre, weiter und weiter, in Glück und Überdruß durch das alte, unermeßliche Museum, durch meine alte, versunkene Welt.

WANN, wo. Sich mit seinem eigenen, persönlichen Tod zu beschäftigen, ihn sich auszumalen, diese unzähligen Möglichkeiten, zu Wasser, zu Lande und in der Luft, natürlich auch im Bett. Im eigenen oder im Spitalbett, mit diesen und jenen unangenehmen körperlichen Zuständen, zum Beispiel einem unaufhörlichen Schlucken oder einer Unfähigkeit, den Inhalt der Blase, des Darmes bei sich zu behalten, so daß auch die Allernächsten Ekel empfinden. Oder die großen furchtbaren Schmerzen, zuerst irgendwo, dann überall, doch das Herz hält immer noch, immer noch nicht still. Oder man liegt da, durchaus noch passabel anzusehen, aber blöde geworden, mit Wahnideen, die Tage und Nächte ein einziger Angsttraum, und Verfolgungen, wandauf und wandab. Was belieben Sie sich auszusuchen, natürlich den Tod im Schlafe, aus freundlichen Träumen, etwas Schönes in Aussicht, vielleicht eine Reise auf die Kanarischen Inseln, und die Koffer sind schon gepackt. Auch der Katastrophentod scheint annehmbar, warum fährt der Zug so schnell, so verrückt schnell in die Kurve, ein paar Augenblicke der Panik, und schon ist alles vorbei. Nur nichts wissen wollen, ich bedenke mein Leben, mein Leben war reich. Ich bedenke mein Leben, und wer sagt, daß es mir nicht in der letzten Stunde ganz anders erscheint, als eine Kette von Feigheiten und Lieblosigkeiten, und das Gewissen, das alte Krokodil, das so lange geschlafen hat, beißt und zerfleischt, beißt und zerfleischt. Meine Tochter hat in den Augen ihres sterbenden Vaters Tränen gesehen. Vielleicht ist das Schlimmste, von den Lebenden Abschied zu nehmen und in ihren Augen das Entsetzen zu sehen.

Gedicht aus dem Nachlaß
Sommer 1974

Du mein kleingeschriebenes Ich
Das immer noch fähige
Mit allen Sinnen
Welt aufzunehmen
Was für eine Welt

Von Wasserwerfern
Flüchtenden Studenten
Polizeistöcken
Unheilssirenen
Zügen die schneller und schneller
Und aus den Geleisen springen
Und Fangarmen schneller und schneller
Meine Enkel wie werdet ihr sterben?

Gang in die Unterwelt
Wer noch verließe sie aufrecht
Und käme zurück wie damals wir
Aus den düsteren Katakomben
Und setzte sich fröhlich zu Tisch
Bei den Mönchen zu Honig und Wein?

Ich bin nicht durch den Gran Canon geflogen
Aber diesen gewissen Weg
Und immer wieder
Durch des Bruders Wald
Unter den nassen Zweigen
O schmatzendes Geräusch
Der Füße im nassen Moos
Und wie wir dort gehen werden
Eines Tages geräuschlos
Füße aus Schatten

Neuerdings spielt sich alles
In meinem Kopfe ab

Dem rätselhaften Raum
Wie ein Schnürboden ausgestattet
Wo dies und jenes von der Decke schwebt
Wo der Fußboden sich öffnet für dieses und jenes
Und mir entgegen immer nur mein Abbild
Flüsternd und schreiend

Meine Krankheit hat einen Namen
Ich will ihn nicht nennen
Meine Gedanken fliehen

Und so war es doch einmal
Ein Gedanke ein Vers
Drängte hervor gewaltsam
Zerriß mir die Haut
Nahm Gestalt an

Und Landschaft aus vielen Zeiten
Die glitzernden Flüsse
Donau Drau
Und das schwarzblaue Meer bei Amalfi

Und Musik immer wieder
Verständigung
Bei der Orchesterprobe
Über dem mächtigen Flügel der Dirigent
Lockt und droht und besänftigt
Hände des Pianisten
Auffliegen wie Vögel
Einfallen wie Vögel ins Maisfeld

O Stille der Sonntagsstadt
Wenn in Pappelwipfeln der Wind wühlt
Besinnung auf dem Balkon

Ich ausgesegnet vor dem Tod, entlassen
Und wartend auf den Einbruch immer wieder
Meiner unsagbaren grundlosen Freude.

Rettung durch die Phantasie

Wie ernst wir als Kinder und halbe Kinder Gedichte nahmen! Die ersten, zu denen wir ein persönliches Verhältnis hatten, standen im Poesie-Album, das in Leder oder blumiges Leinen gebunden war. Da ließ man die Freundinnen, ab und zu auch eine besonders beliebte Lehrerin hineinschreiben, hatte schon lange vorher mit dünnem Bleistift die Seite markiert. Ich freute mich über Heines Gedicht

»Du bist wie eine Blume«

und war humorlos verletzt von Reimen wie »Lebe glücklich, lebe froh, wie der Mops im Paletot«, denen auch noch die Zeichnung eines fetten Mopses im Zierdeckchen beigefügt war. Verse wie Goethes

»Allen Gewalten
Zum Trotz sich erhalten
Nimmer sich beugen
kräftig sich zeigen
rufet die Arme der Götter herbei«

aber waren Glanzstücke der Sammlung, deutscher Idealismus, mein Vater hätte sie in das Album geschrieben haben können, aber soviel ich mich erinnere, blieb die für seine Eintragung bestimmte Seite leer.

Genug von den Poesiealben des Jahrhundertanfangs, genug von meinem damaligen persönlichen Geschmack.

Über den Wortschatz des Lyrikers hätte ich einiges zu sagen, auch über seine Einbildungskraft, die eine irrationale ist. Denn er schreibt, was ihm in den Sinn kommt, zur Zeit, zur Unzeit, wie er die Worte aufruft und wie er sie verbindet, ist sein Geheimnis und eine Regel ist ihm oft selbst nicht bewußt. Die verrücktesten Verse sind oft nicht die der Verrückten und in einer einzigen Zeile, etwa von Mörike, kann mehr Hintergründiges stecken, mehr Tod und Untergang als in einer, in grellen

Farben gemalten Schreckensphantasie. Der Leser von Gedichten bedarf der größten Aufmerksamkeit, er muß die tiefste Stille herstellen, damit klingen kann, was, so unmusikalisch es sich gebärden mag, doch Musik ist, Rhythmus und Klang. Er muß die Geduld aufbringen zu vernehmen, was ihm selbst nicht auf den Leib geschrieben ist, aber am Ende doch auch ihm.

Aber das war doch nicht immer so, werden die Älteren von Ihnen aufbegehren und sich an die Gedichte ihrer Jugend erinnern, an den strengen und erhebenden Stefan George, an den sensiblen Rilke und den musikalischen Hofmannsthal, an viele andere Gedichte, die ihnen leicht eingingen, ohne sie mit mehr als mit einer kleinen Schwermut zu belasten. Sehr andersartige, sehr unbequeme Gedichte hat es aber zu jener Zeit auch schon gegeben. Es gab die expressionistischen Schreie, Hauptwörter ohne jede Verbindung aneinandergereiht, es gab bereits eine Arbeiterdichtung und eine bürgerliche Nachempfindung der Probleme der Werktätigen. Sie erinnern sich vielleicht an Dehmels Verse

»Es fehlt uns ja nur eins, mein Kind, um so frei zu sein wie die Vögel sind, nur Zeit«.

Es gab die großen Dichter aus den Vereinigten Staaten und aus Lateinamerika, den erst im Jahre 1900 gestorbenen Walt Whitman, der sein gewaltiges Land liebte und bejahte, und Pablo Neruda, der das Hohelied der Armen und das seiner pathetischen Heimatlandschaft sang. Die poètes maudits waren längst bekannt und bei ihnen ist der sanfte und schwermütige Trakl in die Schule gegangen. Georg Heym hatte die Schrecken des Krieges und die Graphikerin Käte Kollwitz die Schrecken der Armut geschildert. Es gab die Gedichte aus dem Leichenschauhaus von Gottfried Benn, die grausam realistisch waren und über die sich eine damalige ältere Generation entsetzte.

Mit den Angehörigen dieser Generation hatten wir zusammen mit dem Jahrhundert Aufwachsenden unsere Last. Wir mußten versuchen ihnen klarzumachen, daß Kunst und Schönheit nicht unbedingt identisch sind, ihnen die Augen öffnen für den Isenheimer Altar mit seinem verwesenden Fleisch, seinem Untergangslicht und sie aufmerksam machen auf die zeitgenössischen Maler Otto Dix, George Gross und Max Beckmann, deren

Gestalten und Gesichter alles andere waren als schön. Eine Sehnsucht nach Schönheit war indes auch in uns noch lebendig – ich erinnere mich, daß ich die Zeile

»A thing of beauty is a Joy for ever«

in mein Tagebuch schrieb. Die Zeile stammt von Shelley, der kein Altertümler war und der wußte, daß jede Zeit ihre eigene Schönheit und ihren eigenen Schrecken verkörpern muß.
Adorno hat mir einmal von den Gegenbildern gesprochen, die es gälte aufzurichten, um die Bilder des Friedens und der Harmonie erst recht zur Geltung zu bringen. Gegenbilder also jenes Wahren Guten und Schönen, das einmal als Wahlspruch den Giebel der alten Frankfurter Oper zierte. Viele Lyriker unseres Jahrhunderts haben solche Gegenbilder aufgerichtet und wären damit doch nicht weit gekommen ohne die wechselnden Erscheinungen ihrer Phantasie. Die bemächtigte sich der realen Dinge und bildete sie um, sie beeinflußte die lyrische Sprache und eroberte sich die alte Bildungswelt der Geschichte und der Mythologie. Hölderlins Götterhimmel war schon längst versunken, aber die Exotik des späten Gottfried Benn trieb seltsame Blüten, während die Norddeutschen Oskar Loerke und Wilhelm Lehmann der Grasnarbe und der Ackerkrume unter die Haut krochen und auf diese Weise ihrer kargen Heimatlandschaft immer neue Geheimnisse entlockten.
Stefan George habe ich schon erwähnt. Er kam mit seiner Festlichkeit und Feierlichkeit, seinen starren Versmassen und seinem Kleingeschriebenen, seine Phantasie ging die Wege der Geschichte, deutsches Mittelalter und

»Hellas ewig unsere Liebe«.

Rilke hat sich von seinem sentimentalen Prosagedicht, dem »Cornet«, immer weiter entfernt, er hat in seinen Sonetten an Orpheus eine altmodische Form umgebildet und mit neuem Leben erfüllt. Sie kennen die Zeilen
»Nur wer die Leier schon hob
auch unter Schatten,

darf das unendliche Lob
ahnend erstatten.«

und Sie erinnern sich wohl auch an den Anfang der ersten Duineser Elegie, der mir für den ganzen Zyklus charakteristisch erscheint
»Denn das Schöne ist nichts als des Schrecklichen Anfang«, heißt es dort, – da zeigt sich wieder einmal die große Wellenbewegung, die in der Lyrik bald das Schöne und bald das Schreckliche hervortreten läßt.
Und dann kam Bert Brecht mit seinen gewollt proletarischen Manieren und seiner Zartheit im Verkehr mit Frauen, mit seinem Pathos und seiner Nüchternheit, die uns heute beinahe romantisch erscheint. Sie kennen seine frühen Balladen, die pathetische Aufforderung

»O Himmel, strahlender Azur!
Enormer Wind, die Segel bläh!
Laßt Wind und Himmel fahren! Nur
Laßt uns zu Sankt Marie die See!

aber auch Gedichte von so nüchterner Geduld wie »Radwechsel« oder die Zeilen aus der »Hauspostille«

»Von diesen Städten wird bleiben: der durch sie hindurch ging, der Wind!
Fröhlich machet das Haus den Esser: er leert es.
Wir wissen, daß wir Vorläufige sind
Und nach uns wird kommen: nichts Nennenswertes.«

Dichtung, die eine Not nicht mehr wendet, wird nicht zerschlagen, sondern vergessen, und eines Tages, vielleicht erst nach Jahrhunderten wieder hervorgezogen und vor den Leser hingestellt, sieh doch, das war doch schön. Da ist es wieder, das Wort »schön« das böse, ästhetische, dem wir abgeschworen hatten, dem immer wieder neue Generationen abschwören und das dann wieder andere zurückholen werden.

»Komm in den totgesagten Park und schau
Den Schimmer ferner, lächelnder Gestade«,

die Sehnsucht nach fernen lächelnden Gestaden wird auch in künftigen Generationen nie völlig zum Schweigen kommen. Paul Celan, der große Einzelne, hat ihr nicht Rechnung getragen, dafür sind seine immer enger geführten Gedichte voll von einer Magie, die Stein und Baum und Welle in das klare Licht der Zeitlosigkeit rückt. Ich lese Ihnen sein Gedicht »Blume«

»Der Stein.
Der Stein in der Luft, dem ich folgte.
Dein Aug, so blind wie der Stein.

Wir waren
Hände,
wir schöpften die Finsternis leer, wir fanden
das Wort, das den Sommer heraufkam:
Blume.

Blume – ein Blindenwort.
Dein Aug und mein Aug:
sie sorgen
für Wasser.

Wachstum.
Herzwand um Herzwand
blättert hinzu.

Ein Wort noch, wie dies, und die Hämmer
schwingen im Freien.«

Günter Eich und Karl Krolow sind einmal sogenannte Naturlyriker gewesen und sind es nicht geblieben. Peter Huchel, den seine Märkische Heimat zum Dichter gemacht hat, hat später politische Gedichte geschrieben und gelegentlich gewisse, schon wieder zum Mythos gewordene Gestalten aus der großen Literatur zum Stoff seiner Verse gemacht. Ich lese Ihnen sein Gedicht »Ophelia«, dem ein eigenes Erlebnis zugrunde liegt.

»Später, am Morgen,
Gegen die weiße Dämmerung hin,
Das Waten von Stiefeln
Im seichten Gewässer,
Das Stoßen von Stangen,
Ein rauhes Kommando,
Sie heben die schlammige
Stacheldrahtreuse.

Kein Königreich,
Ophelia,
Wo ein Schrei
Das Wasser höhlt,
Ein Zauber
Die Kugel
Am Weidenblatt zersplittern läßt.«

Ich habe das Politische in Huchels Gedichten erwähnt. Zeitgeschehen und Politik, die aus vielen Gedichten unseres Jahrhunderts nicht wegzudenken sind, haben auch die Lyrik der bedeutenden Frauen unserer Zeit geprägt. Nicht zufällig sind die meisten von ihnen Jüdinnen, denen das große Erbe biblischer und orientalischer Mythen zu Gebote stand und die aus diesem Erbe schöpften, um die furchtbaren Bedrohungen ihrer Gegenwart zu bestehn. Else Lasker-Schülers farbige Märchenwelt, Gertrud Kolmars geschichtliche Visionen, Rose Ausländers balkanische Schwermut, überall wirkt das Fremde, Dunkle alter Kulturen, und nur Hilde Domin hat ihre Bilder und ihren lyrischen Ton einer anderen Welt, der spanischen und südamerikanischen entnommen. Von der 1970 gestorbenen Nelly Sachs will ich Ihnen ein Gedicht zitieren

»Hängend am Strauch der Verzweiflung
und doch auswartend bis die Sage des Blühens
In ihre Wahrsagung tritt –

Zauberkundig
plötzlich der Weisdorn ist außer sich
vom Tod in das Leben geraten –«

Vom Tod in das Leben geraten und kraft der Sprache sind nicht nur diese bildkräftigen Dichterinnen, sondern viele Lyriker unserer Zeit. Einer ganzen Reihe von ihnen hat der Ärger über die alte Bildungswelt und die Ablehnung aller ästhetischer Kategorien die Hand geführt, ihre Absicht war, die Gesellschaft, die Welt zu verändern. Sie kennen die Gedichte von Erich Fried und von Hans Magnus Enzensberger, den politischen Aufruf, den Schrei nach Gerechtigkeit, die ewige Sehnsucht nach einer besseren Welt.

Aus Hans Magnus Enzensberger's »Blindenschrift«

»abendnachrichten

massaker um eine handvoll reis,
höre ich, für jeden an jedem tag
eine handvoll reis: trommelfeuer
auf dünnen hütten, undeutlich
höre ich es, beim abendessen.

auf den glasierten ziegeln
höre ich reiskörner tanzen,
eine handvoll, beim abendessen,
reiskörner auf meinem dach:
den ersten märzregen, deutlich.«

Schon nähern wir uns dem Ende des Jahrhunderts. Der Tenor der »Menschheitsdämmerung«, falls sich jemand an diese großartige Sammlung aus dem Jahre 1920 erinnert, dieser alte o Mensch, o Bruder-Gesang der Expressionisten ist längst verklungen. Das schöne Gedicht des Jahrhundertanfangs, auch der

Jahrhundertmitte ist nicht zurückgekehrt. In der letzten Zeit hat sich eine Neigung zum Prosagedicht durchgesetzt, Schilderung von Zeiterscheinungen, kaum noch gegliederte Abläufe, die, etwa bei Jürgen Becker, doch noch ein Bild ergeben oder einen Geruch, Umwelt des Maschinenzeitalters, unverblümt. Reime tauchen hier und dort wieder auf, aber mehr als Kuriosum, nicht wie bei der unvergessenen Ingeborg Bachmann, die die Tradition nie verlassen hatte. In den letzten Jahren schafft sich eine neue Nüchternheit Raum, eine harte Aufrichtigkeit, die in das Reich der Phantasie kaum noch vorstoßen will. Kleine, sachliche Feststellungen, Schilderung von Wesensarten, Handkes belanglose und doch wichtige Erfahrungen. In solcher Kargheit tauchen dann, rätselhaft weise die Namen alter Dichter und Maler noch einmal auf, so als gälte es mit ihnen eine poetischere Zeit zu beschwören. Im großen ganzen aber wird nicht nur auf das Romantische, sondern auf alles Wegweisende durchaus verzichtet. Es gibt nur Signale und Notizen, Vorgefundenes, in den Zeitungen, Reklametexten, Bildberichten Gefundenes und nur wenig Verändertes taucht auf und erweist sich als durchaus nicht langweilig, durchaus nicht ohne Magie.

In der Zukunft ist alles möglich, jede Entwicklung vorstellbar. Die Lust am Rühmen kann wiederkehren, so wie die Gottsuche wiederkehren kann. Es kann eine völlig neue lyrische Sprache entstehen, eine die den Entdeckungen der Naturwissenschaft endlich wirklich Rechnung trägt oder eine andere, die die Züge der Industrielandschaft unverwechselbar zum Ausdruck bringt. Nur eines kann, meiner Ansicht nach, nicht eintreten:
die vielstimmige Sprache der Lyrik kann nicht für immer zum Schweigen kommen.
Es bleibt also nur die Frage, ob uns das Gedicht, diese letzte Insel der Imagination und des Irrationalen nicht auch Schaden bringen kann. Schaden in dem Sinn, in dem uns das Nationalgefühl geschadet hat, das doch auch eine Frucht der Romantik war. Kann uns die Dichtung ablenken von der Anstrengung der Welt den Frieden zu erhalten. Ich meine, kann der Friede, der uns doch vor allem anderen am Herzen liegt, bedroht werden durch das Gedicht.

Wir haben heute keine Zeit für Diskussionen. Ich fände es aber wichtig, wenn meiner Stimme, die fast so alt wie das Jahrhundert ist, jene anderen Stimmen begegneten, die die Lyriker, im Interesse des Friedens und der sozialen Gerechtigkeit, auffordern endlich zu schweigen.
Ich würde mich gegen eine solche Aufforderung allerdings wehren. Ich würde versuchen das Gedicht zu verteidigen. Ich würde sagen, daß nicht nur das Gedicht, sondern die ganze sogenannte »Schöne Literatur« die Sprache des Lesers bereichert und auch, daß sie ihm die Wände einreißt, die ihn in seiner Alltagswelt einschließen, in einer Gefangenschaft, die ihn auf eine dumpfe Weise traurig macht.

Ich habe Ihnen einige, sehr subjektiv ausgewählte Beispiele gegeben, Bruchstücke nur oder Titel von Gedichten. Sie haben gehört, wie verschieden diese Beispiele waren, daß aber in allen, auch den nüchternsten Strophen, das Hier in ein Drüben, die Routine der Alletagewelt in einen spannenden Prozeß verwandelt wurde. Denn in der Natur des Menschen ist, wir sahen es, die Rettung durch die Phantasie vorgesehen. Es gehört zu seinem unveränderbaren Vermögen, Mythen und Religionen zu bilden oder diesen letzten kleinen Freiheitsraum, das Gedicht. In völlig technisierten Epochen kann er noch ein Ohr haben für Stimmen, die nicht von technischen Daten und nicht von Soll und Haben sprechen. Er kann, von aller Rücksichtnahme auf traditionelle Stile befreit, neue Formen bilden und Überraschendes zutage treten lassen. Es wird dann immer sein, wie wenn Wolken aufreißen, ein freierer Atem wird ihm gegönnt werden und ein weiterer Blick.

1. 1965

2. Arbeitszimmer, Frankfurt/Main, Wiesenau 8

3. 1968

4. 1970

5. Lesung in Den Haag, November 1970

6. Signierend, in einer Buchhandlung in Offenbach, 1971

7. ». . . wenn ich die vier Baumwipfel betrachte, die ich durch eine Häuserlücke in meiner Straße sehen kann.«

8. 1973

Anhang

Über Marie Luise Kaschnitz

31. 1. 1901 – 10. 10. 1974

Erst in ihrem Alter habe ich Marie Luise Kaschnitz selbst kennengelernt. Ein paar Mal bin ich mit ihr und einigen anderen Autoren am selben Tisch gesessen, in einem Hotel in Mainz und in der Literaturklasse der Mainzer Akademie der Wissenschaften und der Literatur. Ich hatte mir lange vorher ein Bild gemacht, das Bild einer älteren Dame, die bei betonter Modernität ihrer literarischen Hervorbringungen dieser Gegenwart schon nicht mehr so recht angehörte, dafür von Adel und humanistisch gebildet war. Das Bild einer privilegierten Alt-Dichterin vor römischer Kulisse, etwas zu hoch angesehen und etwas zu oft dekoriert. Jetzt, mit Marie Luise Kaschnitz am selben Tisch sitzend, erfuhr ich, daß dieses Bild zwar einiges mit ihrem Image zu tun hatte, doch nichts mit ihr selbst. Sie war ein völlig anderer Mensch. Weniger wenn sie sprach, als wenn sie zuhörte, war ich immer wieder versucht, sie anzusehen, sie zu beobachten. Sie war eine stimulierende Zuhörerin, wach, aufmerksam, gefesselt von Neuem. Sie sprach wenig, und immer nur aufs Thema zu, ohne das geringste Bedürfnis zur Selbstdarstellung. Vor allem jene Überlegungen, die ihr nicht geläufig waren, dachte sie mit. Sie war vorurteilslos offen, ja lernbegierig. Noch als Siebzigjährige. Und es minderte nicht, sondern bestätigte ihre eigenartige Autorität.

Die Reflexe solcher Haltung lassen sich, hat man erst einen Anhaltspunkt, ausfindig machen auch in den Gedichten, der Prosa, den Essays der Marie Luise Kaschnitz, und nachlesend begriff ich bald, wieso diese Haltung die Frau eines Professors der Archäologie zunächst so stark eingebunden hatte in traditionelle, klassizistische Literaturvorstellungen und sie dann fähig machte, sich Schritt um Schritt aus ihnen zu lösen, sich sehr viel entschiedener aus ihnen zu lösen als die meisten anderen Autoren ihrer Generation. Marie Luise Kaschnitz war keine Autistin. Sie war nicht in sich selbst gefangen, sie war ihrer selbst nicht einmal sicher. Sie stellte sich unablässig in Frage.

Die Erzählung »Das dicke Kind« hat schon 1951 dieses offenbar elementar existentielle Moment zurückverfolgt bis in ihre Kindheit. Zugleich aber war da ein überstarkes Bedürfnis, sich selbst zu finden, und dies wohl machte sie fähig, sich zu verändern, nachzuholen, was die durch Herkunft und Erziehung begründete Fixierung auf Tradition und die strangulierende Horizontverengung der Hitler-Ära ihr vorenthalten hatten. Sie entzog sich schreibend immer wieder den Bestätigungen, die ihr schon früh geboten wurden, um es aufs neue mit ihren unsicheren Erfahrungen aufzunehmen, und stets auch mit den Erfahrungsweisen der anderen. Von ihren Voraussetzungen her hat Marie Luise Kaschnitz die in den Jahrzehnten nach dem zweiten Weltkrieg sich zeitweilig überstürzenden Veränderungen innerhalb der literarischen Sprechweisen mit erstaunlicher Konsequenz reflektiert. Nicht daß sie irgendeine dieser Sprechweisen übernommen hätte. Aber sie hat aus ihnen gelernt, hat von ihnen her ihre eigene Sprache überprüft und immer wieder korrigiert.

Ganz deutlich geworden ist das jedoch erst in ihren letzten Jahren. Von den extrem knappen, fast aggressiven Prosastükken des Bandes »Steht noch dahin« (1970), von den noch einmal sich modifizierenden Aufzeichnungen des Bandes »Orte« (1973) und auch von einigen späten Gedichten her erst wird klar erkennbar, wie sehr die stets auf die eigene Erfahrung und die Ich-Erfahrung bezogene Aufmerksamkeit der Schreiberin für veränderte Möglichkeiten des Schreibens ihre Arbeit jedenfalls nach dem zweiten Weltkrieg bestimmt hat. Und dies ist der Ansatz, von dem aus nach meiner Beobachtung das Werk der Marie Luise Kaschnitz sich von heute aus und für jüngere Leser öffnet, von dem aus sich seine Aktualität und sein historisches Gewicht bestimmen und der sichtbar werden läßt, wie lebendig es auch morgen noch sein wird.

Die Abhängigkeiten, in denen Marie Luise Kaschnitz schrieb, sind auch unter diesem Aspekt elementares Moment ihres Werks. Es ist gewiß nicht üblich, zum Ruhme eines Autors ausgerechnet auf seinen Abhängigkeiten zu bestehen, aber gerade das scheint mir hier wichtig zu sein. Wo sie verschwiegen werden, mausern sie sich häufig zu Qualitätsmerkmalen – ein

Effekt, der in den Schriften der Kaschnitz-Bewunderer immer wieder einmal zu registrieren ist –, und die wirklichen Qualitäten werden darüber unsichtbar. Das setzt ein Werk ins Zwielicht, schadet ihm nur. Also die Abhängigkeiten. Wie manch anderer Autor hat Marie Luise Kaschnitz ihre traditionelle Bilder- und Formenwelt zur Kriegszeit aufs Sonett hin komprimiert; auch ihr galt die strenge Form als Form des Widerstandes. Wie andere hat sie nach dem Krieg, als Rilke und Eliot faszinierten, sich von Reim und Strophe entfernt und das große elegische Muster vorgezogen. Wie viele andere hat sie dann die kurze Erzählung, die Kurzgeschichte aus dem Nachkriegsangebot an literarischen Formen übernommen. Diese Bewegungen des Aufnehmens und Erprobens, die nach der blockierten Existenz im Krieg für jeden in Deutschland verbliebenen Autor unerläßlich waren, haben auch Marie Luise Kaschnitz überhaupt erst Bewegungsfreiheit verschafft. Sie hat diese Freiheit genutzt. Vielleicht waren es die »Römischen Betrachtungen« des 1955 erschienenen Bandes »Engelsbrücke«, kurze Prosastücke, in denen aus fast privater Sicht Beschreibung, Bericht, Erinnerung, Reflexion variiert sind, die Marie Luise Kaschnitz erstmals ganz sicher zeigten, ganz direkt sprechend mit eigener Stimme. Auch hiernach blieben Abhängigkeiten. Doch das Zutrauen zur eigenen Stimme wurde immer stärker.

Es ist dies bei Marie Luise Kaschnitz ein Zutrauen, das sozusagen erst in der Ausweglosigkeit Mut gewinnt, in der Ausweglosigkeit von unersetzlichen Verlusten, von Schmerz und Trauer, von Tod und Alter. Ich sage dies nicht, um die früheren Arbeiten zu mindern, sondern um zu akzentuieren, was das Unverwechselbare dieser Autorin ausmacht, was ihrem Werk die ganz eigene Faszination vermittelt. Und ich sage im übrigen nichts, das nicht bei Marie Luise Kaschnitz selbst nachzulesen wäre, das sie nicht selbst reflektiert hat.

Zunächst leise und zögernd, wie ungläubig, zuletzt fast rücksichtslos hat sie selbst ihre spät entdeckten Vorurteile und Zwänge, hat sie alle ihr Werk relativierenden Momente ausgesprochen. Ihre primär moralische Kategorie hat dabei einen unverkennbaren ästhetischen Aspekt. Das Scheinhafte des literarischen Widerstands in der Hitler-Zeit, der sie doch einmal völlig überzeugt und befriedigt hatte, diese sich als Anpassung auswirkende, zugleich der Selbstrechtfertigung dienende Opposition mittels hochgestimmter Dichtung wird in ihren späten Aufzeichnungen ebenso thematisiert wie die besonderen Bedingungen ihres stets behüteten Lebens, wie ihre Privilegien, wie die unbewußte Wahrnehmungsverweigerung gegenüber Hunger und Elend in der Welt. Von den Schlichen des Dichters ist die Rede, von seinen Auswegen, von seinem vorsichtshalber erst gar nicht überprüften Gewissen, von der Freundlichkeit gegenüber anderen, die Gefallsucht war, vom dichterischen Selbstgenuß. Und es ist von dem allen nicht formelhaft die Rede, sondern konkret. Strenger als Marie Luise Kaschnitz in ihren späten Texten selbst mit sich »ins Gericht« geht, könnte es niemand sonst. Und sie akzentuiert dabei die Fragwürdigkeit auch dessen, was ihr doch bestimmender Inhalt ihres Lebens war und blieb: ihres literarischen Werks.

Dies alles betone ich, weil sich mir beim Lesen gerade von hierher der Zugang auch zum früheren Werk wieder geöffnet hat. Ist die Befangenheit der Schreibenden in der sie bestimmenden Umwelt und Weltvorstellung erkannt, gar von ihr selbst, werden nämlich auch Reiz und Eigenart des Entstandenen wieder faßlich. Und im vergleichenden Rückblick wird faßlich, wie deutlich einzelne Gedichte der Marie Luise Kaschnitz schon aus der Zeit des zweiten Weltkriegs über ihre Befangenheit hinausweisen. Die Spannung, die schon hier aufkommt zwischen dem überkommenen Formgefühl und den ihm fremden, sich aufdrängenden Inhalten sowie den verstärkten persönlichen Irritationen, ließ dann nach Kriegsende Gedichte und Prosa entstehen, die in ihrer Zeit durchaus neu waren. Das wurde bei Erscheinen der Gedichte, der Trümmergedichte wie der Gedichte aus den fünfziger Jahren, gewiß weit stärker erlebt, als das heute noch möglich wäre. Doch es ist bei dem Versuch, den Kontext der Entstehungszeit mitzulesen, noch immer fesselnd erkennbar. Und ähnlich auch die Funktion der literatur- und kunsthistorischen Nacherzählungen, die Marie Luise Kaschnitz gerade in den früheren Nachkriegsjahren entwarf.

Es sei wiederholt: Nicht die eher abstrakte Einsicht in die Möglichkeiten der Literatur, sondern das Gefühl persönlichen

Ausgesetztseins weckte das Bedürfnis, das Schreiben zu ändern. Dem Ausgesetztsein der frühen Nachkriegsjahre folgte eine Phase der Beruhigung, in der die Dichtung der Marie Luise Kaschnitz sich mit mancherlei Rückgriffen wieder traditionsnäher etablierte. Die Rückkehr nach Rom, wo Marie Luise Kaschnitz vor 1933 mehrere Jahre gelebt hatte, tat wohl zunächst ein übriges. Diese Zwischenphase dauerte jedoch nur kurze Zeit. In Rom begann die Ausarbeitung jener ganz persönlichen Form der Prosa-Aufzeichnung, die wie keine andere Sprechweise ihre eigene wurde. Und dann ein neuer, ein ganz persönlicher, das Leben umwälzender Zusammenbruch, erneutes und als endgültig erlebtes Ausgesetztsein: Krankheit und Tod ihres Mannes Guido von Kaschnitz.

Es gibt Voraussetzungen, unter denen es auch heute unerläßlich ist, ein literarisches Werk in seiner Beziehung zur Biographie des Autors zu erläutern. Die Phase einer primär an der Sprache, an den Sprachverhältnissen sich orientierenden Literatur mit ihren Innovationen hat diese Beziehung nicht aufgehoben. Sie demonstrierte nur, daß in jedem Fall die Beziehungen präzis zu unterscheiden sind, die Relationen zwischen Sprache und Realität, – daß der direkte Sprung vom Erlebnis in ein vages Allgemeines nicht länger möglich ist. Bei Marie Luise Kaschnitz zeigt sich nun gerade in dem immer konziser auf die persönliche Erfahrung und ihre Reflexion sich konzentrierenden Teil ihres Werks, auf die Artikulation der Verhältnisse, in denen das eigene Ich existiert, daß dadurch eine Konkretisierung des Textes erreicht werden kann, die fragwürdige allgemeine Bedeutungsansprüche aufhebt. Solche Ansprüche sind in der scheinbar objektiven Lyrik der Autorin, deren traditioneller Herkunft wegen, durchaus spürbar. Die Herausforderung durch die ganz persönliche Erfahrung ließ sie, da sie vorbehaltlos angenommen und von Tag zu Tag als diese eine konkrete Erfahrung erkundet wurde, nicht mehr zu. Diese Herausforderung holt Marie Luise Kaschnitz endgültig auch aus ihren eher klassizistischen Vorstellungen von Literatur. Das Bedürfnis, bedrängende individuelle Erfahrung auszusprechen, konnte sich mit den gewohnten literarischen Sprechweisen immer weniger zufriedengeben, weil das, worauf es ankam, ihnen entglitt.

Mit den Aufzeichnungen seit dem 1963 erschienenen, auf den Tod ihres Mannes antwortenden Buch »Wohin denn ich«, auch mit den meisten der später entstandenen Gedichte und ihrer nicht mehr an ein Erzählungsmuster gebundenen Prosa hat Marie Luise Kaschnitz sich dieser Provokation des individuell Konkreten immer freier überlassen. Und es glückte, von diesem ihr nunmehr unverstellt zugänglichen Konkreten her und ohne es aus dem Griff zu lassen auch reale Beziehungen zur Umwelt und allgemeinen Zuständen herzustellen und auszusprechen. Die Texte gewannen eine Aktualität, die sich noch heute uneingeschränkt vermittelt. Sie haben zweifellos teil an der neuen autobiographischen Orientierung der Literatur, zu der Karin Struck, Peter Handke, Peter Schneider die jungen und jüngsten Autoren angeregt haben. Marie Luise Kaschnitz, am 10. Oktober 1974 dreiundsiebzigjährig während eines Besuchs in Rom gestorben, war bis zu den letzten Zeilen, die sie niedergeschrieben hat, eine Zeitgenossin, war es vielleicht in ihrem hohen Alter mehr als je zuvor.

Dieses Lesebuch, in dem Texte aus dem letzten Lebensjahrzehnt der Marie Luise Kaschnitz zusammengestellt sind, vergegenwärtigt – soviel geht aus allem Gesagten hervor – nicht ein Spätwerk, sondern ein Werk gleichsam auf seiner Hochebene. Gewiß sind auch in dieser Phase die Bindungen und Abhängigkeiten, die im übrigen ja Bindungen und Abhängigkeiten einer ganzen Generation waren, nicht gesprengt, und sie werden nicht verleugnet. Doch das Gegengewicht der sich immer vorbehaltloser in der Sprache konkretisierenden und darin zu sich selbst kommenden persönlichen Erfahrung zeigt sie in anderem Licht. Erkannt und bewußt gehalten, verändert sich ihre Bedeutung.

Bei der Auswahl habe ich stets Texte bevorzugt, in denen sich diese Spannung besonders faßlich artikuliert. Die Texte sind weitgehend in der Folge ihrer Entstehung angeordnet. Das Nebeneinander von Gedicht, Essay, Erzählung, Aufzeichnung und einer Art autonomer Prosa läßt merken, daß alle diese Formen sich zuletzt zurückbeziehen auf einen identischen Schreibimpuls. Das rechtfertigt es vielleicht auch, daß aus den Aufzeichnungen jeweils Fragmente ausgelöst und zusammengestellt worden sind, – anders war in diesem Fall kaum vorzugehen. Das Lesebuch kann nur beispielhaft die Intentionen, kann nur das verkürzte Abbild eines Werkes vergegenwärtigen, das es im übrigen nicht ersetzen will.

Heinrich Vormweg

Vita

Am 31. Januar 1901 wurde Marie Luise Kaschnitz in Karlsruhe geboren, als Tochter der Eheleute Max Freiherr von Holzing-Berstett und Elsa von Seldeneck. Badischer Herkunft, hatte sie unter ihren Vorfahren auch Elsässer und Schweizer. Marie Luise Kaschnitz hatte zwei ältere Schwestern und einen jüngeren Bruder, der heute den Familienbesitz in Bollschweil im Breisgau bewirtschaftet. Sie wuchs, da ihr Vater als Offizier aus badischen in preußische Dienste übertrat, in Potsdam und Berlin auf.

Marie Luise Kaschnitz ging nach ihrem Schulabschluß nach Weimar, um in der Thelemannschen Buchhandlung zu lernen, arbeitete danach im O. C. Recht-Verlag, München, und im Buchantiquariat Leo S. Olschki in Rom. Hier heiratete sie 1925 den aus Wien gebürtigen Archäologen Guido von Kaschnitz-Weinberg. Aus der Ehe ging eine Tochter hervor, Iris Costanza. Nach seiner Habilitation, 1932 in Freiburg, erhielt Guido von Kaschnitz einen Ruf an die Universität Königsberg, den er annahm. 1937 folgte er einem Ruf nach Marburg, 1941 nach Frankfurt am Main. Als 1953 das Deutsche Archäologische Institut in Rom an die Bundesrepublik zurückgegeben wurde, übernahm Guido von Kaschnitz dessen Leitung. Nach seiner Pensionierung kehrte die Familie zurück nach Frankfurt am Main, wo Guido von Kaschnitz 1958 starb.

Erste Erzählungen veröffentlichte Marie Luise Kaschnitz in der von Max Tau und Wolfgang von Einsiedel 1930 bei Cassirer herausgegebenen Anthologie »Vorstoß – Prosa der Ungedruckten«. In den folgenden Jahren verfaßte sie zwei Romane – »Liebe beginnt« (1933) und »Elissa« (1937) –, auch Gedichte. 1943 erschien ein Band mit Nacherzählungen »Griechische Mythen«. Erst nach dem zweiten Weltkrieg begann Marie Luise Kaschnitz, kontinuierlich zu veröffentlichen. Schon 1945 erschienen in Zeitschriften Essays und Gedichte. Ein Essayband folgte 1946, ein erster Gedichtband 1947.

Marie Luise Kaschnitz war Mitglied des PEN-Zentrums der Bundesrepublik, Mitglied der Deutschen Akademie für Sprache und Dichtung in Darmstadt, der Bayerischen Akademie der schönen Künste in München und der Mainzer Akademie der Wissenschaften und der Literatur. 1967 wurde sie in den Orden Pour le mérite gewählt. 1968 wurde sie Ehrendoktor der Johann-Wolfgang-Goethe-Universität Frankfurt am Main, deren Lehrstuhl für Poetik sie 1960 innegehabt hatte. Von den zahlreichen Preisen und Auszeichnungen, die ihr zugesprochen wurden, seien nur einige hervorgehoben. 1955 erhielt Marie Luise Kaschnitz den Georg-Büchner-Preis, 1957 den Immermann-Preis der Stadt Düsseldorf, 1970 den Hebel-Preis. Die Stadt Frankfurt verlieh ihr 1966 ihre Goethe-Plakette.

Am 10. Oktober 1974 ist Marie Luise Kaschnitz in Rom gestorben. Begraben ist sie in Bollschweil, ihrem Heimatdorf.

Quellenhinweise

Die Gedichte »Die Gärten«, »Dies immer noch«, »Fragmentarisch« und »Mein Ort« sind entnommen dem Band »Kein Zauberspruch«, Gedichte, Insel Verlag, Frankfurt am Main 1972. In diesem Band sind Gedichte aus den Jahren 1962 bis 1972 gesammelt.
Die Erzählungen »Lupinen«, »Zu irgendeiner Zeit«, »Silberne Mandeln« und »Ja, mein Engel« sind entnommen der Sammlung »Ferngespräche«, Erzählungen, Insel Verlag, Frankfurt am Main 1966.
»Du kommst, Tritte des Herbstes«, »Vorsicht« aus: »Kein Zauberspruch«, Gedichte, a. a. O.
»Lucky«, »Georg Trakl« und »Schwierigkeiten, heute die Wahrheit zu schreiben« aus »Zwischen Immer und Nie«, Gestalten und Themen der Dichtung, Insel Verlag, Frankfurt am Main 1971. Die Essays »Lucky« und »Georg Trakl« gehen zurück auf Vorlesungen, die Marie Luise Kaschnitz 1960 als Inhaberin des Lehrstuhls für Poetik an der Johann Wolfgang von Goethe Universität Frankfurt gehalten hat. »Schwierigkeiten, heute die Wahrheit zu schreiben« erschien zuerst in der gleichnamigen Anthologie, Nymphenburger Verlagshandlung, München 1964.
»Eisbären«, »Vogel Rock« aus: »Ferngespräche«, Erzählungen, a.a. O.
»Nicht mutig«, »Bei Null«, »Vor der Tür«, »Ich früher« aus: »Kein Zauberspruch«, Gedichte, a. a. O.
»Beschreibung eines Dorfes«, edition suhrkamp 188, Suhrkamp Verlag, Frankfurt am Main 1966.
»Tage, Tage, Jahre«, ausgewählt aus: »Tage, Tage, Jahre«, Aufzeichnungen, Insel Verlag, Frankfurt am Main 1970.
»Sog in die Wolken«, »In diesem Jahr« aus: »Kein Zauberspruch«, Gedichte, a. a. O.
»Steht noch dahin«, ausgewählt aus: »Steht noch dahin«, Insel Verlag, Frankfurt am Main 1970.
»Am Feiertag«, »Strände«, »Vulnerable« aus: »Kein Zauberspruch«, a. a. O.
»Orte«, ausgewählt aus: »Orte«, Insel Verlag, Frankfurt am Main 1973.
»Gedicht aus dem Nachlaß« zuerst unter dem Titel »Ein letztes Gedicht«, in: »Merkur« 1975, Heft 320.
»Rettung durch die Phantasie«, ein nicht endgültig ausgearbeitetes Manuskript der Rede, die Marie Luise Kaschnitz zum 75jährigen Insel-Jubiläum am 12. Oktober 1974 halten wollte. Erstveröffentlichung in: Süddeutsche Zeitung, 19. 10. 1974.
S. 210 Z. 5: das Zitat ist irrtümlicherweise Shelley zugewiesen, stammt jedoch von Keats.

Bildnachweise

1. 1965. Foto: Abisag Tüllmann, Frankfurt/Main.
2. Arbeitszimmer, Frankfurt/Main, Wiesenau 8. Foto: Seitz-Gray, Frankfurt/Main.
3. 1968. Foto: Barbara Klemm, Frankfurt/Main.
4. 1970. Foto aus Privatbesitz.
5. Lesung in Den Haag, November 1970. Foto aus Privatbesitz.
6. Signierend, in einer Buchhandlung in Offenbach, 1971. Foto aus Privatbesitz.
7. »... wenn ich die vier Baumwipfel betrachte, die ich durch eine Häuserlücke in meiner Straße sehen kann.« Foto: Seitz-Gray, Frankfurt/Main.
8. 1973. Foto: Digne Meller-Marcovicz, Frankfurt/Main.
9. Foto aus Privatbesitz.

Anmerkung:

Zur weiteren Information über das Werk von Marie Luise Kaschnitz sei verwiesen auf die »Kaschnitz-Bibliographie«, die Elsbet Linpinsel verfaßt und im Claassen Verlag, Hamburg und Düsseldorf 1971, veröffentlicht hat. Der Band gibt Auskunft über die Primär- und Sekundärliteratur bis 1970.

Inhalt

Anhang